2017
中国固定资产投资统计年鉴
Statistical Yearbook of the Chinese Investment in Fixed Assets

国家统计局固定资产投资统计司 编

中国统计出版社
China Statistics Press

图书在版编目（CIP）数据

中国固定资产投资统计年鉴. 2017 / 国家统计局固定资产投资统计司编. -- 北京 : 中国统计出版社, 2017.12
ISBN 978-7-5037- 8424-8

Ⅰ. ①中… Ⅱ. ①国… Ⅲ. ①固定资产投资－统计资料－中国－2017－年鉴 Ⅳ. ①F832.48-54

中国版本图书馆 CIP 数据核字(2017)第 284143 号

中国固定资产投资统计年鉴—2017

作　　者/国家统计局固定资产投资统计司
责任编辑/钟　钰
封面设计/李雪燕
出版发行/中国统计出版社
通信地址/北京市丰台区西三环南路甲 6 号　邮政编码/100073
电　　话/邮购（010）63376909　书店（010）68783171
网　　址/http://www.zgtjcbs.com
印　　刷/ 河北鑫兆源印刷有限公司
经　　销/新华书店
开　　本/880mm×1230mm　1/16
字　　数/470 千字
印　　张/18.75
版　　别/2017 年 12 月第 1 版
版　　次/2017 年 12 月第 1 次印刷
定　　价/380.00 元

本书附同版本 CD-ROM 一张，光盘内容以书面文字为准。
如有印装差错，由本社发行部调换。

《中国固定资产投资统计年鉴—2017》

编辑委员会

Editorial Board

说　明

《中国固定资产投资统计年鉴-2017》是一部全面反映中国固定资产投资情况的权威资料。本书收集了全国、各省、自治区、直辖市、国民经济各行业 2016 年度有关固定资产投资的统计数据。

《中国固定资产投资统计年鉴-2017》资料来源于 2016 年全国固定资产投资统计报表基层数据库和综合报表。本年鉴资料分为三个部分:

第一部分为全社会固定资产投资。根据固定资产投资（不含农户）数据和农户固定资产投资数据汇总而成。

第二部分为固定资产投资（不含农户）。包括计划总投资 500 万元以上项目（单位）投资和房地产开发投资。

第三部分为农户固定资产投资。农户投资数据来源于国家统计局住户办抽样调查资料。

各部分内容包括与固定资产投资相关的主要指标，按地区、国民经济各行业、隶属关系、经济类型、建设性质等分组的本年完成投资，总投资规模、新增固定资产、投资到位资金、项目个数及有关建筑面积等指标。

使用本年鉴资料时请注意以下几点:

1.本年鉴各部分按规模分的投资和项目个数中不含房地产开发投资。

2.不分地区固定资产投资数据包括跨省、市、区项目投资，如各部门、中国铁路总公司统一购置的设备、铁路机车、车辆、飞机等其它投资。

3. 本年鉴资料凡小数点后各项相加不等于总计者，均由于四舍五入的缘故。

4. 本年鉴各表中的“空格”表示该项统计指标数据不足本表最小单位数、数据不详或无该项数据。

5.本年鉴资料由国家统计局固定资产投资统计司编制并负责解释。咨询电话: 010-68782475，010-68782961

由于编辑时间比较仓促，本书难免有一些不妥之处，欢迎广大读者批评指正。

目 录

第一部分 全社会固定资产投资

1-1 全社会固定资产投资主要指标及增长速度……3
1-2 全社会固定资产投资主要指标……4
1-3 按结构分全社会固定资产投资情况……5
1-4 各地区全社会固定资产投资建设规模……6
1-5 各地区全社会按经济类型分固定资产投资建设规模……7
1-6 各地区全社会按经济类型分全部累计完成投资……9
1-7 各地区全社会按主要行业分的固定资产投资……11
1-8 各地区全社会固定资产投资……14
1-9 各地区全社会按经济类型分的固定资产投资……15
1-10 各地区全社会建筑安装工程投资……17
1-11 各地区全社会设备、工器具购置投资……19
1-12 各地区全社会其他费用投资……21
1-13 各地区全社会住宅建设投资……23
1-14 各地区全社会新增固定资产……25
1-15 各地区全社会投资实际到位资金……27
1-16 各地区全社会房屋施工面积……28
1-17 各地区全社会住宅施工面积……30
1-18 各地区全社会房屋竣工面积……32
1-19 各地区全社会住宅竣工面积……34

第二部分 固定资产投资（不含农户）

(一)固定资产投资(不含农户)

2-1-1 固定资产投资(不含农户)主要指标……39
2-1-2 各地区固定资产投资(不含农户)建设规模……40
2-1-3 国民经济行业大类固定资产投资(不含农户)建设规模……41
2-1-4 各地区固定资产投资(不含农户)和新增固定资产……44
2-1-5 国民经济行业大类固定资产投资(不含农户)和新增固定资产……45
2-1-6 国民经济行业大类按经济类型分固定资产投资(不含农户)……48
2-1-7 各地区按登记注册类型分的固定资产投资(不含农户)……51
2-1-8 国民经济行业大类按登记注册类型分的固定资产投资(不含农户)……55
2-1-9 各地区国有控股、内资、外商及港澳台固定资产投资(不含农户)……70
2-1-10 国民经济行业小类国有控股、内资、外商及港澳台固定资产投资(不含农户)……71

2-1-11　各地区按三次产业分的固定资产投资(不含农户)……99
2-1-12　各地区主要领域固定资产投资(不含农户)……100
2-1-13　各地区按项目规模分的固定资产投资(不含农户)……101
2-1-14　各地区按构成分的固定资产投资(不含农户)……103
2-1-15　各地区按隶属关系分的固定资产投资(不含农户)……104
2-1-16　各地区按建设性质分的固定资产投资(不含农户)……105
2-1-17　各地区固定资产投资(不含农户)旧设备、旧建筑物及建设用地购置情况……106
2-1-18　各地区按行业大类分的固定资产投资(不含农户)……107
2-1-19　各地区按行业门类分的固定资产(不含农户)住宅投资……126
2-1-20　国民经济行业小类按构成分的固定资产投资(不含农户)……130
2-1-21　国民经济行业小类按隶属关系分的固定资产投资(不含农户)……158
2-1-22　国民经济行业小类按建设性质分的固定资产投资(不含农户)……186
2-1-23　各地区按隶属关系分新增固定资产……214
2-1-24　各地区按建设性质分新增固定资产……215
2-1-25　各地区按行业门类分新增固定资产……216
2-1-26　各地区按工业行业大类分新增固定资产……220
2-1-27　国民经济行业大类按隶属关系分新增固定资产……226
2-1-28　国民经济行业大类按建设性质分新增固定资产……229
2-1-29　各地区固定资产投资(不含农户)项目个数……232
2-1-30　国民经济行业大类固定资产投资(不含农户)项目个数……233
2-1-31　各地区固定资产投资(不含农户)财务拨款……236
2-1-32　各地区固定资产投资(不含农户)本年实际到位资金构成……237
2-1-33　国民经济行业大类固定资产投资(不含农户)财务拨款……239
2-1-34　国民经济行业大类固定资产投资(不含农户)实际到位资金构成……242
2-1-35　各地区固定资产投资(不含农户)房屋及住宅建筑面积……248
2-1-36　国民经济行业大类固定资产(不含农户)房屋及住宅建筑面积……249

(二)房地产开发

2-2-1　房地产开发投资主要指标……252
2-2-2　各地区按登记注册类型分的房地产开发单位个数……253
2-2-3　各地区房地产开发固定资产投资建设规模……257
2-2-4　各地区房地产开发投资和新增固定资产……258
2-2-5　各地区按登记注册类型分的房地产开发投资……259
2-2-6　各地区按资质等级分的房地产开发投资……263
2-2-7　各地区按构成分的房地产开发投资……265
2-2-8　各地区按用途分的房地产开发投资……266
2-2-9　各地区按隶属关系分的房地产开发投资……267
2-2-10　各地区房地产开发投资财务拨款……268
2-2-11　各地区房地产开发投资本年实际到位资金构成……269
2-2-12　各地区房地产土地开发情况……270
2-2-13　各地区房地产开发房屋建筑面积和造价……271
2-2-14　各地区房地产开发住宅建筑面积和造价……272

2-2-15 各地区房地产开发房屋施工面积……273
2-2-16 各地区房地产开发房屋新开工面积……274
2-2-17 各地区房地产开发房屋竣工面积……275
2-2-18 各地区房地产开发商品房屋销售面积……276
2-2-19 各地区房地产开发商品房屋待售面积……277
2-2-20 各地区房地产开发商品房屋销售额……278

第三部分　农户固定资产投资

3-1 各地区农村农户固定资产投资增长情况……281
3-2 各地区按构成分农村农户投资……282
3-3 各地区按项目分农村农户投资……283
3-4 各地区按主要行业分农村农户投资……284
3-5 各地区农村农户投资实际到位资金……287
3-6 各地区农村农户房屋建筑面积和投资……288
3-7 各地区农村农户住宅建筑面积和投资……289

第一部分
全社会固定资产投资

1-1 全社会固定资产投资主要指标及增长速度

指标名称	2016年	2015年	增长(%)
一、投资总额(亿元)	**606465.66**	**561999.83**	**7.9**
其中:住宅	83660.24	80247.69	4.3
1.按构成分			
建筑安装工程	423107.23	388163.53	9.0
设备工器具购置	113388.96	111110.17	2.1
其他费用	69969.47	62726.13	11.5
2.按产业分			
第一产业	20917.55	17542.14	19.2
第二产业	232001.87	224258.60	3.5
第三产业	353546.24	320199.09	10.4
二、全部建设规模(亿元)			
建设总规模	1754028.48	1609392.24	9.0
自开始建设至本年底累计完成投资	1169334.27	1148477.64	1.8
在建总规模	1278095.71	1079066.16	18.4
在建净规模	597599.34	470288.84	27.1
三、新增固定资产(亿元)	**363019.20**	**395743.42**	**-8.3**
四、房屋建筑面积(万平方米)			
施工面积	1264395.25	1292371.73	-2.2
其中:住宅	660662.06	669297.10	-1.3
竣工面积	312119.03	350973.05	-11.1
其中:住宅	171471.26	179737.82	-4.6
五、投资实际到位资金小计(亿元)	**616933.49**	**584198.76**	**5.6**
国家预算资金	36211.67	30924.28	17.1
国内贷款	67200.30	61053.99	10.1
利用外资	2270.34	2854.45	-20.5
自筹资金	413828.60	414802.39	-0.2
其他资金	97422.59	74563.65	30.7

1-2 全社会固定资产投资主要指标

指标名称	合计	国有经济	集体经济	私营个体经济
一、投资总额(亿元)	**606465.66**	**163370.18**	**10168.97**	**199324.51**
其中: 住宅	83660.24	7937.36	577.39	28876.41
1.按构成分				
建筑安装工程	423107.23	130216.59	8306.64	129748.06
设备工器具购置	113388.96	13807.50	1014.53	52314.65
其他费用	69969.47	19346.09	847.81	17261.80
2.按产业分				
第一产业	20917.55	3548.79	632.36	10173.47
第二产业	232001.87	24125.95	1862.86	110971.69
第三产业	353546.24	135695.44	7673.75	78179.35
二、全部建设规模(亿元)				
建设总规模	1754028.48	474935.57	16277.58	452918.93
自开始建设至本年底				
累计完成投资	1169334.265	290248.9118	12926.2355	326105.08
在建总规模	1278095.71	371678.30	7430.21	282198.09
在建净规模	597599.34	183195.61	3361.79	132107.32
三、新增固定资产(亿元)	**363019.20**	**91701.74**	**8194.07**	**135895.45**
四、房屋建筑面积(万平方米)				
施工面积	1264395.25	212568.85	14834.81	464928.89
其中: 住宅	660662.06	63546.07	4549.52	265931.60
竣工面积	312119.03	43311.31	6142.65	165154.46
其中: 住宅	171471.26	17865.32	2295.05	100924.91

1-2 续表

指标名称	联营经济	股份制经济	外商投资经济	港澳台投资经济	其他经济
一、投资总额(亿元)	**428.27**	**184849.49**	**11846.32**	**14223.21**	**22254.70**
其中: 住宅	6.29	40484.04	1242.82	3607.84	928.09
1.按构成分					
建筑安装工程	320.45	123179.89	6057.44	8298.16	16980.00
设备工器具购置	72.30	34223.02	4773.30	3709.61	3474.04
其他费用	35.52	27446.58	1015.58	2215.43	1800.66
2.按产业分					
第一产业	43.68	3060.62	39.25	90.02	3329.36
第二产业	111.87	74179.43	8527.26	6283.60	5939.21
第三产业	272.73	107609.44	3279.81	7849.58	12986.13
二、全部建设规模(亿元)					
建设总规模	781.13	669069.29	40926.67	61893.93	37206.20
自开始建设至本年底					
累计完成投资	944.65	379364.11	28977.00	39130.10	40054.20
在建总规模	427.01	517992.29	30467.57	47890.28	19992.76
在建净规模	179.04	237194.78	13074.77	18533.54	9933.30
三、新增固定资产(亿元)	**349.71**	**96856.34**	**6461.37**	**7538.65**	**16021.86**
四、房屋建筑面积(万平方米)					
施工面积	354.48	488812.77	19046.48	41317.46	22531.53
其中: 住宅	85.38	290260.28	8774.39	21944.62	5570.21
竣工面积	129.83	80369.05	3032.37	6228.85	7750.50
其中: 住宅	25.87	43334.43	1077.67	3258.44	2689.56

1-3　按结构分全社会固定资产投资情况

指标名称	2016年	2015年	增长(%)
投资总额(亿元)	**606465.66**	**561999.83**	**7.9**
一、固定资产投资(不含农户)			
完成投资	596500.75	551590.04	8.1
建筑安装工程	415196.26	379728.39	9.3
设备、工器具购置	111859.88	109522.75	2.1
其他费用	69444.61	62338.90	11.4
建设总规模	1744063.57	1598982.45	9.1
自开始建设至本年底累计完成投资	1159369.36	1138067.84	1.9
本年新增固定资产	353530.54	386200.09	-8.5
其中：房地产开发			
完成投资	102580.61	95978.85	6.9
建筑安装工程	76302.19	71195.57	7.2
设备、工器具购置	1461.55	1211.52	20.6
其他费用	24816.87	23571.75	5.3
建设总规模	587857.24	536853.75	9.5
自开始建设至本年底累计完成投资	427854.38	378089.48	13.2
本年新增固定资产	41079.58	40937.81	0.3
二、农　户			
完成投资	9964.91	10409.79	-4.3
建筑安装工程	7910.96	8435.15	-6.2
设备、工器具购置	1529.08	1587.42	-3.7
其他费用	524.86	387.23	35.5
建设总规模	9964.91	10409.79	-4.3
自开始建设至本年底累计完成投资	9964.91	10409.79	-4.3
本年新增固定资产	9488.66	9543.33	-0.6

1-4 各地区全社会固定资产投资建设规模

单位：亿元

地　区	建设总规模	累计完成投资	在建总规模	在建净规模
全国总计	**1754028.48**	**1169334.27**	**1278095.71**	**597599.34**
北　京	45865.38	30766.11	40214.07	14279.91
天　津	37983.85	25694.98	29259.15	12840.95
河　北	79324.77	52485.46	54137.77	26812.71
山　西	37840.67	25888.14	25838.66	11236.75
内蒙古	42251.12	25256.96	30280.59	15876.00
辽　宁	42781.17	26095.99	35245.79	16537.99
吉　林	29021.61	19774.81	18048.84	9176.47
黑龙江	25851.16	17217.37	16662.30	8047.40
上　海	39568.77	25956.20	34158.38	13703.79
江　苏	129195.89	90087.37	87401.92	40406.55
浙　江	98434.37	68620.00	70663.47	31396.51
安　徽	71883.07	48660.61	49708.15	24107.68
福　建	62452.40	47254.55	41792.55	17100.39
江　西	43591.36	28983.27	29648.99	15210.66
山　东	122695.40	84508.00	81496.19	39861.47
河　南	94718.46	61425.23	64948.36	34114.25
湖　北	77157.97	52226.93	55252.16	25862.94
湖　南	67072.38	44440.44	46917.92	23583.96
广　东	130010.63	85508.92	101674.16	46264.36
广　西	47849.43	32273.35	32586.32	16003.87
海　南	20729.50	12290.88	17535.28	8927.12
重　庆	50904.00	35265.26	38633.93	16602.83
四　川	81594.76	55573.58	58067.37	27233.68
贵　州	42688.65	27778.37	31432.92	14663.00
云　南	52397.05	34397.13	40193.67	18804.28
西　藏	4071.92	2215.57	3312.41	1816.22
陕　西	59245.51	35707.34	45371.70	23683.68
甘　肃	22463.28	14878.86	15301.76	7515.22
青　海	10847.19	6866.62	8510.44	3836.72
宁　夏	12847.99	8116.09	10479.66	4605.41
新　疆	35476.04	19367.87	28108.12	15583.84
不分地区	35212.73	23752.03	35212.73	11902.73

注：建设总规模为所有施工项目(含本年没有工作量的投资项目)的计划总投资。

1-5 各地区全社会按经济类型分固定资产投资建设规模

地 区	合 计	国有经济	集体经济	私营个体经济
全国总计	**1754028.48**	**474935.57**	**16277.58**	**452918.93**
北 京	45865.38	13455.54	399.56	2018.02
天 津	37983.85	6430.32	547.46	6377.92
河 北	79324.77	12070.68	359.01	30182.85
山 西	37840.67	8375.90	518.26	14391.50
内蒙古	42251.12	14795.60	470.27	10046.17
辽 宁	42781.17	5928.69	157.96	12084.53
吉 林	29021.61	7529.95	105.39	8582.42
黑龙江	25851.16	7935.51	139.42	6286.74
上 海	39568.77	9237.94	125.51	6366.43
江 苏	129195.89	22429.16	1261.17	48741.28
浙 江	98434.37	28196.44	1260.81	26492.85
安 徽	71883.07	16243.44	328.04	23577.81
福 建	62452.40	16454.33	1137.43	14031.43
江 西	43591.36	9772.69	188.15	14136.47
山 东	122695.40	19458.62	2058.60	43615.88
河 南	94718.46	11234.49	847.03	23928.79
湖 北	77157.97	21166.37	1344.67	20954.92
湖 南	67072.38	21258.97	541.89	20994.87
广 东	130010.63	28702.29	1908.64	23553.15
广 西	47849.43	14285.32	298.98	14852.75
海 南	20729.50	3349.44	79.74	2723.81
重 庆	50904.00	13612.25	237.36	14022.44
四 川	81594.76	29529.24	300.55	15618.08
贵 州	42688.65	15579.08	159.62	8708.40
云 南	52397.05	23172.09	648.65	8872.26
西 藏	4071.92	3204.26	16.73	329.34
陕 西	59245.51	23048.52	499.04	11254.93
甘 肃	22463.28	9544.12	213.05	5255.28
青 海	10847.19	4740.48	28.47	2094.91
宁 夏	12847.99	4612.43	2.94	4943.41
新 疆	35476.04	14686.34	93.16	7879.30
不分地区	35212.73	34895.08		

1-5 续表 单位：亿元

地　　区	联营经济	股份制经　济	外商投资经济	港澳台投资经济	其他经济
全国总计	**781.13**	**669069.29**	**40926.67**	**61893.93**	**37206.20**
北　京	0.99	26760.28	1447.17	1690.69	93.14
天　津	36.67	20475.18	1723.09	1794.69	598.53
河　北	15.72	32496.49	1276.44	1093.11	1830.49
山　西	15.83	10433.42	448.51	665.23	2992.02
内 蒙 古	12.32	16146.02	298.01	75.48	407.24
辽　宁	8.60	18015.31	2710.40	3639.66	226.83
吉　林	13.15	11133.08	325.02	522.35	810.24
黑 龙 江	5.72	9507.97	388.93	188.09	1398.78
上　海	6.29	17034.95	2576.41	4207.76	13.48
江　苏	53.04	41417.07	6273.13	8048.71	972.32
浙　江	42.72	34334.73	2328.02	4369.46	1402.31
安　徽	23.44	27876.73	714.61	1703.82	1415.17
福　建	23.01	25127.74	1146.46	3311.47	1220.55
江　西	41.63	17003.16	588.73	1122.79	737.73
山　东	20.01	45582.25	3466.78	2897.51	5595.73
河　南	21.27	52375.40	577.48	1210.95	4520.65
湖　北	110.26	28446.00	1227.78	2050.45	1857.51
湖　南	30.18	20688.58	933.77	1304.09	1320.02
广　东	191.06	55327.43	6117.85	11489.12	2721.09
广　西	28.63	14688.36	942.94	1189.03	1563.41
海　南	3.02	12111.92	741.38	1592.32	127.88
重　庆	8.74	16632.83	1588.67	3549.32	1252.40
四　川	9.44	31602.01	1431.81	1848.15	1255.48
贵　州	1.49	17144.95	135.09	570.43	389.60
云　南	7.83	18778.63	301.18	370.40	246.01
西　藏	9.46	404.37	8.14	3.50	96.13
陕　西	4.02	21807.05	989.21	664.86	977.88
甘　肃	18.25	6778.09	27.10	84.02	543.36
青　海	0.30	3640.78	35.98	20.94	284.76
宁　夏	15.92	2708.56	73.70	383.31	107.73
新　疆	2.12	12272.31	82.85	232.23	227.72
不分地区		317.65			

1-6　各地区全社会按经济类型分全部累计完成投资

地　区	合　计	国有经济	集体经济	私营个体经济
全国总计	**1169334.27**	**290248.91**	**12926.24**	**326105.08**
北　京	30766.11	7619.07	269.75	1518.73
天　津	25694.98	4458.74	530.01	4935.27
河　北	52485.46	7743.30	284.68	21007.24
山　西	25888.14	5884.28	477.88	10122.82
内蒙古	25256.96	10126.45	245.49	6281.38
辽　宁	26095.99	3176.70	123.84	7196.96
吉　林	19774.81	4093.35	98.36	6797.36
黑龙江	17217.37	4431.16	127.12	4806.05
上　海	25956.20	5267.87	97.27	4589.46
江　苏	90087.37	14041.61	1032.14	36857.08
浙　江	68620.00	16879.51	948.07	19504.42
安　徽	48660.61	10034.45	250.85	17425.54
福　建	47254.55	10915.36	1043.81	11286.64
江　西	28983.27	5670.22	150.65	10115.02
山　东	84508.00	11496.54	1743.24	32472.97
河　南	61425.23	7512.85	725.70	16158.11
湖　北	52226.93	12507.82	834.58	15128.86
湖　南	44440.44	12723.48	439.55	15581.77
广　东	85508.92	14674.08	1481.67	17609.47
广　西	32273.35	8603.33	270.44	10973.21
海　南	12290.88	1914.52	20.48	1796.03
重　庆	35265.26	8664.34	179.81	9977.70
四　川	55573.58	18213.75	218.30	11966.00
贵　州	27778.37	9867.68	104.72	5772.81
云　南	34397.13	14170.83	520.85	6292.73
西　藏	2215.57	1698.67	9.25	211.66
陕　西	35707.34	13738.80	424.16	7175.04
甘　肃	14878.86	6328.73	194.31	3642.49
青　海	6866.62	3148.83	16.55	1312.91
宁　夏	8116.09	3117.26	1.94	3131.97
新　疆	19367.87	7853.30	60.76	4457.38
不分地区	23752.03	23672.03		

1-6 续表

单位：亿元

地　　区	联营经济	股份制经　济	外商投资经济	港澳台投资经济	其他经济
全国总计	**605.66**	**438748.43**	**28372.90**	**44798.59**	**27528.45**
北　　京	0.98	19106.32	1013.09	1174.56	63.61
天　　津	36.05	13155.82	992.00	1086.40	500.69
河　　北	15.27	20641.72	640.90	707.98	1444.36
山　　西	15.83	6310.91	292.81	448.05	2335.57
内 蒙 古	12.19	8052.81	167.78	58.85	311.98
辽　　宁	7.96	11037.25	1803.06	2648.16	102.07
吉　　林	12.32	7553.01	226.31	399.05	595.05
黑 龙 江	5.50	6340.68	201.30	126.76	1178.80
上　　海	2.80	10871.80	2062.87	3057.50	6.62
江　　苏	45.49	26998.98	4561.25	5916.74	634.10
浙　　江	14.88	25007.66	1634.85	3569.58	1061.02
安　　徽	17.01	18318.73	506.85	1044.95	1062.23
福　　建	17.88	19378.40	874.27	2732.25	1005.94
江　　西	37.87	11363.05	380.20	718.85	547.42
山　　东	14.51	30092.09	2491.42	2083.22	4114.02
河　　南	13.99	32569.85	389.92	834.01	3220.79
湖　　北	79.29	20015.58	841.34	1507.56	1311.91
湖　　南	30.60	13102.26	541.94	933.91	1086.93
广　　东	130.43	37423.19	4418.09	8119.42	1652.57
广　　西	28.20	9621.33	464.87	944.82	1367.16
海　　南	2.72	7046.27	386.53	1065.43	58.91
重　　庆	7.07	11629.89	1150.10	2712.46	943.88
四　　川	8.85	21555.45	1163.12	1469.34	978.76
贵　　州	1.36	11313.14	95.47	395.23	227.96
云　　南	7.23	12749.32	232.78	263.59	159.79
西　　藏	7.30	217.44	7.80	3.30	60.15
陕　　西	3.91	12474.14	699.04	458.52	733.73
甘　　肃	17.60	4204.85	19.05	59.61	412.22
青　　海	0.30	2199.75	26.69	18.00	143.59
宁　　夏	8.39	1567.42	48.40	166.96	73.74
新　　疆	1.90	6749.34	38.79	73.55	132.87
不分地区		80.00			

1-7　各地区全社会按主要行业分的固定资产投资

单位：亿元

地　区	合　计	农、林、牧、渔业	采矿业	制造业	电力、热力、燃气及水的生产和供应业	建筑业	批发和零售业
全国总计	**606465.66**	**24853.13**	**10320.31**	**187962.12**	**29747.75**	**4614.90**	**18166.89**
北　京	7943.89	104.66	2.93	384.77	323.31	6.58	29.97
天　津	12779.39	324.89	109.56	3230.95	328.32	96.88	847.04
河　北	31750.02	1775.28	442.37	13450.75	1889.78	9.54	857.76
山　西	14197.98	1978.85	1054.56	2643.36	1264.02	14.15	369.83
内蒙古	15080.01	1011.30	904.13	3562.40	1903.48	151.11	387.02
辽　宁	6692.25	245.24	124.33	1765.22	296.56	15.14	217.10
吉　林	13923.20	807.04	449.97	6012.93	546.94	177.94	748.10
黑龙江	10648.35	1178.23	366.01	3024.03	374.13	205.88	638.11
上　海	6755.88	4.09	0.27	761.33	217.96	3.12	37.15
江　苏	49663.21	481.28	72.94	22882.93	1619.65	130.80	1648.46
浙　江	30276.07	433.00	58.62	7860.40	1217.08	12.04	374.68
安　徽	27033.38	938.20	232.95	10388.31	993.72	156.21	935.91
福　建	23237.35	892.18	219.98	6455.40	1143.93	81.44	416.58
江　西	19694.21	538.01	302.04	9190.84	792.16	52.79	941.47
山　东	53322.94	1577.28	499.37	23444.34	2499.59	1072.12	2361.65
河　南	40415.09	2250.44	567.59	16241.42	1731.80	3.56	1236.09
湖　北	30011.65	1157.76	329.40	10522.40	939.04	475.85	726.56
湖　南	28353.33	1329.97	499.45	8824.47	950.79	326.45	1118.40
广　东	33303.64	541.32	163.62	9600.60	1297.00	38.73	795.26
广　西	18236.78	1065.07	276.39	5181.67	938.43	185.05	759.02
海　南	3890.45	56.87	9.71	100.69	111.76	67.24	53.17
重　庆	16048.10	455.27	200.94	4720.48	480.07	4.36	224.18
四　川	28811.95	1190.04	419.54	5910.91	1773.41	23.86	508.15
贵　州	13204.00	457.32	525.59	1723.13	484.73	17.12	273.80
云　南	16119.40	951.48	378.83	1616.32	855.05	2.10	274.48
西　藏	1596.05	88.05	48.25	38.25	200.85	4.02	13.99
陕　西	20825.25	1421.75	673.38	3659.04	1253.07	29.87	643.54
甘　肃	9663.99	701.98	178.85	1315.18	722.86	1007.64	488.58
青　海	3528.05	147.51	96.96	647.01	443.01	101.53	32.23
宁　夏	3794.25	196.75	47.44	946.28	635.92	0.56	47.29
新　疆	10287.53	552.02	579.27	1856.31	1302.88	141.26	161.30
不分地区	5378.02		485.06		216.44		

1-7 续表 1 单位：亿元

地区	交通运输、仓储和邮政业	住宿和餐饮业	信息传输、软件和信息技术服务业	金融业	房地产业	租赁和商务服务业	科学研究和技术服务业
全国总计	**53890.37**	**5976.25**	**6325.48**	**1310.20**	**142359.44**	**12341.90**	**5567.78**
北京	761.61	45.81	198.85	50.65	4726.67	129.23	70.62
天津	735.14	66.77	165.25	20.44	3290.56	1122.41	301.40
河北	2095.25	186.14	239.10	93.08	5764.91	501.06	351.80
山西	912.60	75.64	100.88	9.20	2940.78	164.83	104.57
内蒙古	1427.71	68.15	126.79	16.82	1829.42	141.61	87.77
辽宁	661.20	74.23	63.06	12.95	2255.72	93.06	44.04
吉林	1170.00	154.32	226.18	68.48	1251.19	266.94	150.77
黑龙江	1134.65	232.51	229.23	64.76	1190.08	258.67	194.33
上海	944.86	20.63	136.86	18.49	3720.67	119.94	40.35
江苏	2550.99	455.91	635.48	141.65	10467.38	1545.71	639.21
浙江	2581.91	296.84	318.79	88.94	10281.48	645.94	141.29
安徽	1628.47	275.90	301.73	92.39	6068.26	655.49	345.29
福建	2505.42	192.47	311.14	50.57	5682.50	337.18	115.96
江西	965.42	275.50	171.16	48.88	2775.63	494.65	153.27
山东	2982.16	375.25	294.39	101.80	9404.97	1183.96	1055.72
河南	1954.49	358.04	238.95	30.77	9484.10	455.36	252.20
湖北	2833.02	292.06	150.75	33.00	6446.36	806.37	151.87
湖南	1944.41	296.61	298.28	78.60	4906.00	723.50	358.19
广东	3032.32	352.36	506.72	94.07	12087.43	437.16	223.49
广西	1849.82	201.85	223.23	72.07	3400.45	560.54	152.48
海南	467.06	135.46	88.41		2117.99	33.03	38.29
重庆	1630.68	160.32	90.85	12.16	4346.10	244.83	30.79
四川	3737.95	354.52	292.87	21.30	8543.06	401.15	96.16
贵州	1779.92	227.79	67.01	13.61	3479.44	324.03	32.38
云南	2577.49	232.40	228.48	10.23	5484.08	60.02	18.13
西藏	542.30	21.95	11.42	4.89	176.55	17.31	7.26
陕西	1584.62	250.00	225.49	22.91	5127.38	259.42	215.54
甘肃	1100.04	195.62	105.35	22.51	1433.75	145.00	79.00
青海	589.92	30.13	76.02	4.80	638.85	42.46	39.53
宁夏	367.67	20.52	66.52	0.97	874.25	22.69	17.22
新疆	836.14	50.55	136.24	9.23	2163.42	148.33	58.84
不分地区	4005.14						

1-7 续表 2

单位：亿元

地　区	水利、环境和公共设施管理业	居民服务、修理和其他服务业	教　育	卫生和社会工作	文化、体育和娱乐业	公共管理、社会保障和社会组织
全国总计	**68647.57**	**2750.94**	**9326.69**	**6282.08**	**7834.16**	**8187.71**
北　京	722.17	16.32	139.93	56.91	153.19	19.71
天　津	1629.11	167.36	140.38	55.68	119.70	27.55
河　北	2705.91	94.95	325.29	316.42	461.70	188.92
山　西	1873.60	45.23	188.55	167.32	192.93	97.08
内蒙古	2645.31	35.16	149.15	127.62	210.54	294.53
辽　宁	505.20	48.97	57.87	66.00	83.60	62.77
吉　林	1161.29	105.96	123.86	145.38	107.78	248.14
黑龙江	864.53	102.36	164.24	156.93	146.73	122.95
上　海	474.37	2.58	79.14	52.76	107.14	14.14
江　苏	3965.38	260.86	590.09	446.43	642.24	485.82
浙　江	4361.45	130.69	506.79	273.08	390.16	302.89
安　徽	2597.13	109.75	375.37	231.36	242.70	464.25
福　建	3588.53	51.69	328.17	198.67	324.00	341.54
江　西	2004.40	120.40	218.35	145.64	176.01	327.59
山　东	2959.72	315.36	745.39	545.94	829.04	1074.88
河　南	3698.25	153.76	533.74	555.87	547.66	120.98
湖　北	3735.20	141.97	366.66	269.46	324.14	309.77
湖　南	4526.16	137.02	568.12	414.26	512.75	539.90
广　东	2843.17	40.11	514.70	215.30	319.16	201.12
广　西	2076.47	112.32	478.42	218.55	223.03	261.94
海　南	399.35	10.08	62.46	57.28	63.00	18.60
重　庆	2839.78	44.68	243.47	131.73	112.75	74.65
四　川	3977.06	60.89	579.33	402.13	234.75	284.86
贵　州	2960.44	49.15	326.25	171.74	261.98	28.56
云　南	2022.09	59.23	438.75	215.54	186.10	508.62
西　藏	193.52	7.97	39.47	17.39	26.17	136.41
陕　西	4026.49	125.78	424.73	307.26	348.82	226.18
甘　肃	1073.57	147.46	294.28	155.09	292.07	205.17
青　海	327.42	6.15	64.41	26.08	44.71	169.32
宁　夏	348.27	20.17	56.92	45.65	45.25	33.92
新　疆	1539.82	26.55	202.40	92.63	104.39	325.95
不分地区	2.39					668.99

1-8 各地区全社会固定资产投资

单位：亿元

地　区	合　计	固定资产投资(不含农户)	房地产开发	农　户
全国总计	**606465.66**	**596500.75**	**102580.61**	**9964.91**
北　京	7943.89	7888.69	4000.57	55.20
天　津	12779.39	12756.36	2300.01	23.03
河　北	31750.02	31340.07	4695.63	409.95
山　西	14197.98	13859.35	1597.35	338.63
内蒙古	15080.01	14893.96	1133.48	186.05
辽　宁	6692.25	6436.33	2094.85	255.92
吉　林	13923.20	13773.17	1016.76	150.03
黑龙江	10648.35	10432.55	864.84	215.80
上　海	6755.88	6751.68	3709.03	4.21
江　苏	49663.21	49370.85	8956.37	292.36
浙　江	30276.07	29571.00	7469.37	705.07
安　徽	27033.38	26577.37	4603.56	456.01
福　建	23237.35	22927.99	4588.83	309.36
江　西	19694.21	19378.69	1770.94	315.52
山　东	53322.94	52364.49	6323.38	958.45
河　南	40415.09	39753.93	6179.13	661.16
湖　北	30011.65	29503.88	4296.38	507.78
湖　南	28353.33	27688.45	2957.04	664.88
广　东	33303.64	32947.30	10307.80	356.34
广　西	18236.78	17652.95	2397.99	583.83
海　南	3890.45	3747.03	1787.60	143.42
重　庆	16048.10	15931.78	3725.95	116.31
四　川	28811.95	28229.79	5282.64	582.17
贵　州	13204.00	12929.17	2148.96	274.83
云　南	16119.40	15662.49	2688.34	456.91
西　藏	1596.05	1596.05	48.54	
陕　西	20825.25	20474.85	2736.75	350.40
甘　肃	9663.99	9534.10	850.03	129.89
青　海	3528.05	3455.51	396.92	72.54
宁　夏	3794.25	3709.04	728.16	85.20
新　疆	10287.53	9983.86	923.40	303.67
不分地区	5378.02	5378.02		

1-9　各地区全社会按经济类型分的固定资产投资

地　　区	合　　计	国有经济	集体经济	私营个体经济
全国总计	**606465.66**	**163370.18**	**10168.97**	**199324.51**
北　京	7943.89	2133.03	63.36	425.96
天　津	12779.39	1929.98	501.07	3720.31
河　北	31750.02	5104.14	221.97	13956.51
山　西	14197.98	3350.96	449.93	5735.35
内蒙古	15080.01	7092.64	215.65	3127.22
辽　宁	6692.25	1091.99	25.66	2598.96
吉　林	13923.20	2846.16	94.01	5434.56
黑龙江	10648.35	2643.87	113.84	3457.94
上　海	6755.88	1804.55	25.41	1057.10
江　苏	49663.21	8202.67	800.96	23670.66
浙　江	30276.07	8352.55	642.89	9863.50
安　徽	27033.38	6324.75	211.67	11269.32
福　建	23237.35	6274.11	959.48	6792.24
江　西	19694.21	4143.28	133.21	7352.11
山　东	53322.94	7494.62	1545.38	23117.64
河　南	40415.09	5636.36	435.83	11382.28
湖　北	30011.65	8025.86	672.16	9856.79
湖　南	28353.33	9246.41	374.60	11029.48
广　东	33303.64	6004.07	1040.58	8404.38
广　西	18236.78	5218.63	220.77	6971.48
海　南	3890.45	818.08	7.88	650.88
重　庆	16048.10	4989.37	134.32	4948.65
四　川	28811.95	10896.48	148.25	7120.36
贵　州	13204.00	5966.94	68.56	3273.44
云　南	16119.40	8579.88	451.74	3074.21
西　藏	1596.05	1253.97	6.39	112.89
陕　西	20825.25	9449.40	363.93	4179.09
甘　肃	9663.99	4657.38	174.27	2410.51
青　海	3528.05	1814.79	10.85	688.99
宁　夏	3794.25	1433.32	1.68	1434.17
新　疆	10287.53	5291.91	52.68	2207.54
不分地区	5378.02	5298.02		

1-9 续表

单位：亿元

地 区	联营经济	股份制经济	外商投资经济	港澳台投资经济	其他经济
全国总计	**428.27**	**184849.49**	**11846.32**	**14223.21**	**22254.70**
北 京	0.11	4658.61	303.09	337.65	22.08
天 津	36.05	5352.17	421.52	355.07	463.22
河 北	6.81	10416.13	455.68	373.14	1215.64
山 西	11.01	2682.44	109.76	172.31	1686.23
内蒙古	12.19	4216.68	107.63	28.68	279.31
辽 宁	7.49	2163.49	403.60	332.59	68.47
吉 林	12.32	4782.92	161.22	95.31	496.69
黑龙江	2.54	3243.39	73.44	53.42	1059.91
上 海	1.03	2687.67	495.09	679.28	5.76
江 苏	42.52	11753.00	2378.02	2309.48	505.89
浙 江	10.18	8529.21	724.13	1339.71	813.92
安 徽	16.01	7756.84	226.66	344.61	883.52
福 建	17.02	7058.80	340.83	885.18	909.70
江 西	31.97	6938.89	229.86	389.87	475.02
山 东	11.47	15160.23	1530.23	884.30	3579.09
河 南	13.66	19685.99	237.32	507.64	2516.01
湖 北	64.03	9638.59	343.77	443.65	966.81
湖 南	22.59	6228.98	203.83	279.93	967.49
广 东	35.08	12637.31	1542.75	2486.57	1152.89
广 西	25.65	4063.59	213.42	295.74	1227.51
海 南	0.66	2081.42	97.76	205.98	27.79
重 庆	5.52	4332.81	354.20	563.73	719.49
四 川	7.63	9283.92	345.07	346.98	663.26
贵 州	1.36	3592.75	27.22	122.34	151.40
云 南	7.06	3749.06	58.07	70.02	129.37
西 藏	3.46	153.48	3.99	3.30	58.59
陕 西	3.32	5694.57	383.02	159.17	592.75
甘 肃	13.93	2029.27	13.57	18.70	346.35
青 海	0.06	899.19	21.39	12.28	80.50
宁 夏	3.80	743.82	10.76	96.66	70.04
新 疆	1.74	2554.26	29.43	29.92	120.04
不分地区		80.00			

1-10　各地区全社会建筑安装工程投资

地　区	合　计	国有经济	集体经济	私营个体经济
全国总计	**423107.23**	**130216.59**	**8306.64**	**129748.06**
北　京	3091.94	1190.90	58.92	211.73
天　津	8575.77	1501.99	420.85	2520.85
河　北	22386.89	4018.14	165.97	9236.05
山　西	10607.41	2539.46	357.96	4350.58
内 蒙 古	10986.50	5691.19	185.83	2079.10
辽　宁	4921.93	854.30	21.59	1857.57
吉　林	8570.91	2272.44	62.91	2883.58
黑 龙 江	7323.40	2187.84	80.90	2076.23
上　海	3869.12	970.39	19.97	696.47
江　苏	29194.06	6438.77	662.84	12215.70
浙　江	18489.79	6209.22	518.47	5417.60
安　徽	20262.86	5505.66	180.59	7877.19
福　建	16371.58	4739.67	837.25	4524.86
江　西	14886.12	3417.72	98.60	5352.38
山　东	33813.92	5693.35	1242.28	13185.08
河　南	27705.12	4547.01	324.92	7321.48
湖　北	23299.88	6967.28	532.08	7106.52
湖　南	21297.31	7457.53	272.23	7937.06
广　东	21734.25	4443.42	873.18	5616.47
广　西	12423.56	4235.38	161.60	4374.29
海　南	2758.69	574.37	5.66	514.03
重　庆	12289.31	4018.88	112.89	3810.34
四　川	22267.87	9253.57	125.93	5160.23
贵　州	10872.15	5158.28	52.51	2553.44
云　南	13304.67	7500.21	431.68	2521.44
西　藏	1377.34	1100.58	4.54	99.15
陕　西	15811.46	7567.69	281.86	3102.51
甘　肃	8064.35	4064.31	162.84	1911.61
青　海	2781.75	1567.03	8.17	515.07
宁　夏	2573.17	1009.21	1.57	996.08
新　疆	7991.07	4379.70	40.06	1723.37
不分地区	3203.08	3141.09		

1-10 续表

单位：亿元

地 区	联营经济	股份制经 济	外商投资经济	港 澳 台投资经济	其他经济
全国总计	**320.45**	**123179.89**	**6057.44**	**8298.16**	**16980.00**
北 京	0.11	1430.84	93.12	87.38	18.93
天 津	16.17	3339.55	205.82	239.16	331.38
河 北	5.95	7632.58	277.48	248.14	802.57
山 西	8.69	1802.61	56.17	59.48	1432.46
内 蒙 古	3.75	2719.86	54.01	16.61	236.16
辽 宁	6.53	1624.37	219.74	279.70	58.13
吉 林	3.85	2826.13	108.81	63.00	350.20
黑 龙 江	1.04	2295.80	27.59	26.75	627.25
上 海	0.32	1569.07	255.54	352.71	4.66
江 苏	28.72	7268.86	939.10	1292.50	347.58
浙 江	7.28	4838.68	306.22	535.03	657.30
安 徽	13.70	5539.15	149.86	234.60	762.12
福 建	15.65	4666.75	224.39	595.64	767.36
江 西	25.78	5201.42	160.89	258.65	370.69
山 东	7.19	9638.91	778.89	565.90	2702.32
河 南	11.09	13179.71	138.25	239.49	1943.17
湖 北	58.65	7279.82	199.03	339.67	816.85
湖 南	17.56	4584.65	119.39	201.11	707.79
广 东	28.35	7690.05	880.34	1329.60	872.83
广 西	19.63	2561.01	113.20	209.33	749.12
海 南	0.20	1402.83	82.98	156.71	21.91
重 庆	5.00	3135.48	214.14	406.63	585.95
四 川	6.05	6685.34	222.34	247.20	567.21
贵 州	0.93	2867.17	19.56	89.39	130.85
云 南	3.45	2646.87	46.54	41.86	112.63
西 藏	3.46	115.02	3.31	3.30	47.99
陕 西	2.95	4151.20	128.18	117.50	459.57
甘 肃	12.97	1612.99	7.48	9.82	282.33
青 海	0.06	617.99	6.73	5.21	61.49
宁 夏	3.80	479.52	4.88	28.31	49.80
新 疆	1.58	1713.69	13.46	17.77	101.43
不分地区		61.99			

1-11 各地区全社会设备、工器具购置投资

地　区	合　计	国有经济	集体经济	私营个体经济
全国总计	**113388.96**	**13807.50**	**1014.53**	**52314.65**
北　京	856.74	224.74	0.63	25.53
天　津	2590.23	143.90	40.99	935.06
河　北	6337.70	496.20	28.20	3535.44
山　西	2210.46	398.77	35.72	973.75
内蒙古	3003.15	818.15	22.87	843.04
辽　宁	1026.67	99.19	3.44	494.81
吉　林	4315.77	345.73	26.06	2207.13
黑龙江	2697.24	283.59	24.06	1172.26
上　海	823.89	370.18	0.40	76.01
江　苏	15412.93	846.93	87.83	9650.86
浙　江	4995.95	349.24	29.68	2661.49
安　徽	4934.89	338.25	22.36	2749.27
福　建	3301.55	377.41	58.79	1440.89
江　西	3214.35	271.76	22.28	1417.77
山　东	15711.00	995.43	189.28	8789.01
河　南	9015.51	602.63	56.46	3077.67
湖　北	4166.38	477.16	85.74	1996.07
湖　南	3752.11	555.13	47.75	2069.27
广　东	5822.61	645.01	82.33	1479.54
广　西	3968.36	427.44	47.02	2057.55
海　南	276.02	17.45	0.07	49.53
重　庆	1468.19	246.81	8.57	650.50
四　川	3437.30	637.56	12.72	1310.35
贵　州	769.02	128.36	7.97	404.14
云　南	956.54	275.62	6.16	258.51
西　藏	143.66	88.30	1.85	11.87
陕　西	2971.21	881.85	43.76	784.68
甘　肃	980.41	327.18	7.27	340.28
青　海	518.91	154.80	2.21	129.75
宁　夏	918.76	299.00	0.11	329.61
新　疆	1622.01	514.28	11.98	393.01
不分地区	1169.45	1169.45		

1-11 续表

单位：亿元

地　区	联营经济	股份制经　济	外商投资经济	港澳台投资经济	其他经济
全国总计	**72.30**	**34223.02**	**4773.30**	**3709.61**	**3474.04**
北　京		234.53	160.08	210.72	0.50
天　津	19.36	1098.72	190.64	64.82	96.75
河　北	0.75	1825.13	163.26	80.93	207.79
山　西	2.04	528.51	47.95	98.63	125.09
内蒙古	3.20	1228.32	44.46	9.59	33.53
辽　宁	0.87	235.19	160.65	25.53	7.00
吉　林	7.31	1548.43	45.84	22.13	113.14
黑龙江	0.51	786.79	38.77	20.74	370.52
上　海		128.87	176.66	71.05	0.71
江　苏	11.02	2653.94	1289.23	747.14	125.97
浙　江	0.08	1159.66	302.26	434.39	59.17
安　徽	1.73	1567.55	70.29	88.25	97.19
福　建	0.72	1114.54	85.01	151.96	72.21
江　西	2.70	1250.66	61.40	114.15	73.64
山　东	2.42	4158.51	684.40	235.62	656.33
河　南	1.50	4591.09	88.81	244.31	353.04
湖　北	2.55	1308.88	128.98	76.92	90.09
湖　南	3.18	795.36	68.51	57.20	155.72
广　东	1.51	2354.50	446.90	666.39	146.43
广　西	4.80	929.63	47.90	59.00	395.02
海　南	0.46	187.03	9.61	9.61	2.27
重　庆	0.42	373.51	96.04	38.53	53.81
四　川	1.04	1292.50	72.95	55.35	54.83
贵　州	0.27	206.86	5.23	12.25	3.93
云　南	2.74	391.21	7.14	8.11	7.07
西　藏		31.44	0.68		9.52
陕　西	0.29	910.78	240.14	28.74	80.97
甘　肃	0.69	256.54	5.81	3.32	39.32
青　海		200.27	14.50	4.53	12.84
宁　夏		207.65	3.49	60.96	17.95
新　疆	0.16	666.44	15.69	8.75	11.70
不分地区					

1-12　各地区全社会其他费用投资

地　区	合　计	国有经济	集体经济	私营个体经济
全国总计	**69969.47**	**19346.09**	**847.81**	**17261.80**
北　京	3995.21	717.39	3.81	188.70
天　津	1613.39	284.09	39.24	264.41
河　北	3025.42	589.79	27.80	1185.02
山　西	1380.11	412.73	56.25	411.01
内蒙古	1090.36	583.31	6.96	205.07
辽　宁	743.65	138.50	0.63	246.57
吉　林	1036.52	227.99	5.05	343.86
黑龙江	627.72	172.44	8.89	209.45
上　海	2062.87	463.98	5.03	284.63
江　苏	5056.23	916.97	50.29	1804.10
浙　江	6790.34	1794.09	94.75	1784.40
安　徽	1835.62	480.84	8.71	642.86
福　建	3564.23	1157.03	63.43	826.48
江　西	1593.74	453.79	12.33	581.97
山　东	3798.02	805.84	113.81	1143.55
河　南	3694.45	486.72	54.45	983.13
湖　北	2545.39	581.42	54.34	754.21
湖　南	3303.90	1233.75	54.62	1023.16
广　东	5746.78	915.64	85.07	1308.37
广　西	1844.86	555.81	12.14	539.64
海　南	855.74	226.27	2.15	87.32
重　庆	2290.59	723.68	12.86	487.81
四　川	3106.79	1005.35	9.61	649.77
贵　州	1562.83	680.30	8.08	315.85
云　南	1858.19	804.05	13.90	294.25
西　藏	75.05	65.09		1.86
陕　西	2042.58	999.86	38.32	291.90
甘　肃	619.24	265.90	4.16	158.62
青　海	227.40	92.96	0.47	44.17
宁　夏	302.32	125.12		108.49
新　疆	674.45	397.93	0.64	91.16
不分地区	1005.50	987.48		

1-12 续表

单位：亿元

地　区	联营经济	股份制经济	外商投资经济	港澳台投资经济	其他经济
全国总计	**35.52**	**27446.58**	**1015.58**	**2215.43**	**1800.66**
北　京		2993.23	49.89	39.55	2.64
天　津	0.51	913.89	25.06	51.10	35.09
河　北	0.11	958.41	14.93	44.06	205.27
山　西	0.28	351.32	5.63	14.20	128.69
内蒙古	5.25	268.50	9.16	2.48	9.63
辽　宁	0.10	303.94	23.21	27.36	3.34
吉　林	1.16	408.37	6.57	10.17	33.35
黑龙江	0.99	160.80	7.08	5.92	62.14
上　海	0.71	989.73	62.89	255.52	0.39
江　苏	2.78	1830.21	149.70	269.84	32.34
浙　江	2.82	2530.87	115.66	370.30	97.45
安　徽	0.58	650.14	6.51	21.76	24.22
福　建	0.64	1277.50	31.42	137.58	70.14
江　西	3.50	486.81	7.58	17.07	30.69
山　东	1.85	1362.81	66.93	82.78	220.44
河　南	1.08	1915.20	10.25	23.84	219.79
湖　北	2.83	1049.89	15.76	27.07	59.87
湖　南	1.86	848.97	15.94	21.62	103.98
广　东	5.23	2592.77	215.51	490.58	133.63
广　西	1.22	572.95	52.32	27.41	83.37
海　南		491.57	5.17	39.66	3.61
重　庆	0.10	823.82	44.02	118.57	79.73
四　川	0.54	1306.08	49.78	44.43	41.23
贵　州	0.15	518.72	2.42	20.69	16.61
云　南	0.88	710.99	4.39	20.05	9.67
西　藏		7.03			1.07
陕　西	0.08	632.59	14.70	12.93	52.21
甘　肃	0.27	159.73	0.28	5.56	24.70
青　海		80.94	0.15	2.54	6.17
宁　夏		56.65	2.38	7.39	2.29
新　疆		174.13	0.27	3.40	6.91
不分地区		18.01			

1-13　各地区全社会住宅建设投资

地　区	合　计	国有经济	集体经济	私营个体经济
全国总计	**83660.24**	**7937.36**	**577.39**	**28876.41**
北　京	2124.26	175.87	4.49	194.87
天　津	1725.78	98.07	12.65	309.52
河　北	3964.97	131.51	1.05	1657.28
山　西	1882.76	209.85	103.75	882.70
内蒙古	1132.06	259.40	0.48	472.28
辽　宁	1625.09	57.67	1.23	570.44
吉　林	788.35	51.25	0.05	288.69
黑龙江	709.16	93.72		244.00
上　海	1979.85	161.66	5.83	438.52
江　苏	7161.42	644.36	23.55	2612.99
浙　江	5945.26	506.01	42.90	2492.28
安　徽	3718.92	451.99	8.94	1347.77
福　建	3424.80	398.83	28.98	968.68
江　西	1752.94	172.99	2.98	726.40
山　东	5806.85	467.97	73.15	1876.33
河　南	5629.45	305.94	25.40	1537.62
湖　北	3817.46	412.41	17.82	1322.34
湖　南	2661.54	273.19	3.65	1300.40
广　东	7472.80	115.04	69.32	2282.86
广　西	2239.09	147.79	5.62	1033.84
海　南	1476.56	69.09	3.92	350.55
重　庆	2567.05	223.32	1.91	809.53
四　川	4194.26	532.30	7.25	1477.85
贵　州	1535.49	99.14	0.18	634.60
云　南	2871.51	750.30	102.89	858.43
西　藏	71.00	20.33		27.43
陕　西	2647.42	519.66	13.64	830.52
甘　肃	788.76	146.94	12.90	297.17
青　海	383.68	96.81		178.23
宁　夏	524.86	69.50	0.01	342.45
新　疆	1036.88	274.44	2.87	509.84
不分地区				

1-13 续表

单位：亿元

地　区	联营经济	股份制经济	外商投资经济	港澳台投资经济	其他经济
全国总计	**6.29**	**40484.04**	**1242.82**	**3607.84**	**928.09**
北　京		1698.47	13.86	28.83	7.88
天　津		1124.23	50.37	128.21	2.71
河　北	0.15	2088.29	8.72	68.41	9.56
山　西		453.45	6.41	7.71	218.88
内蒙古		395.87	0.36	0.13	3.54
辽　宁		742.65	84.38	168.56	0.15
吉　林		429.87	0.35	15.79	2.35
黑龙江		363.66	0.65	6.98	0.15
上　海		1100.26	63.06	210.51	
江　苏		3082.96	249.46	537.81	10.30
浙　江		2463.54	66.50	322.17	51.86
安　徽		1767.71	35.55	91.70	15.26
福　建	0.04	1688.44	56.19	258.47	25.15
江　西	1.38	810.52	4.10	31.93	2.63
山　东		2814.68	69.31	219.15	286.25
河　南	0.04	3569.27	16.06	39.40	135.71
湖　北	1.05	1921.65	36.79	86.48	18.94
湖　南		1016.99	17.23	45.47	4.61
广　东	0.11	4071.87	269.44	636.12	28.05
广　西	0.42	865.38	51.71	130.95	3.38
海　南		889.99	15.28	143.03	4.70
重　庆		1245.93	37.43	233.18	15.75
四　川	0.02	2021.89	45.28	87.52	22.16
贵　州		761.08	2.91	34.93	2.66
云　南	0.01	1116.27	7.28	14.91	21.42
西　藏	2.99	19.73			0.53
陕　西	0.02	1187.35	32.77	41.64	21.83
甘　肃		325.26	0.93	2.12	3.44
青　海		104.60			4.04
宁　夏		101.71	0.45	10.27	0.47
新　疆	0.06	240.46		5.46	3.76
不分地区					

1-14　各地区全社会新增固定资产

地　区	合　计	国有经济	集体经济	私营个体经济
全国总计	**363019.20**	**91701.74**	**8194.07**	**135895.45**
北　京	3243.71	936.76	16.38	158.13
天　津	7658.27	1007.83	467.09	2890.63
河　北	22778.28	3879.82	164.16	10506.58
山　西	10025.60	2106.32	430.97	4485.00
内蒙古	10345.39	5367.47	169.53	2176.98
辽　宁	3392.86	525.00	23.06	1458.78
吉　林	10098.33	1815.29	90.15	4398.13
黑龙江	8493.45	1709.39	117.91	3017.29
上　海	2958.65	857.66	37.85	617.53
江　苏	34043.30	5319.65	651.63	17720.20
浙　江	19488.74	5302.05	499.75	6593.84
安　徽	16415.15	3696.31	160.17	7497.80
福　建	13450.12	3321.47	840.87	4648.71
江　西	10888.11	1862.13	100.88	4671.07
山　东	32130.02	3811.38	1193.58	15512.82
河　南	22956.77	3254.84	374.61	6842.62
湖　北	15895.02	4306.28	422.63	5919.02
湖　南	16956.23	4934.45	273.12	7503.08
广　东	17403.00	2629.77	929.01	5021.13
广　西	11919.18	2945.48	182.69	4992.73
海　南	1433.64	284.14	1.26	338.33
重　庆	8820.55	2804.06	92.37	3109.31
四　川	18801.09	7461.14	106.54	5052.67
贵　州	6867.40	3017.93	39.61	2004.55
云　南	8581.70	4688.03	312.42	1950.12
西　藏	691.59	538.81	2.23	77.70
陕　西	11004.79	5101.68	292.12	2479.50
甘　肃	6064.14	2975.62	165.76	1619.31
青　海	1834.61	1126.85	4.48	356.77
宁　夏	2094.68	835.40	0.39	851.07
新　疆	6284.85	3278.75	30.83	1424.04
不分地区				

1-14 续表

单位：亿元

地区	联营经济	股份制经济	外商投资经济	港澳台投资经济	其他经济
全国总计	**349.71**	**96856.34**	**6461.37**	**7538.65**	**16021.86**
北京		1670.79	180.09	269.95	11.62
天津	34.72	2569.01	195.04	185.47	308.47
河北	10.56	6622.43	277.57	330.10	987.07
山西	7.04	1607.08	37.70	74.18	1277.31
内蒙古	11.83	2340.00	27.21	27.37	224.98
辽宁	6.92	1108.58	79.54	148.56	42.42
吉林	11.75	3261.41	84.91	55.33	381.35
黑龙江	1.48	2644.42	37.36	18.58	947.01
上海		898.10	259.55	284.41	3.55
江苏	35.62	6908.76	1589.79	1479.72	337.93
浙江	5.84	5122.47	521.50	813.91	629.39
安徽	13.55	4233.06	126.10	189.58	498.59
福建	12.67	3291.58	155.87	443.88	735.08
江西	29.55	3730.08	84.71	163.20	246.48
山东	6.49	8035.02	859.94	354.05	2356.75
河南	6.29	10227.53	122.52	327.59	1800.78
湖北	59.73	4217.03	135.34	181.79	653.19
湖南	29.77	3233.71	85.75	186.92	709.43
广东	9.53	5971.44	727.82	1247.73	866.57
广西	24.52	2416.35	166.59	159.43	1031.39
海南	0.68	711.15	20.20	76.49	1.39
重庆	4.28	1914.87	166.51	240.15	489.00
四川	4.96	5359.49	208.93	114.21	493.14
贵州	1.09	1651.24	9.63	41.89	101.46
云南	1.65	1506.74	9.68	35.45	77.60
西藏	0.12	48.52	4.35	1.30	18.56
陕西	2.54	2423.06	256.18	59.52	390.18
甘肃	14.36	1014.48	9.62	8.25	256.73
青海	0.30	296.30	7.45	7.06	35.40
宁夏		335.25	5.45	11.91	55.21
新疆	1.86	1486.39	8.48	0.68	53.81
不分地区					

1-15 各地区全社会投资实际到位资金

单位：亿元

地 区	本年实际到位资金小计	国家预算资金	国内贷款	利用外资	自筹资金	其他资金
全国总计	**616933.49**	**36211.67**	**67200.30**	**2270.34**	**413828.60**	**97422.59**
北 京	11655.95	1080.83	2655.99	13.01	3695.65	4210.48
天 津	14211.95	232.18	2415.67	122.06	8701.14	2740.90
河 北	30938.85	1260.40	1797.93	31.60	25518.19	2330.73
山 西	11938.50	707.79	701.22	5.58	9506.78	1017.13
内蒙古	14134.28	1094.33	1753.24	1.49	10309.78	975.44
辽 宁	7606.35	276.40	1031.23	113.78	4793.33	1391.61
吉 林	13622.85	555.83	654.04	17.87	11602.83	792.29
黑龙江	10686.04	499.00	404.33	4.35	9009.80	768.55
上 海	9198.91	564.74	2104.13	18.67	2993.26	3518.11
江 苏	54758.28	990.43	5787.92	599.88	36534.49	10845.56
浙 江	32110.24	1702.21	3580.02	172.05	18965.19	7690.76
安 徽	27107.14	1383.97	1714.67	82.37	19357.39	4568.75
福 建	22994.88	1901.72	2285.31	55.54	14831.12	3921.19
江 西	19716.66	1160.55	1522.43	42.96	14839.41	2151.30
山 东	53920.94	1073.28	5187.59	234.87	41751.86	5673.35
河 南	39774.36	1295.80	4082.95	59.31	31513.76	2822.55
湖 北	29484.84	1804.51	3071.03	44.12	20711.04	3854.15
湖 南	28991.14	1452.16	2634.57	46.99	21212.62	3644.79
广 东	39864.83	1979.98	5026.39	263.73	21029.56	11565.17
广 西	18478.06	1669.30	2196.19	20.55	11967.84	2624.18
海 南	4354.10	350.97	694.29	2.19	2188.42	1118.23
重 庆	17018.46	942.10	2310.66	57.81	10313.91	3393.97
四 川	28770.02	2110.80	2499.28	23.92	18725.43	5410.59
贵 州	11415.87	682.56	2132.68	43.92	6778.31	1778.40
云 南	13074.62	1772.90	2306.61	5.50	6539.13	2450.48
西 藏	1675.12	1153.76	78.48		366.02	76.86
陕 西	19557.02	1632.48	1876.51	137.93	14183.93	1726.18
甘 肃	9057.40	1226.27	1047.51	7.45	5808.41	967.75
青 海	3462.69	837.79	738.91	19.01	1493.50	373.48
宁 夏	2960.71	244.31	754.32	4.12	1567.95	390.02
新 疆	9692.56	1818.61	825.08	4.04	5828.51	1216.32
不分地区	4699.89	753.70	1329.10	13.68	1190.08	1413.33

1-16 各地区全社会房屋施工面积

单位：万平方米

地 区	合 计	国有经济	集体经济	私营个体经济
全国总计	**1264395.25**	**212568.85**	**14834.81**	**464928.89**
北 京	22221.37	3416.02	494.54	1852.06
天 津	19422.82	3006.01	1998.37	4577.04
河 北	49121.09	2525.75	118.95	22612.42
山 西	28565.77	2830.78	830.13	16113.99
内 蒙 古	22167.09	3708.66	47.16	9633.41
辽 宁	31661.74	1270.47	245.58	12158.37
吉 林	18735.57	1021.08	46.96	6005.89
黑 龙 江	15579.78	1789.46	49.70	5287.86
上 海	17733.25	1957.00	102.09	4152.42
江 苏	95997.55	9829.17	874.13	43973.84
浙 江	77382.55	11718.98	1654.29	30866.34
安 徽	59490.60	7710.39	204.40	23440.83
福 建	46858.11	6078.42	551.88	16209.23
江 西	31758.66	4953.28	71.83	12927.63
山 东	96821.06	8364.33	1840.25	40567.16
河 南	75452.06	5488.26	1031.67	23102.84
湖 北	48504.23	5408.51	352.48	19780.90
湖 南	100295.62	62383.03	96.59	19969.87
广 东	87713.09	3875.71	1815.64	27995.00
广 西	35031.89	3684.49	154.51	18464.75
海 南	11312.89	855.04	28.67	2892.73
重 庆	34143.19	5154.56	60.74	12545.80
四 川	65603.17	11135.51	152.99	23569.50
贵 州	35015.89	8714.90	50.82	12044.98
云 南	43473.06	11409.80	1516.67	16455.11
西 藏	3050.74	2597.69		244.07
陕 西	37180.86	8164.55	264.90	13330.39
甘 肃	16249.93	3528.26	132.00	6088.18
青 海	5685.09	1754.11	7.61	2628.73
宁 夏	9386.01	1592.20		5459.05
新 疆	22616.74	6478.62	39.27	9978.53
不分地区	163.80	163.80		

1-16　续表　　　　单位：万平方米

地　　区	联营经济	股份制经济	外商投资经济	港澳台投资经济	其他经济
全国总计	**354.48**	**488812.77**	**19046.48**	**41317.46**	**22531.53**
北　　京	1.43	15207.51	581.37	521.67	146.76
天　　津	10.06	8337.65	475.64	694.38	323.67
河　　北	5.38	22568.81	187.58	511.57	590.63
山　　西	0.55	6008.90	192.52	277.62	2311.26
内 蒙 古	3.19	8652.38	34.71	4.80	82.78
辽　　宁	4.91	13517.35	1773.15	2592.42	99.50
吉　　林	3.20	10908.75	40.13	551.18	158.38
黑 龙 江		7795.46	73.12	165.27	418.91
上　　海	0.24	8869.99	828.03	1807.79	15.68
江　　苏	77.48	31230.68	3200.29	6238.95	573.01
浙　　江	22.72	25699.36	1735.75	3699.58	1985.53
安　　徽	2.54	24004.27	397.13	1197.19	2533.85
福　　建	14.35	19392.28	853.96	2981.03	776.95
江　　西	92.58	12697.75	198.41	614.69	202.51
山　　东	10.39	37993.33	1109.38	2388.93	4547.29
河　　南	15.36	42231.28	319.56	725.31	2537.78
湖　　北	4.04	20761.73	424.96	975.45	796.17
湖　　南	0.92	16163.10	315.40	1042.85	323.86
广　　东	37.06	42506.33	3115.99	7085.60	1281.77
广　　西	6.76	11004.29	313.37	1131.73	271.98
海　　南		6621.02	149.45	721.63	44.35
重　　庆	2.50	12831.43	783.28	2447.43	317.45
四　　川	5.42	27182.78	1192.75	1689.06	675.17
贵　　州		13636.47	137.87	210.36	220.48
云　　南	1.31	13374.55	167.55	344.27	203.79
西　　藏	13.73	184.52	0.89		9.84
陕　　西	1.79	13903.22	395.72	508.90	611.40
甘　　肃	2.40	6249.89	22.18	22.57	204.46
青　　海		1185.25		0.12	109.27
宁　　夏	13.30	2192.92	18.46	81.55	28.52
新　　疆	0.87	5899.53	7.89	83.53	128.52
不分地区					

1-17 各地区全社会住宅施工面积

单位：万平方米

地　区	合　计	国有经济	集体经济	私营个体经济
全国总计	**660662.06**	**63546.07**	**4549.52**	**265931.60**
北　京	7596.02	1274.67	45.92	824.65
天　津	7335.85	820.51	79.00	1204.81
河　北	28155.87	911.06	54.26	12688.94
山　西	18239.93	1437.07	675.34	10682.44
内蒙古	13577.36	1869.81	2.56	6264.62
辽　宁	20117.38	789.07	47.41	6989.63
吉　林	8861.14	354.55		3246.69
黑龙江	8740.08	894.00		2917.47
上　海	8157.21	874.37	57.01	1687.74
江　苏	47280.52	4076.54	167.57	19493.64
浙　江	33270.99	3898.03	403.73	14394.47
安　徽	31404.87	4050.04	96.33	12335.23
福　建	22528.19	2736.72	130.21	7373.96
江　西	17061.72	1377.07	7.68	7866.59
山　东	56134.18	3166.53	596.01	23658.89
河　南	45175.49	2291.12	296.41	14889.88
湖　北	28187.30	2816.82	127.98	11672.29
湖　南	28186.70	2310.38	18.20	13837.80
广　东	48071.73	926.24	555.06	15753.04
广　西	22349.39	1464.15	24.34	13107.84
海　南	8111.71	480.15	23.53	2345.16
重　庆	19954.81	2290.31	17.50	7747.39
四　川	35977.24	4148.29	86.46	13932.72
贵　州	16694.41	1561.20	7.72	6926.09
云　南	27343.54	6835.89	881.63	10829.25
西　藏	380.60	120.98		147.31
陕　西	21943.87	3902.35	68.60	8351.52
甘　肃	8435.60	1113.88	55.05	3534.67
青　海	3058.07	736.13		1576.04
宁　夏	5161.31	741.36		3302.50
新　疆	13168.99	3276.79	24.00	6348.35
不分地区				

1-17 续表

单位：万平方米

地区	联营经济	股份制经济	外商投资经济	港澳台投资经济	其他经济
全国总计	**85.38**	**290260.28**	**8774.39**	**21944.62**	**5570.21**
北京		5171.79	80.96	109.71	88.34
天津		4749.38	120.72	326.28	35.16
河北	2.00	14054.94	65.30	357.24	22.13
山西		3922.79	64.72	95.00	1362.58
内蒙古		5384.60	26.52	0.81	28.44
辽宁		9305.56	1043.19	1942.53	
吉林		4900.19	11.40	340.27	8.03
黑龙江		4792.99	50.35	81.53	3.75
上海		4741.47	260.41	536.20	
江苏		18488.15	1493.48	3366.37	194.77
浙江		12392.96	281.44	1461.84	438.52
安徽		13872.75	216.43	713.22	120.87
福建	0.20	10440.79	370.61	1355.68	120.02
江西	64.17	7320.19	100.31	310.48	15.22
山东		25607.09	419.59	1392.19	1293.89
河南		26370.84	182.53	378.91	765.79
湖北	1.05	12760.28	198.16	499.24	111.48
湖南		11067.75	259.90	648.90	43.79
广东		25307.11	1749.48	3656.24	124.56
广西	2.48	6761.61	181.50	792.95	14.53
海南		4672.51	82.31	477.24	30.82
重庆		8106.26	311.14	1374.18	108.02
四川	1.85	15918.65	676.64	1006.12	206.50
贵州		7972.34	89.73	123.97	13.37
云南	0.03	8411.11	112.05	186.72	86.87
西藏	12.71	97.19			2.41
陕西	0.29	8850.41	303.30	284.93	182.48
甘肃		3618.32	19.82	13.90	79.97
青海		715.48			30.42
宁夏		1054.81	2.42	54.57	5.66
新疆	0.61	3429.96		57.42	31.85
不分地区					

1-18 各地区全社会房屋竣工面积

单位：万平方米

地 区	合 计	国有经济	集体经济	私营个体经济
全国总计	**312119.03**	**43311.31**	**6142.65**	**165154.46**
北 京	3442.69	413.16	17.47	550.56
天 津	5368.02	397.35	227.34	2050.01
河 北	16221.34	1299.74	95.40	9722.63
山 西	9348.41	628.72	588.44	5828.19
内 蒙 古	5446.39	2162.17	34.91	2100.51
辽 宁	4819.93	165.71	49.28	2812.24
吉 林	4997.51	211.11	42.62	1883.46
黑 龙 江	4535.73	514.11	22.81	1814.93
上 海	2840.23	262.41	21.92	981.81
江 苏	26655.33	2695.51	527.62	14720.87
浙 江	20763.83	2861.75	685.08	9926.59
安 徽	14502.59	1682.13	82.76	8237.87
福 建	11749.91	1302.60	378.17	5769.15
江 西	8120.83	836.10	26.70	5320.77
山 东	29205.40	1648.87	1081.37	18050.74
河 南	18614.08	1459.78	296.76	8931.55
湖 北	12677.95	1639.77	185.33	7298.05
湖 南	12092.34	1498.39	37.52	7731.73
广 东	16436.40	851.57	673.57	7360.46
广 西	9829.80	840.02	47.81	7610.70
海 南	2681.33	158.32	2.49	1246.30
重 庆	7643.32	1514.21	37.70	3311.66
四 川	17524.40	3306.54	38.81	8876.16
贵 州	9223.37	4072.07	3.78	3357.76
云 南	15568.11	5602.09	799.41	7571.96
西 藏	106.29	49.41		37.36
陕 西	6782.32	1312.80	61.92	3647.91
甘 肃	4137.84	946.68	58.43	2259.44
青 海	1590.67	430.81	2.90	962.68
宁 夏	2113.24	308.53		1403.94
新 疆	7079.42	2238.90	14.33	3776.46
不分地区				

1-18　续表　　　　单位：万平方米

地　区	联营经济	股份制经　济	外商投资经济	港 澳 台投资经济	其他经济
全国总计	**129.83**	**80369.05**	**3032.37**	**6228.85**	**7750.50**
北　京		2285.19	89.93	61.23	25.15
天　津	7.16	2241.62	101.10	266.04	77.39
河　北	5.38	4485.00	53.98	159.44	399.77
山　西		1086.42	15.90	29.33	1171.41
内蒙古	3.19	1076.97	3.81	2.23	62.59
辽　宁		1492.67	64.25	221.78	13.99
吉　林	3.20	2714.15	22.46	53.04	67.46
黑龙江		1990.05		57.72	136.11
上　海		1305.44	89.97	178.68	
江　苏	5.17	6513.62	691.58	1339.01	161.95
浙　江	14.54	5668.57	366.12	616.61	624.56
安　徽	1.20	4029.57	109.75	230.20	129.11
福　建	13.97	3275.16	109.37	490.82	410.67
江　西	40.39	1688.95	54.20	105.04	48.69
山　东	2.78	6278.09	354.98	322.39	1466.19
河　南		6909.58	54.75	86.34	875.32
湖　北	3.16	3012.88	58.70	118.69	361.37
湖　南	0.62	2393.27	38.57	271.53	120.72
广　东	17.63	5654.61	472.39	802.58	603.60
广　西	3.03	1126.37	13.72	75.00	113.14
海　南		1112.36	14.82	141.09	5.95
重　庆	2.50	2084.30	134.53	365.00	193.42
四　川	1.98	4952.92	53.91	93.16	200.91
贵　州		1699.53	0.30	52.52	37.41
云　南	0.90	1493.50	8.65	31.62	59.98
西　藏		15.57			3.96
陕　西	1.71	1510.19	47.00	31.14	169.64
甘　肃	0.68	756.61	5.97		110.03
青　海		149.94			44.34
宁　夏		362.11	1.10	26.60	10.98
新　疆	0.65	1003.83	0.57		44.69
不分地区					

1-19 各地区全社会住宅竣工面积

单位：万平方米

地　　区	合　　计	国有经济	集体经济	私营个体经济
全国总计	**171471.26**	**17865.32**	**2295.05**	**100924.91**
北　　京	1728.32	93.39		479.95
天　　津	2317.74	213.61	9.11	366.06
河　　北	7024.81	250.24	53.76	4762.27
山　　西	6265.62	372.12	495.26	4087.16
内 蒙 古	2969.63	813.95	2.56	1491.86
辽　　宁	3141.39	94.13	38.46	1667.15
吉　　林	1504.05	50.63		850.83
黑 龙 江	2344.06	250.47		847.11
上　　海	1557.98	149.30	14.11	471.57
江　　苏	10209.48	902.27	75.13	4799.60
浙　　江	9402.86	960.80	143.40	4938.30
安　　徽	8359.25	732.59	42.58	4802.80
福　　建	4330.51	435.43	84.65	2129.27
江　　西	4588.71	261.12		3510.11
山　　东	16756.17	637.57	255.17	11265.26
河　　南	11952.01	706.82	138.98	6844.30
湖　　北	7138.37	1014.96	85.44	4514.23
湖　　南	8300.75	616.08	10.46	5889.05
广　　东	7496.77	155.44	146.30	3808.88
广　　西	7427.96	323.74	7.92	6472.63
海　　南	2280.49	108.16	2.22	1093.66
重　　庆	4569.98	548.88	14.68	2259.55
四　　川	10509.16	1525.15	22.55	5995.65
贵　　州	3683.44	203.76		2467.53
云　　南	10776.42	3481.80	572.40	5913.33
西　　藏	73.03	33.14		28.57
陕　　西	5043.62	752.04	33.77	3089.20
甘　　肃	2170.19	239.57	44.94	1452.35
青　　海	1204.24	296.06		783.65
宁　　夏	1421.21	177.09		1008.84
新　　疆	4923.00	1465.02	1.20	2834.19
不分地区				

1-19 续表

单位：万平方米

地区	联营经济	股份制经济	外商投资经济	港澳台投资经济	其他经济
全国总计	**25.87**	**43334.43**	**1077.67**	**3258.44**	**2689.56**
北京		1115.85	2.31	23.72	13.11
天津		1557.62	29.14	136.55	5.65
河北	2.00	1827.58	4.33	111.66	12.97
山西		563.80	10.24	24.15	712.88
内蒙古		641.02			20.24
辽宁		1135.42	30.12	176.11	
吉林		559.34	11.40	29.03	2.83
黑龙江		1220.20		26.27	
上海		827.92	22.66	72.42	
江苏		3451.12	232.39	715.12	33.85
浙江		2889.12	58.40	211.51	201.32
安徽		2500.21	84.77	150.61	45.69
福建	0.20	1365.51	31.96	202.76	80.74
江西	19.25	722.92	21.01	49.13	5.17
山东		3776.66	69.67	147.63	604.20
河南		3832.95	1.56	60.11	367.31
湖北	1.05	1395.93	0.06	54.14	72.57
湖南		1579.77	28.99	159.92	16.48
广东		2627.88	309.01	357.77	91.49
广西	2.48	546.28	7.41	59.19	8.32
海南		956.00	3.67	111.71	5.08
重庆		1361.20	68.56	238.39	78.74
四川		2807.13	28.65	56.77	73.26
贵州		950.69		48.40	13.05
云南		775.52	1.71	4.36	27.30
西藏		11.00			0.32
陕西	0.29	1072.62	13.88	9.76	72.06
甘肃		355.37	5.78		72.18
青海		94.14			30.38
宁夏		208.38		21.25	5.66
新疆	0.61	605.27			16.71
不分地区					

第二部分
固定资产投资（不含农户）

(一)固定资产投资(不含农户)

2-1-1　固定资产投资(不含农户)主要指标

指　　标	2016年	2015年	增速(%)
一、投资总额(亿元)	**596500.75**	**551590.04**	**8.1**
其中：住宅	76649.93	72746.00	5.4
1.按构成分			
建筑安装工程	415196.26	379728.39	9.3
设备、工具、器具投资	111859.88	109522.75	2.1
其他费用	69444.61	62338.90	11.4
2.按建设性质分			
#新　建	421160.34	380958.91	10.6
扩　建	68981.93	67268.84	2.5
改建和技术改造	85391.54	81857.66	4.3
单纯购置	14634.89	15078.22	-2.9
3.按产业分			
第一产业	18838.32	15561.80	21.1
第二产业	231825.92	224048.00	3.5
第三产业	345836.51	311980.24	10.9
二、全部建设规模(亿元)			
建设总规模	1744063.57	1598982.45	9.1
自开始建设至本年底累计完成投资	1159369.36	1138067.84	1.9
在建总规模	1278095.71	1079066.16	18.4
在建净规模	597599.34	470288.84	27.1
三、新增固定资产(亿元)	**353530.54**	**386200.09**	**-8.5**
四、房屋建筑面积(万平方米)			
施工面积	1172355.53	1193995.01	-1.8
其中：住宅	577521.90	579855.62	-0.4
竣工面积	232469.89	265656.27	-12.5
其中：住宅	98419.84	100357.62	-1.9
五、投资实际到位资金小计(亿元)	**606968.59**	**573788.97**	**5.8**
国家预算资金	36211.67	30924.28	17.1
国内贷款	66767.09	60756.64	9.9
债　　券	1463.77	1357.24	7.8
利用外资	2270.34	2854.45	-20.5
自筹资金	404766.82	405008.73	-0.1
其他资金	95488.90	72887.62	31.0

注：固定资产投资(不含农户)除项目个数外，均含房地产开发投资。以下表同。

2-1-2 各地区固定资产投资(不含农户)建设规模

单位：万元

地 区	建设总规模	自开始建设累计完成投资	在建总规模	在建净规模
全国总计	**17440635717**	**11593693574**	**12780957085**	**5975993432**
北 京	458101792	307109060	402140722	142799129
天 津	379608202	256719483	292591490	128409467
河 北	789148227	520755120	541377655	268127144
山 西	375020383	255495136	258386557	112367450
内 蒙 古	420650744	250709066	302805930	158760020
辽 宁	425252535	258400701	352457854	165379888
吉 林	288715839	196247825	180488387	91764669
黑 龙 江	256353603	170015702	166623026	80473985
上 海	395645612	259519883	341583782	137037867
江 苏	1289035280	897950111	874019154	404065503
浙 江	977292990	679149337	706634654	313965083
安 徽	714270598	482046021	497081458	241076806
福 建	621430433	469451851	417925507	171003912
江 西	432758371	286677452	296489930	152106583
山 东	1217369506	835495587	814961866	398614688
河 南	940572983	607640700	649483579	341142470
湖 北	766501891	517191532	552521616	258629449
湖 南	664074990	437755594	469179217	235839622
广 东	1296542898	851525782	1016741579	462643639
广 西	472655959	316895218	325863204	160038730
海 南	205860820	121474616	175352775	89271224
重 庆	507876920	351489431	386339329	166028282
四 川	810125971	549914097	580673733	272336822
贵 州	424138283	275035385	314329192	146629962
云 南	519401349	339402146	401936747	188042844
西 藏	40719227	22155652	33124120	18162219
陕 西	588951093	353569390	453716956	236836795
甘 肃	223333865	147489698	153017614	75152211
青 海	107746426	67940783	85104379	38367244
宁 夏	127627907	80308906	104796567	46054123
新 疆	351723687	190642038	281081173	155838350
不分地区	352127333	237520271	352127333	119027252

2-1-3　国民经济行业大类固定资产投资(不含农户)建设规模

单位：万元

行　　业	建设总规模	自开始建设累计完成投资	在建总规模	在建净规模
全国总计	**17440635717**	**11593693574**	**12780957085**	**5975993432**
(一)农、林、牧、渔业	**351732057**	**260118255**	**166200203**	**91466864**
农业	164260758	116800543	82412403	47046437
林业	34153682	25261256	17017598	9030915
畜牧业	79251864	61366253	34504612	18217943
渔业	15109825	11852362	6600263	3524724
农、林、牧、渔服务业	58955928	44837841	25665327	13646845
(二)采矿业	**249206888**	**171840606**	**164475972**	**70792037**
煤炭开采和洗选业	114484421	69627610	85678952	36408790
石油和天然气开采业	44139474	36572849	28884327	9948745
黑色金属矿采选业	24104974	14975974	16101148	8342883
有色金属矿采选业	28618051	20122030	17214561	8544649
非金属矿采选业	31035087	24890571	13342593	6366465
开采辅助活动	5537264	4614423	2645257	963595
其他采矿业	1287617	1037149	609134	216910
(三)制造业	**3645049115**	**2448009259**	**2230230406**	**1187805198**
农副食品加工业	185664870	138664592	93586208	46763223
食品制造业	97637046	70570093	51566402	26705876
酒、饮料和精制茶制造业	78613380	55310294	46460953	22872526
烟草制品业	9612753	5068572	8354339	4510076
纺织业	101843776	78085617	49825254	24123447
纺织服装、服饰业	73078295	55562570	35400989	18106072
皮革、毛皮、羽毛及其制品和制鞋业	35378299	28082444	16528518	7523297
木材加工和木、竹、藤、棕、草制品业	61588313	48693717	25399839	12939910
家具制造业	50096800	37047280	25548351	13466692
造纸和纸制品业	59564926	41688690	34604158	18064519
印刷和记录媒介复制业	27659593	21240985	12517489	6601881
文教、工美、体育和娱乐用品制造业	40755181	30789886	20275068	10286090
石油加工、炼焦和核燃料加工业	108502098	50594495	92510483	56847632
化学原料和化学制品制造业	345297907	217261937	236750791	123909538
医药制造业	132775686	85540511	88853466	46585373
化学纤维制造业	26479682	15624684	20082299	10907577
橡胶和塑料制品业	112292561	87119297	56131023	26194797
非金属矿物制品业	273568520	203527025	135412836	69760652
黑色金属冶炼和压延加工业	126360722	73306315	95120767	51736251
有色金属冶炼和压延加工业	162985576	95656677	125086491	66380375
金属制品业	159113855	120299653	78509067	39782179
通用设备制造业	203844697	154163071	99646357	50184618
专用设备制造业	213663381	150018268	117672222	62145567

2-1-3 续表 1

单位：万元

行　业	建设总规模	自开始建设累计完成投资	在建总规模	在建净规模
汽车制造业	263869589	165296799	181601610	97431828
铁路、船舶、航空航天和其他运输设备制造业	68231861	41254908	48143214	25240035
电气机械和器材制造业	248789755	157466823	162078526	90919687
计算机、通信和其他电子设备制造业	267985111	146445653	206343772	121906041
仪器仪表制造业	31084723	21168267	18251473	9813984
其他制造业	48252811	31373832	31142776	16840883
废弃资源综合利用业	25128158	17272580	13879474	7890067
金属制品、机械和设备修理业	5329190	3813724	2946191	1364505
(四)电力、热力、燃气及水生产和供应业	**913841267**	**561680747**	**707277586**	**352232412**
电力、热力生产和供应业	741668478	458692593	585647456	285650083
燃气生产和供应业	70339693	35274474	54395666	32561498
水的生产和供应业	101833096	67713680	67234464	34020831
(五)建筑业	**75968616**	**52004605**	**41313997**	**22536225**
房屋建筑业	18709268	14528242	8517004	4181678
土木工程建筑业	44089354	27673370	26401854	14967787
建筑安装业	4012630	2930733	1932575	1090171
建筑装饰和其他建筑业	9157364	6872260	4462564	2296589
(六)批发和零售业	**331168078**	**234532066**	**186368489**	**92673651**
批发业	163566664	118352227	88520371	43565769
零售业	167601414	116179839	97848118	49107882
(七)交通运输、仓储和邮政业	**2102831339**	**1162932448**	**1816646254**	**919352194**
铁路运输业	511995049	306134406	502088293	208441084
道路运输业	1238616772	649069816	1042798573	570691381
水上运输业	74259953	45062381	62374170	27821088
航空运输业	68193700	37145677	54931223	29219548
管道运输业	9717101	7281481	8181011	2489944
装卸搬运和运输代理业	27188894	15758026	19655193	11361967
仓储业	168431951	99606781	123446702	67715359
邮政业	4427919	2873880	3171089	1611823
(八)住宿和餐饮业	**129186464**	**87423768**	**86260871**	**41269490**
住宿业	102216010	66280640	74585672	35440994
餐饮业	26970454	21143128	11675199	5828496
(九)信息传输、软件和信息技术服务业	**135296083**	**81370341**	**95982831**	**54030409**
电信、广播电视和卫星传输服务	40559003	32327618	25066125	9095592
互联网和相关服务	19247824	11689416	12979095	7540242
软件和信息技术服务业	75489256	37353307	57937611	37394575
(十)金融业	**40264216**	**25538854**	**30909503**	**14074712**
货币金融服务	15048165	9876450	11320537	5150322

2-1-3　续表 2　　单位：万元

行　　业	建设总规模	自开始建设累计完成投资	在建总规模	在建净规模
资本市场服务	14440492	8313678	10392325	5466224
保险业	4986432	3620660	4490662	1360091
其他金融业	5789127	3728066	4705979	2098075
(十一)房地产业	**6673329687**	**4784185722**	**5251603397**	**2076996541**
房地产业	6673329687	4784185722	5251603397	2076996541
(十二)租赁和商务服务业	**291154745**	**171193385**	**215769852**	**121576272**
租赁业	17187514	16359060	4400515	1817222
商务服务业	273967231	154834325	211369337	119759050
(十三)科学研究和技术服务业	**126793915**	**75095899**	**88519523**	**50273537**
研究和试验发展	40923413	21785327	32349138	18384929
专业技术服务业	42288306	26150715	27860851	15659071
科技推广和应用服务业	43582196	27159857	28309534	16229537
(十四)水利、环境和公共设施管理业	**1635538844**	**1005830263**	**1190533633**	**617098627**
水利管理业	252822667	160994930	194890705	89607681
生态保护和环境治理业	67362098	40452056	47080671	26848300
公共设施管理业	1315354079	804383277	948562257	500642646
(十五)居民服务、修理和其他服务业	**43311986**	**31764735**	**22061701**	**11639479**
居民服务业	26599889	18074788	15755632	8660701
机动车、电子产品和日用产品修理业	7457646	6524389	2187470	948458
其他服务业	9254451	7165558	4118599	2030320
(十六)教育	**187036680**	**130016790**	**120925285**	**56614931**
教育	187036680	130016790	120925285	56614931
(十七)卫生和社会工作	**144635773**	**86560436**	**105799774**	**57862111**
卫生	109606868	65883567	80887213	43468675
社会工作	35028905	20676869	24912561	14393436
(十八)文化、体育和娱乐业	**215024179**	**120476437**	**169525440**	**91630982**
新闻和出版业	3229766	1746329	2681971	1410223
广播、电视、电影和影视录音制作业	16505865	10000240	13494106	6542155
文化艺术业	88876768	51065608	68211096	35652423
体育	35040843	20666044	26320527	14027809
娱乐业	71370937	36998216	58817740	33998372
(十九)公共管理、社会保障和社会组织	**149265785**	**103118958**	**90552368**	**46067760**
中国共产党机关	467135	394677	195933	75778
国家机构	113380991	75034012	73753941	37892708
人民政协、民主党派	97968	83756	35972	14312
社会保障	4631837	2981011	2873629	1647775
群众团体、社会团体和其他成员组织	7562048	5945239	3894503	1611796
基层群众自治组织	23125806	18680263	9798390	4825391

2-1-4 各地区固定资产投资(不含农户)和新增固定资产

单位：万元

地　区	投资额	新增固定资产	固定资产交付使用率(%)
全国总计	**5965007520**	**3535305382**	**59.3**
北　京	78886881	31910170	40.5
天　津	127563593	76352401	59.9
河　北	313400673	223857816	71.4
山　西	138593510	96652686	69.7
内蒙古	148939635	101609534	68.2
辽　宁	64363272	31819541	49.4
吉　林	137731688	99483987	72.2
黑龙江	104325545	82818144	79.4
上　海	67516768	29552252	43.8
江　苏	493708521	337509427	68.4
浙　江	295710019	188324986	63.7
安　徽	265773716	159814809	60.1
福　建	229279901	131943537	57.5
江　西	193786876	106065837	54.7
山　东	523644936	311821338	59.5
河　南	397539281	223420542	56.2
湖　北	295038751	154243505	52.3
湖　南	276884452	163290445	59.0
广　东	329473005	170757181	51.8
广　西	176529486	113504537	64.3
海　南	37470251	13341510	35.6
重　庆	159317829	87106872	54.7
四　川	282297872	182277314	64.6
贵　州	129291694	65925714	51.0
云　南	156624894	81247904	51.9
西　藏	15960488	6915892	43.3
陕　西	204748521	106543884	52.0
甘　肃	95341023	59342483	62.2
青　海	34555124	17620626	51.0
宁　夏	37090448	20094756	54.2
新　疆	99838620	60135752	60.2
不分地区	53780247		

2-1-5　国民经济行业大类固定资产投资(不含农户)和新增固定资产

单位：万元

行　　业	投 资 额	新增固定资产	固定资产交付使用率(%)
全国总计	**5965007520**	**3535305382**	**59.3**
(一)农、林、牧、渔业	**227738929**	**174513132**	**76.6**
农业	102325854	76434645	74.7
林业	21757004	16510083	75.9
畜牧业	53448639	42258910	79.1
渔业	10851713	8380175	77.2
农、林、牧、渔服务业	39355719	30929319	78.6
(二)采矿业	**103197197**	**75250410**	**72.9**
煤炭开采和洗选业	30376841	23565148	77.6
石油和天然气开采业	23309704	14063734	60.3
黑色金属矿采选业	9783212	8129112	83.1
有色金属矿采选业	14287211	9547750	66.8
非金属矿采选业	21262421	16661451	78.4
开采辅助活动	3427550	2713616	79.2
其他采矿业	750258	569599	75.9
(三)制造业	**1878359776**	**1287560892**	**68.5**
农副食品加工业	117863877	85461216	72.5
食品制造业	58248300	41038676	70.5
酒、饮料和精制茶制造业	41060324	28167667	68.6
烟草制品业	2092043	1053924	50.4
纺织业	66425704	49054675	73.8
纺织服装、服饰业	47809087	35183274	73.6
皮革、毛皮、羽毛及其制品和制鞋业	23058827	17581212	76.2
木材加工和木、竹、藤、棕、草制品业	43077089	33810208	78.5
家具制造业	30676208	22678565	73.9
造纸和纸制品业	30913272	22365061	72.3
印刷和记录媒介复制业	18538403	13962031	75.3
文教、工美、体育和娱乐用品制造业	26419228	19030329	72.0
石油加工、炼焦和核燃料加工业	26962344	13990361	51.9
化学原料及化学制品制造业	147530993	97404071	66.0
医药制造业	62991508	39460538	62.6
化学纤维制造业	11160436	6022986	54.0
橡胶和塑料制品业	70150200	51617962	73.6
非金属矿物制品业	168693324	126216016	74.8
黑色金属冶炼和压延加工业	41614628	29395773	70.6
有色金属冶炼和压延加工业	52585427	30881533	58.7
金属制品业	101112923	76078934	75.2
通用设备制造业	130607143	95735927	73.3
专用设备制造业	120370188	84554816	70.2

2-1-5 续表 1

单位：万元

行　　业	投 资 额	新增固定资产	固定资产交付使用率(%)
汽车制造业	120369125	72807332	60.5
铁路、船舶、航空航天和其他运输设备制造业	29295656	17416049	59.4
电气机械和器材制造业	127815114	81724310	63.9
计算机、通信和其他电子设备制造业	104644461	55264957	52.8
仪器仪表制造业	17463409	12073394	69.1
其他制造业	22052202	15285779	69.3
废弃资源综合利用业	13753776	10053722	73.1
金属制品、机械和设备修理业	3004557	2189594	72.9
(四)电力、热力、燃气及水的生产和供应业	**297359986**	**176697644**	**59.4**
电力、热力生产和供应业	226376767	128981477	57.0
燃气生产和供应业	21347990	14973442	70.1
水的生产和供应业	49635229	32742725	66.0
(五)建筑业	**45774311**	**31377070**	**68.5**
房屋建筑业	12848611	9256486	72.0
土木工程建筑业	23769247	15716636	66.1
建筑安装业	2727184	1961229	71.9
建筑装饰和其他建筑业	6429269	4442719	69.1
(六)批发和零售业	**179390736**	**129861883**	**72.4**
批发业	92207251	68019780	73.8
零售业	87183485	61842103	70.9
(七)交通运输、仓储和邮政业	**536284754**	**250378080**	**46.7**
铁路运输业	77481124	8359600	10.8
道路运输业	329373376	168824730	51.3
水上运输业	21633274	9875182	45.6
航空运输业	22196237	12944161	58.3
管道运输业	2627150	1429178	54.4
装卸搬运和运输代理业	10894429	6330395	58.1
仓储业	69834987	41500915	59.4
邮政业	2244177	1113919	49.6
(八)住宿和餐饮业	**59473863**	**39764527**	**66.9**
住宿业	41378133	25734902	62.2
餐饮业	18095730	14029625	77.5
(九)信息传输、软件和信息技术服务业	**63186602**	**37891398**	**60.0**
电信、广播电视和卫星传输服务	26470361	15495789	58.5
互联网和相关服务	9384033	6090274	64.9
软件和信息技术服务业	27332208	16305335	59.7
(十)金融业	**13101987**	**7218400**	**55.1**
货币金融服务	5600336	3509819	62.7

2-1-5　续表 2　　　　　　　　　　　　　　　　　　　　　　　　单位：万元

行　　业	投资额	新增固定资产	固定资产交付使用率(%)
资本市场服务	4306882	2157547	50.1
保险业	1181178	421405	35.7
其他金融业	2013591	1129629	56.1
(十一)房地产业	**1352836941**	**590201824**	**43.6**
房地产业	1352836941	590201824	43.6
(十二)租赁和商务服务业	**123157239**	**73221044**	**59.5**
租赁业	15944993	13287609	83.3
商务服务业	107212246	59933435	55.9
(十三)科学研究和技术服务业	**55677695**	**36368757**	**65.3**
研究和试验发展	13591874	7493654	55.1
专业技术服务业	19507002	13364800	68.5
科技推广和应用服务业	22578819	15510303	68.7
(十四)水利、环境和公共设施管理业	**686472107**	**410968573**	**59.9**
水利管理业	87253835	53709517	61.6
生态保护和环境治理业	31455739	19097976	60.7
公共设施管理业	567762533	338161080	59.6
(十五)居民服务、修理和其他服务业	**26766273**	**19585460**	**73.2**
居民服务业	14906852	9892914	66.4
机动车、电子产品和日用产品修理业	5776027	4863349	84.2
其他服务业	6083394	4829197	79.4
(十六)教育	**93236743**	**60253916**	**64.6**
教育	93236743	60253916	64.6
(十七)卫生和社会工作	**62815500**	**36494178**	**58.1**
卫生	46014217	26467403	57.5
社会工作	16801283	10026775	59.7
(十八)文化、体育和娱乐业	**78301417**	**43086071**	**55.0**
新闻和出版业	998364	495105	49.6
广播、电视、电影和影视录音制作业	6191075	3643477	58.9
文化艺术业	34078719	19502612	57.2
体育	14213400	8085277	56.9
娱乐业	22819859	11359600	49.8
(十九)公共管理、社会保障和社会组织	**81875464**	**54612123**	**66.7**
中国共产党机关	317941	241400	75.9
国家机构	57707339	36319367	62.9
人民政协、民主党派	38615	28843	74.7
社会保障	2613381	1724895	66.0
群众团体、社会团体和其他成员组织	4765081	3474334	72.9
基层群众自治组织	16433107	12823284	78.0

2-1-6 国民经济行业大类按经济类型分固定资产投资(不含农户)

单位：万元

行　业	国有控股	民间投资	港澳台商投资	外商投资
全国总计	**2137755266**	**3652194224**	**142232114**	**118463191**
(一)农、林、牧、渔业	**58655948**	**168509258**	**919676**	**438557**
农业	20142954	82156368	307204	163856
林业	9582152	12214807	67400	13458
畜牧业	6352174	46415851	503406	200419
渔业	1231304	9600235	22227	14717
农、林、牧、渔服务业	21347364	18121997	19439	46107
(二)采矿业	**41348765**	**61618378**	**862384**	**951427**
煤炭开采和洗选业	11834478	18637450	89117	211981
石油和天然气开采业	20877852	2396201	390911	394208
黑色金属矿采选业	2056578	7630079	68283	57418
有色金属矿采选业	3789017	10339487	236216	216837
非金属矿采选业	1213385	20000629	61327	70983
开采辅助活动	1481550	1960179	14080	
其他采矿业	95905	654353	2450	
(三)制造业	**145114549**	**1638522270**	**54126567**	**80143679**
农副食品加工业	5407893	109608196	1318282	3090610
食品制造业	2750391	52640513	1866662	2199241
酒、饮料和精制茶制造业	2379140	36064005	1322787	1824534
烟草制品业	1698567	394697	1000	
纺织业	2397444	61000778	2535147	1300332
纺织服装、服饰业	1202445	44512303	1774844	1006342
皮革、毛皮、羽毛及其制品和制鞋业	339004	21176540	1128651	700412
木材加工和木、竹、藤、棕、草制品业	882168	41760387	350052	415662
家具制造业	487471	29441537	400007	563475
造纸和纸制品业	904043	27577311	1632168	1545391
印刷和记录媒介复制业	643711	17477124	411839	369678
文教、工美、体育和娱乐用品制造业	630201	24024966	1018607	1339590
石油加工、炼焦和核燃料加工业	9804298	16606628	832645	354995
化学原料及化学制品制造业	14661271	125003973	5185679	6158172
医药制造业	3911120	55772900	1760625	2718472
化学纤维制造业	796044	9763660	611514	454411
橡胶和塑料制品业	1497105	65239577	1788889	2551041
非金属矿物制品业	7802200	157793201	2717750	1883876
黑色金属冶炼和压延加工业	6761188	34156565	1165147	892212
有色金属冶炼和压延加工业	6806492	44352432	1109060	1392330
金属制品业	3099857	94953179	2227322	1788823
通用设备制造业	5219516	121401063	2358663	3558847
专用设备制造业	7163422	108332579	2861317	3833436

2-1-6 续表 1

单位：万元

行 业	国有控股	民间投资	港澳台商投资	外商投资
汽车制造业	16012779	95645063	2276515	17131357
铁路、船舶、航空航天和其他运输设备制造业	6862417	21389366	546632	1442564
电气机械和器材制造业	8445060	111727720	4653544	5238846
计算机、通信和其他电子设备制造业	17955263	65082266	9024653	14742349
仪器仪表制造业	739268	15603009	494462	1000178
其他制造业	6218586	15381936	319653	319332
废弃资源综合利用业	944671	12342436	404763	240185
金属制品、机械和设备修理业	691514	2296360	27688	86986
(四)电力、热力、燃气及水的生产和供应业	**181875826**	**109557417**	**7768722**	**4191089**
电力、热力生产和供应业	137353659	84159579	6283543	3052203
燃气生产和供应业	7711911	12844505	1017165	599988
水的生产和供应业	36810256	12553333	468014	538898
(五)建筑业	**26307093**	**19632314**	**120127**	**73401**
房屋建筑业	6998564	5857740	11400	11196
土木工程建筑业	16825577	7111919	93492	51398
建筑安装业	783896	1931928	4980	7796
建筑装饰和其他建筑业	1699056	4730727	10255	3011
(六)批发和零售业	**20134819**	**157098734**	**1615154**	**1299578**
批发业	7582968	83494230	926963	589220
零售业	12551851	73604504	688191	710358
(七)交通运输、仓储和邮政业	**411373419**	**121453735**	**6759437**	**3457285**
铁路运输业	75529005	2119700	381	6320
道路运输业	286045889	44294751	440388	281245
水上运输业	14069653	7338682	750727	496352
航空运输业	17292941	4965631	1884482	
管道运输业	1884110	769082	151064	31083
装卸搬运和运输代理业	1871724	8928706	358655	97460
仓储业	14162890	51330930	3162440	2527159
邮政业	517207	1706253	11300	17666
(八)住宿和餐饮业	**8487841**	**49858440**	**910088**	**721069**
住宿业	6664787	33731017	793015	641507
餐饮业	1823054	16127423	117073	79562
(九)信息传输、软件和信息技术服务业	**28277074**	**28825943**	**3953972**	**2649047**
电信、广播电视和卫星传输服务	20649107	2238789	2297055	1275203
互联网和相关服务	2087316	6151914	906829	619312
软件和信息技术服务业	5540651	20435240	750088	754532
(十)金融业	**5498685**	**7477503**	**227585**	**14902**
货币金融服务	2902657	2621603	170450	5995

2-1-6 续表 2 单位：万元

行　　业	国有控股	民间投资	港澳台商投资	外商投资
资本市场服务	1300530	2971350	42414	5184
保险业	574840	606338		3013
其他金融业	720658	1278212	14721	710
(十一)房地产业	**390181937**	**897524763**	**59557691**	**20123202**
房地产业	390181937	897524763	59557691	20123202
(十二)租赁和商务服务业	**45622651**	**76219826**	**2881566**	**1216221**
租赁业	6718873	8457444	1705860	907133
商务服务业	38903778	67762382	1175706	309088
(十三)科学研究和技术服务业	**17434841**	**37196094**	**655159**	**761550**
研究和试验发展	4785278	8100892	488169	421703
专业技术服务业	7733638	11629418	64478	151220
科技推广和应用服务业	4915925	17465784	102512	188627
(十四)水利、环境和公共设施管理业	**536254388**	**155486066**	**874834**	**859977**
水利管理业	76255486	11861255	44315	27817
生态保护和环境治理业	22114661	9215994	157080	276143
公共设施管理业	437884241	134408817	673439	556017
(十五)居民服务、修理和其他服务业	**9433929**	**17368578**	**139284**	**93404**
居民服务业	7096158	7857045	101283	69063
机动车、电子产品和日用产品修理业	481850	5295477		4719
其他服务业	1855921	4216056	38001	19622
(十六)教育	**69412532**	**24618506**	**33161**	**78551**
教育	69412532	24618506	33161	78551
(十七)卫生和社会工作	**38474030**	**24553281**	**125685**	**189053**
卫生	31125452	15074436	101942	182671
社会工作	7348578	9478845	23743	6382
(十八)文化、体育和娱乐业	**37409943**	**40589211**	**694862**	**1188520**
新闻和出版业	594553	409106	2850	2940
广播、电视、电影和影视录音制作业	1882818	4282006	25001	1750
文化艺术业	20994320	13099012	205148	24025
体育	7842916	6246043	237695	67381
娱乐业	6095336	16553044	224168	1092424
(十九)公共管理、社会保障和社会组织	**66456996**	**16083907**	**6160**	**12679**
中国共产党机关	301845	16096		
国家机构	53781467	4307542		4680
人民政协、民主党派	28726	9889		
社会保障	1722768	886528		4849
群众团体、社会团体和其他成员组织	2290393	2551441	6160	3150
基层群众自治组织	8331797	8312411		

2-1-7　各地区按登记注册类型分的固定资产投资(不含农户)

单位：万元

地　区	合计	内资					
			国有	集体	股份合作	国有联营	集体联营
全国总计	**5965007520**	**5704312215**	**1290384586**	**89285360**	**11217375**	**2850184**	**1187011**
北　京	78886881	72479451	14221443	616861	16759		
天　津	127563593	119797658	15055707	4870195	129245	3858	11300
河　北	313400673	305112498	42861920	1747370	464832	45320	7500
山　西	138593510	135772829	28493837	4427425	65668	23712	6182
内蒙古	148939635	147576470	64176076	1621887	486207	20998	48379
辽　宁	64363272	57001385	8958719	191876	64682	781	
吉　林	137731688	135166411	24229270	783160	112147	54550	44842
黑龙江	104325545	103056966	25059808	663045	467184	24270	8200
上　海	67516768	55773038	11974752	202081	51997	35550	15
江　苏	493708521	446833436	64549718	7521249	378676	1027798	109693
浙　江	295710019	275071612	53345611	5998047	356531	180357	74308
安　徽	265773716	260060966	52512600	1852817	199494	24991	64358
福　建	229279901	217019830	41742154	9453267	104464	222780	37041
江　西	193786876	187589538	32549074	841493	486452	19060	4138
山　东	523644936	499499703	63850456	14701660	702532	41944	49598
河　南	397539281	390089730	46204031	3616603	694495	53435	47212
湖　北	295038751	287164559	64473040	3583042	2997074	20875	141463
湖　南	276884452	272046807	64914785	3017948	640104	81886	87980
广　东	329473005	289179733	44745195	9711146	557867	49525	136743
广　西	176529486	171437931	38461414	1623943	522714	133767	61065
海　南	37470251	34432878	5327197	18372	59612	63511	824
重　庆	159317829	150138560	26483760	930360	411980	4647	842
四　川	282297872	275377412	85467626	1103516	321343	113310	57689
贵　州	129291694	127796179	33793062	491981	166071	168643	27586
云　南	156624894	155344037	72355955	4445019	53737	10787	18600
西　藏	15960488	15887621	12395835	18718	43663	8578	1470
陕　西	204748521	199326570	82774998	3308184	286852	43593	44284
甘　肃	95341023	95018253	42358917	1598748	67194	85025	76778
青　海	34555124	34218462	17130009	62760	42648		3100
宁　夏	37090448	36016308	9962542	1210	7243	247343	8300
新　疆	99838620	99245137	46974828	261377	257908	39290	7521
不分地区	53780247	53780247	52980247				

2-1-7 续表 1

单位：万元

地区	内资						
	国有与集体联营	其他联营	国有独资公司	其他有限责任公司	股份有限公司	私营	个体户
全国总计	**1192748**	**3089987**	**340467024**	**1670291463**	**178203420**	**1872140560**	**15726471**
北京	1092		7108883	44069810	2516252	3707586	
天津	2700	357759	4240208	48831167	4690483	36653847	259810
河北	62706	5375	8134117	93414438	10746871	134466072	911873
山西	54742	55312	4992024	24665465	2158948	52481972	529339
内蒙古	26699	95248	6729373	38648646	3518154	28756806	423706
辽宁	30550	44384	1960367	19309000	2325949	23382542	35766
吉林	9655	113527	4177770	41188241	6641004	51750443	882527
黑龙江		25406	1354640	30437385	1996529	31138240	1159857
上海	10273		6035168	24602618	2274095	10528936	
江苏	154999	270224	16449175	105500459	12029558	233181314	549105
浙江	48275	53476	29999497	78224371	7067690	90799906	605009
安徽	14431	145713	10709916	69311104	8257294	107699008	256818
福建	84408	85798	20776160	65058938	5529031	63676980	923419
江西	5926	313804	8864635	64025825	5363076	69741410	474533
山东	65334	49363	11053762	134115471	17486781	220963514	541692
河南	61180	75460	10106165	181919051	14940880	106169173	480579
湖北	138355	501929	15764657	86537984	9847940	93221437	213624
湖南	19750	206144	27467469	54926621	7363141	102547353	419260
广东	253941	96863	15246001	116195443	10177696	76321526	3237515
广西	20338	236171	13591127	36537362	4098505	62334252	1120200
海南		6624	2790121	17838744	2975446	5071579	2976
重庆	7860	47374	23405330	38111098	5217007	48210148	76244
四川	32326	43960	23383866	83909447	8929787	64679507	479571
贵州		13560	25707733	34485654	1441802	29735266	169340
云南	8715	61898	13432064	34137765	3352842	25421433	737318
西藏	1179	33380	135242	1312353	222478	931285	189260
陕西	10436	22804	11675385	49964185	6981524	37995031	237339
甘肃	19169	120119	4129904	17502137	2790569	22561726	165957
青海		632	1017932	7083521	1908401	5654598	505232
宁夏	36700	1280	4123342	6666220	772020	13476406	7750
新疆	11009	6400	5904991	20960940	4581667	18881264	130852
不分地区				800000			

2-1-7 续表 2

单位：万元

地 区	内 资		港澳台				
	个体合伙	其他内资企业	投 资	合资经营	合作经营	独资	股份有限
全国总计	**5729004**	**222547022**	**142232114**	**49702206**	**3958795**	**80580500**	**6525555**
北 京		220765	3376517	709370	131378	926739	1609030
天 津	59205	4632174	3550723	1368972	79732	1998337	103682
河 北	87723	12156381	3731383	1283657	317949	2040467	38075
山 西	955879	16862324	1723126	848871	1460	764010	104890
内 蒙 古	231152	2793139	286843	54735		225138	4800
辽 宁	12115	684654	3325884	1272246	7800	1624297	421541
吉 林	212389	4966886	953057	358443	11200	368354	59210
黑 龙 江	123346	10599056	534160	104781	61548	325050	27544
上 海		57553	6792832	3475247	11929	3156764	146859
江 苏	52568	5058900	23094840	8185846	297911	13445756	1043993
浙 江	179363	8139171	13397133	4911327	464986	7717067	188313
安 徽	177265	8835157	3446103	1101051		2048646	277378
福 建	228373	9097017	8851773	3671739	27211	4851553	289783
江 西	149954	4750158	3898713	1023903	75037	2646126	32508
山 东	86705	35790891	8842974	4141588	114231	4265391	253935
河 南	561411	25160055	5076395	1562142	139034	3143007	87591
湖 北	55080	9668059	4436536	1391408	224067	2670884	60574
湖 南	679418	9674948	2799341	1171841	43680	1429138	79308
广 东	921351	11528921	24865723	7046920	1599187	15174756	876431
广 西	421991	12275082	2957354	886381	6860	1870083	91390
海 南		277872	2059782	482299		1207746	350875
重 庆	36987	7194923	5637269	1699108	230758	3495201	122888
四 川	222878	6632586	3469809	1015866		2367166	69725
贵 州	81529	1513952	1223356	202417	42805	923630	54504
云 南	14212	1293692	700168	173899	31449	466146	28464
西 藏	8330	585850	33000			33000	
陕 西	54493	5927462	1591736	378773	33119	1063337	87147
甘 肃	78487	3463523	187027	173495		11524	2008
青 海	4620	805009	122783	8430		114353	
宁 夏	5536	700416	966588	832984	5464	122189	
新 疆	26644	1200446	299186	164467		84645	13109
不分地区							

2-1-7 续表 3　　　　　　　　　　　　　　　　　　　　　　单位：万元

地　　区	港澳台	外商投资					
	其　他 港澳台		合资经营	合作经营	独资	股份有限	其他外商
全国总计	**1465058**	**118463191**	**55071954**	**4274891**	**52012597**	**4521228**	**2582521**
北　　京		3030913	2038187	142084	837943	12699	
天　　津		4215212	1351318	94970	2552295	55969	160660
河　　北	51235	4556792	2131392	40058	2087241	294839	3262
山　　西	3895	1097555	436961	66872	338408	68508	186806
内 蒙 古	2170	1076322	818060	25738	133964	93610	4950
辽　　宁		4036003	1890089	383507	1648715	102789	10903
吉　　林	155850	1612220	555545	270061	721430	40158	25026
黑 龙 江	15237	734419	545541	10046	147601	30311	920
上　　海	2033	4950898	1429652	1189936	2222781	103180	5349
江　　苏	121334	23780245	9798858	356901	12954767	581383	88336
浙　　江	115440	7241274	3168788	43456	3686623	271209	71198
安　　徽	19028	2266647	827124	60998	1100368	148682	129475
福　　建	11487	3408298	1050801	23958	1840966	359943	132630
江　　西	121139	2298625	1181365	23650	987065	87086	19459
山　　东	67829	15302259	7690898	549780	6550262	464158	47161
河　　南	144621	2373156	1110300	10190	664920	385699	202047
湖　　北	89603	3437656	2334031		688972	198931	215722
湖　　南	75374	2038304	1183016	2500	560156	143603	149029
广　　东	168429	15427549	8225416	468386	5802420	400858	530469
广　　西	102640	2134201	1137671	15677	639729	113110	228014
海　　南	18862	977591	250694	167785	531362	2750	25000
重　　庆	89314	3542000	1380120	213471	1551289	149911	247209
四　　川	17052	3450651	2117852	53948	1173954	103097	1800
贵　　州		272159	36728	49818	174257		11356
云　　南	210	580689	300990	7222	175362	96505	610
西　　藏		39867				2100	37767
陕　　西	29360	3830215	1484798		2165111	172306	8000
甘　　肃		135743	72913		20026	37824	4980
青　　海		213879	207000	3879	3000		
宁　　夏	5951	107552	79846		17022		10684
新　　疆	36965	294297	236000		34588	10	23699
不分地区							

2-1-8　国民经济行业大类按登记注册类型分的固定资产投资(不含农户)

单位：万元

行　　业	合计	内资	国有	集体	股份合作
全国总计	**5965007520**	**5704312215**	**1290384586**	**89285360**	**11217375**
(一)农、林、牧、渔业	**227738929**	**226380696**	**54033337**	**7169402**	**940360**
农业	102325854	101854794	18083972	3098129	409130
林业	21757004	21676146	9141904	756914	30688
畜牧业	53448639	52744814	5895017	873805	358138
渔业	10851713	10814769	1028672	526100	43488
农、林、牧、渔服务业	39355719	39290173	19883772	1914454	98916
(二)采矿业	**103197197**	**101383386**	**14358971**	**1393852**	**238110**
煤炭开采和洗选业	30376841	30075743	3579046	442876	106122
石油和天然气开采业	23309704	22524585	7714970	4758	13895
黑色金属矿采选业	9783212	9657511	618564	164450	7077
有色金属矿采选业	14287211	13834158	1237543	430449	67883
非金属矿采选业	21262421	21130111	585173	330099	39447
开采辅助活动	3427550	3413470	553511	14035	2780
其他采矿业	750258	747808	70164	7185	906
(三)制造业	**1878359776**	**1744089530**	**46823659**	**6731605**	**4166107**
农副食品加工业	117863877	113454985	3159599	525156	322849
食品制造业	58248300	54182397	1010806	109830	66836
酒、饮料和精制茶制造业	41060324	37913003	950091	165254	120311
烟草制品业	2092043	2091043	723450	58417	26194
纺织业	66425704	62590225	1233779	256770	106696
纺织服装、服饰业	47809087	45027901	664908	254077	15630
皮革、毛皮、羽毛及其制品和制鞋业	23058827	21229764	187484	104508	30857
木材加工和木、竹、藤、棕、草制品业	43077089	42311375	588404	114758	98104
家具制造业	30676208	29712726	305717	95909	14454
造纸和纸制品业	30913272	27735713	351459	148100	47819
印刷和记录媒介复制业	18538403	17756886	264734	110894	76416
文教、工美、体育和娱乐用品制造业	26419228	24061031	247496	128087	9323
石油加工、炼焦和核燃料加工业	26962344	25774704	2991549	2375	84002
化学原料及化学制品制造业	147530993	136187142	3684453	495649	394032
医药制造业	62991508	58512411	1466761	61843	199349
化学纤维制造业	11160436	10094511	54867	2236	5050
橡胶和塑料制品业	70150200	65810270	625249	180876	215543
非金属矿物制品业	168693324	164091698	2799752	703743	325471
黑色金属冶炼和压延加工业	41614628	39557269	1973275	184414	39521
有色金属冶炼和压延加工业	52585427	50084037	1934885	120643	119408
金属制品业	101112923	97096778	872289	481818	88698
通用设备制造业	130607143	124689633	1720313	334492	160557
专用设备制造业	120370188	113675435	2749463	372227	288253

2-1-8 续表 1

单位：万元

行 业	合计	内资	国有	集体	股份合作
汽车制造业	120369125	100961253	3350210	692249	180105
铁路、船舶、航空航天和其他运输设备制造业	29295656	27306460	2369787	111112	70843
电气机械和器材制造业	127815114	117922724	2887506	360256	509195
计算机、通信和其他电子设备制造业	104644461	80877459	3534096	311178	420007
仪器仪表制造业	17463409	15968769	248126	33118	22436
其他制造业	22052202	21413217	3072688	139859	12260
废弃资源综合利用业	13753776	13108828	427605	59738	10032
金属制品、机械和设备修理业	3004557	2889883	372858	12019	85856
(四)电力、热力、燃气及水的生产和供应业	**297359986**	**285400175**	**100972841**	**2663270**	**990289**
电力、热力生产和供应业	226376767	217041021	73280869	1156837	887207
燃气生产和供应业	21347990	19730837	4160852	127811	78184
水的生产和供应业	49635229	48628317	23531120	1378622	24898
(五)建筑业	**45774311**	**45580783**	**22393604**	**2090496**	**67576**
房屋建筑业	12848611	12826015	6587275	727189	41561
土木工程建筑业	23769247	23624357	13865146	1147717	24515
建筑安装业	2727184	2714408	705520	121375	
建筑装饰和其他建筑业	6429269	6416003	1235663	94215	1500
(六)批发和零售业	**179390736**	**176476004**	**13005917**	**4558434**	**384392**
批发业	92207251	90691068	4269430	1696530	196569
零售业	87183485	85784936	8736487	2861904	187823
(七)交通运输、仓储和邮政业	**536284754**	**526068032**	**270794816**	**4872115**	**621320**
铁路运输业	77481124	77474423	59541202	47744	157525
道路运输业	329373376	328651743	189865226	4116459	160133
水上运输业	21633274	20386195	5670189	186823	11073
航空运输业	22196237	20311755	5972490		
管道运输业	2627150	2445003	1004927	26730	
装卸搬运和运输代理业	10894429	10438314	719239	34834	30072
仓储业	69834987	64145388	7632984	450151	262517
邮政业	2244177	2215211	388559	9374	
(八)住宿和餐饮业	**59473863**	**57842706**	**5000285**	**966474**	**270345**
住宿业	41378133	39943611	3726870	713734	185159
餐饮业	18095730	17899095	1273415	252740	85186
(九)信息传输、软件和信息技术服务业	**63186602**	**56583583**	**9531605**	**208886**	**299377**
电信、广播电视和卫星传输服务	26470361	22898103	6151826	46594	226619
互联网和相关服务	9384033	7857892	1063477	67711	39715
软件和信息技术服务业	27332208	25827588	2316302	94581	33043
(十)金融业	**13101987**	**12859500**	**2612277**	**276053**	**323250**
货币金融服务	5600336	5423891	1205596	275450	303684

2-1-8　续表 2　　单位：万元

行　业	合计	内资			
			国有	集体	股份合作
资本市场服务	4306882	4259284	826061	603	
保险业	1181178	1178165	84670		17189
其他金融业	2013591	1998160	495950		2377
(十一)房地产业	**1352836941**	**1273156048**	**154141249**	**18306560**	**582909**
房地产业	1352836941	1273156048	154141249	18306560	582909
(十二)租赁和商务服务业	**123157239**	**119059452**	**20032020**	**2925988**	**579604**
租赁业	15944993	13332000	1371783	14560	3730
商务服务业	107212246	105727452	18660237	2911428	575874
(十三)科学研究和技术服务业	**55677695**	**54260986**	**11127074**	**877219**	**157615**
研究和试验发展	13591874	12682002	2773545	71591	42232
专业技术服务业	19507002	19291304	5266223	584440	30853
科技推广和应用服务业	22578819	22287680	3087306	221188	84530
(十四)水利、环境和公共设施管理业	**686472107**	**684737296**	**376225190**	**23125959**	**879914**
水利管理业	87253835	87181703	63922385	3160445	73649
生态保护和环境治理业	31455739	31022516	15125272	747451	65818
公共设施管理业	567762533	566533077	297177533	19218063	740447
(十五)居民服务、修理和其他服务业	**26766273**	**26533585**	**7565003**	**1424607**	**21065**
居民服务业	14906852	14736506	5599308	1002413	3181
机动车、电子产品和日用产品修理业	5776027	5771308	435343	26708	10088
其他服务业	6083394	6025771	1530352	395486	7796
(十六)教育	**93236743**	**93125031**	**60085893**	**2450746**	**84600**
教育	93236743	93125031	60085893	2450746	84600
(十七)卫生和社会工作	**62815500**	**62500762**	**34520238**	**1809453**	**403827**
卫生	46014217	45729604	28290659	1058908	388047
社会工作	16801283	16771158	6229579	750545	15780
(十八)文化、体育和娱乐业	**78301417**	**76418035**	**24409432**	**2193965**	**88522**
新闻和出版业	998364	992574	366812		
广播、电视、电影和影视录音制作业	6191075	6164324	1295375	16438	1935
文化艺术业	34078719	33849546	14212904	1364912	11068
体育	14213400	13908324	5830194	425874	3943
娱乐业	22819859	21503267	2704147	386741	71576
(十九)公共管理、社会保障和社会组织	**81875464**	**81856625**	**62751175**	**5240276**	**118193**
中国共产党机关	317941	317941	295998	2213	
国家机构	57707339	57702659	51051572	1442767	6950
人民政协、民主党派	38615	38615	28726		
社会保障	2613381	2608532	1414240	210441	
群众团体、社会团体和其他成员组织	4765081	4755771	1967031	354757	9822
基层群众自治组织	16433107	16433107	7993608	3230098	101421

2-1-8 续表 3

单位：万元

行业	内资				
	国有联营	集体联营	国有与集体联营	其他联营	国有独资公司
全国总计	**2850184**	**1187011**	**1192748**	**3089987**	**340467024**
(一)农、林、牧、渔业	**32799**	**262995**	**25981**	**619204**	**2347131**
农业	9434	107437	9115	249072	877092
林业	11000	19440	4476	51596	161351
畜牧业	1385	77605		96767	148445
渔业		22738		25784	129609
农、林、牧、渔服务业	10980	35775	12390	195985	1030634
(二)采矿业	**62188**	**50216**	**10100**	**50987**	**3975026**
煤炭开采和洗选业	33181	3403	10100		1997502
石油和天然气开采业	3300	14471			394957
黑色金属矿采选业		2700		14840	259101
有色金属矿采选业	9973	6600		7710	417756
非金属矿采选业		23042		28437	199484
开采辅助活动	13840				701252
其他采矿业	1894				4974
(三)制造业	**258661**	**270700**	**176664**	**435935**	**24548727**
农副食品加工业	20540	13434	5526	37344	563045
食品制造业		23697	2019	14907	865659
酒、饮料和精制茶制造业	3450	2934	5150	35949	122230
烟草制品业					425070
纺织业				47055	215975
纺织服装、服饰业		16657	4055	14726	160599
皮革、毛皮、羽毛及其制品和制鞋业		4831			94878
木材加工和木、竹、藤、棕、草制品业		10370		31047	75013
家具制造业				5884	60801
造纸和纸制品业	11413	92			99698
印刷和记录媒介复制业		7446		9003	81542
文教、工美、体育和娱乐用品制造业				5326	121385
石油加工、炼焦和核燃料加工业	2264			46400	2739549
化学原料及化学制品制造业	5552	30258	13899	17385	3813864
医药制造业	22550	15909		9783	652472
化学纤维制造业					103488
橡胶和塑料制品业	3793	14940		1159	226611
非金属矿物制品业	15373	23419	3950	42095	906914
黑色金属冶炼和压延加工业		2752	24676	10084	578878
有色金属冶炼和压延加工业	100	26721	15806		676619
金属制品业	28673	6832	50400	4529	330828
通用设备制造业	7600	4115		15003	1067957
专用设备制造业	7748	16498	4661	12809	1462718

2-1-8　续表 4　　　　单位：万元

行　　业	内		资		
	国有联营	集体联营	国有与集体联营	其他联营	国有独资公司
汽车制造业	6574		32157	5300	1862540
铁路、船舶、航空航天和其他运输设备制造业	5218	5622		1215	1123887
电气机械和器材制造业	5716	8551		19035	1591763
计算机、通信和其他电子设备制造业	107070			26354	2722036
仪器仪表制造业	200		860	5280	130599
其他制造业		35622	8600	18263	1531340
废弃资源综合利用业	4827				57527
金属制品、机械和设备修理业			4905		83242
(四)电力、热力、燃气及水的生产和供应业	**276694**	**45271**	**198174**	**118962**	**27818390**
电力、热力生产和供应业	236922	18832	180978	79466	19658774
燃气生产和供应业	9039	4123	8109	3153	774349
水的生产和供应业	30733	22316	9087	36343	7385267
(五)建筑业	**50488**	**35818**	**35001**	**97740**	**1444992**
房屋建筑业	2684	35818	5960	57587	154383
土木工程建筑业	45104		24081	31373	1192823
建筑安装业			4960	4800	13186
建筑装饰和其他建筑业	2700			3980	84600
(六)批发和零售业	**38194**	**51579**	**40703**	**153276**	**2192442**
批发业	5795	17604	7731	70389	1094069
零售业	32399	33975	32972	82887	1098373
(七)交通运输、仓储和邮政业	**319822**	**78918**	**308078**	**138739**	**73354044**
铁路运输业	84837				1501562
道路运输业	45252	12853	300348	86801	61905820
水上运输业	58080		1115	11718	2906830
航空运输业					4105176
管道运输业	1361				146349
装卸搬运和运输代理业	40945			4800	403131
仓储业	89347	65565	6615	32466	2342060
邮政业		500		2954	43116
(八)住宿和餐饮业	**4730**	**22519**	**5800**	**44211**	**1318472**
住宿业	4730	21245	5800	32782	1108425
餐饮业		1274		11429	210047
(九)信息传输、软件和信息技术服务业	**60349**		**8480**	**64121**	**2969141**
电信、广播电视和卫星传输服务	17498		8480	6200	1339625
互联网和相关服务	13637			12740	247550
软件和信息技术服务业	29214			45181	1381966
(十)金融业	**9318**	**3430**		**24334**	**366944**
货币金融服务	5913	3430			81970

2-1-8 续表 5 单位：万元

行业	内资 国有联营	集体联营	国有与集体联营	其他联营	国有独资公司
资本市场服务				2780	149101
保险业					
其他金融业	**3405**			**21554**	135873
(十一)房地产业	**114700**	**118070**	**70445**	**171809**	**79133663**
房地产业	114700	118070	70445	171809	79133663
(十二)租赁和商务服务业	**141463**	**31867**	**1663**	**115457**	**10416893**
租赁业	2700	3852		4550	99411
商务服务业	138763	28015	1663	110907	10317482
(十三)科学研究和技术服务业	**6656**	**17650**		**79825**	**2206991**
研究和试验发展				14613	759415
专业技术服务业	5999	8430		11981	833585
科技推广和应用服务业	657	9220		53231	613991
(十四)水利、环境和公共设施管理业	**1037306**	**82569**	**175249**	**438233**	**92235688**
水利管理业	11574	50654	58711	31069	6931404
生态保护和环境治理业	15299	2798	2700	25866	3307749
公共设施管理业	1010433	29117	113838	381298	81996535
(十五)居民服务、修理和其他服务业	**4887**	**7296**	**3236**	**84138**	**1241125**
居民服务业	4787	3539	3236	71774	1032440
机动车、电子产品和日用产品修理业		2107		12364	27375
其他服务业	100	1650			181310
(十六)教育	**168811**	**46724**	**36331**	**85887**	**5146635**
教育	168811	46724	36331	85887	5146635
(十七)卫生和社会工作	**22358**	**11606**	**90083**	**118801**	**2141452**
卫生	22158	7348	87423	74804	1508284
社会工作	200	4258	2660	43997	633168
(十八)文化、体育和娱乐业	**224003**	**24235**	**2581**	**72284**	**5465843**
新闻和出版业					169827
广播、电视、电影和影视录音制作业	2910				200890
文化艺术业	36436	24035	1253	32676	3354276
体育			1328	2750	1274072
娱乐业	184657	200		36858	466778
(十九)公共管理、社会保障和社会组织	**16757**	**25548**	**4179**	**176044**	**2143425**
中国共产党机关					5847
国家机构	16757	3775	1179	58019	1815079
人民政协、民主党派					
社会保障		8983		27360	125752
群众团体、社会团体和其他成员组织		3527		58249	153661
基层群众自治组织		9263	3000	32416	43086

2-1-8 续表 6

单位：万元

行业	内资					
	其他有限责任公司	股份有限公司	私营	个体户	个人合伙	其他内资企业
全国总计	**1670291463**	**178203420**	**1872140560**	**15726471**	**5729004**	**222547022**
(一)农、林、牧、渔业	**30471767**	**3632945**	**84354357**	**2800287**	**2373234**	**37316897**
农业	15638112	1873499	40551187	1142421	1118046	18688148
林业	2348619	267796	6298746	171625	88472	2323519
畜牧业	7962533	1038524	24240755	1021210	962296	10068334
渔业	1349783	127383	5046446	220790	80344	2213632
农、林、牧、渔服务业	3172720	325743	8217223	244241	124076	4023264
(二)采矿业	**28613362**	**12603747**	**36666827**	**400791**	**170566**	**2788643**
煤炭开采和洗选业	11002781	1459815	11007171	25740	38564	369442
石油和天然气开采业	4228755	9251817	443992			453670
黑色金属矿采选业	2763008	229465	5132922	12634	2640	450110
有色金属矿采选业	5011960	1074181	5190749	700	6800	371854
非金属矿采选业	4504334	521549	13448835	356023	118582	975106
开采辅助活动	996179	36010	991722		2980	101161
其他采矿业	106345	30910	451436	5694	1000	67300
(三)制造业	**525703382**	**71537955**	**1007870267**	**5493634**	**972413**	**49099821**
农副食品加工业	30861299	3596731	67828253	446017	193811	5881381
食品制造业	15910540	1796636	32392923	97290	28240	1863014
酒、饮料和精制茶制造业	11811565	1596438	21621058	85996	38865	1353712
烟草制品业	678346		97914			81652
纺织业	16498191	1055435	41638098	120341	19404	1398481
纺织服装、服饰业	13168028	734796	28039509	329050	56471	1569395
皮革、毛皮、羽毛及其制品和制鞋业	4847516	434295	14676765	145164	7327	696139
木材加工和木、竹、藤、棕、草制品业	8225052	420161	29736098	795838	115083	2101447
家具制造业	7544895	551739	19218530	394198	28727	1491872
造纸和纸制品业	8289208	859652	17203704	77924	2200	644444
印刷和记录媒介复制业	5066208	575417	10875734	35805	500	653187
文教、工美、体育和娱乐用品制造业	6472562	456891	15559421	224286	7967	828287
石油加工、炼焦和核燃料加工业	9184902	1767397	8575076	12733		368457
化学原料及化学制品制造业	45155493	7790813	72158615	110934	70050	2446145
医药制造业	20761314	5822006	28171490	23342	8990	1296602
化学纤维制造业	3586943	880336	5355657	52905		53029
橡胶和塑料制品业	16828538	2495371	43156964	330414	32799	1698013
非金属矿物制品业	45161113	4927123	101377178	1182870	211012	6411685
黑色金属冶炼和压延加工业	12322364	3133545	20449939	29075	16840	791906
有色金属冶炼和压延加工业	22598725	2617543	21445858	7950	8338	511441
金属制品业	25203921	2426002	64806400	409303	34025	2353060
通用设备制造业	32944945	4933618	79676797	189975	35820	3598441
专用设备制造业	33142923	4330804	67889423	180003	17165	3200740

2-1-8 续表 7

单位：万元

行业	内资					
	其他有限责任公司	股份有限公司	私营	个体户	个人合伙	其他内资企业
汽车制造业	33747808	5816345	53105109	31369	9670	2121817
铁路、船舶、航空航天和其他运输设备制造业	8731008	1006390	13393465	6227	6584	475102
电气机械和器材制造业	36313778	5906473	67346070	92572	19788	2862021
计算机、通信和其他电子设备制造业	34724466	3897253	33910662	29112	860	1194365
仪器仪表制造业	5072166	788945	9266533	18377		382129
其他制造业	5801173	419734	9926626	26319	1877	418856
废弃资源综合利用业	4494167	289535	7513643	3645		248109
金属制品、机械和设备修理业	554225	210531	1456755	4600		104892
（四）电力、热力、燃气及水的生产和供应业	**88504412**	**8523042**	**50397543**	**56495**	**127502**	**4707290**
电力、热力生产和供应业	72670743	6746978	39350275	23762	102170	2647208
燃气生产和供应业	6801717	813345	6430409	15884	5340	498522
水的生产和供应业	9031952	962719	4616859	16849	19992	1561560
（五）建筑业	**7410147**	**695161**	**8069978**	**167061**	**20365**	**3002356**
房屋建筑业	1517994	144306	2741211	105541	1830	702676
土木工程建筑业	3359572	263277	2231250	4352	16850	1418297
建筑安装业	802549	71484	882769			107765
建筑装饰和其他建筑业	1730032	216094	2214748	57168	1685	773618
（六）批发和零售业	**48744888**	**5440313**	**89545229**	**1105909**	**282234**	**10932494**
批发业	25304816	2699756	48942603	267743	194535	5923498
零售业	23440072	2740557	40602626	838166	87699	5008996
（七）交通运输、仓储和邮政业	**95948188**	**12411930**	**56933531**	**347363**	**72091**	**9867077**
铁路运输业	13532138	1564005	989030			56380
道路运输业	43444777	3218287	19181413	120147	12759	6181468
水上运输业	6737919	1210483	3118143	102268	9441	362113
航空运输业	5647793	3286106	1111314			188876
管道运输业	568671	344912	262145			89908
装卸搬运和运输代理业	3722430	401036	4711524	4417		365886
仓储业	21885254	2306729	26372660	118649	44363	2536028
邮政业	409206	80372	1187302	1882	5528	86418
（八）住宿和餐饮业	**14377189**	**1446453**	**29346088**	**1936057**	**111814**	**2992269**
住宿业	10692140	1110380	19462603	967664	51480	1860599
餐饮业	3685049	336073	9883485	968393	60334	1131670
（九）信息传输、软件和信息技术服务业	**19611195**	**8337206**	**14417365**	**6000**	**2965**	**1066893**
电信、广播电视和卫星传输服务	8250167	6240482	478015	2000		130597
互联网和相关服务	2337494	754795	3069631	3920	2965	244257
软件和信息技术服务业	9023534	1341929	10869719	80		692039
（十）金融业	**2396914**	**3236560**	**2846634**	**9319**		**754467**
货币金融服务	660338	2179033	454113	4976		249388

2-1-8　续表 8　　　　单位：万元

行　　业	内资					
	其他有限责任公司	股份有限公司	私营	个体户	个人合伙	其他内资企业
资本市场服务	1199144	306055	1550459			225081
保险业	220064	703063	138734			14445
其他金融业	317368	48409	703328	4343		265553
(十一)房地产业	**612305009**	**34719040**	**334661918**	**1890238**	**1196058**	**35744380**
房地产业	612305009	34719040	334661918	1890238	1196058	35744380
(十二)租赁和商务服务业	**38308658**	**4796616**	**35467220**	**54968**	**53572**	**6133463**
租赁业	7010435	1524150	2904058	9200	11580	371991
商务服务业	31298223	3272466	32563162	45768	41992	5761472
(十三)科学研究和技术服务业	**14703128**	**1746014**	**19953469**	**64532**	**13955**	**3306858**
研究和试验发展	3511920	573365	4372995		9795	552531
专业技术服务业	5109727	813596	5712513	62432	1060	850465
科技推广和应用服务业	6081481	359053	9867961	2100	3100	1903862
(十四)水利、环境和公共设施管理业	**102673776**	**6105143**	**53775465**	**218235**	**132173**	**27632396**
水利管理业	6776838	322664	2224245	11236	2760	3604069
生态保护和环境治理业	6355396	422838	3702835	8117	3170	1237207
公共设施管理业	89541542	5359641	47848385	198882	126243	22791120
(十五)居民服务、修理和其他服务业	**4716008**	**408622**	**8530777**	**480981**	**28388**	**2017452**
居民服务业	2232313	195771	3038770	169471	13408	1366095
机动车、电子产品和日用产品修理业	1340580	80087	3266650	233523	14980	321503
其他服务业	1143115	132764	2225357	77987		329854
(十六)教育	**7513438**	**520833**	**8698709**	**206118**	**50866**	**8029440**
教育	7513438	520833	8698709	206118	50866	8029440
(十七)卫生和社会工作	**7019650**	**497574**	**11071511**	**163930**	**23150**	**4607129**
卫生	4102825	391956	6746468	123103	10700	2916921
社会工作	2916825	105618	4325043	40827	12450	1690208
(十八)文化、体育和娱乐业	**19729239**	**1389583**	**18157500**	**230483**	**51010**	**4379355**
新闻和出版业	102475	15951	305369			32140
广播、电视、电影和影视录音制作业	2596470	115525	1847668	5540	680	80893
文化艺术业	6858876	593261	5055390	39896	1681	2262882
体育	2760830	115508	2629933	57009	14245	792638
娱乐业	7410588	549338	8319140	128038	34404	1210802
(十九)公共管理、社会保障和社会组织	**1541113**	**154683**	**1376172**	**94070**	**46648**	**8168342**
中国共产党机关	270		3295			10318
国家机构	618269	132135	580894	79520	800	1894943
人民政协、民主党派			8766			1123
社会保障	420865	334	135350			265207
群众团体、社会团体和其他成员组织	253903	11966	286732	13950	26848	1615325
基层群众自治组织	247806	10248	361135	600	19000	4381426

2-1-8 续表 9

单位：万元

行业	港澳台投资	合资经营	合作经营	独资	股份有限	其他港澳台
全国总计	**142232114**	**49702206**	**3958795**	**80580500**	**6525555**	**1465058**
(一)农、林、牧、渔业	**919676**	**248809**	**18255**	**592914**	**34835**	**24863**
农业	307204	107122	13055	161518	11318	14191
林业	67400	60052		6228	92	1028
畜牧业	503406	79812	3200	396559	23165	670
渔业	22227	1823		20404		
农、林、牧、渔服务业	19439		2000	8205	260	8974
(二)采矿业	**862384**	**101596**	**55029**	**475599**	**113799**	**116361**
煤炭开采和洗选业	89117	31757		5556	51804	
石油和天然气开采业	390911			328916	61995	
黑色金属矿采选业	68283	4000	24584	39699		
有色金属矿采选业	236216	38468	21295	65200		111253
非金属矿采选业	61327	27371		31298		2658
开采辅助活动	14080		9150	4930		
其他采矿业	2450					2450
(三)制造业	**54126567**	**19462231**	**902374**	**30897669**	**2299837**	**564456**
农副食品加工业	1318282	509807	8250	698350	79432	22443
食品制造业	1866662	1134737	14730	587576	123569	6050
酒、饮料和精制茶制造业	1322787	373999	565	840706	82129	25388
烟草制品业	1000			1000		
纺织业	2535147	587050	49090	1726146	161502	11359
纺织服装、服饰业	1774844	578829	32308	1099409	23664	40634
皮革、毛皮、羽毛及其制品和制鞋业	1128651	266230	3150	821607	25239	12425
木材加工和木、竹、藤、棕、草制品业	350052	90791		250620	4691	3950
家具制造业	400007	60236	15411	319560	4800	
造纸和纸制品业	1632168	1007323	136728	345872	141545	700
印刷和记录媒介复制业	411839	232963	120	168809	9947	
文教、工美、体育和娱乐用品制造业	1018607	297352	5356	693016	16383	6500
石油加工、炼焦和核燃料加工业	832645	574988	121	167251	87285	3000
化学原料及化学制品制造业	5185679	2148490	33634	2578540	187255	237760
医药制造业	1760625	902994	11399	730392	106792	9048
化学纤维制造业	611514	370786		239894	834	
橡胶和塑料制品业	1788889	738554	27528	886338	133402	3067
非金属矿物制品业	2717750	778885	29808	1703610	170460	34987
黑色金属冶炼和压延加工业	1165147	725321	208242	223934	7650	
有色金属冶炼和压延加工业	1109060	577632	11580	498078	21770	
金属制品业	2227322	758182	50958	1356067	57268	4847
通用设备制造业	2358663	1100797	29287	1134086	52988	41505
专用设备制造业	2861317	989299	14328	1755361	98074	4255

2-1-8　续表 10

单位：万元

行　　业	港澳台投　资	合资经营	合作经营	独资	股份有限	其　他港澳台
汽车制造业	2276515	1010630	66831	1069333	85994	43727
铁路、船舶、航空航天和其他运输设备制造业	546632	318182	8755	198711	20333	651
电气机械和器材制造业	4653544	1316492	63929	3155493	111403	6227
计算机、通信和其他电子设备制造业	9024653	1602035	27335	6955408	413583	26292
仪器仪表制造业	494462	224971	727	209628	54936	4200
其他制造业	319653	58160		238341	7711	15441
废弃资源综合利用业	404763	98828	52204	244533	9198	
金属制品、机械和设备修理业	27688	27688				
（四）电力、热力、燃气及水的生产和供应业	**7768722**	**3917589**	**179317**	**3500811**	**153486**	**17519**
电力、热力生产和供应业	6283543	3106089	126363	2942986	108105	
燃气生产和供应业	1017165	572934	1690	423611	18930	
水的生产和供应业	468014	238566	51264	134214	26451	17519
（五）建筑业	**120127**	**44492**		**69635**		**6000**
房屋建筑业	11400			5400		6000
土木工程建筑业	93492	44492		49000		
建筑安装业	4980			4980		
建筑装饰和其他建筑业	10255			10255		
（六）批发和零售业	**1615154**	**294915**	**85742**	**1182214**	**19930**	**32353**
批发业	926963	147121	75498	701189	575	2580
零售业	688191	147794	10244	481025	19355	29773
（七）交通运输、仓储和邮政业	**6759437**	**2029054**	**34143**	**3022031**	**1636048**	**38161**
铁路运输业	381	1			380	
道路运输业	440388	214048	6220	213912		6208
水上运输业	750727	640376		105519	4832	
航空运输业	1884482	292382			1592100	
管道运输业	151064	135902			15162	
装卸搬运和运输代理业	358655	248782		109873		
仓储业	3162440	497563	27923	2581427	23574	31953
邮政业	11300			11300		
（八）住宿和餐饮业	**910088**	**223611**	**35282**	**615144**	**36051**	
住宿业	793015	210338	25782	545911	10984	
餐饮业	117073	13273	9500	69233	25067	
（九）信息传输、软件和信息技术服务业	**3953972**	**118799**	**4040**	**3237191**	**484814**	**109128**
电信、广播电视和卫星传输服务	2297055	65078		1734618	424934	72425
互联网和相关服务	906829	3326		867438	36065	
软件和信息技术服务业	750088	50395	4040	635135	23815	36703
（十）金融业	**227585**	**95615**	**3227**	**85664**		**43079**
货币金融服务	170450	95615	3227	35941		35667

2-1-8 续表 11

单位：万元

行　　业	港澳台投资	合资经营	合作经营	独资	股份有限	其他港澳台
资本市场服务	42414			35002		7412
保险业						
其他金融业	14721			14721		
(十一)房地产业	**59557691**	**20288196**	**2465573**	**34900063**	**1520374**	**383485**
房地产业	59557691	20288196	2465573	34900063	1520374	383485
(十二)租赁和商务服务业	**2881566**	**1979863**	**19377**	**742856**	**128100**	**11370**
租赁业	1705860	1590280		115580		
商务服务业	1175706	389583	19377	627276	128100	11370
(十三)科学研究和技术服务业	**655159**	**90868**	**39812**	**520199**	**4280**	
研究和试验发展	488169	67882	39812	380475		
专业技术服务业	64478	12196		52082	200	
科技推广和应用服务业	102512	10790		87642	4080	
(十四)水利、环境和公共设施管理业	**874834**	**340985**	**75317**	**289280**	**85027**	**84225**
水利管理业	44315			17850		26465
生态保护和环境治理业	157080	84663		69527	1000	1890
公共设施管理业	673439	256322	75317	201903	84027	55870
(十五)居民服务、修理和其他服务业	**139284**	**20831**	**35371**	**83082**		
居民服务业	101283	20831		80452		
机动车、电子产品和日用产品修理业						
其他服务业	38001		35371	2630		
(十六)教育	**33161**	**1898**	**405**	**22994**	**7864**	
教育	33161	1898	405	22994	7864	
(十七)卫生和社会工作	**125685**	**99840**		**25845**		
卫生	101942	99840		2102		
社会工作	23743			23743		
(十八)文化、体育和娱乐业	**694862**	**343014**	**5531**	**315309**	**1110**	**29898**
新闻和出版业	2850	2850				
广播、电视、电影和影视录音制作业	25001	2560		22441		
文化艺术业	205148	34763		169524	861	
体育	237695	108200	5531	94066		29898
娱乐业	224168	194641		29278	249	
(十九)公共管理、社会保障和社会组织	**6160**			**2000**		**4160**
中国共产党机关						
国家机构						
人民政协、民主党派						
社会保障						
群众团体、社会团体和其他成员组织	6160			2000		4160
基层群众自治组织						

2-1-8　续表 12　　　　单位：万元

行　　业	外商投资	合资经营	合作经营	独资	股份有限	其他外商
全国总计	**118463191**	**55071954**	**4274891**	**52012597**	**4521228**	**2582521**
(一)农、林、牧、渔业	**438557**	**78791**	**8623**	**214953**	**84544**	**51646**
农业	163856	34923	2223	79906	6248	40556
林业	13458	3714		5114	4630	
畜牧业	200419	23000	6400	107010	59019	4990
渔业	14717	1570		8500	4647	
农、林、牧、渔服务业	46107	15584		14423	10000	6100
(二)采矿业	**951427**	**461075**	**357136**	**35905**	**80814**	**16497**
煤炭开采和洗选业	211981	118665	22010		71306	
石油和天然气开采业	394208	87426	301782	500		4500
黑色金属矿采选业	57418	33102		23754	562	
有色金属矿采选业	216837	173848	33344		1086	8559
非金属矿采选业	70983	48034		11651	7860	3438
开采辅助活动						
其他采矿业						
(三)制造业	**80143679**	**40041569**	**764042**	**36476732**	**2100219**	**761117**
农副食品加工业	3090610	1357246	69526	1570955	32711	60172
食品制造业	2199241	772490	31406	1316983	55315	23047
酒、饮料和精制茶制造业	1824534	890303	16780	829704	67900	19847
烟草制品业						
纺织业	1300332	486525	51648	686821	50713	24625
纺织服装、服饰业	1006342	402045	21410	563111	6060	13716
皮革、毛皮、羽毛及其制品和制鞋业	700412	136006	2800	507191	46900	7515
木材加工和木、竹、藤、棕、草制品业	415662	211151	16290	117467	53897	16857
家具制造业	563475	229200		326875	2050	5350
造纸和纸制品业	1545391	953279	28397	556070		7645
印刷和记录媒介复制业	369678	216597	2553	119791	4807	25930
文教、工美、体育和娱乐用品制造业	1339590	377194	12379	896675	41841	11501
石油加工、炼焦和核燃料加工业	354995	242558		111230	1207	
化学原料及化学制品制造业	6158172	3013847	104154	2869077	158193	12901
医药制造业	2718472	1162681	35562	1374373	112512	33344
化学纤维制造业	454411	341580		100414	12417	
橡胶和塑料制品业	2551041	908972	12317	1413032	187078	29642
非金属矿物制品业	1883876	784301	11849	641707	311602	134417
黑色金属冶炼和压延加工业	892212	671659		130078	90475	
有色金属冶炼和压延加工业	1392330	895626	28625	318096	67578	82405
金属制品业	1788823	886530	27653	825765	40097	8778
通用设备制造业	3558847	1738890	65286	1656481	81646	16544
专用设备制造业	3833436	1815516	69670	1853728	67060	27462

2-1-8 续表 13

单位：万元

行　　业	外商投资	合资经营	合作经营	独资	股份有限	其他外商
汽车制造业	17131357	12519063	20989	4264922	257583	68800
铁路、船舶、航空航天和其他运输设备制造业	1442564	795173	5995	630306	7290	3800
电气机械和器材制造业	5238846	2304844	36206	2737902	122295	37599
计算机、通信和其他电子设备制造业	14742349	5294381	66199	9098788	199351	83630
仪器仪表制造业	1000178	274563	12578	694171	16976	1890
其他制造业	319332	172061		138906	4665	3700
废弃资源综合利用业	240185	112111	1961	126113		
金属制品、机械和设备修理业	86986	75177	11809			
（四）电力、热力、燃气及水的生产和供应业	**4191089**	**2452540**	**51499**	**1191841**	**387710**	**107499**
电力、热力生产和供应业	3052203	1691100	46371	878633	347892	88207
燃气生产和供应业	599988	398505		155591	39818	6074
水的生产和供应业	538898	362935	5128	157617		13218
（五）建筑业	**73401**	**35581**	**9600**	**1047**	**17414**	**9759**
房屋建筑业	11196	1578			9618	
土木工程建筑业	51398	34003	9600	1047		6748
建筑安装业	7796				7796	
建筑装饰和其他建筑业	3011					3011
（六）批发和零售业	**1299578**	**373393**	**7707**	**745233**	**97534**	**75711**
批发业	589220	212438		261925	78776	36081
零售业	710358	160955	7707	483308	18758	39630
（七）交通运输、仓储和邮政业	**3457285**	**1608014**	**34029**	**1305753**	**410928**	**98561**
铁路运输业	6320	6320				
道路运输业	281245	118353	4820	119129	36913	2030
水上运输业	496352	473646		20080	2626	
航空运输业						
管道运输业	31083	29563		1520		
装卸搬运和运输代理业	97460	84753		9797	2910	
仓储业	2527159	884110	29209	1148830	368479	96531
邮政业	17666	11269		6397		
（八）住宿和餐饮业	**721069**	**325261**	**113018**	**234660**	**35917**	**12213**
住宿业	641507	320740	86418	191434	31525	11390
餐饮业	79562	4521	26600	43226	4392	823
（九）信息传输、软件和信息技术服务业	**2649047**	**269692**		**1713421**	**309276**	**356658**
电信、广播电视和卫星传输服务	1275203	18641		992784	200393	63385
互联网和相关服务	619312	135463		157856	36604	289389
软件和信息技术服务业	754532	115588		562781	72279	3884
（十）金融业	**14902**	**7794**			**6398**	**710**
货币金融服务	5995	2610			3385	

2-1-8　续表 14　　　　单位：万元

行　　业	外商投资	合资经营	合作经营	独资	股份有限	其他外商
资本市场服务	5184	5184				
保险业	3013				3013	
其他金融业	710					710
（十一）房地产业	**20123202**	**7291052**	**1942053**	**9116861**	**845059**	**928177**
房地产业	20123202	7291052	1942053	9116861	845059	928177
（十二）租赁和商务服务业	**1216221**	**838266**	**22933**	**299597**	**5300**	**50125**
租赁业	907133	727652		179481		
商务服务业	309088	110614	22933	120116	5300	50125
（十三）科学研究和技术服务业	**761550**	**321731**	**6750**	**396436**	**16455**	**20178**
研究和试验发展	421703	180941	5250	217063	12900	5549
专业技术服务业	151220	35415	700	105116		9989
科技推广和应用服务业	188627	105375	800	74257	3555	4640
（十四）水利、环境和公共设施管理业	**859977**	**555532**	**17341**	**116295**	**110392**	**60417**
水利管理业	27817	22259				5558
生态保护和环境治理业	276143	211995	13039	33217	14817	3075
公共设施管理业	556017	321278	4302	83078	95575	51784
（十五）居民服务、修理和其他服务业	**93404**	**28946**		**61028**		**3430**
居民服务业	69063	24227		44836		
机动车、电子产品和日用产品修理业	4719	4719				
其他服务业	19622			16192		3430
（十六）教育	**78551**	**25740**	**29350**	**6688**		**16773**
教育	78551	25740	29350	6688		16773
（十七）卫生和社会工作	**189053**	**125364**		**48033**	**10118**	**5538**
卫生	182671	125364		46033	5736	5538
社会工作	6382			2000	4382	
（十八）文化、体育和娱乐业	**1188520**	**227013**	**905961**	**48114**		**7432**
新闻和出版业	2940			2940		
广播、电视、电影和影视录音制作业	1750			1250		500
文化艺术业	24025	6033		16926		1066
体育	67381	57129		10052		200
娱乐业	1092424	163851	905961	16946		5666
（十九）公共管理、社会保障和社会组织	**12679**	**4600**	**4849**		**3150**	**80**
中国共产党机关						
国家机构	4680	4600				80
人民政协、民主党派						
社会保障	4849		4849			
群众团体、社会团体和其他成员组织	3150				3150	
基层群众自治组织						

2-1-9 各地区国有控股、内资、外商及港澳台固定资产投资(不含农户)

单位：万元

地　区	投资中：国有控股投　资	投资中：内资投资	外商投资	港澳台商投资
全国总计	**2137755266**	**5704312215**	**118463191**	**142232114**
北　京	48172470	72479451	3030913	3376517
天　津	45778028	119797658	4215212	3550723
河　北	68114120	305112498	4556792	3731383
山　西	47676614	135772829	1097555	1723126
内蒙古	79749408	147576470	1076322	286843
辽　宁	17216731	57001385	4036003	3325884
吉　林	35088449	135166411	1612220	953057
黑龙江	32443845	103056966	734419	534160
上　海	35317034	55773038	4950898	6792832
江　苏	112752932	446833436	23780245	23094840
浙　江	114706989	275071612	7241274	13397133
安　徽	77292033	260060966	2266647	3446103
福　建	86435955	217019830	3408298	8851773
江　西	50617812	187589538	2298625	3898713
山　东	99587580	499499703	15302259	8842974
河　南	79159267	390089730	2373156	5076395
湖　北	103236561	287164559	3437656	4436536
湖　南	112060633	272046807	2038304	2799341
广　东	92310552	289179733	15427549	24865723
广　西	64054792	171437931	2134201	2957354
海　南	12632399	34432878	977591	2059782
重　庆	69511056	150138560	3542000	5637269
四　川	139412403	275377412	3450651	3469809
贵　州	75175389	127796179	272159	1223356
云　南	101306249	155344037	580689	700168
西　藏	13324660	15887621	39867	33000
陕　西	114086093	199326570	3830215	1591736
甘　肃	52261487	95018253	135743	187027
青　海	22600438	34218462	213879	122783
宁　夏	16703130	36016308	107552	966588
新　疆	65189910	99245137	294297	299186
不分地区	53780247	53780247		

2-1-10　国民经济行业小类国有控股、内资、外商及港澳台固定资产投资(不含农户)

单位：万元

行　业	投资中：国有控股投　资	投资中：内资投资	外商投资	港澳台商投资
全国总计	**2137755266**	**5704312215**	**118463191**	**142232114**
(一)农、林、牧、渔业	**58655948**	**226380696**	**438557**	**919676**
农业	20142954	101854794	163856	307204
谷物种植	4260662	12527582	4950	7020
稻谷种植	2751271	6640612	4950	6770
小麦种植	368323	1321357		
玉米种植	628351	2568857		250
其他谷物种植	512717	1996756		
豆类、油料和薯类种植	627813	3764639		4890
豆类种植	164566	923814		4890
油料种植	234564	1802782		
薯类种植	228683	1038043		
棉、麻、糖、烟草种植	760650	1877850	4780	
棉花种植	178965	526055		
麻类种植	30665	145259		
糖料种植	222665	491846		
烟草种植	328355	714690	4780	
蔬菜、食用菌及园艺作物种植	5383901	38102298	108690	185302
蔬菜种植	3590602	19985683	11871	37205
食用菌种植	661216	5706540	37470	9350
花卉种植	644124	8794781	30264	112793
其他园艺作物种植	487959	3615294	29085	25954
水果种植	3729471	20553502	32306	73934
仁果类和核果类水果种植	1352632	7135319		5301
葡萄种植	602242	2694868		11766
柑橘类种植	311931	1984536	15000	30670
香蕉等亚热带水果种植	169463	789015	7770	365
其他水果种植	1293203	7949764	9536	25832
坚果、含油果、香料和饮料作物种植	1841412	7950010	2860	15218
坚果种植	1104888	3311602		4638
含油果种植	132267	1053171		
香料作物种植	171948	479423		
茶及其他饮料作物种植	432309	3105814	2860	10580
中药材种植	976159	8121436	380	14129
其他农业	2562886	8957477	9890	6711
林业	9582152	21676146	13458	67400
林木育种和育苗	1718294	10663225	6325	66280
林木育种	505621	2665616	1880	
林木育苗	1212673	7997609	4445	66280
造林和更新	6920332	9218203	3419	92
森林经营和管护	873278	1417715	3714	
木材和竹材采运	34337	193000		
木材采运	32737	145209		
竹材采运	1600	47791		
林产品采集	35911	184003		1028
木竹材林产品采集	18169	94075		1028
非木竹材林产品采集	17742	89928		
畜牧业	6352174	52744814	200419	503406
牲畜饲养	5002249	41195858	150859	403751
牛的饲养	1919124	13406449	69260	183638
马的饲养	17840	304429		

2-1-10 续表 1 单位：万元

行　　业	投资中：国有控股投　　资	投资中：内资投资	外商投资	港澳台商投资
猪的饲养	1203599	16861648	81599	202793
羊的饲养	1490346	8410995		4998
骆驼饲养	2243	22906		
其他牲畜饲养	369097	2189431		12322
家禽饲养	815271	8871774	49560	99655
鸡的饲养	675273	7066064	3910	99655
鸭的饲养	33899	624836	44700	
鹅的饲养	48907	386354		
其他家禽饲养	57192	794520	950	
狩猎和捕捉动物	26650	192074		
其他畜牧业	508004	2485108		
渔业	1231304	10814769	14717	22227
水产养殖	1204844	10074364	10070	22227
海水养殖	474517	3630840	10070	3107
内陆养殖	730327	6443524		19120
水产捕捞	26460	740405	4647	
海水捕捞	5819	651205	4647	
内陆捕捞	20641	89200		
农、林、牧、渔服务业	21347364	39290173	46107	19439
农业服务业	19585116	35299187	36107	13534
农业机械服务	1010280	2939075	3350	
灌溉服务	7131410	8765287	2750	
农产品初加工服务	672120	5087882	15000	3105
其他农业服务	10771306	18506943	15007	10429
林业服务业	948852	1733906		1207
林业有害生物防治服务	63771	121608		
森林防火服务	225481	247428		
林产品初级加工服务	32289	321410		
其他林业服务	627311	1043460		1207
畜牧服务业	656328	1575040	10000	
渔业服务业	157068	682040		4698
(二)采矿业	**41348765**	**101383386**	**951427**	**862384**
煤炭开采和洗选业	11834478	30075743	211981	89117
烟煤和无烟煤开采洗选	10282545	27180454	194787	73461
褐煤开采洗选	1251606	1957667	11984	15656
其他煤炭采选	300327	937622	5210	
石油和天然气开采业	20877852	22524585	394208	390911
石油开采	17828990	18655795	260060	358071
天然气开采	3048862	3868790	134148	32840
黑色金属矿采选业	2056578	9657511	57418	68283
铁矿采选	1967490	8742457	31936	64283
锰矿、铬矿采选	22118	601042	24920	
其他黑色金属矿采选	66970	314012	562	4000
有色金属矿采选业	3789017	13834158	216837	236216
常用有色金属矿采选	2187868	8524563	141464	144846
铜矿采选	1027406	2276285	25196	111778
铅锌矿采选	546152	3189051	16218	33068
镍钴矿采选	167724	183974		
锡矿采选	103331	618455		
锑矿采选	62780	178481		
铝矿采选	136216	1025128	99872	

2-1-10　续表 2　　　　单位：万元

行　　业	投资中：国有控股投　资	投资中：内资投资	外商投资	港澳台商投资
镁矿采选	960	90018		
其他常用有色金属矿采选	143299	963171	178	
贵金属矿采选	1035457	3985758	63411	91370
金矿采选	954541	3709239	63411	91370
银矿采选	77696	222003		
其他贵金属矿采选	3220	54516		
稀有稀土金属矿采选	565692	1323837	11962	
钨钼矿采选	259949	808487	11962	
稀土金属矿采选	155506	216719		
放射性金属矿采选	56753	56753		
其他稀有金属矿采选	93484	241878		
非金属矿采选业	1213385	21130111	70983	61327
土砂石开采	564181	15988478	52897	26593
石灰石、石膏开采	230633	5165034	17860	6838
建筑装饰用石开采	58658	4671513	11850	14400
耐火土石开采	5071	725215		
粘土及其他土砂石开采	269819	5426716	23187	5355
化学矿开采	325988	2137174	3486	
采盐	88555	486509		5831
石棉及其他非金属矿采选	234661	2517950	14600	28903
石棉、云母矿采选	3830	113979		
石墨、滑石采选	30418	329935	14600	
宝石、玉石采选	143775	259945		
其他未列明非金属矿采选	56638	1814091		28903
开采辅助活动	1481550	3413470		14080
煤炭开采和洗选辅助活动	876755	1806720		
石油和天然气开采辅助活动	415638	910952		14080
其他开采辅助活动	189157	695798		
其他采矿业	95905	747808		2450
其他采矿业	95905	747808		2450
(三)制造业	**145114549**	**1744089530**	**80143679**	**54126567**
农副食品加工业	5407893	113454985	3090610	1318282
谷物磨制	1119101	21369516	94622	51849
饲料加工	166564	14021687	481598	151120
植物油加工	491516	10439523	345631	166013
食用植物油加工	484447	9663294	326271	145445
非食用植物油加工	7069	776229	19360	20568
制糖业	192911	1137848	38883	33961
屠宰及肉类加工	768911	18192349	317407	431946
牲畜屠宰	282960	5158915	17210	149338
禽类屠宰	44308	2352765	30585	58863
肉制品及副产品加工	441643	10680669	269612	223745
水产品加工	458607	7549224	744425	220172
水产品冷冻加工	252442	4295922	590309	136632
鱼糜制品及水产品干腌制加工	15790	1080906	73359	37354
水产饲料制造	6773	686814	6977	24731
鱼油提取及制品制造	8022	62826	15640	
其他水产品加工	175580	1422756	58140	21455
蔬菜、水果和坚果加工	655607	19316330	529642	164708
蔬菜加工	374510	11989298	322038	64841
水果和坚果加工	281097	7327032	207604	99867

2-1-10 续表 3 单位：万元

行业	投资中：国有控股投资	投资中：内资投资	外商投资	港澳台商投资
其他农副食品加工	1554676	21428508	538402	98513
淀粉及淀粉制品制造	331878	4798324	253254	7459
豆制品制造	77407	4023185	70237	16933
蛋品加工	10778	1011861	600	
其他未列明农副食品加工	1134613	11595138	214311	74121
食品制造业	2750391	54182397	2199241	1866662
焙烤食品制造	254307	9524736	200583	195214
糕点、面包制造	197723	5115310	39375	60617
饼干及其他焙烤食品制造	56584	4409426	161208	134597
糖果、巧克力及蜜饯制造	16233	3053003	216883	266444
糖果、巧克力制造	5154	1630582	192750	260163
蜜饯制作	11079	1422421	24133	6281
方便食品制造	399513	10487949	390508	336806
米、面制品制造	130663	5195501	37400	66273
速冻食品制造	226743	2902018	100142	35190
方便面及其他方便食品制造	42107	2390430	252966	235343
乳制品制造	524761	3430907	205202	148844
罐头食品制造	103418	3399101	110989	265137
肉、禽类罐头制造	33469	631470	3310	57421
水产品罐头制造	640	151754		27210
蔬菜、水果罐头制造	61049	1947655	96815	67788
其他罐头食品制造	8260	668222	10864	112718
调味品、发酵制品制造	103347	6744655	301202	207082
味精制造	13011	1088263	11822	5500
酱油、食醋及类似制品制造	18133	1878484	134371	527
其他调味品、发酵制品制造	72203	3777908	155009	201055
其他食品制造	1348812	17542046	773874	447135
营养食品制造	27106	1820489	58488	122359
保健食品制造	360444	4634063	323479	157864
冷冻饮品及食用冰制造	55575	1007776	10675	21079
盐加工	200380	471719	31995	
食品及饲料添加剂制造	255283	3943279	212402	61432
其他未列明食品制造	450024	5664720	136835	84401
酒、饮料和精制茶制造业	2379140	37913003	1824534	1322787
酒的制造	1534005	14975596	738712	337774
酒精制造	22532	538753	8320	
白酒制造	898303	8744503	47100	44628
啤酒制造	443779	1277864	614668	124575
黄酒制造	36493	715230		
葡萄酒制造	80634	2068892	44313	168571
其他酒制造	52264	1630354	24311	
饮料制造	497744	14627697	1062619	922534
碳酸饮料制造	12558	1008285	279845	192044
瓶(罐)装饮用水制造	122871	4426266	85487	115671
果菜汁及果菜汁饮料制造	250384	4280788	423315	136234
含乳饮料和植物蛋白饮料制造	24067	1890787	106720	156049
固体饮料制造	895	626015	9528	6070
茶饮料及其他饮料制造	86969	2395556	157724	316466
精制茶加工	347391	8309710	23203	62479
烟草制品业	1698567	2091043		1000
烟叶复烤	458401	702360		

2-1-10　续表 4　　　　单位：万元

行　　业	投资中：国有控股投　资	投资中：内资投资	外商投资	港澳台商投资
卷烟制造	1072846	1115533		
其他烟草制品制造	167320	273150		1000
纺织业	2397444	62590225	1300332	2535147
棉纺织及印染精加工	1824529	32975057	417568	1286295
棉纺纱加工	1715668	22574084	138506	597759
棉织造加工	81779	7149881	149507	406547
棉印染精加工	27082	3251092	129555	281989
毛纺织及染整精加工	108894	3583734	132892	159183
毛条和毛纱线加工	38627	1456764	83316	113859
毛织造加工	70267	1868380	44792	24115
毛染整精加工		258590	4784	21209
麻纺织及染整精加工	66279	1251292	62852	53555
麻纤维纺前加工和纺纱	46708	620513	26867	9466
麻织造加工	19419	585947	23650	44089
麻染整精加工	152	44832	12335	
丝绢纺织及印染精加工	34326	1492064	17481	28736
缫丝加工	20546	649981	1460	12259
绢纺和丝织加工	13780	647008	16021	
丝印染精加工		195075		16477
化纤织造及印染精加工	42749	4459757	111395	264464
化纤织造加工	42749	3763249	91019	220425
化纤织物染整精加工		696508	20376	44039
针织或钩针编织物及其制品制造	45595	5440930	151829	276249
针织或钩针编织物织造	43095	4311495	86845	202694
针织或钩针编织物印染精加工		432510	26029	61036
针织或钩针编织品制造	2500	696925	38955	12519
家用纺织制成品制造	78362	7007243	167209	168208
床上用品制造	18077	3213341	64180	110489
毛巾类制品制造	10655	1096534	6095	4827
窗帘、布艺类产品制造	8916	604615	4202	10467
其他家用纺织制成品制造	40714	2092753	92732	42425
非家用纺织制成品制造	196710	6380148	239106	298457
非织造布制造	70308	2729496	117841	214828
绳、索、缆制造	2000	580666	16023	6738
纺织带和帘子布制造		584573		25381
篷、帆布制造	94531	764919	13134	6199
其他非家用纺织制成品制造	29871	1720494	92108	45311
纺织服装、服饰业	1202445	45027901	1006342	1774844
机织服装制造	726560	27934948	692559	1284163
针织或钩针编织服装制造	45524	6214609	173474	328108
服饰制造	430361	10878344	140309	162573
皮革、毛皮、羽毛及其制品和制鞋业	339004	21229764	700412	1128651
皮革鞣制加工		1289809	33715	147637
皮革制品制造	110506	6766521	277863	238367
皮革服装制造	14689	1422774	20473	11177
皮箱、包(袋)制造	65643	2747305	123155	126288
皮手套及皮装饰制品制造		890300	58570	35168
其他皮革制品制造	30174	1706142	75665	65734
毛皮鞣制及制品加工	15989	1767008	20788	250256
毛皮鞣制加工	1000	293736	7838	2400
毛皮服装加工		1053139	8070	40212
其他毛皮制品加工	14989	420133	4880	207644

2-1-10 续表 5　　单位：万元

行　　业	投资中：国有控股投　资	投资中：内资投资	外商投资	港澳台商投资
羽毛(绒)加工及制品制造	5461	1508168	24945	22905
羽毛(绒)加工		612467		700
羽毛(绒)制品加工	5461	895701	24945	22205
制鞋业	207048	9898258	343101	469486
纺织面料鞋制造	9426	1787367	30010	103431
皮鞋制造	125958	4677294	164476	251241
塑料鞋制造	5576	1067085	14223	4900
橡胶鞋制造	38798	985440	89783	44790
其他制鞋业	27290	1381072	44609	65124
木材加工和木、竹、藤、棕、草制品业	882168	42311375	415662	350052
木材加工	379218	12335627	43777	43727
锯材加工	141116	3198715	12950	200
木片加工	47623	3259043	21226	10350
单板加工	66580	2647255	4946	12010
其他木材加工	123899	3230614	4655	21167
人造板制造	185335	13769287	159083	66462
胶合板制造	119231	8206988	107282	42535
纤维板制造	28352	1867440	13764	2690
刨花板制造	29502	944726	237	13428
其他人造板制造	8250	2750133	37800	7809
木制品制造	216965	11290657	153358	198146
建筑用木料及木材组件加工	69076	3059570	20611	96490
木门窗、楼梯制造	92891	3168794	10000	56791
地板制造	210	1332063	35130	13068
木制容器制造	2685	894007	4985	5474
软木制品及其他木制品制造	52103	2836223	82632	26323
竹、藤、棕、草等制品制造	100650	4915804	59444	41717
竹制品制造	89400	4090257	45200	33198
藤制品制造	4000	167992	14244	7845
棕制品制造	3200	155095		674
草及其他制品制造	4050	502460		
家具制造业	487471	29712726	563475	400007
木质家具制造	369264	21856855	434072	245027
竹、藤家具制造	22130	600897	3992	2730
金属家具制造	22713	2954367	48011	58474
塑料家具制造	2000	588039	2983	
其他家具制造	71364	3712568	74417	93776
造纸和纸制品业	904043	27735713	1545391	1632168
纸浆制造	371530	875066		29381
木竹浆制造	371530	769518		27799
非木竹浆制造		105548		1582
造纸	227368	10367788	984258	1041162
机制纸及纸板制造	115800	8388795	911603	968511
手工纸制造	51726	343378		3271
加工纸制造	59842	1635615	72655	69380
纸制品制造	305145	16492859	561133	561625
纸和纸板容器制造	99318	7468814	88634	213814
其他纸制品制造	205827	9024045	472499	347811
印刷和记录媒介复制业	643711	17756886	369678	411839
印刷	567206	16476840	362358	404467

2-1-10　续表 6　　　　单位：万元

行　　业	投资中：国有控股投资	投资中：内资投资	外商投资	港澳台商投资
书、报刊印刷	235373	2256038		75941
本册印制	39901	543752	14362	14278
包装装潢及其他印刷	291932	13677050	347996	314248
装订及印刷相关服务	36597	1169432	4420	3992
记录媒介复制	39908	110614	2900	3380
文教、工美、体育和娱乐用品制造业	630201	24061031	1339590	1018607
文教办公用品制造	25260	2145257	67462	61701
文具制造		687353	22452	39380
笔的制造	3950	466490	19828	2727
教学用模型及教具制造	18550	471215		
墨水、墨汁制造		104170	955	
其他文教办公用品制造	2760	416029	24227	19594
乐器制造	160639	1076037	98020	75211
中乐器制造	10635	135146	6095	
西乐器制造	17259	483066	55519	29314
电子乐器制造		176110	19833	1463
其他乐器及零件制造	132745	281715	16573	44434
工艺美术品制造	298842	12408190	503063	374057
雕塑工艺品制造	156495	2464291	22116	52885
金属工艺品制造	5520	1355744	88336	32362
漆器工艺品制造		143846	22213	
花画工艺品制造		370019	9200	12142
天然植物纤维编织工艺品制造	8478	723138	88648	45693
抽纱刺绣工艺品制造	3106	538577	24759	28406
地毯、挂毯制造	27977	1120353	23820	21406
珠宝首饰及有关物品制造	44380	1891152	49033	123115
其他工艺美术品制造	52886	3801070	174938	58048
体育用品制造	74655	3881316	236112	140067
球类制造		345245		8700
体育器材及配件制造	61355	1309740	52437	37394
训练健身器材制造		895019	135596	22917
运动防护用具制造	6500	309118	6175	29356
其他体育用品制造	6800	1022194	41904	41700
玩具制造	10893	3293651	352049	362781
游艺器材及娱乐用品制造	59912	1256580	82884	4790
露天游乐场所游乐设备制造	55252	614859	9486	
游艺用品及室内游艺器材制造	4660	319631	2000	4790
其他娱乐用品制造		322090	71398	
石油加工、炼焦和核燃料加工业	9804298	25774704	354995	832645
精炼石油产品制造	8283583	20380836	260779	611169
原油加工及石油制品制造	8167273	19194245	259572	611169
人造原油制造	116310	1186591	1207	
炼焦	1520715	5393868	94216	221476
化学原料和化学制品制造业	14661271	136187142	6158172	5185679
基础化学原料制造	7444900	41195509	1724627	1498407
无机酸制造	218856	2292855	51726	23449
无机碱制造	370755	2206550	3624	110489
无机盐制造	223480	4089604	121421	26022
有机化学原料制造	6000816	22891362	1061175	1094925
其他基础化学原料制造	630993	9715138	486681	243522
肥料制造	2477510	20693069	219551	184763

2-1-10 续表 7

单位：万元

行 业	投资中：国有控股投资	投资中：内资投资	外商投资	港澳台商投资
氮肥制造	1003607	3600926	102166	38304
磷肥制造	135711	1283163	10343	2300
钾肥制造	376950	835863	4981	34928
复混肥料制造	691940	6072067	75809	79700
有机肥料及微生物肥料制造	156541	7484669	25252	29531
其他肥料制造	112761	1416381	1000	
农药制造	547194	4691408	271394	162907
化学农药制造	524686	3355410	230165	96907
生物化学农药及微生物农药制造	22508	1335998	41229	66000
涂料、油墨、颜料及类似产品制造	196489	11753043	494735	411310
涂料制造	54957	7414839	289819	219552
油墨及类似产品制造	7823	692418	35604	6973
颜料制造	126578	1712588	79192	98975
染料制造	4539	1019602	40738	49893
密封用填料及类似品制造	2592	913596	49382	35917
合成材料制造	2067392	17889338	1636152	1386709
初级形态塑料及合成树脂制造	964342	7507966	892969	941580
合成橡胶制造	106266	2154954	111873	87761
合成纤维单(聚合)体制造	784959	3174742	21557	242295
其他合成材料制造	211825	5051676	609753	115073
专用化学产品制造	1413888	29098335	1544700	1236104
化学试剂和助剂制造	485388	10922126	310001	74909
专项化学用品制造	527922	8359649	427973	616367
林产化学产品制造	9632	1027422	23855	4920
信息化学品制造	226744	2780633	496834	392756
环境污染处理专用药剂材料制造	25140	1763863	36200	89392
动物胶制造		298007	18618	
其他专用化学产品制造	139062	3946635	231219	57760
炸药、火工及焰火产品制造	383513	5000841	13084	13444
焰火、鞭炮产品制造	383513	5000841	13084	13444
日用化学产品制造	130385	5865599	253929	292035
肥皂及合成洗涤剂制造	28255	1140531	14242	76630
化妆品制造	15910	1523755	130089	95723
口腔清洁用品制造	2600	163104	8500	26142
香料、香精制造	25193	1284261	57889	29043
其他日用化学产品制造	58427	1753948	43209	64497
医药制造业	3911120	58512411	2718472	1760625
化学药品原料药制造	702289	11628935	398982	428618
化学药品制剂制造	523954	7843999	1199689	428099
中药饮片加工	564661	9538898	158389	177469
中成药生产	752613	10008487	145647	243409
兽用药品制造	38829	2130128	70992	25789
生物药品制造	846471	11425818	515056	276141
卫生材料及医药用品制造	482303	5936146	229717	181100
化学纤维制造业	796044	10094511	454411	611514
纤维素纤维原料及纤维制造	430033	2098196	123518	86425
化纤浆粕制造	16526	431751	6796	16540
人造纤维(纤维素纤维)制造	413507	1666445	116722	69885
合成纤维制造	366011	7996315	330893	525089
锦纶纤维制造	215877	1776996	17282	114050
涤纶纤维制造	23328	2236390	141341	356698

2-1-10　续表 8　　　　单位：万元

行　　业	投资中：国有控股投　资	投资中：内资投资	外商投资	港澳台商投资
腈纶纤维制造	4073	140295	13335	30880
维纶纤维制造		82793	4905	
丙纶纤维制造	78821	137666	4332	
氨纶纤维制造	11145	496270	55688	15787
其他合成纤维制造	32767	3125905	94010	7674
橡胶和塑料制品业	1497105	65810270	2551041	1788889
橡胶制品业	743232	15544242	1261886	298349
轮胎制造	447126	4871612	817530	180122
橡胶板、管、带制造	103857	3881730	64897	13083
橡胶零件制造	23349	2262694	215564	15126
再生橡胶制造		894491	4465	14859
日用及医用橡胶制品制造	79077	775407	19438	41900
其他橡胶制品制造	89823	2858308	139992	33259
塑料制品业	753873	50266028	1289155	1490540
塑料薄膜制造	256531	6582424	141165	362942
塑料板、管、型材制造	210972	11510704	162636	186306
塑料丝、绳及编织品制造	60572	4870625	87449	39255
泡沫塑料制造	49179	2034683	26288	19582
塑料人造革、合成革制造	4675	893309	18047	71167
塑料包装箱及容器制造	35618	6070931	141192	170462
日用塑料制品制造	30310	4757186	210803	94576
塑料零件制造	19983	2899690	76008	258490
其他塑料制品制造	86033	10646476	425567	287760
非金属矿物制品业	7802200	164091698	1883876	2717750
水泥、石灰和石膏制造	1503493	12358048	75791	324551
水泥制造	1390204	8172143	68308	293901
石灰和石膏制造	113289	4185905	7483	30650
石膏、水泥制品及类似制品制造	1582087	32075443	188619	358044
水泥制品制造	596579	17256319	149420	152170
砼结构构件制造	572522	5388749		115030
石棉水泥制品制造	6995	401452		
轻质建筑材料制造	251324	5552771	21553	9078
其他水泥类似制品制造	154667	3476152	17646	81766
砖瓦、石材等建筑材料制造	1992444	65115756	412212	523827
粘土砖瓦及建筑砌块制造	338063	16887778	43068	4842
建筑陶瓷制品制造	181416	8134249	68463	296842
建筑用石加工	507919	16262037	183202	145489
防水建筑材料制造	74563	3384102	9957	9818
隔热和隔音材料制造	114338	5562151	74502	
其他建筑材料制造	776145	14885439	33020	66836
玻璃制造	465623	5972395	100817	405158
平板玻璃制造	305968	1986291	70511	242890
其他玻璃制造	159655	3986104	30306	162268
玻璃制品制造	741006	11546578	271291	392112
技术玻璃制品制造	324294	2885227	99767	233340
光学玻璃制造	87531	961449	94363	61046
玻璃仪器制造	4920	385003	5300	
日用玻璃制品制造	42344	2550806	42812	12795
玻璃包装容器制造	19114	1458370	2800	10665
玻璃保温容器制造		343633		9422
制镜及类似品加工		244713	6176	4436
其他玻璃制品制造	262803	2717377	20073	60408

2-1-10 续表 9 单位：万元

行 业	投资中：国有控股投资	投资中：内资投资	外商投资	港澳台商投资
玻璃纤维和玻璃纤维增强塑料制品制造	598001	5107055	110314	140447
玻璃纤维及制品制造	579524	2901542	91516	75246
玻璃纤维增强塑料制品制造	18477	2205513	18798	65201
陶瓷制品制造	248803	9844801	231066	288163
卫生陶瓷制品制造	9250	1310659	38058	83998
特种陶瓷制品制造	160324	4095444	36819	17378
日用陶瓷制品制造	23172	2775211	149189	147428
园林、陈设艺术及其他陶瓷制品制造	56057	1663487	7000	39359
耐火材料制品制造	86648	7963799	68837	98891
石棉制品制造	29985	899624	11276	12270
云母制品制造	3100	330707		43894
耐火陶瓷制品及其他耐火材料制造	53563	6733468	57561	42727
石墨及其他非金属矿物制品制造	584095	14107823	424929	186557
石墨及碳素制品制造	255661	5550999	146733	26850
其他非金属矿物制品制造	328434	8556824	278196	159707
黑色金属冶炼和压延加工业	6761188	39557269	892212	1165147
炼铁	325724	1577773	4656	
炼钢	1605825	7004728	3574	252618
黑色金属铸造	258864	7164449	45121	87713
钢压延加工	4324128	21120087	749776	812115
铁合金冶炼	246647	2690232	89085	12701
有色金属冶炼和压延加工业	6806492	50084037	1392330	1109060
常用有色金属冶炼	3508214	13482416	322662	497976
铜冶炼	577207	1693381	48897	163766
铅锌冶炼	444376	2343940	22021	
镍钴冶炼	77518	809299	72264	
锡冶炼	35521	382500		
锑冶炼	36780	242514		
铝冶炼	1554166	5294032	137707	294977
镁冶炼	533992	1027918	15690	34443
其他常用有色金属冶炼	248654	1688832	26083	4790
贵金属冶炼	476974	1819316	27676	9220
金冶炼	372862	699222	27676	1420
银冶炼	60874	815101		7800
其他贵金属冶炼	43238	304993		
稀有稀土金属冶炼	241595	1959918	19095	30161
钨钼冶炼	87394	477460	5220	5100
稀土金属冶炼	96036	934615	13007	15161
其他稀有金属冶炼	58165	547843	868	9900
有色金属合金制造	998363	7152994	412922	78940
有色金属铸造	51954	1279071	14378	8139
有色金属压延加工	1529392	24390322	595597	484624
铜压延加工	552646	4784263	310592	120016
铝压延加工	596002	15007275	225664	294209
贵金属压延加工	98617	369124		8580
稀有稀土金属压延加工	59058	786810	18995	1388
其他有色金属压延加工	223069	3442850	40346	60431
金属制品业	3099857	97096778	1788823	2227322
结构性金属制品制造	1472056	39343694	310224	514942
金属结构制造	1347060	27422035	254559	439193
金属门窗制造	124996	11921659	55665	75749

2-1-10　续表 10　　单位：万元

行　　业	投资中：国有控股投　资	投资中：内资投资	外商投资	港澳台商投资
金属工具制造	277729	8635833	223699	257581
切削工具制造	180284	3137021	111754	112169
手工具制造	4870	988448	32856	33867
农用及园林用金属工具制造	5057	993729	400	17545
刀剪及类似日用金属工具制造	2327	541376	6888	20605
其他金属工具制造	85191	2975259	71801	73395
集装箱及金属包装容器制造	232842	4866859	275740	269800
集装箱制造	11235	278665	79124	46230
金属压力容器制造	148316	2228598	62259	82762
金属包装容器制造	73291	2359596	134357	140808
金属丝绳及其制品制造	97868	4289259	144687	161885
建筑、安全用金属制品制造	375206	12096746	281703	275268
建筑、家具用金属配件制造	167261	3644479	166844	126130
建筑装饰及水暖管道零件制造	107690	4586828	34862	107964
安全、消防用金属制品制造	29330	2114890	32808	30197
其他建筑、安全用金属制品制造	70925	1750549	47189	10977
金属表面处理及热处理加工	74448	4743464	138098	167597
搪瓷制品制造	8340	928727	11821	34361
生产专用搪瓷制品制造	4990	129611		
建筑装饰搪瓷制品制造		460674	1661	321
搪瓷卫生洁具制造		165610		33040
搪瓷日用品及其他搪瓷制品制造	3350	172832	10160	1000
金属制日用品制造	67794	5502456	95506	211136
金属制厨房用器具制造	18900	1343376	10993	22454
金属制餐具和器皿制造	24660	1435920	41650	118362
金属制卫生器具制造	7420	236533	2479	2527
其他金属制日用品制造	16814	2486627	40384	67793
其他金属制品制造	493574	16689740	307345	334752
锻件及粉末冶金制品制造	136870	5189778	159604	73669
交通及公共管理用金属标牌制造	16921	645630		
其他未列明金属制品制造	339783	10854332	147741	261083
通用设备制造业	5219516	124689633	3558847	2358663
锅炉及原动设备制造	1046454	10571260	393726	68033
锅炉及辅助设备制造	245235	5404455	93890	37072
内燃机及配件制造	316824	2585122	200889	17432
汽轮机及辅机制造	164090	473501	55618	3725
水轮机及辅机制造	20075	230493		5580
风能原动设备制造	277953	1140315	26523	4224
其他原动设备制造	22277	737374	16806	
金属加工机械制造	847433	24129445	421184	652298
金属切削机床制造	167037	4066768	107146	87747
金属成形机床制造	170588	2626424	29883	19938
铸造机械制造	195987	5116070	127616	32627
金属切割及焊接设备制造	64145	1802843	65317	59608
机床附件制造	24231	2056203	54108	361112
其他金属加工机械制造	225445	8461137	37114	91266
物料搬运设备制造	407574	12270852	446939	340674
轻小型起重设备制造		1210151	32639	27819
起重机制造	161609	2616355	65083	60793
生产专用车辆制造	113806	1406456	14344	24880

2-1-10 续表 11 单位：万元

行业	投资中：国有控股投资	投资中：内资投资	外商投资	港澳台商投资
连续搬运设备制造	20715	1786710	39988	22112
电梯、自动扶梯及升降机制造	52507	3786913	254537	183670
其他物料搬运设备制造	58937	1464267	40348	21400
泵、阀门、压缩机及类似机械制造	546109	16744220	558547	309647
泵及真空设备制造	108725	4845980	163895	80937
气体压缩机械制造	243289	2348278	120304	17812
阀门和旋塞制造	75108	4846235	121466	90691
液压和气压动力机械及元件制造	118987	4703727	152882	120207
轴承、齿轮和传动部件制造	276414	11345208	375558	209605
轴承制造	169833	6144031	217461	117006
齿轮及齿轮减、变速箱制造	43639	3374220	134039	84732
其他传动部件制造	62942	1826957	24058	7867
烘炉、风机、衡器、包装等设备制造	1098925	13979418	549148	295681
烘炉、熔炉及电炉制造	32841	1365969	13920	
风机、风扇制造	357046	2248530	39120	28523
气体、液体分离及纯净设备制造	34225	1784250	89326	74176
制冷、空调设备制造	578140	5373382	282245	83498
风动和电动工具制造	46066	940151	71351	78522
喷枪及类似器具制造	19086	247785	13824	
衡器制造	25050	406377	621	8278
包装专用设备制造	6471	1612974	38741	22684
文化、办公用机械制造	41676	1384404	59835	57126
电影机械制造	5573	37213		
幻灯及投影设备制造		102980	2767	
照相机及器材制造		151030	26500	17783
复印和胶印设备制造	13500	407423	29778	20747
计算器及货币专用设备制造	4992	282630		15008
其他文化、办公用机械制造	17611	403128	790	3588
通用零部件制造	499664	25960906	449731	315248
金属密封件制造	84466	1518619	24501	88326
紧固件制造	97198	3918629	109118	53842
弹簧制造	816	819836	24641	19604
机械零部件加工	252137	14551004	142487	126543
其他通用零部件制造	65047	5152818	148984	26933
其他通用设备制造业	455267	8303920	304179	110351
专用设备制造业	7163422	113675435	3833436	2861317
采矿、冶金、建筑专用设备制造	2691797	28293518	1220302	339837
矿山机械制造	884829	10470369	210223	22593
石油钻采专用设备制造	725069	5274850	301073	21208
建筑工程用机械制造	328383	5922524	175598	133144
海洋工程专用设备制造	501412	1184862	473271	104846
建筑材料生产专用机械制造	116338	3411480	28298	34326
冶金专用设备制造	135766	2029433	31839	23720
化工、木材、非金属加工专用设备制造	620660	16423860	617218	826032
炼油、化工生产专用设备制造	228457	2817834	136273	76925
橡胶加工专用设备制造	10724	541305	2154	3500
塑料加工专用设备制造	101410	2045041	72870	249889
木材加工机械制造		1058769	5275	31771
模具制造	218386	8514675	390361	453455
其他非金属加工专用设备制造	61683	1446236	10285	10492

2-1-10 续表 12 单位：万元

行业	投资中：国有控股投资	投资中：内资投资	外商投资	港澳台商投资
食品、饮料、烟草及饲料生产专用设备制造	72467	4142324	28331	16870
食品、酒、饮料及茶生产专用设备制造	23142	1779809	19789	12300
农副食品加工专用设备制造	36817	1737627	8542	4570
烟草生产专用设备制造	12508	292440		
饲料生产专用设备制造		332448		
印刷、制药、日化及日用品生产专用设备制造	319691	6082391	133771	182536
制浆和造纸专用设备制造	57719	737666	30261	14925
印刷专用设备制造	9556	1396249	41916	48978
日用化工专用设备制造	20328	633639	1511	5598
制药专用设备制造	104983	1047176	43530	62200
照明器具生产专用设备制造	47672	1067404		26973
玻璃、陶瓷和搪瓷制品生产专用设备制造	67983	751183	10738	2386
其他日用品生产专用设备制造	11450	449074	5815	21476
纺织、服装和皮革加工专用设备制造	172597	3743872	133982	226326
纺织专用设备制造	163879	2696034	83053	213151
皮革、毛皮及其制品加工专用设备制造	8718	407153	5800	
缝制机械制造		454519	34868	3455
洗涤机械制造		186166	10261	9720
电子和电工机械专用设备制造	845807	9569130	549863	257335
电工机械专用设备制造	105889	3594306	91985	39261
电子工业专用设备制造	739918	5974824	457878	218074
农、林、牧、渔专用机械制造	546905	11145731	190835	161023
拖拉机制造	61166	1147025	17802	63032
机械化农业及园艺机具制造	130616	4372624	100022	25909
营林及木竹采伐机械制造	4877	125527		27552
畜牧机械制造	25130	713791	3741	16291
渔业机械制造	17985	116242	8000	
农林牧渔机械配件制造	53995	2141093	11553	4800
棉花加工机械制造		125177		
其他农、林、牧、渔业机械制造	253136	2404252	49717	23439
医疗仪器设备及器械制造	457336	10359728	512523	121818
医疗诊断、监护及治疗设备制造	143519	3274810	233091	36890
口腔科用设备及器具制造	88938	266643	8120	3555
医疗实验室及医用消毒设备和器具制造	15326	1042008	14796	18395
医疗、外科及兽医用器械制造	68951	2039028	22794	31474
机械治疗及病房护理设备制造	20030	675421	55711	10520
假肢、人工器官及植(介)入器械制造	8762	268235	22342	12804
其他医疗设备及器械制造	111810	2793583	155669	8180
环保、社会公共服务及其他专用设备制造	1436162	23914881	446611	729540
环境保护专用设备制造	668415	11644122	166544	192114
地质勘查专用设备制造	33781	237045		
邮政专用机械及器材制造		7692		1487
商业、饮食、服务专用设备制造	1656	223592	14000	
社会公共安全设备及器材制造	189237	1780392		75849
交通安全、管制及类似专用设备制造	39761	559679		
水资源专用机械制造	23381	1086667	22236	515
其他专用设备制造	479931	8375692	243831	459575
汽车制造业	16012779	100961253	17131357	2276515
汽车整车制造	8392853	14425280	8883324	93011
改装汽车制造	401273	2761599	35717	15790

2-1-10 续表 13

单位：万元

行　业	投资中：国有控股投资	投资中：内资投资	外商投资	港澳台商投资
低速载货汽车制造	13718	792253		86150
电车制造	54502	3752631	84695	2641
汽车车身、挂车制造	184792	2299535	254638	26959
汽车零部件及配件制造	6965641	76929955	7872983	2051964
铁路、船舶、航空航天和其他运输设备制造业	6862417	27306460	1442564	546632
铁路运输设备制造	1833791	5608741	114127	136835
铁路机车车辆及动车组制造	740026	821113		
窄轨机车车辆制造		82820		
铁路机车车辆配件制造	599188	2318861	107297	47109
铁路专用设备及器材、配件制造	412108	2047074	1000	8126
其他铁路运输设备制造	82469	338873	5830	81600
城市轨道交通设备制造	1121280	1633561	84504	24067
船舶及相关装置制造	1072206	5917373	456607	58339
金属船舶制造	450406	2083095	293347	10780
非金属船舶制造	40161	584487	7860	4690
娱乐船和运动船制造	18073	382966	5000	1487
船用配套设备制造	532276	2617101	150400	29556
船舶改装与拆除	21593	117463		11826
航标器材及其他相关装置制造	9697	132261		
摩托车制造	420439	3652102	208260	38002
摩托车整车制造	39320	1328123	39942	13087
摩托车零部件及配件制造	381119	2323979	168318	24915
自行车制造	127004	3831086	180524	85515
脚踏自行车及残疾人座车制造	61450	844367	143055	54796
助动自行车制造	65554	2986719	37469	30719
非公路休闲车及零配件制造	24698	863200	14747	46101
潜水救捞及其他未列明运输设备制造	2262999	5800397	383795	157773
其他未列明运输设备制造	2262999	5800397	383795	157773
电气机械和器材制造业	8445060	117922724	5238846	4653544
电机制造	1126441	10957807	772647	232291
发电机及发电机组制造	889414	5308806	129551	79415
电动机制造	136868	3090748	103944	13379
微电机及其他电机制造	100159	2558253	539152	139497
输配电及控制设备制造	3287722	40807568	2024815	1752320
变压器、整流器和电感器制造	380702	7373251	92081	90379
电容器及其配套设备制造	100460	1864233	46817	26402
配电开关控制设备制造	234414	7379918	188493	84306
电力电子元器件制造	677256	9003913	459512	485719
光伏设备及元器件制造	1171692	10625384	1103693	1013504
其他输配电及控制设备制造	723198	4560869	134219	52010
电线、电缆、光缆及电工器材制造	890211	19397889	594308	371217
电线、电缆制造	507103	13611017	332044	185660
光纤、光缆制造	274776	2808902	122893	90970
绝缘制品制造	60933	1260558	78398	8324
其他电工器材制造	47399	1717412	60973	86263
电池制造	1185836	17362260	666114	1254610
锂离子电池制造	744926	11441477	508724	1017962
镍氢电池制造	11764	909020	14452	10346
其他电池制造	429146	5011763	142938	226302
家用电力器具制造	737802	9965127	576929	350486

2-1-10　续表 14　　单位：万元

行　　业	投资中：国有控股投　资	投资中：内资投资	外商投资	港澳台商投资
家用制冷电器具制造	244324	2356346	236916	92417
家用空气调节器制造	183236	1045762	79964	47933
家用通风电器具制造	54168	423595	800	26982
家用厨房电器具制造	85491	2350766	70633	90007
家用清洁卫生电器具制造		623151	102721	37991
家用美容、保健电器具制造		318345	6462	
家用电力器具专用配件制造	44300	1312130	36872	39426
其他家用电力器具制造	126283	1535032	42561	15730
非电力家用器具制造	74126	3465702	90549	60631
燃气、太阳能及类似能源家用器具制造	73826	3059623	74135	50219
其他非电力家用器具制造	300	406079	16414	10412
照明器具制造	570818	10381301	448436	546681
电光源制造	276503	1869955	137949	134661
照明灯具制造	236441	7092052	301584	322376
灯用电器附件及其他照明器具制造	57874	1419294	8903	89644
其他电气机械及器材制造	572104	5585070	65048	85308
电气信号设备装置制造	48066	852946	45344	8054
其他未列明电气机械及器材制造	524038	4732124	19704	77254
计算机、通信和其他电子设备制造业	17955263	80877459	14742349	9024653
计算机制造	1425232	8220394	1721489	1504536
计算机整机制造	363764	1018563	614156	359091
计算机零部件制造	246321	3136443	777075	748717
计算机外围设备制造	205573	1340589	102233	134199
其他计算机制造	609574	2724799	228025	262529
通信设备制造	3758874	11781439	1019033	2565943
通信系统设备制造	1477225	6298843	372663	1680852
通信终端设备制造	2281649	5482596	646370	885091
广播电视设备制造	132658	1858758	98450	201341
广播电视节目制作及发射设备制造	11694	379359	19148	4724
广播电视接收设备及器材制造	75112	864202	62439	130878
应用电视设备及其他广播电视设备制造	45852	615197	16863	65739
视听设备制造	236900	2164014	302025	438185
电视机制造	201264	929101	74602	246779
音响设备制造	17540	737032	110153	92669
影视录放设备制造	18096	497881	117270	98737
电子器件制造	9386776	27090783	8332524	1767219
电子真空器件制造	125036	825545	59133	16467
半导体分立器件制造	107408	1008346	1138469	240674
集成电路制造	955770	4439520	3739716	621401
光电子器件及其他电子器件制造	8198562	20817372	3395206	888677
电子元件制造	1392278	18416883	2313636	2291501
电子元件及组件制造	1276487	16135466	1756840	1424703
印制电路板制造	115791	2281417	556796	866798
其他电子设备制造	1622545	11345188	955192	255928
仪器仪表制造业	739268	15968769	1000178	494462
通用仪器仪表制造	436728	8716903	576516	164090
工业自动控制系统装置制造	172082	4146821	217850	40463
电工仪器仪表制造	147336	1666565	47725	47287
绘图、计算及测量仪器制造	8984	675748	19489	2200
实验分析仪器制造	85098	601419	61100	50354

2-1-10 续表 15 单位：万元

行业	投资中：国有控股投资	投资中：内资投资	外商投资	港澳台商投资
试验机制造	11249	256808	12682	
供应用仪表及其他通用仪器制造	11979	1369542	217670	23786
专用仪器仪表制造	233100	4091844	147662	119808
环境监测专用仪器仪表制造	2670	631510	30947	4600
运输设备及生产用计数仪表制造	37786	659238	71041	17373
农林牧渔专用仪器仪表制造		87817		
地质勘探和地震专用仪器制造	55811	131067	7388	
教学专用仪器制造	19817	272728		11434
电子测量仪器制造	46620	811013	16239	34421
其他专用仪器制造	70396	1498471	22047	51980
钟表与计时仪器制造	15693	415620	4729	51068
光学仪器及眼镜制造	18487	1509482	225160	95457
光学仪器制造	12135	1026059	153370	65136
眼镜制造	6352	483423	71790	30321
其他仪器仪表制造业	35260	1234920	46111	64039
其他制造业	6218586	21413217	319332	319653
日用杂品制造	69340	2427873	112548	227042
鬃毛加工、制刷及清扫工具制造	29900	769664	45702	30161
其他日用杂品制造	39440	1658209	66846	196881
煤制品制造	129724	1809722		
其他未列明制造业	6019522	17175622	206784	92611
废弃资源综合利用业	944671	13108828	240185	404763
金属废料和碎屑加工处理	344798	6969535	117592	320686
非金属废料和碎屑加工处理	599873	6139293	122593	84077
金属制品、机械和设备修理业	691514	2889883	86986	27688
金属制品修理	3802	330459		895
通用设备修理	34315	330956		
专用设备修理	238275	726124		
铁路、船舶、航空航天等运输设备修理	322837	715667	75177	26793
铁路运输设备修理	157204	182271		
船舶修理	35637	193321	403	13197
航空航天器修理	83664	232562	74774	13596
其他运输设备修理	46332	107513		
电气设备修理	26020	159340		
仪器仪表修理		26437		
其他机械和设备修理业	66265	600900	11809	
(四)电力、热力、燃气及水生产和供应业	**181875826**	**285400175**	**4191089**	**7768722**
电力、热力生产和供应业	137353659	217041021	3052203	6283543
电力生产	77388159	141557434	2679101	5862024
火力发电	27377950	36149232	1330320	1831217
水力发电	13847057	19591692	10871	63331
核力发电	10056123	10100389		1540
风力发电	14468245	24124139	503894	1460143
太阳能发电	8181091	40823378	377298	1461154
其他电力生产	3457693	10768604	456718	1044639
电力供应	49892472	53873389	2510	74010
热力生产和供应	10073028	21610198	370592	347509
燃气生产和供应业	7711911	19730837	599988	1017165
燃气生产和供应业	7711911	19730837	599988	1017165
水的生产和供应业	36810256	48628317	538898	468014

2-1-10　续表 16

单位：万元

行　　业	投资中:	投资中:		
	国有控股投　资	内资投资	外商投资	港澳台商投资
自来水生产和供应	19019089	23820379	122749	293926
污水处理及其再生利用	15401505	21496171	279197	160388
其他水的处理、利用与分配	2389662	3311767	136952	13700
(五)建筑业	**26307093**	**45580783**	**73401**	**120127**
房屋建筑业	6998564	12826015	11196	11400
房屋建筑业	6998564	12826015	11196	11400
土木工程建筑业	16825577	23624357	51398	93492
铁路、道路、隧道和桥梁工程建筑	11537985	14931509	26661	39512
铁路工程建筑	345249	504743		
公路工程建筑	4411988	5649626		
市政道路工程建筑	4490381	5860997	14473	
其他道路、隧道和桥梁工程建筑	2290367	2916143	12188	39512
水利和内河港口工程建筑	2430266	3417274	16590	47100
水源及供水设施工程建筑	1061263	1404515	4580	
河湖治理及防洪设施工程建筑	1052302	1554029	2410	
港口及航运设施工程建筑	316701	458730	9600	47100
海洋工程建筑	16331	252135		
工矿工程建筑	102447	389375	3789	4980
架线和管道工程建筑	1020884	1475391	1047	1900
架线及设备工程建筑	443538	676493		1900
管道工程建筑	577346	798898	1047	
其他土木工程建筑	1717664	3158673	3311	
建筑安装业	783896	2714408	7796	4980
电气安装	104661	460862	7796	
管道和设备安装	318697	985379		
其他建筑安装业	360538	1268167		4980
建筑装饰和其他建筑业	1699056	6416003	3011	10255
建筑装饰业	278018	2585542		
工程准备活动	222325	746768	3011	10255
建筑物拆除活动	29299	246557	3011	955
其他工程准备活动	193026	500211		9300
提供施工设备服务	85181	353029		
其他未列明建筑业	1113532	2730664		
(六)批发和零售业	**20134819**	**176476004**	**1299578**	**1615154**
批发业	7582968	90691068	589220	926963
农、林、牧产品批发	1709549	10336872	27891	44584
谷物、豆及薯类批发	613914	3213209		
种子批发	31313	698948	1220	
饲料批发	120162	476655	2337	
棉、麻批发	91343	373477		
林业产品批发	49537	763922	2077	3012
牲畜批发	39610	524844		18300
其他农牧产品批发	763670	4285817	22257	23272
食品、饮料及烟草制品批发	1891195	14241448	72187	145955
米、面制品及食用油批发	342798	1438015		18395
糕点、糖果及糖批发	40754	442329	7880	
果品、蔬菜批发	909204	6428282	10377	72435
肉、禽、蛋、奶及水产品批发	214139	2152408	13448	2580
盐及调味品批发	77461	154560		
营养和保健品批发	16781	165599		22455

2-1-10 续表 17

单位：万元

行　　业	投资中：国有控股投　　资	投资中：内资投资	外商投资	港澳台商投资
酒、饮料及茶叶批发	23768	1225017	13752	30090
烟草制品批发	105609	197421		
其他食品批发	160681	2037817	26730	
纺织、服装及家庭用品批发	333892	7885718	119520	83383
	投 资	投资	投资	商投资
纺织品、针织品及原料批发	34363	2169859	11040	873
服装批发	141594	2219547	41440	4813
鞋帽批发	17017	274251		1188
化妆品及卫生用品批发	60400	325622	4760	
厨房、卫生间用具及日用杂货批发	15552	645806	3900	
灯具、装饰物品批发	19596	746267	56580	20000
家用电器批发	4265	662234	1800	719
其他家庭用品批发	41105	842132		55790
文化、体育用品及器材批发	89103	1899207	1500	11710
文具用品批发	7693	690740		
体育用品及器材批发	17040	236645		854
图书批发	54279	249948		
报刊批发		2617		
音像制品及电子出版物批发		49112		
首饰、工艺品及收藏品批发	490	373021		2894
其他文化用品批发	9601	297124	1500	7962
医药及医疗器材批发	146076	3573458	100801	2913
西药批发	54504	981617		
中药批发	55985	1164083		1042
医疗用品及器材批发	35587	1427758	100801	1871
矿产品、建材及化工产品批发	1602026	25290544	150436	381061
煤炭及制品批发	74150	2222001	11515	34893
石油及制品批发	946549	3572684	59009	
非金属矿及制品批发	5250	512433		
金属及金属矿批发	144772	4370225	38380	11325
建材批发	382645	11232794	5946	293243
化肥批发	18036	913701		
农药批发	4600	157414		
农用薄膜批发	1288	28156		
其他化工产品批发	24736	2281136	35586	41600
机械设备、五金产品及电子产品批发	751064	14345436	71334	92965
农业机械批发	61391	1526479		
汽车批发	289056	2060611	2735	9521
汽车零配件批发	89868	1791599	10066	
摩托车及零配件批发		125093		
五金产品批发	28010	2709089	13300	41100
电气设备批发	35732	1311052	945	
计算机、软件及辅助设备批发	20422	944153		565
通讯及广播电视设备批发	11980	324237	24556	1200
其他机械设备及电子产品批发	214605	3553123	19732	40579
贸易经纪与代理	264891	5443452	14518	13465
贸易代理	166371	3726158	5168	65
拍卖		18847		
其他贸易经纪与代理	98520	1698447	9350	13400
其他批发业	795172	7674933	31033	150927

2-1-10　续表 18　　　　单位：万元

行　　业	投资中:	投资中:		
	国有控股投　　资	内资投资	外商投资	港澳台商投资
再生物资回收与批发	127158	1862937		130991
其他未列明批发业	668014	5811996	31033	19936
零售业	12551851	85784936	710358	688191
综合零售	6271475	29176558	407758	488444
百货零售	2973036	15565998	256056	275764
超级市场零售	942269	6647155	75516	147538
其他综合零售	2356170	6963405	76186	65142
食品、饮料及烟草制品专门零售	1356501	6355618	3050	4370
粮油零售	169887	799892		
糕点、面包零售		152378		
果品、蔬菜零售	338743	1562377		
肉、禽、蛋、奶及水产品零售	251478	1118503	1540	
营养和保健品零售	1671	162247		
酒、饮料及茶叶零售	93078	798673	1510	4370
烟草制品零售	8164	33839		
其他食品零售	493480	1727709		
纺织、服装及日用品专门零售	703016	3737346	67650	29089
纺织品及针织品零售	127170	617239		
服装零售	375409	1774991	37706	7707
鞋帽零售	3600	95143		17439
化妆品及卫生用品零售		148966	7233	3343
钟表、眼镜零售		126716		
箱、包零售		57660	12211	
厨房用具及日用杂品零售	4610	92475		
自行车零售	4990	69826		
其他日用品零售	187237	754330	10500	600
文化、体育用品及器材专门零售	310711	2421262	9793	15900
文具用品零售	4750	168643		
体育用品及器材零售	15968	226905	3413	
图书、报刊零售	93875	231161		
音像制品及电子出版物零售		13359		
珠宝首饰零售	51968	677889	6380	
工艺美术品及收藏品零售	132873	872830		15900
乐器零售		27219		
照相器材零售		18083		
其他文化用品零售	11277	185173		
医药及医疗器材专门零售	84836	2541331	4680	
药品零售	80050	1847882	4680	
医疗用品及器材零售	4786	693449		
汽车、摩托车、燃料及零配件专门零售	2299020	21772558	50671	53748
汽车零售	1099174	15302017	35322	29048
汽车零配件零售	105884	1539852		
摩托车及零配件零售	2980	224441		
机动车燃料零售	1090982	4706248	15349	24700
家用电器及电子产品专门零售	223269	3320984	32812	9409
家用视听设备零售	3040	168278		
日用家电设备零售	95809	1094184	2500	5158
计算机、软件及辅助设备零售	8200	755509	28991	4251
通信设备零售	101720	468740		
其他电子产品零售	14500	834273	1321	

2-1-10 续表 19

单位：万元

行　业	投资中:国有控股投　资	投资中:内资投资	外商投资	港澳台商投资
五金、家具及室内装饰材料专门零售	306154	7848228	82734	50293
五金零售	49652	1391191		
灯具零售	3550	151422		
家具零售	130681	3333652	70254	21851
涂料零售		108495		
卫生洁具零售		77142		
木质装饰材料零售	23249	664955		
陶瓷、石材装饰材料零售	35991	887996	9700	9942
其他室内装饰材料零售	63031	1233375	2780	18500
货摊、无店铺及其他零售业	996869	8611051	51210	36938
货摊食品零售	26533	121939		
货摊纺织、服装及鞋零售	19380	84268		
货摊日用品零售		103457		
互联网零售	373771	3417282	42462	9875
邮购及电视、电话零售		78388		
旧货零售	750	47564		
生活用燃料零售	49968	984490	8062	27063
其他未列明零售业	526467	3773663	686	
(七)交通运输、仓储和邮政业	**411373419**	**526068032**	**3457285**	**6759437**
铁路运输业	75529005	77474423	6320	381
铁路旅客运输	59240303	59311143		
铁路货物运输	10473575	11924083	6320	1
铁路运输辅助活动	5815127	6239197		380
客运火车站	1138784	1205096		380
货运火车站	686421	848934		
其他铁路运输辅助活动	3989922	4185167		
道路运输业	286045889	328651743	281245	440388
城市公共交通运输	53990425	56845259	22344	141799
公共电汽车客运	3654519	4308556	7439	17902
城市轨道交通	42993693	43721723		115724
出租车客运	434592	951106	14905	20
其他城市公共交通运输	6907621	7863874		8153
公路旅客运输	93293798	98604282	10712	7568
道路货物运输	62950189	88197748	233469	249081
道路运输辅助活动	75811477	85004454	14720	41940
客运汽车站	2307135	3046712	2000	
公路管理与养护	56157940	61294191	4820	14726
其他道路运输辅助活动	17346402	20663551	7900	27214
水上运输业	14069653	20386195	496352	750727
水上旅客运输	594928	961559		4080
海洋旅客运输	236738	383709		1480
内河旅客运输	279798	407591		2600
客运轮渡运输	78392	170259		
水上货物运输	2383886	4993947	56020	245870
远洋货物运输	796972	1167474		8500
沿海货物运输	610775	1489660	56020	201021
内河货物运输	976139	2336813		36349
水上运输辅助活动	11090839	14430689	440332	500777
客运港口	684472	796744	56356	1279
货运港口	7453405	10340370	247299	498940
其他水上运输辅助活动	2952962	3293575	136677	558

2-1-10 续表 20

单位：万元

行业	投资中：国有控股投资	投资中：内资投资	外商投资	港澳台商投资
航空运输业	17292941	20311755		1884482
航空客货运输	9786226	11371712		1581936
航空旅客运输	9753523	11264354		1580959
航空货物运输	32703	107358		977
通用航空服务	923624	1692959		197113
航空运输辅助活动	6583091	7247084		105433
机场	6300299	6463044		100422
空中交通管理	29650	29996		
其他航空运输辅助活动	253142	754044		5011
管道运输业	1884110	2445003	31083	151064
管道运输业	1884110	2445003	31083	151064
装卸搬运和运输代理业	1871724	10438314	97460	358655
装卸搬运	410076	1685420	79693	45950
运输代理业	1461648	8752894	17767	312705
货物运输代理	954675	6374040	13118	312705
旅客票务代理		11838		
其他运输代理业	506973	2367016	4649	
仓储业	14162890	64145388	2527159	3162440
谷物、棉花等农产品仓储	5082836	16347628	82882	17834
谷物仓储	4225386	9867048	4780	9040
棉花仓储	31064	415685		
其他农产品仓储	826386	6064895	78102	8794
其他仓储业	9080054	47797760	2444277	3144606
邮政业	517207	2215211	17666	11300
邮政基本服务	301227	384844		
快递服务	215980	1830367	17666	11300
(八)住宿和餐饮业	**8487841**	**57842706**	**721069**	**910088**
住宿业	6664787	39943611	641507	793015
旅游饭店	4907184	28141881	473914	769000
一般旅馆	657622	6571024	126702	24015
其他住宿业	1099981	5230706	40891	
餐饮业	1823054	17899095	79562	117073
正餐服务	1259294	13603230	52930	113950
快餐服务	40898	718623	3300	
饮料及冷饮服务	18657	503393	17988	
茶馆服务	952	91256		
咖啡馆服务	6222	145583	17988	
酒吧服务	8783	188904		
其他饮料及冷饮服务	2700	77650		
其他餐饮业	504205	3073849	5344	3123
小吃服务	222461	884866	823	3123
餐饮配送服务	19302	271948		
其他未列明餐饮业	262442	1917035	4521	
(九)信息传输、软件和信息技术服务业	**28277074**	**56583583**	**2649047**	**3953972**
电信、广播电视和卫星传输服务	20649107	22898103	1275203	2297055
电信	19086458	20949237	1272279	2297055
固定电信服务	4426526	4695537	3587	100235
移动电信服务	12579343	13656906	1263792	2186475
其他电信服务	2080589	2596794	4900	10345

2-1-10 续表 21 单位：万元

行业	投资中:	投资中:		
	国有控股投资	内资投资	外商投资	港澳台商投资
广播电视传输服务	1496527	1806771	2924	
有线广播电视传输服务	1274737	1504858	2924	
无线广播电视传输服务	221790	301913		
卫星传输服务	66122	142095		
互联网和相关服务	2087316	7857892	619312	906829
互联网接入及相关服务	1201820	2371607	328851	215677
互联网信息服务	473261	3339238	290461	661445
其他互联网服务	412235	2147047		29707
软件和信息技术服务业	5540651	25827588	754532	750088
软件开发	1216888	9942770	247940	485802
信息系统集成服务	1398762	4213915	45505	58913
信息技术咨询服务	479868	2661901	323796	145056
数据处理和存储服务	1169037	4495873	68198	51655
集成电路设计	49232	351983	1632	3903
其他信息技术服务业	1226864	4161146	67461	4759
数字内容服务	155318	517892	36338	
呼叫中心	88687	563876	13000	
其他未列明信息技术服务业	982859	3079378	18123	4759
(十)金融业	**5498685**	**12859500**	**14902**	**227585**
货币金融服务	2902657	5423891	5995	170450
中央银行服务	265675	546421		4200
货币银行服务	2318732	4088177	5995	3227
非货币银行服务	296313	757876		127356
金融租赁服务	200626	282785		127356
财务公司		42879		
典当		66810		
其他非货币银行服务	95687	365402		
银行监管服务	21937	31417		35667
资本市场服务	1300530	4259284	5184	42414
证券市场服务	383213	527712	5184	2912
证券市场管理服务	126494	128844		2912
证券经纪交易服务	220906	315846		
基金管理服务	35813	83022	5184	
期货市场服务	16303	42392		
期货市场管理服务	11853	11853		
其他期货市场服务	4450	30539		
证券期货监管服务	58752	86548		
资本投资服务	823481	3032630		
其他资本市场服务	18781	570002		39502
保险业	574840	1178165	3013	
人身保险	382504	769646		
人寿保险	382504	760916		
健康和意外保险		8730		
财产保险	173745	271712	3013	
再保险				
养老金	8399	8399		
保险经纪与代理服务	3392	58195		
保险监管服务				
其他保险活动	6800	70213		
风险和损失评估	4700	46275		
其他未列明保险活动	2100	23938		

2-1-10　续表 22　　单位：万元

行　业	投资中:国有控股投　资	投资中:内资投资	外商投资	港澳台商投资
其他金融业	720658	1998160	710	14721
金融信托与管理服务	223017	462779	710	
控股公司服务	40109	268809		
非金融机构支付服务	55136	123727		14721
金融信息服务	196473	538100		
其他未列明金融业	205923	604745		
(十一)房地产业	**390181937**	**1273156048**	**20123202**	**59557691**
房地产业	390181937	1273156048	20123202	59557691
房地产开发经营	193668619	991379960	19571698	58482392
物业管理	861479	4834374	86540	202180
房地产中介服务	156876	551162	362	
自有房地产经营活动	12230177	23901147	180693	326951
其他房地产业	183264786	252489405	283909	546168
(十二)租赁和商务服务业	**45622651**	**119059452**	**1216221**	**2881566**
租赁业	6718873	13332000	907133	1705860
机械设备租赁	6523473	12941907	907133	1703503
汽车租赁	277775	1497535	2000	169171
农业机械租赁	10856	463817	10584	38321
建筑工程机械与设备租赁	107258	1807055		196862
计算机及通讯设备租赁	81542	108612		
其他机械与设备租赁	6046042	9064888	894549	1299149
文化及日用品出租	195400	390093		2357
娱乐及体育设备出租	191681	279995		2357
图书出租	3719	22019		
音像制品出租		10922		
其他文化及日用品出租		77157		
商务服务业	38903778	105727452	309088	1175706
企业管理服务	23061117	44604017	124763	735038
企业总部管理	2643533	5717371	41444	116935
投资与资产管理	18373914	32621587	20994	571555
单位后勤管理服务	184378	700761	1200	
其他企业管理服务	1859292	5564298	61125	46548
法律服务	61689	220750		
律师及相关法律服务	23039	142889		
公证服务		6376		
其他法律服务	38650	71485		
咨询与调查	210077	3747154	28212	
会计、审计及税务服务	2131	209119		
市场调查	3572	23613		
社会经济咨询	28554	1520348	28100	
其他专业咨询	175820	1994074	112	
广告业	126184	3854391		4955
知识产权服务	187505	290107		
人力资源服务	301605	1544366	6100	
公共就业服务	157174	386925		
职业中介服务	25662	159078		
劳务派遣服务	10284	618059		
其他人力资源服务	108485	380304	6100	
旅行社及相关服务	4947508	17501755	2570	73968

2-1-10 续表 23 单位：万元

行业	投资中：国有控股投资	投资中：内资投资	外商投资	港澳台商投资
旅行社服务	66101	769703	2570	3110
旅游管理服务	4737661	15874036		70858
其他旅行社相关服务	143746	858016		
安全保护服务	585666	1341397	10250	2800
安全服务	131628	333020		
安全系统监控服务	392587	795298	1100	
其他安全保护服务	61451	213079	9150	2800
其他商务服务业	9422427	32623515	137193	358945
市场管理	3068146	11930604		162335
会议及展览服务	3650056	7837608	31148	69853
包装服务	61119	456027		
办公服务	725675	1668168		35198
信用服务	5594	62443		
担保服务	16370	119255		
其他未列明商务服务业	1895467	10549410	106045	91559
(十三)科学研究和技术服务业	**17434841**	**54260986**	**761550**	**655159**
研究和试验发展	4785278	12682002	421703	488169
自然科学研究和试验发展	817238	1461223		
工程和技术研究和试验发展	2497116	6832006	395498	444003
农业科学研究和试验发展	683444	2095420	1181	4373
医学研究和试验发展	570061	2020433	25024	39793
社会人文科学研究	217419	272920		
专业技术服务业	7733638	19291304	151220	64478
气象服务	329704	385300		
地震服务	75406	108074		
海洋服务	129178	290556		
测绘服务	79141	297785		
质检技术服务	1226816	3292910	38699	10306
环境与生态监测	314148	926441		31800
环境保护监测	247282	763445		31800
生态监测	66866	162996		
地质勘查	1061751	2058554	10689	
能源矿产地质勘查	511542	674562	9989	
固体矿产地质勘查	203305	754495	700	
水、二氧化碳等矿产地质勘查	7340	24710		
基础地质勘查	145820	256532		
地质勘查技术服务	193744	348255		
工程技术	3825905	7371872	28905	
工程管理服务	1771050	2934385	28905	
工程勘察设计	510783	2088759		
规划管理	1544072	2348728		
其他专业技术服务业	691589	4559812	72927	22372
专业化设计服务	192650	1326750	43656	15382
摄影扩印服务	20057	359545		
兽医服务	26165	95055		
其他未列明专业技术服务业	452717	2778462	29271	6990
科技推广和应用服务业	4915925	22287680	188627	102512
技术推广服务	2666745	15181793	179542	102512
农业技术推广服务	1656959	7143734	6460	
生物技术推广服务	217216	1874404	57764	5260

2-1-10　续表 24

单位：万元

行　　业	投资中: 国有控股投　资	投资中: 内资投资	外商投资	港澳台商投资
新材料技术推广服务	231311	2026029	38335	19232
节能技术推广服务	221381	1618614	48613	75781
其他技术推广服务	339878	2519012	28370	2239
科技中介服务	1208402	2721294	6605	
其他科技推广和应用服务业	1040778	4384593	2480	
（十四）水利、环境和公共设施管理业	**536254388**	**684737296**	**859977**	**874834**
水利管理业	76255486	87181703	27817	44315
防洪除涝设施管理	36453326	41748662		34715
水资源管理	13878658	15683296	1680	3200
天然水收集与分配	12586462	14020472	13000	1600
水文服务	174209	245556		
其他水利管理业	13162831	15483717	13137	4800
生态保护和环境治理业	22114661	31022516	276143	157080
生态保护	4243744	5618294	22209	
自然保护区管理	1468877	2039328	22209	
野生动物保护	176836	374916		
野生植物保护	128658	304162		
其他自然保护	2469373	2899888		
环境治理业	17870917	25404222	253934	157080
水污染治理	11713242	14292452	159887	34319
大气污染治理	1328220	2557854	30254	32738
固体废物治理	1529389	3157529	33520	20312
危险废物治理	137255	490506		57669
放射性废物治理	15215	59726		
其他污染治理	3147596	4846155	30273	12042
公共设施管理业	437884241	566533077	556017	673439
市政设施管理	334387112	379787000	309303	233832
环境卫生管理	9396492	13268208	21326	20127
城乡市容管理	24906311	32781620	2840	9334
绿化管理	16594653	21393961	20680	2500
公园和游览景区管理	52599673	119302288	201868	407646
公园管理	16899949	24995893	21519	84119
游览景区管理	35699724	94306395	180349	323527
（十五）居民服务、修理和其他服务业	**9433929**	**26533585**	**93404**	**139284**
居民服务业	7096158	14736506	69063	101283
家庭服务	399056	832527		
托儿所服务	23012	110041		
洗染服务	35188	193991		
理发及美容服务		270476		
洗浴服务	245518	1511234	53600	12000
保健服务	63769	542986		16552
婚姻服务	71899	264255		
殡葬服务	1186727	2057179		72731
其他居民服务业	5070989	8953817	15463	
机动车、电子产品和日用产品修理业	481850	5771308	4719	
汽车、摩托车修理与维护	216161	5122104	3139	
汽车修理与维护	216161	5083769	3139	
摩托车修理与维护		38335		
计算机和办公设备维修	239025	430009	1580	
计算机和辅助设备修理	110721	165423	1580	

2-1-10 续表 25

单位：万元

行业	投资中：国有控股投资	投资中：内资投资	外商投资	港澳台商投资
通讯设备修理	35158	96512		
其他办公设备维修	93146	168074		
家用电器修理	11994	99797		
家用电子产品修理	4719	51264		
日用电器修理	7275	48533		
其他日用产品修理业	14670	119398		
自行车修理	2850	4410		
鞋和皮革修理		830		
家具和相关物品修理		19848		
其他未列明日用产品修理业	11820	94310		
其他服务业	1855921	6025771	19622	38001
清洁服务	108364	996111	3430	
建筑物清洁服务	31531	135883	3430	
其他清洁服务	76833	860228		
其他未列明服务业	1747557	5029660	16192	38001
(十六)教育	**69412532**	**93125031**	**78551**	**33161**
教育	69412532	93125031	78551	33161
学前教育	5066431	8353296	2155	13568
初等教育	18405648	22025845	11406	3178
普通小学教育	18224837	21791855	11406	3178
成人小学教育	180811	233990		
中等教育	27947357	34100886	1312	1958
普通初中教育	14848348	18152805	1312	1958
职业初中教育	622698	810800		
成人初中教育	136547	165447		
普通高中教育	7157091	8753186		
成人高中教育	108851	124621		
中等职业学校教育	5073822	6094027		
高等教育	12351706	15887556	33550	1532
普通高等教育	11830880	15204797	33550	1532
成人高等教育	520826	682759		
特殊教育	314460	478651		
技能培训、教育辅助及其他教育	5326930	12278797	30128	12925
职业技能培训	1946313	6270073	25226	5009
体校及体育培训	327069	670994		
文化艺术培训	154728	848163		
教育辅助服务	562184	1091548		
其他未列明教育	2336636	3398019	4902	7916
(十七)卫生和社会工作	**38474030**	**62500762**	**189053**	**125685**
卫生	31125452	45729604	182671	101942
医院	23775221	35903683	166084	101942
综合医院	17452568	24126292	162385	89466
中医医院	3065639	3570573		
中西医结合医院	529778	914900		3581
民族医院	194708	224375		
专科医院	1841132	4908512	3699	8895
疗养院	691396	2159031		
社区医疗与卫生院	4194518	5246341	2750	
社区卫生服务中心(站)	1053509	1498136		
街道卫生院	262005	315093		
乡镇卫生院	2879004	3433112	2750	

2-1-10 续表 26

单位：万元

行 业	投资中：国有控股投资	投资中：内资投资	外商投资	港澳台商投资
门诊部(所)	290390	747977	3512	
计划生育技术服务活动	168822	192646		
妇幼保健院(所、站)	1559915	1676662	5538	
专科疾病防治院(所、站)	172211	369061		
疾病预防控制中心	422985	482856		
其他卫生活动	541390	1110378	4787	
社会工作	7348578	16771158	6382	23743
提供住宿社会工作	6618417	15653788	6382	23743
干部休养所	116652	147230		
护理机构服务	457203	1354378		
精神康复服务	168929	234965	4382	
老年人、残疾人养护服务	5091606	12989644	2000	23743
孤残儿童收养和庇护服务	358625	423231		
其他提供住宿社会救助	425402	504340		
不提供住宿社会工作	730161	1117370		
社会看护与帮助服务	508236	762609		
其他不提供住宿社会工作	221925	354761		
(十八)文化、体育和娱乐业	**37409943**	**76418035**	**1188520**	**694862**
新闻和出版业	594553	992574	2940	2850
新闻业	146628	221888		
出版业	447925	770686	2940	2850
图书出版	76736	124514		2850
报纸出版	333732	346013		
期刊出版		36935	2940	
音像制品出版		17703		
电子出版物出版	27850	43121		
其他出版业	9607	202400		
广播、电视、电影和影视录音制作业	1882818	6164324	1750	25001
广播	340506	544924		
电视	548368	600452		1501
电影和影视节目制作	559560	3222915		7589
电影和影视节目发行	117858	200671		
电影放映	256388	1466572	1750	15911
录音制作	60138	128790		
文化艺术业	20994320	33849546	24025	205148
文艺创作与表演	733871	1742928		41480
艺术表演场馆	1698844	2490702		29207
图书馆与档案馆	1658966	1797697		
图书馆	1176457	1287547		
档案馆	482509	510150		
文物及非物质文化遗产保护	5993685	7765188	1066	
博物馆	3099408	4907010	12209	124196
烈士陵园、纪念馆	836433	1104594		90
群众文化活动	4908262	7693011		1234
其他文化艺术业	2064851	6348416	10750	8941
体育	7842916	13908324	67381	237695
体育组织	77108	223811		
体育场馆	4484337	5931461	35082	64904
休闲健身活动	2831369	6808065	32194	172791
其他体育	450102	944987	105	

2-1-10 续表 27

单位：万元

行 业	投资中：国有控股投资	投资中：内资投资	外商投资	港澳台商投资
娱乐业	6095336	21503267	1092424	224168
室内娱乐活动	549673	3248545	9500	2011
歌舞厅娱乐活动	111239	961151		2011
电子游艺厅娱乐活动	7010	96978		
网吧活动	2950	475218		
其他室内娱乐活动	428474	1715198	9500	
游乐园	3633612	10769161	1008443	137269
彩票活动	16392	22109		
文化、娱乐、体育经纪代理	82903	298206		
文化娱乐经纪人	680	23793		
体育经纪人		652		
其他文化艺术经纪代理	82223	273761		
其他娱乐业	1812756	7165246	74481	84888
（十九）公共管理、社会保障和社会组织	**66456996**	**81856625**	**12679**	**6160**
中国共产党机关	301845	317941		
中国共产党机关	301845	317941		
国家机构	53781467	57702659	4680	
国家权力机构	578205	699467		
国家行政机构	51342743	55048461	4680	
综合事务管理机构	18819250	20926373	4600	
对外事务管理机构	74217	83032		
公共安全管理机构	12450681	12651558		
社会事务管理机构	9551222	10259773		
经济事务管理机构	9224728	9866645	80	
行政监督检查机构	1222645	1261080		
人民法院和人民检察院	1071246	1092127		
人民法院	708554	721463		
人民检察院	362692	370664		
其他国家机构	789273	862604		
人民政协、民主党派	28726	38615		
人民政协	20406	21529		
民主党派	8320	17086		
社会保障	1722768	2608532	4849	
社会保障	1722768	2608532	4849	
群众团体、社会团体和其他成员组织	2290393	4755771	3150	6160
群众团体	138699	229055		
工会	74410	74410		
妇联	9270	25874		
共青团	7528	7528		
其他群众团体	47491	121243		
社会团体	1400474	1859692		
专业性团体	1043435	1236113		
行业性团体	218134	351480		
其他社会团体	138905	272099		
基金会		7178		
宗教组织	751220	2659846	3150	6160
基层群众自治组织	8331797	16433107		
社区自治组织	1930996	3688540		
村民自治组织	6400801	12744567		

2-1-11　各地区按三次产业分的固定资产投资(不含农户)

单位：万元

地　区	合 计	第一产业	第二产业	第三产业
全国总计	**5965007520**	**188383210**	**2318259163**	**3458365147**
北　京	78886881	980276	7129919	70776686
天　津	127563593	2821492	37462394	87279707
河　北	313400673	15397745	157588029	140414899
山　西	138593510	17974326	49085255	71533929
内 蒙 古	148939635	6965132	64401366	77573137
辽　宁	64363272	1153473	21985026	41224773
吉　林	137731688	5278894	71524164	60928630
黑 龙 江	104325545	7697654	39477243	57150648
上　海	67516768	13672	9752167	57750929
江　苏	493708521	2931126	246738134	244039261
浙　江	295710019	2636055	90934516	202139448
安　徽	265773716	7028316	117475087	141270313
福　建	229279901	7206153	78771873	143301875
江　西	193786876	4362479	103219703	86204694
山　东	523644936	9736262	274257359	239651315
河　南	397539281	19321105	185231551	192986625
湖　北	295038751	8899337	122245432	163893982
湖　南	276884452	10008326	105677569	161198557
广　东	329473005	4453918	110840434	214178653
广　西	176529486	7958638	65690114	102880734
海　南	37470251	319710	2878923	34271618
重　庆	159317829	3674082	53845951	101797796
四　川	282297872	8994606	80975184	192328082
贵　州	129291694	3794292	27350012	98147390
云　南	156624894	6290790	28509067	121825037
西　藏	15960488	485349	2913752	12561387
陕　西	204748521	11497874	55946347	137304300
甘　肃	95341023	5528986	31792252	58019785
青　海	34555124	737757	12805254	21012113
宁　夏	37090448	1427977	16285340	19377131
新　疆	99838620	2807408	38454733	58576479
不分地区	53780247		7015013	46765234

2-1-12 各地区主要领域固定资产投资(不含农户)

单位：万元

地 区	工业	基础设施	民间投资	工业技术改造	高技术制造业
全国总计	**2278916959**	**1188776268**	**3652194224**	**925670953**	**227866689**
北 京	7098123	16088861	27660146	1006308	1939025
天 津	36674905	22740181	75807298	6892306	4298090
河 北	157810143	41812613	240346612	93759093	9794070
山 西	49616253	25718786	90240927	7018085	2264083
内蒙古	63700081	39970949	68835819	10485194	3211998
辽 宁	21860996	10509576	42546797	2709654	1944133
吉 林	70085492	20870993	102000489	34219730	5655998
黑龙江	37641668	17586206	71535914	5639299	1392911
上 海	9795635	14802299	23907846	3370233	2410135
江 苏	245622849	61444014	342337077	136116000	35265664
浙 江	90970965	69457159	164411607	65077263	8508700
安 徽	116075151	40733362	183900410	63318849	14531422
福 建	78179578	61170195	133076838	27594521	9878679
江 西	102849490	29153534	138301932	19799935	13178478
山 东	263982910	53438058	411759642	156681462	18665558
河 南	185366303	50383864	314147338	20284220	18224937
湖 北	117864963	62371709	188401806	31882934	13052143
湖 南	102747085	63990921	163813357	59021383	9438702
广 东	110587956	60393129	205044132	38913673	16512124
广 西	63937538	39390306	108695852	45163882	3823038
海 南	2221694	8871518	22391000	489531	362646
重 庆	54013690	44085391	83923934	13345729	10310498
四 川	80936859	76879012	140332117	50934501	9160972
贵 州	27327506	46542994	53954547	4605461	2171904
云 南	28501999	47102426	53803949	5908406	1131594
西 藏	2873550	7305642	2655334	118487	37392
陕 西	55854309	54287711	87386012	6437667	7033184
甘 肃	22168217	21027326	42899850	2822364	1459678
青 海	11869849	9714796	12032749	2045878	768564
宁 夏	16281569	6913051	20195890	2299816	860910
新 疆	37384620	23944321	35847003	2858480	579459
不分地区	7015013	40075365		4850609	

2-1-13　各地区按项目规模分的固定资产投资(不含农户)

单位：万元

地　　区	500～3000万元	3000～5000万元	5000～8000万元
全国总计	**398808432**	**1380040169**	**150609311**
北　　京	990649	901363	887986
天　　津	5067608	52476010	1289946
河　　北	4557623	47717892	6820021
山　　西	10941406	49272808	2189405
内 蒙 古	9326193	62852910	1589454
辽　　宁	1918869	9606757	1118662
吉　　林	7415020	63405808	5844225
黑 龙 江	9140715	58620287	1032987
上　　海	1162832	1085412	793169
江　　苏	31414071	142018427	13649412
浙　　江	33723848	43302544	8110324
安　　徽	17962428	88145211	5873274
福　　建	16188286	66449765	5747117
江　　西	8228105	43206478	4526965
山　　东	17660906	119613471	25279363
河　　南	4811948	24479625	8655043
湖　　北	27564336	18663932	7373572
湖　　南	21503956	103874586	9019704
广　　东	26848926	68364198	6975971
广　　西	34166007	68957426	2792664
海　　南	937691	1003018	371786
重　　庆	394948	45693753	2306395
四　　川	26505825	55682179	9498102
贵　　州	2000586	14307186	964856
云　　南	20002135	40401203	2754905
西　　藏	2855813	1895198	692429
陕　　西	23618517	30440960	6348994
甘　　肃	12746888	32728195	3793083
青　　海	3173266	3584750	1244718
宁　　夏	2855428	2525686	979554
新　　疆	13121103	18763131	2079043
不分地区	2500		6182

注：本表不含房地产开发投资。

2-1-13 续表

单位：万元

地　区	8000万元～1亿元	1～5亿元	5～10亿元	10亿元及以上
全国总计	**189384002**	**1164481762**	**617137084**	**1038667994**
北　京	647238	7301772	5340964	22811179
天　津	1753933	13011691	8830137	22134161
河　北	12845517	73374119	46312478	74816690
山　西	3140136	24825953	8705845	23543615
内蒙古	3822440	13413046	10466534	36133443
辽　宁	1658836	10746407	4971384	13392966
吉　林	4051565	23336523	6960540	16550389
黑龙江	705861	9560574	3500351	13116379
上　海	764358	8085299	6451939	12083448
江　苏	15839033	101542875	31517583	68146790
浙　江	6617354	54803138	26742604	47716524
安　徽	6549313	51332221	24535243	25338383
福　建	6803721	30253538	18509191	39437774
江　西	7583693	51588260	32775351	28168382
山　东	40910166	124128014	50839297	81968828
河　南	14220081	131816207	105532083	46233034
湖　北	9017310	87263790	43033612	59157893
湖　南	10453132	51341550	23102359	28018724
广　东	5993028	39682352	15353178	63164946
广　西	3113622	15272125	7790120	20457660
海　南	278833	3582793	2235868	11184141
重　庆	3132342	22137976	20810413	27582550
四　川	13188210	56217024	32758850	35621233
贵　州	697675	39065400	18860207	31906176
云　南	2289445	20519924	10615997	33157566
西　藏	348243	3527749	1459318	4696377
陕　西	7360440	47031413	26963069	35610441
甘　肃	2650567	16995146	5891006	12034935
青　海	725552	6968436	3183794	11705404
宁　夏	611280	6633776	3846997	12356080
新　疆	1611078	19122671	9240772	26650318
不分地区				53771565

2-1-14　各地区按构成分的固定资产投资(不含农户)

单位：万元

地　区	投资额	建筑安装工程	设备工器具购置	其他费用
全国总计	**5965007520**	**4151962611**	**1118598766**	**694446143**
北　京	78886881	30385389	8558954	39942538
天　津	127563593	85635181	25808853	16119559
河　北	313400673	220295015	62949291	30156367
山　西	138593510	103776800	21169672	13647038
内蒙古	148939635	108653080	29567188	10719367
辽　宁	64363272	47537395	9694473	7131404
吉　林	137731688	85155197	42512219	10064272
黑龙江	104325545	72701638	25560917	6062990
上　海	67516768	38649148	8238891	20628729
江　苏	493708521	289893463	153685672	50129386
浙　江	295710019	178498199	49394360	67817460
安　徽	265773716	199187047	48285618	18301051
福　建	229279901	161390445	32389962	35499494
江　西	193786876	146132016	31774527	15880333
山　东	523644936	331217466	154491053	37936417
河　南	397539281	271208603	89538136	36792542
湖　北	295038751	228765797	41242122	25030832
湖　南	276884452	207186370	36761790	32936292
广　东	329473005	213968456	58061595	57442954
广　西	176529486	119780771	38831025	17917690
海　南	37470251	26283792	2644726	8541733
重　庆	159317829	121848266	14636579	22832984
四　川	282297872	217795639	33913295	30588938
贵　州	129291694	106794718	7336780	15160196
云　南	156624894	129172688	9261789	18190417
西　藏	15960488	13773421	1436607	750460
陕　西	204748521	154892029	29539553	20316939
甘　肃	95341023	79767837	9444650	6128536
青　海	34555124	27181494	5157972	2215658
宁　夏	37090448	25120496	9012890	2957062
新　疆	99838620	77283985	16003084	6551551
不分地区	53780247	32030770	11694523	10054954

2-1-15 各地区按隶属关系分的固定资产投资(不含农户)

单位：万元

地区	合计	中央项目	地方项目				
				省属	地市属	县属	其他
全国总计	**5965007520**	**267278742**	**5697728778**	**274826906**	**574305148**	**1264642396**	**3583954328**
北京	78886881	8433735	70453146	18486176	13623175	4301172	34042623
天津	127563593	5389840	122173753	11692950	30295551	10069038	70116214
河北	313400673	8472343	304928330	6913382	19447370	66105067	212462511
山西	138593510	5381398	133212112	11562248	11364337	24403079	85882448
内蒙古	148939635	8942346	139997289	8176496	14434914	66923730	50462149
辽宁	64363272	3550614	60812658	1604087	8175288	7459822	43573461
吉林	137731688	3827683	133904005	4140680	10416510	28311924	91034891
黑龙江	104325545	7497458	96828087	3918657	8239207	21005124	63665099
上海	67516768	6851695	60665073	14574343	8439887	2319885	35330958
江苏	493708521	9333828	484374693	5271361	23646199	44679222	410777911
浙江	295710019	6583231	289126788	6080472	24102104	61077035	197867177
安徽	265773716	4435610	261338106	9601868	23820428	43103342	184812468
福建	229279901	7162751	222117150	12461624	27173701	44609181	137872644
江西	193786876	2424823	191362053	5835183	12336196	49882054	123308620
山东	523644936	12332506	511312430	10312703	29377912	72050286	399571529
河南	397539281	3088878	394450403	6887065	29256813	87270417	271036108
湖北	295038751	7594075	287444676	6906536	39186139	65803778	175548223
湖南	276884452	4434980	272449472	7695124	23544715	75951967	165257666
广东	329473005	17582959	311890046	15450539	46880114	38263897	211295496
广西	176529486	5672814	170856672	7850158	19244101	34481457	109280956
海南	37470251	2143771	35326480	5479663	8261545	6584005	15001267
重庆	159317829	7184315	152133514	17860686	26764891	25773267	81734670
四川	282297872	13739797	268558075	9793851	29103471	88936843	140723910
贵州	129291694	2480505	126811189	12135357	12603847	48747267	53324718
云南	156624894	12815842	143809052	12604721	14835560	67508781	48859990
西藏	15960488	1483463	14477025	3502317	3013488	5712763	2248457
陕西	204748521	9433040	195315481	16170872	30019296	70976470	78148843
甘肃	95341023	2590068	92750955	6033382	9593299	41196098	35928176
青海	34555124	3276927	31278197	3918204	4911109	12887561	9561323
宁夏	37090448	2648452	34441996	6445674	4047953	6378323	17570046
新疆	99838620	16708748	83129872	5460527	8146028	41869541	27653776
不分地区	53780247	53780247					

2-1-16　各地区按建设性质分的固定资产投资(不含农户)

单位：万元

地　区	新　建	扩　建	改建和技术改造	单纯建造生活设施	迁　建	恢　复	单纯购置
全国总计	**4211603434**	**689819270**	**853915365**	**18954420**	**37132215**	**7233914**	**146348902**
北　京	64886745	3620245	4866278	410721	514407	13722	4574763
天　津	93064810	9296056	10507426	188328	1103652	344213	13059108
河　北	195249619	44850382	64510299	878256	4673384	227703	3011030
山　西	104678078	15778096	11811368	4011479	345818	209537	1759134
内蒙古	113017888	13529758	19791614	203259	413465	197985	1785666
辽　宁	54765429	4414674	2760480	20999	304438	31073	2066179
吉　林	70567349	22808531	34329719	193815	1735224	306493	7790557
黑龙江	62349770	15546691	15533270	147559	46888	39898	10661469
上　海	56893276	3114922	2776723	82400	169775		4479672
江　苏	300210141	80496356	89670731	1404227	2494205	272367	19160494
浙　江	187691591	42889333	52800890	378789	5032051	128825	6788540
安　徽	187977009	27405609	45919245	500285	996065	310641	2664862
福　建	148204325	46020210	28430570	1020744	1183906	486621	3933525
江　西	138264160	20633500	30154530	335530	598962	120007	3680187
山　东	279417791	90517777	136703827	3043852	3903198	652860	9405631
河　南	343217403	34303888	12408400	558006	1829615	391974	4829995
湖　北	226995288	29310253	32065012	1033648	2140763	656423	2837364
湖　南	181584454	25479313	67262183	476534	857537	324309	900122
广　东	247987761	32990948	33052524	494085	1250354	288927	13408406
广　西	105398573	22513061	42719533	219509	500068	250709	4928033
海　南	34064592	1940156	745653	13562	15510	19386	671392
重　庆	134606402	10220968	12261291	72203	1135524	109423	912018
四　川	204061561	16226165	55781130	602486	1729338	356763	3540429
贵　州	115891193	6526099	5317027	71042	665372	52181	768780
云　南	100619434	33567018	17807547	833322	2019312	301771	1476490
西　藏	12694137	1099515	1511142	289652	16798	126054	223190
陕　西	174644429	14401111	8557890	512344	666134	257889	5708724
甘　肃	84486524	3669986	4927199	168817	390289	247928	1450280
青　海	29897869	1722222	2196224	91619	150695	144589	351906
宁　夏	30874690	4082485	1831514	76468	57617	100	167574
新　疆	84362564	9367822	4303968	620880	191851	363543	627992
不分地区	42978579	1476120	600158				8725390

2-1-17 各地区固定资产投资(不含农户)旧设备、旧建筑物及建设用地购置情况

单位：万元

地 区	购 置 旧设备	旧建筑物 购 置 费	建 设 用地费
全国总计	**8711657**	**18065040**	**382881284**
北 京	13278	13072	30061824
天 津	148845	342098	8831153
河 北	828150	1059895	11949317
山 西	96595	602745	4547145
内 蒙 古	324886	394909	3029725
辽 宁	245125	219525	4045120
吉 林	402610	375073	4360322
黑 龙 江	115104	72395	2142728
上 海	11526	5314	16108128
江 苏	706075	1006762	29631744
浙 江	132688	384168	46235070
安 徽	288961	525158	10326532
福 建	226472	1177653	24502238
江 西	452274	620372	6416693
山 东	1316570	736790	20663833
河 南	415611	995508	17170681
湖 北	295197	1303917	13233775
湖 南	423972	1248530	13466118
广 东	716932	1035322	36863772
广 西	274819	390122	9856511
海 南	7039	162430	5908318
重 庆	78992	394326	12886731
四 川	596514	1001311	18877982
贵 州	155569	1527488	6985551
云 南	50501	387478	8332282
西 藏	7450	6279	176216
陕 西	221177	1504997	8618651
甘 肃	60456	198331	2741656
青 海	41102	137382	738104
宁 夏	38674	147167	1189195
新 疆	18493	88523	2680786
不分地区			303383

2-1-18 各地区按行业大类分的固定资产投资(不含农户)

单位：万元

地　区	合计	(一)农、林、牧、渔业	农业	林业	畜牧业
全国总计	**5965007520**	**227738929**	**102325854**	**21757004**	**53448639**
北　京	78886881	1029651	89978	879326	1554
天　津	127563593	3216449	1335358	696719	459806
河　北	313400673	16865844	9150794	920511	4920558
山　西	138593510	19058982	7468871	2349342	7982031
内蒙古	148939635	9314605	2710185	1705206	2524906
辽　宁	64363272	1313815	570420	71803	388499
吉　林	137731688	7085023	2108734	282242	2751138
黑龙江	104325545	10086491	4245634	158794	3130083
上　海	67516768	39708	4184	8594	
江　苏	493708521	4104618	1663892	136445	797599
浙　江	295710019	3862458	1779752	178643	200221
安　徽	265773716	8179224	3970094	1280421	1252565
福　建	229279901	8182838	3917202	618250	1149653
江　西	193786876	4912402	2845172	512698	808834
山　东	523644936	12686726	4670223	1354097	2000925
河　南	397539281	21597601	11998219	1639293	5225282
湖　北	295038751	10864945	4777083	1088530	2112600
湖　南	276884452	12317396	5826295	1428857	2190831
广　东	329473005	5198449	2399625	413322	911967
广　西	176529486	9489087	3394879	1276627	2451542
海　南	37470251	407373	183969	51653	62558
重　庆	159317829	4363526	2330586	380851	730527
四　川	282297872	10901727	5904627	557631	2136106
贵　州	129291694	4119511	2838397	115538	765174
云　南	156624894	8745859	4131488	346353	1722194
西　藏	15960488	880456	258458	93690	130161
陕　西	204748521	13925062	7023934	1522156	2732218
甘　肃	95341023	6783032	2897184	635426	1884017
青　海	34555124	1423461	332044	191227	211121
宁　夏	37090448	1802560	554787	231424	623450
新　疆	99838620	4980050	943786	631335	1190519
不分地区	53780247				

2-1-18 续表 1

单位：万元

地 区			(二)采矿业			
	渔 业	农、林、牧、渔服务业		煤炭开采和洗选业	石油和天然气开采业	黑色金属矿采选业
全国总计	**10851713**	**39355719**	**103197197**	**30376841**	**23309704**	**9783212**
北 京	9418	49375	29345			29345
天 津	329609	394957	1095643	7375	1011287	8450
河 北	405882	1468099	4423669	513142	307078	2664501
山 西	174082	1084656	10545566	7691758	630077	835964
内蒙古	24835	2349473	9041282	4528202	1156143	964107
辽 宁	122751	160342	1243278	79386	477707	301260
吉 林	136780	1806129	4499714	578352	1735297	306939
黑龙江	163143	2388837	3660081	821577	2008790	40000
上 海	894	26036	2745			
江 苏	333190	1173492	729405	140435	172845	144087
浙 江	477439	1226403	586209	667	1600	
安 徽	525236	1150908	2329471	501687	5988	365216
福 建	1521048	976685	2194580	503020		278202
江 西	195775	549923	3020411	328281		394863
山 东	1711017	2950464	4993719	787284	1332504	923209
河 南	458311	2276496	5675916	674224	156685	162986
湖 北	921124	1965608	3294047	225882	51072	172980
湖 南	562343	2309070	4994485	1669153		314456
广 东	729004	744531	1636150	3419	424758	92410
广 西	835590	1530449	2763934	47885	14517	303209
海 南	21530	87663	97111		48260	36144
重 庆	232118	689444	2009366	317696	756462	113692
四 川	396242	1907121	4195431	1110253	920283	515320
贵 州	75183	325219	5255914	3297518	159886	110259
云 南	90755	2455069	3788281	1553906		230635
西 藏	3040	395107	482495	310	2446	34
陕 西	219566	2427188	6733775	2811932	2744790	239874
甘 肃	112359	1254046	1787836	436446	258335	70091
青 海	3365	685704	969640	165271	485588	20554
宁 夏	18316	374583	474366	251233	21300	17566
新 疆	41768	2172642	5792723	1330547	3575397	126859
不分地区			4850609		4850609	

2-1-18　续表 2　　　　　　　　　　　　　　　　　　　　　　单位：万元

地　区	有色金属矿采选业	非金属矿采选业	开采辅助活动	其他采矿业	(三)制造业	农副食品加工业
全国总计	**14287211**	**21262421**	**3427550**	**750258**	**1878359776**	**117863877**
北　京					3835706	51342
天　津		13000	45781	9750	32296084	680020
河　北	353632	537427	28629	19260	134488851	5885232
山　西	259345	533270	542789	52363	26430488	3718849
内蒙古	1237683	491373	644086	19688	35623959	2953267
辽　宁	69001	305774	7850	2300	17652152	1656507
吉　林	635898	989143	233785	20300	60116414	7751952
黑龙江	123053	526560	126791	13310	30240315	7762251
上　海			2745		7613259	117001
江　苏	27819	238526	5693		228696911	6093892
浙　江	11151	534947	3176	34668	78221007	1299707
安　徽	552217	846700	28637	29026	103808437	5846326
福　建	246124	1083990	39579	43665	64545737	4267667
江　西	598629	1621364	26824	50450	91907481	3954103
山　东	744271	943636	211108	51707	233999218	15456117
河　南	3549110	998510	109857	24544	162372357	10657485
湖　北	260772	2444454	82464	56423	105224042	8709272
湖　南	1107691	1721280	94638	87267	88244679	7921443
广　东	196766	867658	25257	25882	96006005	2539990
广　西	540062	1736423	22493	99345	51789280	3674034
海　南	7457	5250			1006939	85565
重　庆	8100	647772	133426	32218	47204638	2221108
四　川	377192	1150797	121586		59042865	4725908
贵　州	192956	1377559	74056	43680	17224290	1347092
云　南	1566068	437672			16163217	1915134
西　藏	443138	30407		6160	382542	33964
陕　西	473448	347785	105672	10274	36589876	2236984
甘　肃	358716	319488	326782	17978	13151827	2154362
青　海	137532	85843	74852		6470072	471476
宁　夏		184267			9448037	511264
新　疆	209380	241546	308994		18563091	1164563
不分地区						

2-1-18 续表 3 单位：万元

地区	食品制造业	酒、饮料和精制茶制造业	烟草制品业	纺织业	纺织服装、服饰业	皮革、毛皮、羽毛及其制品和制鞋业
全国总计	**58248300**	**41060324**	**2092043**	**66425704**	**47809087**	**23058827**
北京	69539	48506		1672	24280	5400
天津	944689	218763		426616	726848	123022
河北	4062955	2133272	24734	4892395	1742506	2373718
山西	836751	702469	70714	178714	86815	44007
内蒙古	1479578	545439	14533	242658	148848	100254
辽宁	448829	168493	4380	179567	179553	44581
吉林	3063923	2235574	46633	369167	1031935	107292
黑龙江	1473934	1142478	68982	225796	192602	99855
上海	178838	56363	163421	18820	97337	7054
江苏	3537163	1419537	119239	12116255	6133734	1600715
浙江	815953	572105	131264	6417219	1969826	1251715
安徽	2733789	1844758	125844	2242047	3333537	1200105
福建	2193359	2710753	69293	3322681	2495601	2279799
江西	1750912	1281206	109423	3303527	4949631	2313119
山东	6998812	2555994	36584	9234689	5443872	2298106
河南	8007360	4505120	178750	6333463	5803232	2856818
湖北	3153842	3366793	88442	4117230	3292869	890018
湖南	3666928	2655040	241667	1529175	1492620	1358774
广东	2532890	1195755	141366	4112968	4122959	2058420
广西	2175943	1438884	48222	803157	1189049	685724
海南	27631	43012				
重庆	1381112	710127	9449	443318	762492	338365
四川	2201510	4011856	36904	772960	675219	628476
贵州	482342	1654590	89731	134863	306476	163500
云南	644046	1185861	183005	50153	75350	36420
西藏	41379	65203		15292	362	1471
陕西	1645549	1262062	57488	747882	304791	98802
甘肃	601462	495906	20334	102807	55232	33564
青海	406203	110329		116255	33610	4411
宁夏	317736	170600		489875	178615	17412
新疆	373343	553476	11641	3484483	959286	37910
不分地区						

2-1-18 续表 4

单位：万元

地 区	木材加工和木、竹、藤、棕、草制品业	家 具 制造业	造纸和纸制品业	印刷和记录媒介复制业	文教、工美、体育和娱乐用品制造业	石油加工、炼焦和核燃料加工业
全国总计	**43077089**	**30676208**	**30913272**	**18538403**	**26419228**	**26962344**
北 京	23818	23059	12428	54432	1933	16886
天 津	341957	613064	610329	296808	354997	269991
河 北	2273190	3054097	2017076	1297090	2141211	2787971
山 西	428641	152299	331508	62041	160055	1109023
内 蒙 古	426059	77067	151999	60700	57572	848926
辽 宁	211758	80290	315422	64284	124614	1406669
吉 林	2464272	793998	770462	717268	305910	519310
黑 龙 江	2147323	423195	588808	526995	153582	316270
上 海	2995	49570	65584	46670	25270	42650
江 苏	4330282	2717284	2490293	1955784	3251173	1471446
浙 江	837633	1207572	1638908	871787	1911907	880713
安 徽	2282724	1458356	1188747	1501822	1504195	353800
福 建	4070302	1316675	1678078	539197	1479722	679040
江 西	1653647	1727303	2385962	1072597	1367546	244189
山 东	5347636	3326183	3892118	2106447	3934877	4904046
河 南	2493448	3514700	1788054	1149697	2369146	883849
湖 北	1522895	1703372	2610595	836667	1308737	362647
湖 南	2694430	1446057	1353970	1210315	986427	256955
广 东	1479548	2620481	2238385	1465390	2495009	2701461
广 西	5285829	1143851	1361783	573808	847028	273947
海 南	20188	5124	1395	8906	3768	177190
重 庆	521423	752589	978880	637471	275245	182194
四 川	934506	1504377	1031312	693048	320338	618360
贵 州	387888	264549	224027	132400	302331	50685
云 南	271920	145784	207277	134103	140084	764711
西 藏	1350		6348		3351	22590
陕 西	327660	318875	601116	288189	222848	2032592
甘 肃	166308	104234	130183	78973	110664	322609
青 海	500	55407		92100	142463	52378
宁 夏	14476	7065	32906	17080	4450	281376
新 疆	112483	69731	209319	46334	112775	2127870
不分地区						

2-1-18 续表 5

单位：万元

地区	化学原料和化学制品制造业	医药制造业	化学纤维制造业	橡胶和塑料制品业	非金属矿物制品业	黑色金属冶炼和压延加工业
全国总计	**147530993**	**62991508**	**11160436**	**70150200**	**168693324**	**41614628**
北京	151792	313863	500	22038	25122	1816
天津	773065	604872	50985	1397155	1676536	1241114
河北	9510880	4619140	1083314	6792120	12554023	8627004
山西	3842813	1023404	16100	480709	4589833	1036949
内蒙古	4890023	1377451	94007	939684	3800179	1934959
辽宁	1214042	329286	19570	481000	1733618	561234
吉林	4048308	4123045	238775	1666829	6111740	478247
黑龙江	1359358	743802	40815	731143	2420863	195502
上海	756395	397302	1396	117728	62077	385425
江苏	18796752	6783606	2403838	7874290	12513956	4543036
浙江	5303592	2336092	1510501	3997448	3131045	1037869
安徽	5968998	2765595	336132	5408561	9128897	1474567
福建	3956590	1073262	1921197	1799928	5563934	1729787
江西	7464204	3828646	1045226	2724719	10394649	937467
山东	26565454	7541646	570002	11567703	19052430	6572277
河南	10240667	6049685	509059	5046846	17203232	968272
湖北	7946838	3893859	238324	3574384	10585671	1722909
湖南	6819647	2336653	119140	2266150	9799205	1262048
广东	4651556	1843444	236697	5010787	8701998	1590732
广西	2550973	1203263	9259	1550139	8615310	972468
海南	82386	120587		4220	47471	
重庆	2139831	1986927	69302	1491875	2844369	1109487
四川	4346345	2861804	156034	2153780	6309180	1268748
贵州	1304289	795072		358912	2637407	562244
云南	882480	742755	78821	289052	2178923	216938
西藏	16230	28311		15243	63558	1400
陕西	1791151	1630992	3600	1049117	2923746	381705
甘肃	1256135	920438	22534	491338	1867556	119884
青海	1225751	261327	1600	116100	430072	123158
宁夏	4164970	313821	30500	139709	557482	258047
新疆	3509478	141558	353208	591493	1169242	299335
不分地区						

2-1-18　续表 6　　　　单位：万元

地　区	有色金属冶炼和压延加工业	金属制品业	通用设备制造业	专用设备制造业	汽车制造业	铁路、船舶、航空航天和其他运输设备制造业
全国总计	**52585427**	**101112923**	**130607143**	**120370188**	**120369125**	**29295656**
北　京	11392	24710	54702	156910	1080379	221010
天　津	1260715	3183754	3073943	2516773	2116962	742367
河　北	1382416	12252885	12190418	9256324	6556872	1864784
山　西	1399103	957458	783633	853479	642943	103870
内蒙古	5797077	1250817	1132771	894058	1754091	358375
辽　宁	782695	649592	1401287	845291	1793992	685478
吉　林	403106	2245644	2759325	4095770	7861642	554435
黑龙江	335906	1290063	3492139	1597165	1140133	195324
上　海	17342	180109	318170	363261	1304435	173389
江　苏	3723593	14603223	23617980	21513888	12930258	4564506
浙　江	1092429	4218635	7554304	4290822	8167393	1740490
安　徽	1540209	5367838	7974602	8402746	7595237	1150083
福　建	788061	2527129	2079073	2248312	955812	560459
江　西	4046529	3899207	3970539	4458470	4024113	1007231
山　东	6971934	13742393	20874049	18434531	12709146	2569756
河　南	6156533	8857817	11535854	11109336	9205829	2695957
湖　北	1247973	3724900	5577023	5842504	13257765	1226853
湖　南	3631103	4645812	6617682	5764998	3796229	1799810
广　东	1236405	7376712	3595673	4918291	4883511	1184666
广　西	1458692	1997604	1757894	2530666	3894921	404138
海　南		2521	894	31693	8569	56030
重　庆	727337	1842817	2975534	1999019	7408532	1985380
四　川	1081851	2591388	3094609	3209059	4162878	1408694
贵　州	647912	728374	814818	761506	763691	296032
云　南	839709	412448	165311	278650	528086	98270
西　藏		5800	1491	30147		
陕　西	2442110	1096460	2154029	2623142	1523489	1420343
甘　肃	890927	712532	271214	625007	68240	160816
青　海	1316969	49815	119846	187807	5860	1000
宁　夏	237953	83515	382969	72043	160352	10697
新　疆	1117446	590951	265367	458520	67765	55413
不分地区						

2-1-18 续表 7 单位：万元

地 区	电器机械和器材制造业	计算机、通信和其他电子设备制造业	仪器仪表制造业	其他制造业	废弃资源综合利用业
全国总计	**127815114**	**104644461**	**17463409**	**22052202**	**13753776**
北 京	108557	1260622	34419	2480	1273
天 津	2241274	2306649	434292	1697236	1239754
河 北	7322835	2451630	719970	1225285	1129646
山 西	1020819	921029	38501	376560	339639
内蒙古	2580421	1216947	28000	150820	151643
辽 宁	504286	1314942	101204	183803	146388
吉 林	1998087	623292	326082	1972152	325326
黑龙江	798347	194936	149967	135323	201050
上 海	340811	1682378	82521	469175	17806
江 苏	23495339	17117242	4144908	1648129	1012442
浙 江	8036924	3561613	852296	1058644	370943
安 徽	10616778	7427073	1344971	917133	645270
福 建	2750041	7298201	326816	1366546	324592
江 西	8763303	5750847	882283	1564161	966585
山 东	11266596	5662658	1989132	1178872	977280
河 南	11549812	7514883	1260511	1077001	789474
湖 北	6372606	5719576	898535	509494	629795
湖 南	5390528	4592460	775815	1118216	533898
广 东	7616381	10995979	978475	418616	964673
广 西	2138729	1831687	186769	262332	854946
海 南	97845	140761	26044		
重 庆	3155685	6559758	677743	515614	443792
四 川	3035152	4123008	447600	234909	325041
贵 州	699101	809539	109902	247293	118140
云 南	488110	121606	13035	2811353	263822
西 藏	18595	4000		100	6357
陕 西	3266084	2953995	335818	383463	368926
甘 肃	424572	260145	81262	293847	217921
青 海	794470	157453	28813	113156	49743
宁 夏	581317	14929	163375	60500	171203
新 疆	341709	54623	24350	59989	166408
不分地区					

2-1-18　续表 8　　　　单位：万元

地　区	金属制品、机械和设备修理业	(四)电力、热力、燃气及水的生产和供应业	电力、热力生产和供应业	燃气生产和供应业	水的生产和供应业	(五)建筑业
全国总计	**3004557**	**297359986**	**226376767**	**21347990**	**49635229**	**45774311**
北　京	30826	3233072	1878856	331183	1023033	62622
天　津	131534	3283178	2613672	318804	350702	964804
河　北	263858	18897623	14762273	2160668	1974682	70373
山　西	121760	12640199	10040056	1738974	861169	133551
内蒙古	165736	19034840	15059107	724577	3251156	1511107
辽　宁	19497	2965566	2438500	110465	416601	151377
吉　林	106913	5469364	3836690	689544	943130	1779370
黑龙江	96408	3741272	2619001	487062	635209	2058774
上　海	71966	2179631	1470586	121419	587626	31243
江　苏	173128	16196533	13276246	779029	2141258	1294106
浙　江	153658	12163749	8270566	829271	3063912	120385
安　徽	127697	9937243	7765118	469372	1702753	1556270
福　建	173830	11439261	8454675	459220	2525366	805704
江　西	66137	7921598	5975780	552288	1393530	463174
山　东	217878	24989973	21252740	1226272	2510961	10703435
河　南	60467	17318030	13395557	1513462	2409011	35572
湖　北	291654	9346874	6144584	813484	2388806	4754587
湖　南	161484	9507921	4810188	704005	3993728	3186606
广　东	96787	12945801	9647650	715931	2582220	374522
广　西	68231	9384324	6758766	1019347	1606211	1843300
海　南	15139	1117644	914197	5541	197906	672368
重　庆	57863	4799686	2688780	687707	1423199	23550
四　川	78011	17698563	12245191	1704925	3748447	237922
贵　州	29584	4847302	2675747	296418	1875137	126146
云　南		8550501	7284031	446130	820340	7068
西　藏		2008513	1838648	26209	143656	40202
陕　西	96868	12530658	9535970	901168	2093520	294578
甘　肃	90821	7228554	5268138	541310	1419106	10041638
青　海	2000	4430137	4191150	71595	167392	1012257
宁　夏	1800	6359166	5931694	240260	187212	5571
新　疆	33022	13028806	11168206	662350	1198250	1412129
不分地区		2164404	2164404			

2-1-18 续表 9

单位：万元

地 区	房 屋建筑业	土木工程建筑业	建 筑安装业	建筑装饰和其他建筑业	(六)批发和零售业	批发业
全国总计	**12848611**	**23769247**	**2727184**	**6429269**	**179390736**	**92207251**
北 京	30662	11834	19150	976	295578	145505
天 津	235082	207966	126073	395683	8465875	5654363
河 北	24391	1095		44887	8516700	4774589
山 西	61931	19707	7920	43993	3636681	1689542
内蒙古	706072	419440	78119	307476	3853191	2321371
辽 宁	29460	38865	26632	56420	1965553	855997
吉 林	246093	1071634	187129	274514	7467517	3909668
黑龙江	293584	939093	350087	476010	6378730	4225793
上 海	14806	16437			371548	222235
江 苏	285265	563685	174401	270755	16405276	8582333
浙 江	21488	79734	1616	17547	3702704	1678978
安 徽	264652	638915	173143	479560	9309301	5128092
福 建	194270	452339	55410	103685	4138013	2280073
江 西	108082	95947	72546	186599	9401390	5734102
山 东	2223110	5814625	847144	1818556	22760034	13412036
河 南	18627	725		16220	12217571	4139517
湖 北	674211	3609329	141984	329063	7252671	3104752
湖 南	565625	2089810	125257	405914	11048245	5152825
广 东	45242	224868	25475	78937	7951115	3231530
广 西	340905	1187845	48750	265800	7561661	3909546
海 南	38801	601898		31669	489650	188120
重 庆	7718	10925	1922	2985	2190123	1188349
四 川	54217	154196		29509	5073665	2758012
贵 州	11986	109471		4689	2541356	1016629
云 南	5850		527	691	2738813	1036725
西 藏	19933	80		20189	139882	67565
陕 西	98233	149261	2300	44784	6338370	2357909
甘 肃	5380837	3879314	186505	594982	4811499	2142210
青 海	267801	623744	23197	97515	288383	120085
宁 夏		4068	1503		467489	217963
新 疆	579677	752397	50394	29661	1612152	960837
不分地区						

2-1-18 续表 10　　单位：万元

地　区	零售业	(七)交通运输、仓储和邮政业	铁路运输业	道路运输业	水上运输业	航空运输业	管道运输业
全国总计	**87183485**	**536284754**	**77481124**	**329373376**	**21633274**	**22196237**	**2627150**
北　京	150073	7613671	615914	4480783		2213333	81710
天　津	2811512	7275065	226174	4406177	424031	217191	184357
河　北	3742111	20812837	1266074	10598433	795998	375864	25785
山　西	1947139	8817299	946588	5040273		2482	23908
内蒙古	1531820	14277058	1670594	10658228	3028	101312	6930
辽　宁	1109556	6526943	713252	2560540	1440042	123062	78565
吉　林	3557849	11627467	1942669	5729880	10723	483376	24531
黑龙江	2152937	11279159	3259481	3589425	73657	288035	200360
上　海	149313	9448631	281340	4292664	728242	3496174	7700
江　苏	7822943	25422905	938469	14088047	2870971	200170	359415
浙　江	2023726	25774260	1790110	18440151	2182255	632505	179424
安　徽	4181209	16141637	1033707	11004552	986126	22600	28528
福　建	1857940	24985548	140188	17578722	2366766	1898941	239604
江　西	3667288	9582980	1458206	6362430	169451	64270	15665
山　东	9347998	29821591	2965905	15023622	2212777	912444	344281
河　南	8078054	19445636	735237	10071888	123685	277363	40830
湖　北	4147919	27942299	2459997	18228853	1316752	1350793	11003
湖　南	5895420	19444053	1319456	14048267	428524	375932	156289
广　东	4719585	30323169	3736503	18825368	2516977	2593789	40784
广　西	3652115	18239536	865716	14410480	1181878	274345	39400
海　南	301530	4670584	26012	1826405	261849	2302452	8952
重　庆	1001774	16288738	407196	13280474	322284	759346	18615
四　川	2315653	37043430	2028837	31236495	585489	526271	95114
贵　州	1524727	17799192	1069708	15105599	10306	385035	91101
云　南	1702088	25605031	1752106	21665244	103389	1146281	73814
西　藏	72317	5422978	1110040	3876227	29026	277990	
陕　西	3980461	15766430	1018007	10846889	4181	196400	101397
甘　肃	2669289	11000388	291839	8772285	5250	141271	51791
青　海	168298	5899204	317331	5326337	8484	87414	3306
宁　夏	249526	3574221	544100	2201562	9874	148189	
新　疆	651315	8361392	954397	5797076	5808	321607	93991
不分地区		40051422	39595971		455451		

2-1-18 续表 11

单位：万元

地 区	装卸搬运和运输代理业	仓储业	邮政业	(八)住宿和餐饮业	住宿业	餐饮业
全国总计	**10894429**	**69834987**	**2244177**	**59473863**	**41378133**	**18095730**
北 京		177523	44408	457385	446264	11121
天 津	162875	1508248	146012	667680	238130	429550
河 北	535690	7130593	84400	1856458	1511828	344630
山 西	121809	2662656	19583	733148	458881	274267
内蒙古	638799	1170420	27747	672680	362139	310541
辽 宁	142295	1460676	8511	739322	627467	111855
吉 林	219845	3171617	44826	1543237	944826	598411
黑龙江	269743	3543671	54787	2324841	1485674	839167
上 海	31949	459179	151383	206305	192074	14231
江 苏	828811	5817853	319169	4559098	2310109	2248989
浙 江	218586	2140262	190967	2951066	2641378	309688
安 徽	588526	2235694	241904	2757307	1552759	1204548
福 建	409908	2296124	55295	1914750	1616168	298582
江 西	577973	835961	99024	2753752	1889434	864318
山 东	1504848	6796825	60889	3699010	2113440	1585570
河 南	1244264	6847985	104384	3580421	2401310	1179111
湖 北	673441	3878958	22502	2860418	1864016	996402
湖 南	842069	2159124	114392	2939072	1818609	1120463
广 东	450197	2038226	121325	3506447	2719868	786579
广 西	275709	1109604	82404	2015878	1241530	774348
海 南	69191	165812	9911	1353443	1344838	8605
重 庆	190617	1298197	12009	1596805	1446793	150012
四 川	68499	2443609	59116	3543288	2736025	807263
贵 州	111522	1025921		2256514	2137193	119321
云 南	107781	756416		2320391	1742603	577788
西 藏	7464	119963	2268	219546	193303	26243
陕 西	247991	3278746	72819	2498790	1421809	1076981
甘 肃	149651	1554926	33375	1956008	1302999	653009
青 海	6765	149567		299600	204843	94757
宁 夏	22950	633596	13950	205185	145364	59821
新 疆	174661	967035	46817	486018	266459	219559
不分地区						

2-1-18　续表 12　　　　单位：万元

地　区	(九)信息传输、软件和信息技术服务业	电信、广播电视和卫星传输服务	互联网和相关服务	软件和信息技术服务业	(十)金融业	货币金融服务
全国总计	**63186602**	**26470361**	**9384033**	**27332208**	**13101987**	**5600336**
北　京	1988521	1092355	338664	557502	506453	218676
天　津	1652549	369342	312909	970298	204437	101452
河　北	2390975	892261	179006	1319708	930820	278463
山　西	1008837	373430	454678	180729	92029	69793
内蒙古	1259616	227118	184090	848408	168194	102060
辽　宁	630607	370080	21269	239258	129450	32580
吉　林	2261750	529500	272752	1459498	684786	141319
黑龙江	2292296	776230	429237	1086829	647593	134272
上　海	1368620	912327	156860	299433	184864	14292
江　苏	6354835	1340400	844716	4169719	1416482	712927
浙　江	3187894	1642723	565942	979229	889436	758686
安　徽	3017308	420590	435564	2161154	923859	375740
福　建	3111418	2398947	196550	515921	505678	319033
江　西	1711597	39610	322858	1349129	488751	129529
山　东	2906824	393507	422538	2090779	1018014	288460
河　南	2389476	318799	488237	1582440	307722	64092
湖　北	1507460	656848	299490	551122	329986	155233
湖　南	2982673	674547	769862	1538264	785980	271500
广　东	5064547	3155238	521207	1388102	940675	275293
广　西	2232267	1110713	384981	736573	720671	284075
海　南	884122	334479	38790	510853		
重　庆	908543	407925	289333	211285	121585	29085
四　川	2928670	2105503	403040	420127	213049	167587
贵　州	664304	49750	115540	499014	136073	44857
云　南	2284799	1981813	51084	251902	102294	102294
西　藏	114239	50861	16535	46843	48945	42055
陕　西	2254886	1229257	305856	719773	229096	151871
甘　肃	1050165	574959	271255	203951	225121	210811
青　海	752858	669660	21271	61927	47970	36120
宁　夏	665179	248878	240880	175421	9663	2665
新　疆	1358767	1122711	29039	207017	92311	85516
不分地区						

2-1-18 续表 13

单位：万元

地区				(十一)房地产业	(十二)租赁和商务服务业	
	资本市场服务	保险业	其他金融业			租赁业
全国总计	**4306882**	**1181178**	**2013591**	**1352836941**	**123157239**	**15944993**
北京	5492	239039	43246	46756566	1292314	200533
天津	65246	7025	30714	32808523	11223802	8327901
河北	574527		77830	54697123	5009584	87665
山西	7147	5669	9420	27235230	1625795	109265
内蒙古	40596	4693	20845	17278848	1416084	45252
辽宁	87790		9080	21430395	930591	45515
吉林	476540	29568	37359	12103411	2667086	188201
黑龙江	158704	39853	314764	11508660	2586705	525307
上海	169417		1155	37165852	1199416	106939
江苏	387891	34667	280997	102770946	15457055	481385
浙江	46281	58548	25921	96838093	6459377	196893
安徽	337815	101124	109180	57641277	6554909	373017
福建	123218	9709	53718	54624330	3359676	417031
江西	190304	8750	160168	25222010	4946524	361214
山东	299295	163362	266897	89099796	11831095	549720
河南	168376	7289	67965	89490722	4502300	136867
湖北	162268	2660	9825	60637396	8063697	284843
湖南	249164	89328	175988	43695189	7234300	478534
广东	234685	264080	166617	117620501	4336790	1930660
广西	349070	14896	72630	29841597	5601112	274748
海南				19951503	330286	
重庆	19551	54171	18778	42592924	2445704	57025
四川	25010	4664	15788	81088415	4003606	58910
贵州	91216			32890004	3133018	4719
云南				51277024	594485	17313
西藏		4292	2598	1765506	173143	4160
陕西	14600	30292	32333	48245103	2594156	567490
甘肃	5205	1850	7255	13446840	1450028	65186
青海	11100	750		5763071	424411	
宁夏	4998		2000	8178652	226943	42050
新疆	1376	4899	520	19171434	1483247	6650
不分地区						

2-1-18 续表 14

单位：万元

地区	商务服务业	(十三)科学研究和技术服务业	研究与试验发展	专业技术服务业	科技推广和应用服务业	(十四)水利、环境和公共设施管理业
全国总计	**107212246**	**55677695**	**13591874**	**19507002**	**22578819**	**686472107**
北京	1091781	706236	335285	172020	198931	7221694
天津	2895901	3013966	430553	926940	1656473	16291113
河北	4921919	3517956	532282	697951	2287723	27059102
山西	1516530	1045745	321645	427041	297059	18736035
内蒙古	1370832	877707	88337	362904	426466	26453103
辽宁	885076	440356	151417	152242	136697	5051960
吉林	2478885	1507683	464005	524090	519588	11612891
黑龙江	2061398	1943336	247483	689046	1006807	8645251
上海	1092477	403526	263232	109823	30471	4743660
江苏	14975670	6392090	1748769	2595708	2047613	39653846
浙江	6262484	1412901	300418	576755	535728	43614496
安徽	6181892	3452904	712641	1821657	918606	25971265
福建	2942645	1159565	215991	757388	186186	35885274
江西	4585310	1532745	329354	676101	527290	20044047
山东	11281375	10557193	2718957	3108478	4729758	29597247
河南	4365433	2522010	474585	747212	1300213	36979177
湖北	7778854	1518702	274685	612940	631077	37352030
湖南	6755766	3581939	867932	1233311	1480696	45261583
广东	2406130	2234924	1316126	482866	435932	28431741
广西	5326364	1524836	203149	520427	801260	20764680
海南	330286	382900	274994	57140	50766	3993477
重庆	2388679	307777	107651	128734	71392	28397592
四川	3944696	961578	298952	274434	388192	39770648
贵州	3128299	323838	83213	98867	141758	29604433
云南	577172	181264	47995	104602	28667	20220914
西藏	168983	72649	5156	33291	34202	1935231
陕西	2026666	2155381	551241	533876	1070264	40264914
甘肃	1384842	790030	139923	300485	349622	10735650
青海	424411	395299	3285	370277	21737	3274228
宁夏	184893	172216	70915	60288	41013	3482668
新疆	1476597	588443	11703	350108	226632	15398214
不分地区						23943

2-1-18 续表 15

单位：万元

地区	水利管理业	生态保护和环境治理业	公共设施管理业	(十五)居民服务、修理和其他服务业	居民服务业	机动车、电子产品和日用产品修理业
全国总计	**87253835**	**31455739**	**567762533**	**26766273**	**14906852**	**5776027**
北京	1355426	640180	5226088	160721	57193	621
天津	926051	593472	14771590	1671421	281999	110530
河北	2693259	1048253	23317590	939437	520326	191665
山西	2277188	1649800	14809047	420965	192792	181230
内蒙古	1944476	1375533	23133094	339005	200966	61323
辽宁	735164	215009	4101787	489419	382626	66915
吉林	1917338	1565541	8130012	1054426	323625	435338
黑龙江	2230763	206489	6207999	1023577	644042	238448
上海	1286151	21146	3436363	25847	25847	
江苏	3982110	1232094	34439642	2608572	1588665	575996
浙江	6528848	3297425	33788223	1197979	772539	73602
安徽	3078400	632625	22260240	1056531	513560	358914
福建	4575959	1533168	29776147	503883	316936	145819
江西	1472617	487232	18084198	1202168	479672	462494
山东	4713751	2561608	22321888	3056687	2043926	465890
河南	3368684	1708610	31901883	1522139	1113203	200165
湖北	5132470	1977529	30242031	1391602	717349	229706
湖南	4672104	2598515	37990964	1310161	546797	318462
广东	4094912	772985	23563844	399326	214391	140818
广西	2992181	712499	17060000	937992	316681	451890
海南	319506	96228	3577743	99508	98708	
重庆	2041888	431520	25924184	442821	322205	89736
四川	6149229	942752	32678667	598556	323946	247104
贵州	2390190	344461	26869782	484507	398361	66816
云南	5218929	981146	14020839	554907	322439	123915
西藏	570118	91586	1273527	79747	48129	28811
陕西	4091368	1682501	34491045	1257820	814174	236048
甘肃	2292463	587454	7855733	1419829	1052231	167549
青海	529599	386958	2357671	59366	33545	8024
宁夏	835751	209420	2437497	201172	86626	12553
新疆	2812999	872000	11713215	256182	153353	85645
不分地区	23943					

2-1-18　续表 16

单位：万元

地　区	其　他 服务业	(十六)教育	(十七)卫生和 社会工作	卫生	社会工作	(十八)文化、体育 和娱乐业
全国总计	**6083394**	**93236743**	**62815500**	**46014217**	**16801283**	**78301417**
北　京	102907	1399305	569083	496559	72524	1531872
天　津	1278892	1403783	556754	412019	144735	1196951
河　北	227446	3252926	3164234	1900344	1263890	4616958
山　西	46943	1867644	1668334	991731	676603	1927597
内蒙古	76716	1491537	1276207	939053	337154	2105362
辽　宁	39878	578736	660001	503371	156630	836045
吉　林	295463	1238575	1453801	1006437	447364	1077810
黑龙江	141087	1642425	1569297	1100464	468833	1467258
上　海		791422	527609	257462	270147	1071436
江　苏	443911	5900918	4464320	3793583	670737	6422384
浙　江	351838	5067888	2730830	2072471	658359	3900383
安　徽	184057	3753744	2313561	1810006	503555	2427007
福　建	41128	3281679	1986721	1553904	432817	3239807
江　西	260002	2183479	1456388	972079	484309	1760106
山　东	546871	7442016	5459428	3624470	1834958	8274147
河　南	208771	5337424	5558748	3694295	1864453	5476620
湖　北	444547	3666639	2694569	1979082	715487	3239108
湖　南	444902	5681025	4142589	2903892	1238697	5127512
广　东	44117	5147019	2152964	1850433	302531	3191614
广　西	169421	4784209	2185454	1925220	260234	2230256
海　南	800	624574	572775	558848	13927	629960
重　庆	30880	2434425	1316865	1141749	175116	1126868
四　川	27506	5793258	4021283	2867321	1153962	2333340
贵　州	19330	3262464	1717423	1212155	505268	2619772
云　南	108553	4387518	2155370	1678481	476889	1860955
西　藏	2807	394669	173932	147724	26208	261667
陕　西	207598	4247326	3072596	2280404	792192	3487953
甘　肃	200049	2942792	1550894	1149260	401634	2917180
青　海	17797	644119	260766	197481	63285	447077
宁　夏	101993	569206	456451	323973	132478	452527
新　疆	17184	2023999	926253	669946	256307	1043885
不分地区						

2-1-18 续表 17　　单位：万元

地　区	新闻和出版业	广播、电视、电影和影视录音制作业	文　化艺术业	体　育	娱乐业	(十九)公共管理、社会保障和社会组织
全国总计	**998364**	**6191075**	**34078719**	**14213400**	**22819859**	**81875464**
北　京	2355	319608	203077	59914	946918	197086
天　津	103699	134546	516287	275353	167066	275516
河　北	133808	184088	1969573	961640	1367849	1889203
山　西	13791	69216	1021856	297773	524961	969385
内蒙古	14413	108354	1174220	447785	360590	2945250
辽　宁	9655	11647	175769	175337	463637	627706
吉　林	44836	92376	333255	328124	219219	2481363
黑龙江	47090	99405	373110	210015	737638	1229484
上　海	30	22470	58723	30136	960077	141446
江　苏	27089	557896	2947999	1351035	1538365	4858221
浙　江	35309	311958	1994993	1012508	545615	3028904
安　徽	50114	160709	1038540	505347	672297	4642461
福　建	1681	160381	1906114	569873	601758	3415439
江　西	33588	111109	393836	335118	886455	3275873
山　东	96324	1454704	3373301	706012	2643806	10748783
河　南	50547	269805	2594247	873391	1688630	1209839
湖　北		197541	1276449	653791	1111327	3097679
湖　南	157035	421347	2559120	738239	1251771	5399044
广　东	43524	371132	1533363	693781	549814	2011246
广　西	14849	165092	788396	477641	784278	2619412
海　南	2720	179222	178958	80434	188626	186034
重　庆	14663	88665	488211	336731	198598	746293
四　川	1795	200624	823947	439372	867602	2848578
贵　州		59300	1042632	806390	711450	285633
云　南	1804	75726	872517	344173	566735	5086203
西　藏	1000	8675	199085	30210	22697	1364146
陕　西	67181	155973	1816289	669131	779379	2261751
甘　肃	11893	108699	1422870	474476	899242	2051712
青　海		16766	244222	52961	133128	1693205
宁　夏		13225	191329	79711	168262	339176
新　疆	17571	60816	506431	196998	262069	3259524
不分地区						6689869

2-1-18　续表 18　　　　单位：万元

地　区	中国共产党机关	国家机构	人民政协、民主党派	社会保障	群众团体、社会团体和其他成员组织	基层群众自治组织
全国总计	**317941**	**57707339**	**38615**	**2613381**	**4765081**	**16433107**
北　京	1095	192232		1186	2101	472
天　津	1930	190105		11121	18690	53670
河　北		878695		30544	174375	805589
山　西		510116		9865	315491	133913
内蒙古		2574891	4900	58030	111896	195533
辽　宁	2598	566889		2209	46996	9014
吉　林	3400	1980962		3627	407054	86320
黑龙江	18563	975127		46490	76094	113210
上　海		137188		4258		
江　苏	22605	4073489		24770	243490	493867
浙　江	8457	1885559	538	8315	328008	798027
安　徽	7516	3692998	11113	116108	188997	625729
福　建	504	1519924		3815	330717	1560479
江　西	58126	2985798	9153	41618	74963	106215
山　东	16548	6202209		462756	395937	3671333
河　南	825	803309	4058	41074	98707	261866
湖　北	17997	1734861		163997	205586	975238
湖　南	12730	4337297		518987	199163	330867
广　东	3758	1494261		3652	319783	189792
广　西	2181	2158585	5603	61177	174451	217415
海　南	1150	179452		3612	1820	
重　庆		545887		44408	58767	97231
四　川	27283	2357413		24222	316813	122847
贵　州		222147		19846	36000	7640
云　南		402613	150	21600	91523	4570317
西　藏	1550	1058148		61833	93234	149381
陕　西	2761	1664848		115702	148225	330215
甘　肃	1164	1289318	2500	463954	151831	142945
青　海		1404650		15975	85958	186622
宁　夏	2160	213848		102224	17206	3738
新　疆	103040	2784651	600	126406	51205	193622
不分地区		6689869				

2-1-19 各地区按行业门类分的固定资产(不含农户)住宅投资

单位：万元

地　区	合计	农、林、牧、渔业	采矿业	制造业	电力、热力、燃气及水的生产和供应业
全国总计	**766499317**	**938094**	**361331**	**3640818**	**208873**
北　京	20732437	1860			
天　津	17160649	1791		13015	
河　北	36697725	78223	141830	286292	15766
山　西	16654993	26699	11739	41169	15131
内蒙古	10346300	42706	10786	20364	11110
辽　宁	15124072	8445	350	10283	
吉　林	7474948	2440	8100	75697	11246
黑龙江	6699443	14664		520	
上　海	19757559			82400	
江　苏	69711280	3454	30	266980	13181
浙　江	53475904	12500	92	74086	105
安　徽	34148100	23946	412	154457	9245
福　建	32047299	13916	2654	194098	2087
江　西	14995118	31051	14322	477088	17081
山　东	53436895	6973	668	165550	8485
河　南	50944207	30974	6520	232240	11187
湖　北	34348454	89630	59722	318403	10718
湖　南	21250606	32607	23682	289931	7171
广　东	71474340	23900	1540	166736	2548
广　西	18227953	12059	2211	108016	1335
海　南	13537184	1105		12554	
重　庆	24820218	19003	2093	147241	2425
四　川	37600443	97097	9000	218682	19262
贵　州	13498583	11307	9954	45572	16479
云　南	25151266	41440	8070	86938	1910
西　藏	709960	1250		571	1180
陕　西	23445530	21760	5480	84954	8766
甘　肃	7209102	5414	37655	11510	4421
青　海	3226500	271814		4415	2320
宁　夏	4684717	1393	1900	14364	10996
新　疆	7907532	8673	2521	36692	4718
不分地区					

2-1-19　续表 1

单位：万元

地　区	建筑业	批发和零售业	交通运输、仓储和邮政业	住宿和餐饮业	信息传输、软件和信息技术服务业
全国总计	**790539**	**1108902**	**729386**	**821925**	**107344**
北　京				2	
天　津		95924	4100		
河　北		62320	25405	18452	
山　西		55094	14546	20389	
内蒙古	20198	3306	801		570
辽　宁		60	350	8878	
吉　林	5000	14320	11642	14610	
黑龙江	9180	6000	300		4400
上　海					
江　苏	2609	30527	25224	16200	
浙　江	568	51372	13089	31780	2041
安　徽	5962	24288	5080	15249	600
福　建	3759	34212	22352	10950	1290
江　西		58959	18370	11618	5807
山　东	212268	177159	186807	28096	2974
河　南		31749	71137	8986	15391
湖　北	38273	106018	113427	111774	3000
湖　南	5573	62718	34568	37776	11917
广　东		37292	20182	175527	51763
广　西	33284	9325	17983	3273	202
海　南		11200	371	19840	
重　庆	1244	7149	14392	22890	710
四　川	2508	55085	73504	107268	3757
贵　州		9962	16495	27360	200
云　南		20076	11512	52578	1470
西　藏			2515	1706	200
陕　西	34874	93386	6110	41503	1052
甘　肃	369318	29013	13526	8700	
青　海	22312	17190	2850	14302	
宁　夏		2500	150	1831	
新　疆	23609	2698	2598	10387	
不分地区					

2-1-19 续表 2

单位：万元

地区	金融业	房地产业	租赁和商务服务业	科学研究和技术服务业	水利、环境和公共设施管理业
全国总计	**18088**	**746036682**	**1260751**	**323477**	**4228006**
北京		20640643			
天津		16967998	11300	29180	13272
河北		35803149	13522	91720	31132
山西		16302727	9780	120	72608
内蒙古		9571262	1150	100	576844
辽宁		15082465	2915		4400
吉林		7284244	500	348	10037
黑龙江		6630480			28209
上海		19658980	10632	5547	
江苏	1550	68605251	406516	46790	51443
浙江	320	52646211	138169	4590	157372
安徽		33268520	30609	10	238711
福建		31212904	5988	20998	352045
江西	1000	13944883	12904	100	212780
山东		51215845	120180	36597	363534
河南		50038559	6816	6478	233528
湖北		32380360	208219	22258	353335
湖南	5982	20040663	82253	25756	392747
广东		70811842	29677	19002	49231
广西	4800	17872356	20938	5588	35969
海南		13377625	34458	900	25852
重庆		24360584	11159	3	151417
四川	545	36123480	32004	5893	355780
贵州		13164921	22310		143123
云南		24451022	5873		87217
西藏		611190			675
陕西	3800	22592614	11692	288	155622
甘肃		6444977	29377	100	33220
青海	43	2748854	50	1111	6253
宁夏		4633434			13096
新疆	48	7548639	1760		78554
不分地区					

2-1-19　续表 3　　　　　　　　　　　　单位：万元

地　区	居民服务、修理和其他服务业	教育	卫生、和社会工作	文化、体育和娱乐业	公共管理社会保障和社会组织
全国总计	**446611**	**1446413**	**911677**	**436948**	**2683452**
北　京		89932			
天　津	8927	4100	2300		8742
河　北	26180	14725	12988	10620	65401
山　西		43066	34979	6946	
内蒙古	4851	3355	23810		55087
辽　宁		560			5366
吉　林	65	14600	2500		19599
黑龙江	8	1082	2490		2110
上　海					
江　苏	2872	159320	25555	2345	51433
浙　江	111814	28431	71291	62186	69887
安　徽	440	14077	4391	18200	333903
福　建	46	64093	23813	2925	79169
江　西	3082	36642	33645	24628	91158
山　东	53254	44020	65408	26864	722213
河　南	51011	46589	43659	57806	51577
湖　北	4074	148096	59566	36183	285398
湖　南	4571	68380	30869	17656	75786
广　东		35917	29272	7018	12893
广　西	2232	56373	22804	346	18859
海　南		20641	29012	1000	2626
重　庆	450	46176	25736	3734	3812
四　川	4993	150375	123139	12367	205704
贵　州	1000	16954	2156	10790	
云　南	400	155579	49025	29220	148936
西　藏	330	9110	2691	680	77862
陕　西	31740	58461	105387	79974	108067
甘　肃	131493	39443	9002	20103	21830
青　海		29623	7582	1490	96291
宁　夏			4753		300
新　疆	2778	46693	63854	3867	69443
不分地区					

2-1-20 国民经济行业小类按构成分的固定资产投资(不含农户)

单位：万元

行　　业	投资额	建筑安装工程	设备工器具购置	其他费用
全国总计	**5965007520**	**4151962611**	**1118598766**	**694446143**
(一)农、林、牧、渔业	**227738929**	**170073773**	**29820952**	**27844204**
农业	102325854	75520638	13218608	13586608
谷物种植	12539552	9171255	2113700	1254597
稻谷种植	6652332	4929606	1029922	692804
小麦种植	1321357	950355	276697	94305
玉米种植	2569107	1701206	552509	315392
其他谷物种植	1996756	1590088	254572	152096
豆类、油料和薯类种植	3769529	2683112	450836	635581
豆类种植	928704	687357	122050	119297
油料种植	1802782	1294065	189861	318856
薯类种植	1038043	701690	138925	197428
棉、麻、糖、烟草种植	1882630	1299401	295961	287268
棉花种植	526055	375749	87268	63038
麻类种植	145259	62930	7442	74887
糖料种植	491846	338707	99150	53989
烟草种植	719470	522015	102101	95354
蔬菜、食用菌及园艺作物种植	38396290	28709469	5278874	4407947
蔬菜种植	20034759	15429695	2607034	1998030
食用菌种植	5753360	4150724	1025001	577635
花卉种植	8937838	6542930	1104426	1290482
其他园艺作物种植	3670333	2586120	542413	541800
水果种植	20659742	15228347	2226948	3204447
仁果类和核果类水果种植	7140620	5183934	816644	1140042
葡萄种植	2706634	2107351	314364	284919
柑橘类种植	2030206	1497429	171438	361339
香蕉等亚热带水果种植	797150	606302	80265	110583
其他水果种植	7985132	5833331	844237	1307564
坚果、含油果、香料和饮料作物种植	7968088	5855438	815480	1297170
坚果种植	3316240	2373252	357386	585602
含油果种植	1053171	756628	83812	212731
香料作物种植	479423	385231	34007	60185
茶及其他饮料作物种植	3119254	2340327	340275	438652
中药材种植	8135945	5815031	973251	1347663
其他农业	8974078	6758585	1063558	1151935
林业	21757004	14524092	1898119	5334793
林木育种和育苗	10735830	7533703	1300850	1901277
林木育种	2667496	1897177	278078	492241
林木育苗	8068334	5636526	1022772	1409036
造林和更新	9221714	5731690	423430	3066594
森林经营和管护	1421429	998935	103199	319295
木材和竹材采运	193000	134375	43768	14857
木材采运	145209	101591	32140	11478
竹材采运	47791	32784	11628	3379
林产品采集	185031	125389	26872	32770
木竹材林产品采集	95103	68716	18470	7917
非木竹材林产品采集	89928	56673	8402	24853
畜牧业	53448639	41187628	7727809	4533202
牲畜饲养	41750468	32427238	5853930	3469300
牛的饲养	13659347	10622446	1914713	1122188

2-1-20　续表 1

单位：万元

行　业	投资额	建筑安装工程	设备工器具购置	其他费用
马的饲养	304429	246496	42262	15671
猪的饲养	17146040	13110007	2575563	1460470
羊的饲养	8415993	6739004	1010277	666712
骆驼饲养	22906	17486	2193	3227
其他牲畜饲养	2201753	1691799	308922	201032
家禽饲养	9020989	6746477	1508701	765811
鸡的饲养	7169629	5325655	1243526	600448
鸭的饲养	669536	507861	101448	60227
鹅的饲养	386354	282336	69305	34713
其他家禽饲养	795470	630625	94422	70423
狩猎和捕捉动物	192074	125862	34588	31624
其他畜牧业	2485108	1888051	330590	266467
渔业	10851713	7997732	1884704	969277
水产养殖	10106661	7806760	1377158	922743
海水养殖	3644017	2813517	486502	343998
内陆养殖	6462644	4993243	890656	578745
水产捕捞	745052	190972	507546	46534
海水捕捞	655852	144799	471567	39486
内陆捕捞	89200	46173	35979	7048
农、林、牧、渔服务业	39355719	30843683	5091712	3420324
农业服务业	35348828	27837468	4475272	3036088
农业机械服务	2942425	1552198	1207693	182534
灌溉服务	8768037	7751876	556287	459874
农产品初加工服务	5105987	3742727	998603	364657
其他农业服务	18532379	14790667	1712689	2029023
林业服务业	1735113	1294157	191396	249560
林业有害生物防治服务	121608	77176	31719	12713
森林防火服务	247428	211545	25786	10097
林产品初级加工服务	321410	231132	56676	33602
其他林业服务	1044667	774304	77215	193148
畜牧服务业	1585040	1241540	248554	94946
渔业服务业	686738	470518	176490	39730
(二)采矿业	**103197197**	**69747390**	**23881924**	**9567883**
煤炭开采和洗选业	30376841	18438438	8716375	3222028
烟煤和无烟煤开采洗选	27448702	17017804	7773274	2657624
褐煤开采洗选	1985307	808736	680085	496486
其他煤炭采选	942832	611898	263016	67918
石油和天然气开采业	23309704	18866424	2272343	2170937
石油开采	19273926	15795546	1456366	2022014
天然气开采	4035778	3070878	815977	148923
黑色金属矿采选业	9783212	6441640	2783922	557650
铁矿采选	8838676	5806522	2515835	516319
锰矿、铬矿采选	625962	413054	188785	24123
其他黑色金属矿采选	318574	222064	79302	17208
有色金属矿采选业	14287211	9501554	2752984	2032673
常用有色金属矿采选	8810873	5822569	1842372	1145932
铜矿采选	2413259	1806650	366467	240142
铅锌矿采选	3238337	2097554	750398	390385
镍钴矿采选	183974	162741	12725	8508
锡矿采选	618455	373879	72723	171853
锑矿采选	178481	144789	28107	5585

2-1-20 续表 2

单位：万元

行业	投资额	建筑安装工程	设备工器具购置	其他费用
铝矿采选	1125000	589743	313013	222244
镁矿采选	90018	53743	25508	10767
其他常用有色金属矿采选	963349	593470	273431	96448
贵金属矿采选	4140539	2756025	669835	714679
金矿采选	3864020	2561881	618239	683900
银矿采选	222003	165526	40096	16381
其他贵金属矿采选	54516	28618	11500	14398
稀有稀土金属矿采选	1335799	922960	240777	172062
钨钼矿采选	820449	512013	187097	121339
稀土金属矿采选	216719	198410	15837	2472
放射性金属矿采选	56753	48091	7821	841
其他稀有金属矿采选	241878	164446	30022	47410
非金属矿采选业	21262421	13647129	6197086	1418206
土砂石开采	16067968	10039741	4921842	1106385
石灰石、石膏开采	5189732	3231329	1633816	324587
建筑装饰用石开采	4697763	2989749	1404328	303686
耐火土石开采	725215	479298	209876	36041
粘土及其他土砂石开采	5455258	3339365	1673822	442071
化学矿开采	2140660	1590508	467220	82932
采盐	492340	322691	154880	14769
石棉及其他非金属矿采选	2561453	1694189	653144	214120
石棉、云母矿采选	113979	71704	34702	7573
石墨、滑石采选	344535	176070	114986	53479
宝石、玉石采选	259945	204949	19434	35562
其他未列明非金属矿采选	1842994	1241466	484022	117506
开采辅助活动	3427550	2345285	974322	107943
煤炭开采和洗选辅助活动	1806720	1249124	494106	63490
石油和天然气开采辅助活动	925032	495312	399280	30440
其他开采辅助活动	695798	600849	80936	14013
其他采矿业	750258	506920	184892	58446
其他采矿业	750258	506920	184892	58446
(三)制造业	**1878359776**	**1057733780**	**708573248**	**112052748**
农副食品加工业	117863877	76145144	34798291	6920442
谷物磨制	21515987	13828616	6424784	1262587
饲料加工	14654405	8708642	5200224	745539
植物油加工	10951167	7207924	3141341	601902
食用植物油加工	10135010	6680479	2907178	547353
非食用植物油加工	816157	527445	234163	54549
制糖业	1210692	706876	412907	90909
屠宰及肉类加工	18941702	12175742	5721384	1044576
牲畜屠宰	5325463	3439637	1562598	323228
禽类屠宰	2442213	1459678	831851	150684
肉制品及副产品加工	11174026	7276427	3326935	570664
水产品加工	8513821	5411150	2603974	498697
水产品冷冻加工	5022863	3233554	1520686	268623
鱼糜制品及水产品干腌制加工	1191619	753820	335680	102119
水产饲料制造	718522	392239	287733	38550
鱼油提取及制品制造	78466	58545	18993	928
其他水产品加工	1502351	972992	440882	88477
蔬菜、水果和坚果加工	20010680	13479771	5320135	1210774
蔬菜加工	12376177	8089148	3544521	742508
水果和坚果加工	7634503	5390623	1775614	468266

2-1-20　续表 3　　　　　　　　　　　　　　　　　　　　　　　　单位：万元

行　　业	投资额	建筑安装工程	设备工器具购置	其他费用
其他农副食品加工	22065423	14626423	5973542	1465458
淀粉及淀粉制品制造	5059037	3206482	1564380	288175
豆制品制造	4110355	2619775	1240902	249678
蛋品加工	1012461	619770	325547	67144
其他未列明农副食品加工	11883570	8180396	2842713	860461
食品制造业	58248300	35883619	18740094	3624587
焙烤食品制造	9920533	6167501	3270990	482042
糕点、面包制造	5215302	3232152	1733770	249380
饼干及其他焙烤食品制造	4705231	2935349	1537220	232662
糖果、巧克力及蜜饯制造	3536330	2190590	1126238	219502
糖果、巧克力制造	2083495	1254872	719530	109093
蜜饯制作	1452835	935718	406708	110409
方便食品制造	11215263	6982596	3565942	666725
米、面制品制造	[illegible]299174	3270760	1706440	321974
速冻食品制造	3037350	1879445	976862	181043
方便面及其他方便食品制造	2878739	1832391	882640	163708
乳制品制造	3784953	2250361	1360751	173841
罐头食品制造	3775227	2364543	1108809	301875
肉、禽类罐头制造	692201	448330	191365	52506
水产品罐头制造	178964	108372	57847	12745
蔬菜、水果罐头制造	2112258	1282403	626151	203704
其他罐头食品制造	791804	525438	233446	32920
调味品、发酵制品制造	7252939	4193084	2538813	521042
味精制造	1105585	559683	534637	11265
酱油、食醋及类似制品制造	2013382	1271458	616482	125442
其他调味品、发酵制品制造	4133972	2361943	1387694	384335
其他食品制造	18763055	11734944	5768551	1259560
营养食品制造	2001336	1192116	675103	134117
保健食品制造	5115406	3262377	1496038	356991
冷冻饮品及食用冰制造	1039530	652368	324836	62326
盐加工	503714	272969	215111	15634
食品及饲料添加剂制造	4217113	2425505	1556283	235325
其他未列明食品制造	5885956	3929609	1501180	455167
酒、饮料和精制茶制造业	41060324	26994846	11327998	2737480
酒的制造	16052082	10588917	4500413	962752
酒精制造	547073	323512	168260	55301
白酒制造	8836231	5943360	2380628	512243
啤酒制造	2017107	1265385	628376	123346
黄酒制造	715230	476264	191153	47813
葡萄酒制造	2281776	1511400	661431	108945
其他酒制造	1654665	1068996	470565	115104
饮料制造	16612850	10422195	5063495	1127160
碳酸饮料制造	1480174	882471	533507	64196
瓶(罐)装饮用水制造	4627424	2990578	1376085	260761
果菜汁及果菜汁饮料制造	4840337	3062585	1391604	386148
含乳饮料和植物蛋白饮料制造	2153556	1210303	736406	206847
固体饮料制造	641613	366722	193970	80921
茶饮料及其他饮料制造	2869746	1909536	831923	128287
精制茶加工	8395392	5983734	1764090	647568
烟草制品业	2092043	1261356	680617	150070

2-1-20 续表 4 单位：万元

行　　业	投资额	建筑安装工程	设备工器具购置	其他费用
烟叶复烤	702360	487843	134040	80477
卷烟制造	1115533	605967	448131	61435
其他烟草制品制造	274150	167546	98446	8158
纺织业	66425704	31398539	31441523	3585642
棉纺织及印染精加工	34678920	16244123	16432789	2002008
棉纺纱加工	23310349	11274685	10756526	1279138
棉织造加工	7705935	3502578	3855143	348214
棉印染精加工	3662636	1466860	1821120	374656
毛纺织及染整精加工	3875809	1963788	1685081	226940
毛条和毛纱线加工	1653939	850361	727334	76244
毛织造加工	1937287	975745	832322	129220
毛染整精加工	284583	137682	125425	21476
麻纺织及染整精加工	1367699	723523	581644	62532
麻纤维纺前加工和纺纱	656846	353344	272391	31111
麻织造加工	653686	351425	272166	30095
麻染整精加工	57167	18754	37087	1326
丝绢纺织及印染精加工	1538281	801806	663748	72727
缫丝加工	663700	378366	239634	45700
绢纺和丝织加工	663029	339986	302309	20734
丝印染精加工	211552	83454	121805	6293
化纤织造及印染精加工	4835616	1920898	2675183	239535
化纤织造加工	4074693	1586701	2261884	226108
化纤织物染整精加工	760923	334197	413299	13427
针织或钩针编织物及其制品制造	5869008	2395169	3183554	290285
针织或钩针编织物织造	4601034	1753061	2629686	218287
针织或钩针编织物印染精加工	519575	278077	220765	20733
针织或钩针编织品制造	748399	364031	333103	51265
家用纺织制成品制造	7342660	3787178	3187857	367625
床上用品制造	3388010	1754485	1472375	161150
毛巾类制品制造	1107456	501268	556764	49424
窗帘、布艺类产品制造	619284	306594	279752	32938
其他家用纺织制成品制造	2227910	1224831	878966	124113
非家用纺织制成品制造	6917711	3562054	3031667	323990
非织造布制造	3062165	1612831	1312621	136713
绳、索、缆制造	603427	303645	279788	19994
纺织带和帘子布制造	609954	298945	279711	31298
篷、帆布制造	784252	433041	325443	25768
其他非家用纺织制成品制造	1857913	913592	834104	110217
纺织服装、服饰业	47809087	28484497	16852941	2471649
机织服装制造	29911670	17926993	10493759	1490918
针织或钩针编织服装制造	6716191	4039365	2331525	345301
服饰制造	11181226	6518139	4027657	635430
皮革、毛皮、羽毛及其制品和制鞋业	23058827	13910223	7829272	1319332
皮革鞣制加工	1471161	752168	637739	81254
皮革制品制造	7282751	4344474	2628829	309448
皮革服装制造	1454424	1041732	339034	73658
皮箱、包(袋)制造	2996748	1876765	985002	134981
皮手套及皮装饰制品制造	984038	566474	387894	29670
其他皮革制品制造	1847541	859503	916899	71139
毛皮鞣制及制品加工	2038052	1305980	636152	95920
毛皮鞣制加工	303974	182240	97052	24682

2-1-20　续表 5　　　　单位：万元

行　　业	投资额	建筑安装工程	设备工器具购置	其他费用
毛皮服装加工	1101421	805102	265883	30436
其他毛皮制品加工	632657	318638	273217	40802
羽毛(绒)加工及制品制造	1556018	949694	497408	108916
羽毛(绒)加工	613167	380988	194254	37925
羽毛(绒)制品加工	942851	568706	303154	70991
制鞋业	10710845	6557907	3429144	723794
纺织面料鞋制造	1920808	1179136	630837	110835
皮鞋制造	5093011	3193087	1564453	335471
塑料鞋制造	1086208	652110	304425	129673
橡胶鞋制造	1120013	661003	382450	76560
其他制鞋业	1490805	872571	546979	71255
木材加工和木、竹、藤、棕、草制品业	43077089	25838504	14532970	2705615
木材加工	12423131	7861466	3851152	710513
锯材加工	3211865	2166221	893977	151667
木片加工	3290619	2122123	997809	170687
单板加工	2664211	1511682	973664	178865
其他木材加工	3256436	2061440	985702	209294
人造板制造	13994832	7887714	5194519	912599
胶合板制造	8356805	4609740	3150988	596077
纤维板制造	1883894	993343	786355	104196
刨花板制造	958391	520933	369679	67779
其他人造板制造	2795742	1763698	887497	144547
木制品制造	11642161	6861584	4077381	703196
建筑用木料及木材组件加工	3176671	2017196	986274	173201
木门窗、楼梯制造	3235585	1908705	1100555	226325
地板制造	1380261	707709	598418	74134
木制容器制造	904466	509978	345810	48678
软木制品及其他木制品制造	2945178	1717996	1046324	180858
竹、藤、棕、草等制品制造	5016965	3227740	1409918	379307
竹制品制造	4168655	2720780	1118047	329828
藤制品制造	190081	118796	65833	5452
棕制品制造	155769	90781	60666	4322
草及其他制品制造	502460	297383	165372	39705
家具制造业	30676208	18978188	9698496	1999524
木质家具制造	22535954	13847878	7192900	1495176
竹、藤家具制造	607619	397505	173505	36609
金属家具制造	3060852	1818027	1040406	202419
塑料家具制造	591022	355956	198501	36565
其他家具制造	3880761	2558822	1093184	228755
造纸和纸制品业	30913272	17262786	11930797	1719689
纸浆制造	904447	349996	513019	41432
木竹浆制造	797317	273859	485960	37498
非木竹浆制造	107130	76137	27059	3934
造纸	12393208	6560329	5061823	771056
机制纸及纸板制造	10268909	5311971	4291756	665182
手工纸制造	346649	241580	79736	25333
加工纸制造	1777650	1006778	690331	80541
纸制品制造	17615617	10352461	6355955	907201
纸和纸板容器制造	7771262	4513914	2859702	397646
其他纸制品制造	9844355	5838547	3496253	509555
印刷和记录媒介复制业	18538403	10006932	7620049	911422

2-1-20 续表 6

单位：万元

行　业	投资额	建筑安装工程	设备工器具购置	其他费用
印刷	17243665	9288201	7090418	865046
书、报刊印刷	2331979	1431245	797283	103451
本册印制	572392	300393	246778	25221
包装装潢及其他印刷	14339294	7556563	6046357	736374
装订及印刷相关服务	1177844	671394	467624	38826
记录媒介复制	116894	47337	62007	7550
文教、工美、体育和娱乐用品制造业	26419228	16179896	8463005	1776327
文教办公用品制造	2274420	1387517	765926	120977
文具制造	749185	375527	319942	53716
笔的制造	489045	311977	154215	22853
教学用模型及教具制造	471215	349046	100437	21732
墨水、墨汁制造	105125	55713	42258	7154
其他文教办公用品制造	459850	295254	149074	15522
乐器制造	1249268	776014	391106	82148
中乐器制造	141241	96521	34121	10599
西乐器制造	567899	335713	182801	49385
电子乐器制造	197406	106793	80375	10238
其他乐器及零件制造	342722	236987	93809	11926
工艺美术品制造	13285310	8440358	3977452	867500
雕塑工艺品制造	2539292	1664843	656648	217801
金属工艺品制造	1476442	738840	673499	64103
漆器工艺品制造	166059	97089	60590	8380
花画工艺品制造	391361	226353	129720	35288
天然植物纤维编织工艺品制造	857479	501048	308800	47631
抽纱刺绣工艺品制造	591742	278194	292003	21545
地毯、挂毯制造	1165579	662389	437893	65297
珠宝首饰及有关物品制造	2063300	1487962	425303	150035
其他工艺美术品制造	4034056	2783640	992996	257420
体育用品制造	4257495	2641338	1348968	267189
球类制造	353945	207146	127094	19705
体育器材及配件制造	1399571	931428	391077	77066
训练健身器材制造	1053532	646160	357899	49473
运动防护用具制造	344649	193092	114406	37151
其他体育用品制造	1105798	663512	358492	83794
玩具制造	4008481	2123284	1509034	376163
游艺器材及娱乐用品制造	1344254	811385	470519	62350
露天游乐场所游乐设备制造	624345	418873	168691	36781
游艺用品及室内游艺器材制造	326421	175655	140915	9851
其他娱乐用品制造	393488	216857	160913	15718
石油加工、炼焦和核燃料加工业	26962344	13860426	10576013	2525905
精炼石油产品制造	21252784	10744107	8244978	2263699
原油加工及石油制品制造	20064986	10009503	7838192	2217291
人造原油制造	1187798	734604	406786	46408
炼焦	5709560	3116319	2331035	262206
化学原料和化学制品制造业	147530993	78266919	59547510	9716564
基础化学原料制造	44418543	22823354	17957546	3637643
无机酸制造	2368030	1225944	940866	201220
无机碱制造	2320663	1509152	752629	58882
无机盐制造	4237047	2241841	1569733	425473
有机化学原料制造	25047462	12207831	10445926	2393705
其他基础化学原料制造	10445341	5638586	4248392	558363

2-1-20　续表 7　　　　单位：万元

行　　业	投资额	建筑安装工程	设备工器具购置	其他费用
肥料制造	21097383	12274817	7535155	1287411
氮肥制造	3741396	1736654	1784788	219954
磷肥制造	1295806	873912	376136	45758
钾肥制造	875772	549940	241233	84599
复混肥料制造	6227576	3515766	2345959	365851
有机肥料及微生物肥料制造	7539452	4739007	2321120	479325
其他肥料制造	1417381	859538	465919	91924
农药制造	5125709	2561738	2336181	227790
化学农药制造	3682482	1746177	1754981	181324
生物化学农药及微生物农药制造	1443227	815561	581200	46466
涂料、油墨、颜料及类似产品制造	12659088	7159937	4836306	662845
涂料制造	7924210	4517847	2985469	420894
油墨及类似产品制造	734995	449521	214033	71441
颜料制造	1890755	1078109	739002	73644
染料制造	1110233	549616	511747	48870
密封用填料及类似品制造	998895	564844	386055	47996
合成材料制造	20912199	10421956	9256090	1234153
初级形态塑料及合成树脂制造	9342515	4532145	4247474	562896
合成橡胶制造	2354588	1222257	995876	136455
合成纤维单(聚合)体制造	3438594	1664932	1480752	292910
其他合成材料制造	5776502	3002622	2531988	241892
专用化学产品制造	31879139	15954648	14215511	1708980
化学试剂和助剂制造	11307036	5647042	5009474	650520
专项化学用品制造	9403989	4433024	4533521	437444
林产化学产品制造	1056197	620169	362904	73124
信息化学品制造	3670223	1709742	1752359	208122
环境污染处理专用药剂材料制造	1889455	1030956	765161	93338
动物胶制造	316625	149757	143791	23077
其他专用化学产品制造	4235614	2363958	1648301	223355
炸药、火工及焰火产品制造	5027369	3378313	1139843	509213
焰火、鞭炮产品制造	5027369	3378313	1139843	509213
日用化学产品制造	6411563	3692156	2270878	448529
肥皂及合成洗涤剂制造	1231403	601311	521455	108637
化妆品制造	1749567	1021911	605900	121756
口腔清洁用品制造	197746	104425	83317	10004
香料、香精制造	1371193	873800	408504	88889
其他日用化学产品制造	1861654	1090709	651702	119243
医药制造业	62991508	39666086	19920018	3405404
化学药品原料药制造	12456535	7699076	4146303	611156
化学药品制剂制造	9471787	5462743	3423291	585753
中药饮片加工	9874756	6689895	2599275	585586
中成药生产	10397543	7369124	2569839	458580
兽用药品制造	2226909	1308919	841448	76542
生物药品制造	12217015	7503780	4000123	713112
卫生材料及医药用品制造	6346963	3632549	2339739	374675
化学纤维制造业	11160436	5436406	5026863	697167
纤维素纤维原料及纤维制造	2308139	966861	1229043	112235
化纤浆粕制造	455087	290550	145195	19342
人造纤维(纤维素纤维)制造	1853052	676311	1083848	92893
合成纤维制造	8852297	4469545	3797820	584932
锦纶纤维制造	1908328	970061	777012	161255

2-1-20 续表 8 单位：万元

行 业	投资额	建筑安装工程	设备工器具购置	其他费用
涤纶纤维制造	2734429	994944	1638251	101234
腈纶纤维制造	184510	61443	98524	24543
维纶纤维制造	87698	42725	42915	2058
丙纶纤维制造	141998	47862	69106	25030
氨纶纤维制造	567745	269577	271097	27071
其他合成纤维制造	3227589	2082933	900915	243741
橡胶和塑料制品业	70150200	38010638	28406175	3733387
橡胶制品业	17104477	9110586	7224091	769800
轮胎制造	5869264	2961101	2703920	204243
橡胶板、管、带制造	3959710	2071189	1712716	175805
橡胶零件制造	2493384	1417807	964379	111198
再生橡胶制造	913815	448492	421193	44130
日用及医用橡胶制品制造	836745	446249	313078	77418
其他橡胶制品制造	3031559	1765748	1108805	157006
塑料制品业	53045723	28900052	21182084	2963587
塑料薄膜制造	7086531	3909198	2835039	342294
塑料板、管、型材制造	11859646	6369503	4670274	819869
塑料丝、绳及编织品制造	4997329	2714898	2072097	210334
泡沫塑料制造	2080553	1170029	835999	74525
塑料人造革、合成革制造	982523	454632	448678	79213
塑料包装箱及容器制造	6382585	3628853	2397094	356638
日用塑料制品制造	5062565	2874034	1852352	336179
塑料零件制造	3234188	1746110	1361139	126939
其他塑料制品制造	11359803	6032795	4709412	617596
非金属矿物制品业	168693324	100089738	58253779	10349807
水泥、石灰和石膏制造	12758390	7139856	4756871	861663
水泥制造	8534352	4605126	3295367	633859
石灰和石膏制造	4224038	2534730	1461504	227804
石膏、水泥制品及类似制品制造	32622106	19215427	11336880	2069799
水泥制品制造	17557909	10370719	6135208	1051982
砼结构构件制造	5503779	3244278	1875024	384477
石棉水泥制品制造	401452	209964	169156	22332
轻质建筑材料制造	5583402	3177022	2065907	340473
其他水泥类似制品制造	3575564	2213444	1091585	270535
砖瓦、石材等建筑材料制造	66051795	40787125	21171992	4092678
粘土砖瓦及建筑砌块制造	16935688	10394824	5523070	1017794
建筑陶瓷制品制造	8499554	4849286	3173534	476734
建筑用石加工	16590728	10764037	4595588	1231103
防水建筑材料制造	3403877	1949213	1230933	223731
隔热和隔音材料制造	5636653	3296077	2059714	280862
其他建筑材料制造	14985295	9533688	4589153	862454
玻璃制造	6478370	4008053	2166486	303831
平板玻璃制造	2299692	1447384	728726	123582
其他玻璃制造	4178678	2560669	1437760	180249
玻璃制品制造	12209981	7107650	4472587	629744
技术玻璃制品制造	3218334	1863311	1127901	227122
光学玻璃制造	1116858	592996	471923	51939
玻璃仪器制造	390303	243507	129635	17161
日用玻璃制品制造	2606413	1478893	1018529	108991
玻璃包装容器制造	1471835	775086	644370	52379
玻璃保温容器制造	353055	263245	81725	8085

2-1-20　续表 9　　　　单位：万元

行　　业	投资额	建筑安装工程	设备工器具购置	其他费用
制镜及类似品加工	255325	151960	94626	8739
其他玻璃制品制造	2797858	1738652	903878	155328
玻璃纤维和玻璃纤维增强塑料制品制造	5357816	2752921	2269660	335235
玻璃纤维及制品制造	3068304	1520772	1399460	148072
玻璃纤维增强塑料制品制造	2289512	1232149	870200	187163
陶瓷制品制造	10364030	6619852	3117460	626718
卫生陶瓷制品制造	1432715	1059900	318863	53952
特种陶瓷制品制造	4149641	2598342	1271557	279742
日用陶瓷制品制造	3071828	1812757	1082910	176161
园林、陈设艺术及其他陶瓷制品制造	1709846	1148853	444130	116863
耐火材料制品制造	8131527	4516741	3128196	486590
石棉制品制造	923170	440565	404031	78574
云母制品制造	374601	210823	116848	46930
耐火陶瓷制品及其他耐火材料制造	6833756	3865353	2607317	361086
石墨及其他非金属矿物制品制造	14719309	7942113	5833647	943549
石墨及碳素制品制造	5724582	3011270	2328658	384654
其他非金属矿物制品制造	8994727	4930843	3504989	558895
黑色金属冶炼和压延加工业	41614628	22252722	17199771	2162135
炼铁	1582429	859652	612542	110235
炼钢	7260920	4164513	2850930	245477
黑色金属铸造	7297283	3651814	3266962	378507
钢压延加工	22681978	12142074	9205861	1334043
铁合金冶炼	2792018	1434669	1263476	93873
有色金属冶炼和压延加工业	52585427	27554924	21815268	3215235
常用有色金属冶炼	14303054	8376050	4837294	1089710
铜冶炼	1906044	1012990	624529	268525
铅锌冶炼	2365961	1638974	586319	140668
镍钴冶炼	881563	550621	292232	38710
锡冶炼	382500	282543	75663	24294
锑冶炼	242514	161941	61521	19052
铝冶炼	5726716	3334561	2154022	238133
镁冶炼	1078051	484519	357614	235918
其他常用有色金属冶炼	1719705	909901	685394	124410
贵金属冶炼	1856212	995038	552199	308975
金冶炼	728318	390523	272990	64805
银冶炼	822901	430772	173614	218515
其他贵金属冶炼	304993	173743	105595	25655
稀有稀土金属冶炼	2009174	1092789	818994	97391
钨钼冶炼	487780	257129	193291	37360
稀土金属冶炼	962783	553535	371634	37614
其他稀有金属冶炼	558611	282125	254069	22417
有色金属合金制造	7644856	3862820	3429577	352459
有色金属铸造	1301588	765456	473651	62481
有色金属压延加工	25470543	12462771	11703553	1304219
铜压延加工	5214871	2945929	1955601	313341
铝压延加工	15527148	7008483	7809941	708724
贵金属压延加工	377704	196923	119095	61686
稀有稀土金属压延加工	807193	505328	254695	47170
其他有色金属压延加工	3543627	1806108	1564221	173298
金属制品业	101112923	56515927	38955647	5641349
结构性金属制品制造	40168860	23239650	14776865	2152345

2-1-20 续表 10

单位：万元

行　业	投资额	建筑安装工程	设备工器具购置	其他费用
金属结构制造	28115787	15918888	10762245	1434654
金属门窗制造	12053073	7320762	4014620	717691
金属工具制造	9117113	4833754	3741965	541394
切削工具制造	3360944	1779809	1411956	169179
手工具制造	1055171	500826	470810	83535
农用及园林用金属工具制造	1011674	699235	255104	57335
刀剪及类似日用金属工具制造	568869	321209	191510	56150
其他金属工具制造	3120455	1532675	1412585	175195
集装箱及金属包装容器制造	5412399	2732444	2376770	303185
集装箱制造	404019	200012	175669	28338
金属压力容器制造	2373619	1335749	913264	124606
金属包装容器制造	2634761	1196683	1287837	150241
金属丝绳及其制品制造	4595831	2509267	1891908	194656
建筑、安全用金属制品制造	12653717	7491211	4301501	861005
建筑、家具用金属配件制造	3937453	2233229	1329821	374403
建筑装饰及水暖管道零件制造	4729654	2839740	1671222	218692
安全、消防用金属制品制造	2177895	1360309	678395	139191
其他建筑、安全用金属制品制造	1808715	1057933	622063	128719
金属表面处理及热处理加工	5049159	2765772	1880895	402492
搪瓷制品制造	974909	585801	282917	106191
生产专用搪瓷制品制造	129611	72193	53146	4272
建筑装饰搪瓷制品制造	462656	310937	68272	83447
搪瓷卫生洁具制造	198650	112027	74370	12253
搪瓷日用品及其他搪瓷制品制造	183992	90644	87129	6219
金属制日用品制造	5809098	3285111	2167496	356491
金属制厨房用器具制造	1376823	817694	464319	94810
金属制餐具和器皿制造	1595932	918714	599405	77813
金属制卫生器具制造	241539	120701	110883	9955
其他金属制日用品制造	2594804	1428002	992889	173913
其他金属制品制造	17331837	9072917	7535330	723590
锻件及粉末冶金制品制造	5423051	2679103	2421830	322118
交通及公共管理用金属标牌制造	645630	297535	319555	28540
其他未列明金属制品制造	11263156	6096279	4793945	372932
通用设备制造业	130607143	68285514	55145135	7176494
锅炉及原动设备制造	11033019	5666692	4758676	607651
锅炉及辅助设备制造	5535417	3001970	2219635	313812
内燃机及配件制造	2803443	1197135	1472063	134245
汽轮机及辅机制造	532844	223776	279055	30013
水轮机及辅机制造	236073	108381	113588	14104
风能原动设备制造	1171062	730556	364222	76284
其他原动设备制造	754180	404874	310113	39193
金属加工机械制造	25202927	13644080	10354568	1204279
金属切削机床制造	4261661	2294976	1775443	191242
金属成形机床制造	2676245	1454825	1085062	136358
铸造机械制造	5276313	2674136	2318900	283277
金属切割及焊接设备制造	1927768	1000299	836011	91458
机床附件制造	2471423	1420847	952591	97985
其他金属加工机械制造	8589517	4798997	3386561	403959
物料搬运设备制造	13058465	7581526	4760662	716277
轻小型起重设备制造	1270609	593299	622577	54733
起重机制造	2742231	1396724	1246708	98799

2-1-20　续表 11　　　　单位：万元

行　业	投资额	建筑安装工程	设备工器具购置	其他费用
生产专用车辆制造	1445680	915163	436107	94410
连续搬运设备制造	1848810	1150319	539258	159233
电梯、自动扶梯及升降机制造	4225120	2704028	1289293	231799
其他物料搬运设备制造	1526015	821993	626719	77303
泵、阀门、压缩机及类似机械制造	17612414	9112233	7462379	1037802
泵及真空设备制造	5090812	2731988	2069862	288962
气体压缩机械制造	2486394	1305263	1059147	121984
阀门和旋塞制造	5058392	2632604	2073428	352360
液压和气压动力机械及元件制造	4976816	2442378	2259942	274496
轴承、齿轮和传动部件制造	11930371	5489604	5562337	878430
轴承制造	6478498	2971506	2931503	575489
齿轮及齿轮减、变速箱制造	3592991	1569692	1832882	190417
其他传动部件制造	1858882	948406	797952	112524
烘炉、风机、衡器、包装等设备制造	14824247	7826242	6107346	890659
烘炉、熔炉及电炉制造	1379889	667865	632308	79716
风机、风扇制造	2316173	1221589	923207	171377
气体、液体分离及纯净设备制造	1947752	1073678	787860	86214
制冷、空调设备制造	5739125	3134279	2231035	373811
风动和电动工具制造	1090024	479514	569533	40977
喷枪及类似器具制造	261609	159538	88726	13345
衡器制造	415276	236259	162068	16949
包装专用设备制造	1674399	853520	712609	108270
文化、办公用机械制造	1501365	929007	515499	56859
电影机械制造	37213	19846	15059	2308
幻灯及投影设备制造	105747	71527	32883	1337
照相机及器材制造	195313	117205	66427	11681
复印和胶印设备制造	457948	273952	162948	21048
计算器及货币专用设备制造	297638	203403	88453	5782
其他文化、办公用机械制造	407506	243074	149729	14703
通用零部件制造	26725885	13336855	11989652	1399378
金属密封件制造	1631446	889825	643872	97749
紧固件制造	4081589	2355501	1390011	336077
弹簧制造	864081	405839	417486	40756
机械零部件加工	14820034	7201697	7034685	583652
其他通用零部件制造	5328735	2483993	2503598	341144
其他通用设备制造业	8718450	4699275	3634016	385159
专用设备制造业	120370188	66248966	47243485	6877737
采矿、冶金、建筑专用设备制造	29853657	15646333	12426365	1780959
矿山机械制造	10703185	5644844	4494011	564330
石油钻采专用设备制造	5597131	3165028	2136803	295300
建筑工程用机械制造	6231266	3141324	2823003	266939
海洋工程专用设备制造	1762979	738501	684521	339957
建筑材料生产专用机械制造	3474104	1914750	1320889	238465
冶金专用设备制造	2084992	1041886	967138	75968
化工、木材、非金属加工专用设备制造	17867110	8990167	8001893	875050
炼油、化工生产专用设备制造	3031032	1558509	1350264	122259
橡胶加工专用设备制造	546959	300960	216145	29854
塑料加工专用设备制造	2367800	1216412	1004069	147319
木材加工机械制造	1095815	606728	421699	67388
模具制造	9358491	4616558	4292461	449472
其他非金属加工专用设备制造	1467013	691000	717255	58758

2-1-20 续表 12 单位：万元

行　　业	投资额	建筑安装工程	设备工器具购置	其他费用
食品、饮料、烟草及饲料生产专用设备制造	4187525	2410970	1538730	237825
食品、酒、饮料及茶生产专用设备制造	1811898	1041351	667260	103287
农副食品加工专用设备制造	1750739	1012156	653606	84977
烟草生产专用设备制造	292440	163470	115589	13381
饲料生产专用设备制造	332448	193993	102275	36180
印刷、制药、日化及日用品生产专用设备制造	6398698	3634165	2332379	432154
制浆和造纸专用设备制造	782852	387128	357033	38691
印刷专用设备制造	1487143	829220	584398	73525
日用化工专用设备制造	640748	342736	270678	27334
制药专用设备制造	1152906	623610	434407	94889
照明器具生产专用设备制造	1094377	685493	327858	81026
玻璃、陶瓷和搪瓷制品生产专用设备制造	764307	508387	169196	86724
其他日用品生产专用设备制造	476365	257591	188809	29965
纺织、服装和皮革加工专用设备制造	4104180	2039414	1821128	243638
纺织专用设备制造	2992238	1467543	1347264	177431
皮革、毛皮及其制品加工专用设备制造	412953	201984	185430	25539
缝制机械制造	492842	262877	199820	30145
洗涤机械制造	206147	107010	88614	10523
电子和电工机械专用设备制造	10376328	5933175	3947414	495739
电工机械专用设备制造	3725552	2026718	1530606	168228
电子工业专用设备制造	6650776	3906457	2416808	327511
农、林、牧、渔专用机械制造	11497589	6664090	4180933	652566
拖拉机制造	1227859	641125	485383	101351
机械化农业及园艺机具制造	4498555	2557428	1679445	261682
营林及木竹采伐机械制造	153079	91640	55724	5715
畜牧机械制造	733823	404652	290709	38462
渔业机械制造	124242	68888	52485	2869
农林牧渔机械配件制造	2157446	1170465	864169	122812
棉花加工机械制造	125177	73673	42439	9065
其他农、林、牧、渔业机械制造	2477408	1656219	710579	110610
医疗仪器设备及器械制造	10994069	6266009	4154034	574026
医疗诊断、监护及治疗设备制造	3544791	2086073	1276012	182706
口腔科用设备及器具制造	278318	131801	109956	36561
医疗实验室及医用消毒设备和器具制造	1075199	532410	500155	42634
医疗、外科及兽医用器械制造	2093296	1184631	776747	131918
机械治疗及病房护理设备制造	741652	479017	220071	42564
假肢、人工器官及植(介)入器械制造	303381	140756	151497	11128
其他医疗设备及器械制造	2957432	1711321	1119596	126515
环保、社会公共服务及其他专用设备制造	25091032	14664643	8840609	1585780
环境保护专用设备制造	12002780	6962710	4401531	638539
地质勘查专用设备制造	237045	159882	70011	7152
邮政专用机械及器材制造	9179	5526	2796	857
商业、饮食、服务专用设备制造	237592	139220	72485	25887
社会公共安全设备及器材制造	1856241	1071307	593219	191715
交通安全、管制及类似专用设备制造	559679	332471	172858	54350
水资源专用机械制造	1109418	661577	374424	73417
其他专用设备制造	9079098	5331950	3153285	593863
汽车制造业	120369125	64386613	48210907	7771605
汽车整车制造	23401615	10890780	10183855	2326980
改装汽车制造	2813106	1528753	1146312	138041

2-1-20 续表 13

单位：万元

行　业	投资额	建筑安装工程	设备工器具购置	其他费用
低速载货汽车制造	878403	465427	345045	67931
电车制造	3839967	2393023	1224959	221985
汽车车身、挂车制造	2581132	1432984	987667	160481
汽车零部件及配件制造	86854902	47675646	34323069	4856187
铁路、船舶、航空航天和其他运输设备制造业	29295656	17379068	9766580	2150008
铁路运输设备制造	5859703	3366741	1968577	524385
铁路机车车辆及动车组制造	821113	518134	223630	79349
窄轨机车车辆制造	82820	49384	30033	3403
铁路机车车辆配件制造	2473267	1318921	923074	231272
铁路专用设备及器材、配件制造	2056200	1197721	675997	182482
其他铁路运输设备制造	426303	282581	115843	27879
城市轨道交通设备制造	1742132	1161756	390117	190259
船舶及相关装置制造	6432319	3593822	2414775	423722
金属船舶制造	2387222	1523168	757238	106816
非金属船舶制造	597037	293955	288208	14874
娱乐船和运动船制造	389453	261963	105594	21896
船用配套设备制造	2797057	1421208	1107313	268536
船舶改装与拆除	129289	67478	50941	10870
航标器材及其他相关装置制造	132261	26050	105481	730
摩托车制造	3898364	2625193	972537	300634
摩托车整车制造	1381152	1066913	252144	62095
摩托车零部件及配件制造	2517212	1558280	720393	238539
自行车制造	4097125	2353842	1512972	230311
脚踏自行车及残疾人座车制造	1042218	543125	405651	93442
助动自行车制造	3054907	1810717	1107321	136869
非公路休闲车及零配件制造	924048	606429	264504	53115
潜水救捞及其他未列明运输设备制造	6341965	3671285	2243098	427582
其他未列明运输设备制造	6341965	3671285	2243098	427582
电气机械和器材制造业	127815114	70411246	51061797	6342071
电机制造	11962745	6616562	4856414	489769
发电机及发电机组制造	5517772	3147479	2118238	252055
电动机制造	3208071	1828035	1257442	122594
微电机及其他电机制造	3236902	1641048	1480734	115120
输配电及控制设备制造	44584703	24137983	18317846	2128874
变压器、整流器和电感器制造	7555711	4333184	2857785	364742
电容器及其配套设备制造	1937452	1157365	675586	104501
配电开关控制设备制造	7652717	4183816	3058118	410783
电力电子元器件制造	9949144	5810005	3661202	477937
光伏设备及元器件制造	12742581	6002238	6221956	518387
其他输配电及控制设备制造	4747098	2651375	1843199	252524
电线、电缆、光缆及电工器材制造	20363414	11283703	8045804	1033907
电线、电缆制造	14128721	7931809	5457609	739303
光纤、光缆制造	3022765	1654289	1219614	148862
绝缘制品制造	1347280	654213	648679	44388
其他电工器材制造	1864648	1043392	719902	101354
电池制造	19282984	10024783	8280769	977432
锂离子电池制造	12968163	6374571	5950167	643425
镍氢电池制造	933818	738071	165928	29819
其他电池制造	5381003	2912141	2164674	304188
家用电力器具制造	10892542	6117873	4131771	642898

2-1-20 续表 14

单位：万元

行　业	投资额	建筑安装工程	设备工器具购置	其他费用
家用制冷电器具制造	2685679	1470832	1042302	172545
家用空气调节器制造	1173659	574755	492370	106534
家用通风电器具制造	451377	211797	211489	28091
家用厨房电器具制造	2511406	1612803	751187	147416
家用清洁卫生电器具制造	763863	390898	351869	21096
家用美容、保健电器具制造	324807	162358	135321	27128
家用电力器具专用配件制造	1388428	678362	643844	66222
其他家用电力器具制造	1593323	1016068	503389	73866
非电力家用器具制造	3616882	2208624	1219803	188455
燃气、太阳能及类似能源家用器具制造	3183977	1951709	1071467	160801
其他非电力家用器具制造	432905	256915	148336	27654
照明器具制造	11376418	6623150	4156715	596553
电光源制造	2142565	1156164	891603	94798
照明灯具制造	7716012	4545427	2721052	449533
灯用电器附件及其他照明器具制造	1517841	921559	544060	52222
其他电气机械及器材制造	5735426	3398568	2052675	284183
电气信号设备装置制造	906344	496125	356904	53315
其他未列明电气机械及器材制造	4829082	2902443	1695771	230868
计算机、通信和其他电子设备制造业	104644461	52291638	46621287	5731536
计算机制造	11446419	5881942	4939874	624603
计算机整机制造	1991810	756893	1159524	75393
计算机零部件制造	4662235	2560636	1866256	235343
计算机外围设备制造	1577021	863362	648445	65214
其他计算机制造	3215353	1701051	1265649	248653
通信设备制造	15366415	8062466	6165810	1138139
通信系统设备制造	8352358	4343566	3511159	497633
通信终端设备制造	7014057	3718900	2654651	640506
广播电视设备制造	2158549	1259639	784156	114754
广播电视节目制作及发射设备制造	403231	227440	162611	13180
广播电视接收设备及器材制造	1057519	560423	430400	66696
应用电视设备及其他广播电视设备制造	697799	471776	191145	34878
视听设备制造	2904224	1554529	1231707	117988
电视机制造	1250482	695956	498362	56164
音响设备制造	939854	513431	392454	33969
影视录放设备制造	713888	345142	340891	27855
电子器件制造	37190526	16590496	18818011	1782019
电子真空器件制造	901145	504760	366536	29849
半导体分立器件制造	2387489	755820	1601220	30449
集成电路制造	8800637	2599196	5823331	378110
光电子器件及其他电子器件制造	25101255	12730720	11026924	1343611
电子元件制造	23022020	11394073	10692083	935864
电子元件及组件制造	19317009	9588742	8923207	805060
印制电路板制造	3705011	1805331	1768876	130804
其他电子设备制造	12556308	7548493	3989646	1018169
仪器仪表制造业	17463409	9629675	6726852	1106882
通用仪器仪表制造	9457509	5242735	3740829	473945
工业自动控制系统装置制造	4405134	2304780	1841813	258541
电工仪器仪表制造	1761577	1148804	551251	61522
绘图、计算及测量仪器制造	697437	433457	238675	25305
实验分析仪器制造	712873	333213	364640	15020

2-1-20 续表 15

单位：万元

行业	投资额	建筑安装工程	设备工器具购置	其他费用
试验机制造	269490	128838	130936	9716
供应用仪表及其他通用仪器制造	1610998	893643	613514	103841
专用仪器仪表制造	4359314	2272912	1627338	459064
环境监测专用仪器仪表制造	667057	364972	260979	41106
运输设备及生产用计数仪表制造	747652	500303	231929	15420
农林牧渔专用仪器仪表制造	87817	60578	23505	3734
地质勘探和地震专用仪器制造	138455	24332	107626	6497
教学专用仪器制造	284162	197135	71255	15772
电子测量仪器制造	861673	467750	331463	62460
其他专用仪器制造	1572498	657842	600581	314075
钟表与计时仪器制造	471417	293904	163922	13591
光学仪器及眼镜制造	1830099	1047294	703858	78947
光学仪器制造	1244565	679138	520570	44857
眼镜制造	585534	368156	183288	34090
其他仪器仪表制造业	1345070	772830	490905	81335
其他制造业	22052202	14681543	4977435	2393224
日用杂品制造	2767463	1724242	846134	197087
鬃毛加工、制刷及清扫工具制造	845527	532264	275148	38115
其他日用杂品制造	1921936	1191978	570986	158972
煤制品制造	1809722	1143042	541631	125049
其他未列明制造业	17475017	11814259	3589670	2071088
废弃资源综合利用业	13753776	8587600	4232745	933431
金属废料和碎屑加工处理	7407813	4654163	2234198	519452
非金属废料和碎屑加工处理	6345963	3933437	1998547	413979
金属制品、机械和设备修理业	3004557	1833601	969928	201028
金属制品修理	331354	209321	103789	18244
通用设备修理	330956	222245	95444	13267
专用设备修理	726124	387382	311193	27549
铁路、船舶、航空航天等运输设备修理	817637	543394	187180	87063
铁路运输设备修理	182271	149616	18618	14037
船舶修理	206921	120311	75555	11055
航空航天器修理	320932	209634	74186	37112
其他运输设备修理	107513	63833	18821	24859
电气设备修理	159340	84575	65706	9059
仪器仪表修理	26437	15842	10296	299
其他机械和设备修理业	612709	370842	196320	45547
(四)电力、热力、燃气及水生产和供应业	**297359986**	**175324337**	**96776746**	**25258903**
电力、热力生产和供应业	226376767	121936291	84278656	20161820
电力生产	150098559	74215049	61162514	14720996
火力发电	39310769	18571811	17293983	3444975
水力发电	19665894	12941570	2623707	4100617
核力发电	10101929	3038597	4198249	2865083
风力发电	26088176	11502027	13208801	1377348
太阳能发电	42661830	21038564	19527891	2095375
其他电力生产	12269961	7122480	4309883	837598
电力供应	53949909	32175327	17298844	4475738
热力生产和供应	22328299	15545915	5817298	965086
燃气生产和供应业	21347990	14794963	5264719	1288308
燃气生产和供应业	21347990	14794963	5264719	1288308
水的生产和供应业	49635229	38593083	7233371	3808775

2-1-20 续表 16

单位：万元

行 业	投资额	建筑安装工程	设备工器具购置	其他费用
自来水生产和供应	24237054	19334166	2965385	1937503
污水处理及其再生利用	21935756	16443127	3882345	1610284
其他水的处理、利用与分配	3462419	2815790	385641	260988
(五)建筑业	**45774311**	**37356562**	**6163004**	**2254745**
房屋建筑业	12848611	11072746	1331130	444735
房屋建筑业	12848611	11072746	1331130	444735
土木工程建筑业	23769247	19800278	2667554	1301415
铁路、道路、隧道和桥梁工程建筑	14997682	12726251	1398822	872609
铁路工程建筑	504743	251849	245797	7097
公路工程建筑	5649626	4964178	418862	266586
市政道路工程建筑	5875470	5077276	329747	468447
其他道路、隧道和桥梁工程建筑	2967843	2432948	404416	130479
水利和内河港口工程建筑	3480964	2928470	386825	165669
水源及供水设施工程建筑	1409095	1187999	159725	61371
河湖治理及防洪设施工程建筑	1556439	1410132	71055	75252
港口及航运设施工程建筑	515430	330339	156045	29046
海洋工程建筑	252135	237683	14012	440
工矿工程建筑	398144	301088	80322	16734
架线和管道工程建筑	1478338	1047830	341155	89353
架线及设备工程建筑	678393	375733	236987	65673
管道工程建筑	799945	672097	104168	23680
其他土木工程建筑	3161984	2558956	446418	156610
建筑安装业	2727184	1965155	667283	94746
电气安装	468658	318145	139293	11220
管道和设备安装	985379	765877	181552	37950
其他建筑安装业	1273147	881133	346438	45576
建筑装饰和其他建筑业	6429269	4518383	1497037	413849
建筑装饰业	2585542	1721812	745305	118425
工程准备活动	760034	524355	146367	89312
建筑物拆除活动	250523	189128	51516	9879
其他工程准备活动	509511	335227	94851	79433
提供施工设备服务	353029	209428	128798	14803
其他未列明建筑业	2730664	2062788	476567	191309
(六)批发和零售业	**179390736**	**132671374**	**33391677**	**13327685**
批发业	92207251	66239752	20017353	5950146
农、林、牧产品批发	10409347	8031134	1617017	761196
谷物、豆及薯类批发	3213209	2474516	541502	197191
种子批发	700168	481596	185790	32782
饲料批发	478992	369527	96059	13406
棉、麻批发	373477	242874	107862	22741
林业产品批发	769011	567305	118314	83392
牲畜批发	543144	375837	84749	82558
其他农牧产品批发	4331346	3519479	482741	329126
食品、饮料及烟草制品批发	14459590	10947913	2476798	1034879
米、面制品及食用油批发	1456410	1007174	361325	87911
糕点、糖果及糖批发	450209	336698	89678	23833
果品、蔬菜批发	6511094	5024144	922171	564779
肉、禽、蛋、奶及水产品批发	2168436	1602040	426669	139727
盐及调味品批发	154560	102532	36226	15802
营养和保健品批发	188054	139582	41084	7388

2-1-20　续表 17

单位：万元

行　　业	投资额	建筑安装工程	设备工器具购置	其他费用
酒、饮料及茶叶批发	1268859	978640	231648	58571
烟草制品批发	197421	133737	60559	3125
其他食品批发	2064547	1623366	307438	133743
纺织、服装及家庭用品批发	8088621	6281239	1269478	537904
纺织品、针织品及原料批发	2181772	1674365	358611	148796
服装批发	2265800	1800887	304822	160091
鞋帽批发	275439	221223	39977	14239
化妆品及卫生用品批发	330382	262767	49821	17794
厨房、卫生间用具及日用杂货批发	649706	504061	126183	19462
灯具、装饰物品批发	822847	626782	102688	93377
家用电器批发	664753	471646	153368	39739
其他家庭用品批发	897922	719508	134008	44406
文化、体育用品及器材批发	1912417	1303669	542209	66539
文具用品批发	690740	455104	217676	17960
体育用品及器材批发	237499	171664	56048	9787
图书批发	249948	193805	47316	8827
报刊批发	2617	862	1436	319
音像制品及电子出版物批发	49112	43738	4187	1187
首饰、工艺品及收藏品批发	375915	243291	115499	17125
其他文化用品批发	306586	195205	100047	11334
医药及医疗器材批发	3677172	2549810	894193	233169
西药批发	981617	777847	147019	56751
中药批发	1165125	865668	204234	95223
医疗用品及器材批发	1530430	906295	542940	81195
矿产品、建材及化工产品批发	25822041	18262193	5895791	1664057
煤炭及制品批发	2268409	1539937	595909	132563
石油及制品批发	3631693	2397430	920560	313703
非金属矿及制品批发	512433	358710	129935	23788
金属及金属矿批发	4419930	2995857	1165475	258598
建材批发	11531983	8665929	2092583	773471
化肥批发	913701	657593	209052	47056
农药批发	157414	92341	51237	13836
农用薄膜批发	28156	22411	4999	746
其他化工产品批发	2358322	1531985	726041	100296
机械设备、五金产品及电子产品批发	14509735	9442101	4116950	950684
农业机械批发	1526479	1042828	393679	89972
汽车批发	2072867	1409143	409157	254567
汽车零配件批发	1801665	1256806	407118	137741
摩托车及零配件批发	125093	94456	20143	10494
五金产品批发	2763489	1800917	847319	115253
电气设备批发	1311997	876329	390641	45027
计算机、软件及辅助设备批发	944718	556750	311937	76031
通讯及广播电视设备批发	349993	222883	104382	22728
其他机械设备及电子产品批发	3613434	2181989	1232574	198871
贸易经纪与代理	5471435	4125930	1143397	202108
贸易代理	3731391	2849485	735602	146304
拍卖	18847	16364	2483	
其他贸易经纪与代理	1721197	1260081	405312	55804
其他批发业	7856893	5295763	2061520	499610
再生物资回收与批发	1993928	1292023	595433	106472
其他未列明批发业	5862965	4003740	1466087	393138

2-1-20 续表 18

单位：万元

行　　业	投资额	建筑安装工程	设备工器具购置	其他费用
零售业	87183485	66431622	13374324	7377539
综合零售	30072760	24037762	3181687	2853311
百货零售	16097818	12909575	1569170	1619073
超级市场零售	6870209	5281446	925702	663061
其他综合零售	7104733	5846741	686815	571177
食品、饮料及烟草制品专门零售	6363038	4935628	963110	464300
粮油零售	799892	636110	132426	31356
糕点、面包零售	152378	110349	30082	11947
果品、蔬菜零售	1562377	1206816	210109	145452
肉、禽、蛋、奶及水产品零售	1120043	870205	159417	90421
营养和保健品零售	162247	125952	25714	10581
酒、饮料及茶叶零售	804553	582560	165220	56773
烟草制品零售	33839	23771	9388	680
其他食品零售	1727709	1379865	230754	117090
纺织、服装及日用品专门零售	3834085	2867967	649103	317015
纺织品及针织品零售	617239	384230	195500	37509
服装零售	1820404	1458314	219761	142329
鞋帽零售	112582	82526	26787	3269
化妆品及卫生用品零售	159542	105612	43005	10925
钟表、眼镜零售	126716	88668	24540	13508
箱、包零售	69871	56973	12162	736
厨房用具及日用杂品零售	92475	75296	8949	8230
自行车零售	69826	42564	12326	14936
其他日用品零售	765430	573784	106073	85573
文化、体育用品及器材专门零售	2446955	1819271	375316	252368
文具用品零售	168643	131256	29402	7985
体育用品及器材零售	230318	194028	26261	10029
图书、报刊零售	231161	164147	44116	22898
音像制品及电子出版物零售	13359	12744	615	
珠宝首饰零售	684269	468474	114372	101423
工艺美术品及收藏品零售	888730	701250	93756	93724
乐器零售	27219	15250	10299	1670
照相器材零售	18083	6190	11853	40
其他文化用品零售	185173	125932	44642	14599
医药及医疗器材专门零售	2546011	1846486	559731	139794
药品零售	1852562	1348249	396994	107319
医疗用品及器材零售	693449	498237	162737	32475
汽车、摩托车、燃料及零配件专门零售	21876977	16089329	3901837	1885811
汽车零售	15366387	11691546	2432126	1242715
汽车零配件零售	1539852	1074136	366528	99188
摩托车及零配件零售	224441	156970	46679	20792
机动车燃料零售	4746297	3166677	1056504	523116
家用电器及电子产品专门零售	3363205	2314125	834068	215012
家用视听设备零售	168278	127741	33624	6913
日用家电设备零售	1101842	789880	218060	93902
计算机、软件及辅助设备零售	788751	524276	217990	46485
通信设备零售	468740	278074	171463	19203
其他电子产品零售	835594	594154	192931	48509
五金、家具及室内装饰材料专门零售	7981255	6151894	1242164	587197

2-1-20　续表 19　　　　单位：万元

行　业	投资额	建筑安装工程	设备工器具购置	其他费用
五金零售	1391191	917795	374426	98970
灯具零售	151422	120077	17844	13501
家具零售	3425757	2757552	388214	279991
涂料零售	108495	80195	15341	12959
卫生洁具零售	77142	63384	12586	1172
木质装饰材料零售	664955	572177	56870	35908
陶瓷、石材装饰材料零售	907638	699126	137380	71132
其他室内装饰材料零售	1254655	941588	239503	73564
货摊、无店铺及其他零售业	8699199	6369160	1667308	662731
货摊食品零售	121939	108207	9204	4528
货摊纺织、服装及鞋零售	84268	60935	18448	4885
货摊日用品零售	103457	92678	8027	2752
互联网零售	3469619	2406435	726555	336629
邮购及电视、电话零售	78388	68553	7185	2650
旧货零售	47564	37552	6785	3227
生活用燃料零售	1019615	667420	272268	79927
其他未列明零售业	3774349	2927380	618836	228133
(七)交通运输、仓储和邮政业	**536284754**	**403027277**	**59198086**	**74059391**
铁路运输业	77481124	50863441	10485892	16131791
铁路旅客运输	59311143	37086583	9349785	12874775
铁路货物运输	11930404	8882646	723734	2324024
铁路运输辅助活动	6239577	4894212	412373	932992
客运火车站	1205476	937094	66295	202087
货运火车站	848934	653529	49000	146405
其他铁路运输辅助活动	4185167	3303589	297078	584500
道路运输业	329373376	264922724	18347529	46103123
城市公共交通运输	57009402	36395554	7032874	13580974
公共电汽车客运	4333897	2188613	1945497	199787
城市轨道交通	43837447	27423520	3763373	12650554
出租车客运	966031	152429	798858	14744
其他城市公共交通运输	7872027	6630992	525146	715889
公路旅客运输	98622562	82510648	1415937	14695977
道路货物运输	88680298	72530987	7929691	8219620
道路运输辅助活动	85061114	73485535	1969027	9606552
客运汽车站	3048712	2383769	253871	411072
公路管理与养护	61313737	52792055	1076062	7445620
其他道路运输辅助活动	20698665	18309711	639094	1749860
水上运输业	21633274	13670994	5604119	2358161
水上旅客运输	965639	542032	237239	186368
海洋旅客运输	385189	197538	157881	29770
内河旅客运输	410191	232134	23689	154368
客运轮渡运输	170259	112360	55669	2230
水上货物运输	5295837	1997318	3025333	273186
远洋货物运输	1175974	278027	894450	3497
沿海货物运输	1746701	515680	1187137	43884
内河货物运输	2373162	1203611	943746	225805
水上运输辅助活动	15371798	11131644	2341547	1898607
客运港口	854379	665572	106041	82766
货运港口	11086609	8276338	1659962	1150309
其他水上运输辅助活动	3430810	2189734	575544	665532

2-1-20 续表 20 单位：万元

行 业	投资额	建筑安装工程	设备工器具购置	其他费用
航空运输业	22196237	8096580	11970383	2129274
航空客货运输	12953648	1275826	11148591	529231
航空旅客运输	12845313	1239768	11081272	524273
航空货物运输	108335	36058	67319	4958
通用航空服务	1890072	1129069	327594	433409
航空运输辅助活动	7352517	5691685	494198	1166634
机场	6563466	4994503	472290	1096673
空中交通管理	29996	24489	4539	968
其他航空运输辅助活动	759055	672693	17369	68993
管道运输业	2627150	1741627	615120	270403
管道运输业	2627150	1741627	615120	270403
装卸搬运和运输代理业	10894429	7835528	2067849	991052
装卸搬运	1811063	1146326	447468	217269
运输代理业	9083366	6689202	1620381	773783
货物运输代理	6699863	4796478	1379070	524315
旅客票务代理	11838	4538	6451	849
其他运输代理业	2371665	1888186	234860	248619
仓储业	69834987	54294084	9609822	5931081
谷物、棉花等农产品仓储	16448344	12635085	2637774	1175485
谷物仓储	9880868	7670040	1589055	621773
棉花仓储	415685	297395	98295	19995
其他农产品仓储	6151791	4667650	950424	533717
其他仓储业	53386643	41658999	6972048	4755596
邮政业	2244177	1602299	497372	144506
邮政基本服务	384844	282213	86445	16186
快递服务	1859333	1320086	410927	128320
(八)住宿和餐饮业	**59473863**	**48260287**	**6239401**	**4974175**
住宿业	41378133	33921334	3666484	3790315
旅游饭店	29384795	24045147	2375232	2964416
一般旅馆	6721741	5499763	739692	482286
其他住宿业	5271597	4376424	551560	343613
餐饮业	18095730	14338953	2572917	1183860
正餐服务	13770110	10861576	1964157	944377
快餐服务	721923	570831	116166	34926
饮料及冷饮服务	521381	374495	110950	35936
茶馆服务	91256	81283	6295	3678
咖啡馆服务	163571	106914	46407	10250
酒吧服务	188904	123570	50275	15059
其他饮料及冷饮服务	77650	62728	7973	6949
其他餐饮业	3082316	2532051	381644	168621
小吃服务	888812	738929	85820	64063
餐饮配送服务	271948	192566	65056	14326
其他未列明餐饮业	1921556	1600556	230768	90232
(九)信息传输、软件和信息技术服务业	**63186602**	**35611898**	**23589924**	**3984780**
电信、广播电视和卫星传输服务	26470361	13138832	11815582	1515947
电信	24518571	11889090	11293750	1335731
固定电信服务	4799359	2499421	2160506	139432
移动电信服务	17107173	7740875	8332473	1033825
其他电信服务	2612039	1648794	800771	162474
广播电视传输服务	1809695	1172833	469574	167288

2-1-20　续表 21　　　　单位：万元

行　　业	投资额	建筑安装工程	设备工器具购置	其他费用
有线广播电视传输服务	1507782	970523	381432	155827
无线广播电视传输服务	301913	202310	88142	11461
卫星传输服务	142095	76909	52258	12928
互联网和相关服务	9384033	5304993	3457961	621079
互联网接入及相关服务	2916135	1670035	1051913	194187
互联网信息服务	4291144	2136761	1963359	191024
其他互联网服务	2176754	1498197	442689	235868
软件和信息技术服务业	27332208	17168073	8316381	1847754
软件开发	10676512	6180570	3772133	723809
信息系统集成服务	4318333	2526627	1489326	302380
信息技术咨询服务	3130753	2124980	729545	276228
数据处理和存储服务	4615726	2785024	1518189	312513
集成电路设计	357518	293597	53258	10663
其他信息技术服务业	4233366	3257275	753930	222161
数字内容服务	554230	426775	100008	27447
呼叫中心	576876	527555	46386	2935
其他未列明信息技术服务业	3102260	2302945	607536	191779
(十)金融业	**13101987**	**9555527**	**2476752**	**1069708**
货币金融服务	5600336	3735499	1292124	572713
中央银行服务	550621	399111	138890	12620
货币银行服务	4097399	2847560	855254	394585
非货币银行服务	885232	458699	265138	161395
金融租赁服务	410141	114290	190052	105799
财务公司	42879	32533	9088	1258
典当	66810	62711	2972	1127
其他非货币银行服务	365402	249165	63026	53211
银行监管服务	67084	30129	32842	4113
资本市场服务	4306882	3466085	586759	254038
证券市场服务	535808	465071	52889	17848
证券市场管理服务	131756	129376	1289	1091
证券经纪交易服务	315846	279975	28399	7472
基金管理服务	88206	55720	23201	9285
期货市场服务	42392	36586	2214	3592
期货市场管理服务	11853	11853		
其他期货市场服务	30539	24733	2214	3592
证券期货监管服务	86548	79106	5627	1815
资本投资服务	3032630	2432830	420937	178863
其他资本市场服务	609504	452492	105092	51920
保险业	1181178	981782	138423	60973
人身保险	769646	677012	59427	33207
人寿保险	760916	674007	54754	32155
健康和意外保险	8730	3005	4673	1052
财产保险	274725	230415	28077	16233
再保险				
养老金	8399	8399		
保险经纪与代理服务	58195	29485	25452	3258
保险监管服务				
其他保险活动	70213	36471	25467	8275
风险和损失评估	46275	18764	21346	6165
其他未列明保险活动	23938	17707	4121	2110

2-1-20 续表 22

单位：万元

行　　业	投资额	建筑安装工程	设备工器具购置	其他费用
其他金融业	2013591	1372161	459446	181984
金融信托与管理服务	463489	399870	50357	13262
控股公司服务	268809	59574	202906	6329
非金融机构支付服务	138448	87851	39277	11320
金融信息服务	538100	349153	59199	129748
其他未列明金融业	604745	475713	107707	21325
(十一)房地产业	**1352836941**	**1038843051**	**23857328**	**290136562**
房地产业	1352836941	1038843051	23857328	290136562
房地产开发经营	1069434050	799188582	16309801	253935667
物业管理	5123094	4076731	587096	459267
房地产中介服务	551524	431109	78848	41567
自有房地产经营活动	24408791	19003607	977394	4427790
其他房地产业	253319482	216143022	5904189	31272271
(十二)租赁和商务服务业	**123157239**	**89320526**	**22459677**	**11377036**
租赁业	15944993	3453069	12198199	293725
机械设备租赁	15552543	3134933	12144043	273567
汽车租赁	1668706	693215	897051	78440
农业机械租赁	512722	268372	218043	26307
建筑工程机械与设备租赁	2003917	893987	986056	123874
计算机及通讯设备租赁	108612	61152	32263	15197
其他机械与设备租赁	11258586	1218207	10010630	29749
文化及日用品出租	392450	318136	54156	20158
娱乐及体育设备出租	282352	236209	30978	15165
图书出租	22019	16588	4071	1360
音像制品出租	10922	7968	1661	1293
其他文化及日用品出租	77157	57371	17446	2340
商务服务业	107212246	85867457	10261478	11083311
企业管理服务	45463818	36389309	3499738	5574771
企业总部管理	5875750	4574195	424093	877462
投资与资产管理	33214136	26607649	2445238	4161249
单位后勤管理服务	701961	559007	76437	66517
其他企业管理服务	5671971	4648458	553970	469543
法律服务	220750	152823	50918	17009
律师及相关法律服务	142889	91094	46245	5550
公证服务	6376	4569	1807	
其他法律服务	71485	57160	2866	11459
咨询与调查	3775366	2856568	715814	202984
会计、审计及税务服务	209119	157138	43453	8528
市场调查	23613	12557	11019	37
社会经济咨询	1548448	1199082	270830	78536
其他专业咨询	1994186	1487791	390512	115883
广告业	3859346	2582117	1088112	189117
知识产权服务	290107	156453	21372	112282
人力资源服务	1550466	1102643	345190	102633
公共就业服务	386925	261249	102402	23274
职业中介服务	159078	117024	28425	13629
劳务派遣服务	618059	430274	162744	25041
其他人力资源服务	386404	294096	51619	40689
旅行社及相关服务	17578293	14447919	1509632	1620742
旅行社服务	775383	570619	160201	44563

2-1-20　续表 23

单位：万元

行　　业	投资额	建筑安装工程	设备工器具购置	其他费用
旅游管理服务	15944894	13105928	1298443	1540523
其他旅行社相关服务	858016	771372	50988	35656
安全保护服务	1354447	943926	361933	48588
安全服务	333020	229024	73945	30051
安全系统监控服务	796398	588970	193905	13523
其他安全保护服务	225029	125932	94083	5014
其他商务服务业	33119653	27235699	2668769	3215185
市场管理	12092939	10246058	809056	1037825
会议及展览服务	7938609	6319573	520653	1098383
包装服务	456027	314690	127561	13776
办公服务	1703366	1397700	209421	96245
信用服务	62443	35134	26354	955
担保服务	119255	84135	28696	6424
其他未列明商务服务业	10747014	8838409	947028	961577
（十三）科学研究和技术服务业	**55677695**	**38664559**	**12048547**	**4964589**
研究和试验发展	13591874	9146464	2646942	1798468
自然科学研究和试验发展	1461223	1016376	259696	185151
工程和技术研究和试验发展	7671507	5066287	1539716	1065504
农业科学研究和试验发展	2100974	1535545	393201	172228
医学研究和试验发展	2085250	1288621	429775	366854
社会人文科学研究	272920	239635	24554	8731
专业技术服务业	19507002	13844099	4124255	1538648
气象服务	385300	291121	45117	49062
地震服务	108074	76806	29339	1929
海洋服务	290556	196057	68773	25726
测绘服务	297785	151410	131225	15150
质检技术服务	3341915	2116354	1017389	208172
环境与生态监测	958241	636539	240415	81287
环境保护监测	795245	541439	187711	66095
生态监测	162996	95100	52704	15192
地质勘查	2069243	1429224	392719	247300
能源矿产地质勘查	684551	450379	175349	58823
固体矿产地质勘查	755195	647294	40403	67498
水、二氧化碳等矿产地质勘查	24710	15202	9108	400
基础地质勘查	256532	133124	87148	36260
地质勘查技术服务	348255	183225	80711	84319
工程技术	7400777	5805210	918886	676681
工程管理服务	2963290	2391928	301525	269837
工程勘察设计	2088759	1496344	415940	176475
规划管理	2348728	1916938	201421	230369
其他专业技术服务业	4655111	3141378	1280392	233341
专业化设计服务	1385788	987094	329169	69525
摄影扩印服务	359545	270481	77148	11916
兽医服务	95055	70753	16844	7458
其他未列明专业技术服务业	2814723	1813050	857231	144442
科技推广和应用服务业	22578819	15673996	5277350	1627473
技术推广服务	15463847	10697951	3782246	983650
农业技术推广服务	7150194	5314380	1219440	616374
生物技术推广服务	1937428	1348692	502271	86465
新材料技术推广服务	2083596	1327751	665394	90451

2-1-20 续表 24

单位：万元

行业	投资额	建筑安装工程	设备工器具购置	其他费用
节能技术推广服务	1743008	1117048	576208	49752
其他技术推广服务	2549621	1590080	818933	140608
科技中介服务	2727899	1933726	403219	390954
其他科技推广和应用服务业	4387073	3042319	1091885	252869
(十四)水利、环境和公共设施管理业	**686472107**	**570921376**	**33730017**	**81820714**
水利管理业	87253835	73793376	3591272	9869187
防洪除涝设施管理	41783377	35862892	1546998	4373487
水资源管理	15688176	13360614	738925	1588637
天然水收集与分配	14035072	11216791	675391	2142890
水文服务	245556	186775	29149	29632
其他水利管理业	15501654	13166304	600809	1734541
生态保护和环境治理业	31455739	23091865	3609897	4753977
生态保护	5640503	3970222	264070	1406211
自然保护区管理	2061537	1520223	116746	424568
野生动物保护	374916	289725	17209	67982
野生植物保护	304162	276113	8075	19974
其他自然保护	2899888	1884161	122040	893687
环境治理业	25815236	19121643	3345827	3347766
水污染治理	14486658	11248435	952892	2285331
大气污染治理	2620846	1400612	1112812	107422
固体废物治理	3211361	2250468	640922	319971
危险废物治理	548175	355662	155028	37485
放射性废物治理	59726	57422	2118	186
其他污染治理	4888470	3809044	482055	597371
公共设施管理业	567762533	474036135	26528848	67197550
市政设施管理	380330135	322076951	13610383	44642801
环境卫生管理	13309661	10695448	1613975	1000238
城乡市容管理	32793794	27606260	1794974	3392560
绿化管理	21417141	16994893	1210469	3211779
公园和游览景区管理	119911802	96662583	8299047	14950172
公园管理	25101531	19840072	1281922	3979537
游览景区管理	94810271	76822511	7017125	10970635
(十五)居民服务、修理和其他服务业	**26766273**	**20581878**	**4157602**	**2026793**
居民服务业	14906852	11974960	1666764	1265128
家庭服务	832527	566784	91774	173969
托儿所服务	110041	92454	12412	5175
洗染服务	193991	122782	64364	6845
理发及美容服务	270476	188966	66415	15095
洗浴服务	1576834	1258778	214502	103554
保健服务	559538	438167	94246	27125
婚姻服务	264255	229358	29914	4983
殡葬服务	2129910	1803554	157119	169237
其他居民服务业	8969280	7274117	936018	759145
机动车、电子产品和日用产品修理业	5776027	4035311	1408430	332286
汽车、摩托车修理与维护	5125243	3584502	1248567	292174
汽车修理与维护	5086908	3556169	1241127	289612
摩托车修理与维护	38335	28333	7440	2562
计算机和办公设备维修	431589	295363	103611	32615
计算机和辅助设备修理	167003	132755	26091	8157
通讯设备修理	96512	64756	24012	7744
其他办公设备维修	168074	97852	53508	16714

2-1-20　续表 25

单位：万元

行　　业	投资额	建筑安装工程	设备工器具购置	其他费用
家用电器修理	99797	74836	21250	3711
家用电子产品修理	51264	37063	12232	1969
日用电器修理	48533	37773	9018	1742
其他日用产品修理业	119398	80610	35002	3786
自行车修理	4410	4180		230
鞋和皮革修理	830	830		
家具和相关物品修理	19848	15923	3610	315
其他未列明日用产品修理业	94310	59677	31392	3241
其他服务业	6083394	4571607	1082408	429379
清洁服务	999541	596761	347010	55770
建筑物清洁服务	139313	118484	16842	3987
其他清洁服务	860228	478277	330168	51783
其他未列明服务业	5083853	3974846	735398	373609
(十六)教育	**93236743**	**77444349**	**7460168**	**8332226**
教育	93236743	77444349	7460168	8332226
学前教育	8369019	7134981	692152	541886
初等教育	22040429	18860209	1450248	1729972
普通小学教育	21806439	18677576	1438156	1690707
成人小学教育	233990	182633	12092	39265
中等教育	34104156	28849977	2241631	3012548
普通初中教育	18156075	15333051	1284374	1538650
职业初中教育	810800	703071	38083	69646
成人初中教育	165447	126020	26632	12795
普通高中教育	8753186	7409722	486947	856517
成人高中教育	124621	96784	6320	21517
中等职业学校教育	6094027	5181329	399275	513423
高等教育	15922638	12674510	1419744	1828384
普通高等教育	15239879	12097157	1353848	1788874
成人高等教育	682759	577353	65896	39510
特殊教育	478651	357262	48355	73034
技能培训、教育辅助及其他教育	12321850	9567410	1608038	1146402
职业技能培训	6300308	4881210	905273	513825
体校及体育培训	670994	516908	46838	107248
文化艺术培训	848163	670763	121251	56149
教育辅助服务	1091548	860977	190108	40463
其他未列明教育	3410837	2637552	344568	428717
(十七)卫生和社会工作	**62815500**	**48528829**	**9635718**	**4650953**
卫生	46014217	34614603	8184527	3215087
医院	36171709	26879360	6642924	2649425
综合医院	24378143	17896359	4675104	1806680
中医医院	3570573	2874433	498064	198076
中西医结合医院	918481	663207	205992	49282
民族医院	224375	200992	14665	8718
专科医院	4921106	3511393	1080695	329018
疗养院	2159031	1732976	168404	257651
社区医疗与卫生院	5249091	4176338	761051	311702
社区卫生服务中心(站)	1498136	1208030	229460	60646
街道卫生院	315093	238224	58625	18244
乡镇卫生院	3435862	2730084	472966	232812

2-1-20 续表 26

单位：万元

行　业	投资额	建筑安装工程	设备工器具购置	其他费用
门诊部(所)	751489	543088	162755	45646
计划生育技术服务活动	192646	154229	29872	8545
妇幼保健院(所、站)	1682200	1383143	194501	104556
专科疾病防治院(所、站)	369061	299037	41293	28731
疾病预防控制中心	482856	377022	84300	21534
其他卫生活动	1115165	802386	267831	44948
社会工作	16801283	13914226	1451191	1435866
提供住宿社会工作	15683913	12971598	1351107	1361208
干部休养所	147230	133274	6871	7085
护理机构服务	1354378	1105035	114640	134703
精神康复服务	239347	211038	17920	10389
老年人、残疾人养护服务	13015387	10701211	1164224	1149952
孤残儿童收养和庇护服务	423231	370935	27364	24932
其他提供住宿社会救助	504340	450105	20088	34147
不提供住宿社会工作	1117370	942628	100084	74658
社会看护与帮助服务	762609	661630	63098	37881
其他不提供住宿社会工作	354761	280998	36986	36777
(十八)文化、体育和娱乐业	**78301417**	**60096937**	**8247880**	**9956600**
新闻和出版业	998364	689528	184006	124830
新闻业	221888	170355	32386	19147
出版业	776476	519173	151620	105683
图书出版	127364	92617	33071	1676
报纸出版	346013	164022	80950	101041
期刊出版	39875	36927	2948	
音像制品出版	17703	13348	4355	
电子出版物出版	43121	40921	2200	
其他出版业	202400	171338	28096	2966
广播、电视、电影和影视录音制作业	6191075	3884789	1253733	1052553
广播	544924	448390	90210	6324
电视	601953	325450	249859	26644
电影和影视节目制作	3230504	1812999	514439	903066
电影和影视节目发行	200671	111803	52745	36123
电影放映	1484233	1078759	326508	78966
录音制作	128790	107388	19972	1430
文化艺术业	34078719	26760110	2644751	4673858
文艺创作与表演	1784408	1442226	160875	181307
艺术表演场馆	2519909	2044553	206572	268784
图书馆与档案馆	1797697	1515394	114173	168130
图书馆	1287547	1073436	99247	114864
档案馆	510150	441958	14926	53266
文物及非物质文化遗产保护	7766254	5595170	425241	1745843
博物馆	5043415	3951741	306782	784892
烈士陵园、纪念馆	1104684	919524	64870	120290
群众文化活动	7694245	6514595	581456	598194
其他文化艺术业	6368107	4776907	784782	806418
体育	14213400	11749409	1255346	1208645
体育组织	223811	180239	16266	27306
体育场馆	6031447	5156835	331190	543422
休闲健身活动	7013050	5634252	790110	588688
其他体育	945092	778083	117780	49229

2-1-20　续表 27

单位：万元

行　业	投资额	建筑安装工程	设备工器具购置	其他费用
娱乐业	22819859	17013101	2910044	2896714
室内娱乐活动	3260056	2432444	617514	210098
歌舞厅娱乐活动	963162	690737	219517	52908
电子游艺厅娱乐活动	96978	71530	20810	4638
网吧活动	475218	312239	146128	16851
其他室内娱乐活动	1724698	1357938	231059	135701
游乐园	11914873	8373718	1547281	1993874
彩票活动	22109	9688	10048	2373
文化、娱乐、体育经纪代理	298206	216838	66816	14552
文化娱乐经纪人	23793	20651	3142	
体育经纪人	652		652	
其他文化艺术经纪代理	273761	196187	63022	14552
其他娱乐业	7324615	5980413	668385	675817
（十九）公共管理、社会保障和社会组织	**81875464**	**68198901**	**6890115**	**6786448**
中国共产党机关	317941	285921	21203	10817
中国共产党机关	317941	285921	21203	10817
国家机构	57707339	46906070	5629128	5172141
国家权力机构	699467	579580	64436	55451
国家行政机构	55053141	44648681	5428070	4976390
综合事务管理机构	20930973	17316140	1938002	1676831
对外事务管理机构	83032	75325	6018	1689
公共安全管理机构	12651558	9248152	1579621	1823785
社会事务管理机构	10259773	8544599	1063273	651901
经济事务管理机构	9866725	8438664	694496	733565
行政监督检查机构	1261080	1025801	146660	88619
人民法院和人民检察院	1092127	946636	67197	78294
人民法院	721463	641019	45309	35135
人民检察院	370664	305617	21888	43159
其他国家机构	862604	731173	69425	62006
人民政协、民主党派	38615	30809	7623	183
人民政协	21529	14084	7380	65
民主党派	17086	16725	243	118
社会保障	2613381	2262807	96579	253995
社会保障	2613381	2262807	96579	253995
群众团体、社会团体和其他成员组织	4765081	4081345	345980	337756
群众团体	229055	206324	8397	14334
工会	74410	66806	1583	6021
妇联	25874	25755	79	40
共青团	7528	7528		
其他群众团体	121243	106235	6735	8273
社会团体	1859692	1524965	188413	146314
专业性团体	1236113	1051458	101469	83186
行业性团体	351480	265221	40260	45999
其他社会团体	272099	208286	46684	17129
基金会	7178	6077	1101	
宗教组织	2669156	2343979	148069	177108
基层群众自治组织	16433107	14631949	789602	1011556
社区自治组织	3688540	3205022	231793	251725
村民自治组织	12744567	11426927	557809	759831

2-1-21 国民经济行业小类按隶属关系分的固定资产投资(不含农户)

单位：万元

行业	合计	中央项目	地方项目	省属	地市属	县属	其他
全国总计	**5965007520**	**267278742**	**5697728778**	**274826906**	**574305148**	**1264642396**	**3583954328**
(一)农、林、牧、渔业	**227738929**	**2280504**	**225458425**	**1685270**	**5214021**	**57584597**	**160974537**
农业	102325854	688946	101636908	690594	1876086	21713605	77356623
谷物种植	12539552	47942	12491610	350182	418059	3299735	8423634
稻谷种植	6652332	39169	6613163	292588	161620	1897229	4261726
小麦种植	1321357	600	1320757	5689	20007	448495	846566
玉米种植	2569107	3051	2566056	46350	193656	387523	1938527
其他谷物种植	1996756	5122	1991634	5555	42776	566488	1376815
豆类、油料和薯类种植	3769529	5987	3763542	9752	196955	744249	2812586
豆类种植	928704	3262	925442	3352	10255	157112	754723
油料种植	1802782	2725	1800057		186700	358595	1254762
薯类种植	1038043		1038043	6400		228542	803101
棉、麻、糖、烟草种植	1882630	61171	1821459	17058	80449	567779	1156173
棉花种植	526055	53298	472757	7565	20400	45408	399384
麻类种植	145259	895	144364			5460	138904
糖料种植	491846	2635	489211	5001	10735	243125	230350
烟草种植	719470	4343	715127	4492	49314	273786	387535
蔬菜、食用菌及园艺作物种植	38396290	222176	38174114	87602	612152	6864711	30609649
蔬菜种植	20034759	185272	19849487	76048	353325	4128470	15291644
食用菌种植	5753360	25753	5727607	4581	105311	1009570	4608145
花卉种植	8937838	5340	8932498	4973	131964	1114366	7681195
其他园艺作物种植	3670333	5811	3664522	2000	21552	612305	3028665
水果种植	20659742	176659	20483083	91235	257910	4252297	15881641
仁果类和核果类水果种植	7140620	92296	7048324	16998	38085	1293991	5699250
葡萄种植	2706634	47911	2658723	11650	24077	730830	1892166
柑橘类种植	2030206	5932	2024274	1399	27905	470534	1524436
香蕉等亚热带水果种植	797150	5231	791919	4799	1744	162181	623195
其他水果种植	7985132	25289	7959843	56389	166099	1594761	6142594
坚果、含油果、香料和饮料作物种植	7968088	16192	7951896	7047	31970	1836940	6075939
坚果种植	3316240	13723	3302517		24310	931496	2346711
含油果种植	1053171		1053171			237124	816047
香料作物种植	479423	2469	476954		3500	157763	315691
茶及其他饮料作物种植	3119254		3119254	7047	4160	510557	2597490
中药材种植	8135945	36142	8099803	78233	119593	1430188	6471789
其他农业	8974078	122677	8851401	49485	158998	2717706	5925212
林业	21757004	206120	21550884	401669	1360862	7937852	11850501
林木育种和育苗	10735830	20959	10714871	99813	190830	1904619	8519609
林木育种	2667496	6604	2660892	9978	57632	497111	2096171
林木育苗	8068334	14355	8053979	89835	133198	1407508	6423438
造林和更新	9221714	165311	9056403	215705	1066692	5402976	2371030
森林经营和管护	1421429	19850	1401579	75306	103340	568396	654537
木材和竹材采运	193000		193000	8375		29690	154935
木材采运	145209		145209	8375		26708	110126
竹材采运	47791		47791			2982	44809
林产品采集	185031		185031	2470		32171	150390
木竹材林产品采集	95103		95103	2470		15699	76934
非木竹材林产品采集	89928		89928			16472	73456
畜牧业	53448639	415794	53032845	209025	542912	8900224	43380684
牲畜饲养	41750468	283754	41466714	187827	472888	7294599	33511400
牛的饲养	13659347	108959	13550388	49636	150042	2776904	10573806

2-1-21　续表 1　　单位：万元

行　　业	合计	中央项目	地方项目				
				省属	地市属	县属	其他
马的饲养	304429		304429			61215	243214
猪的饲养	17146040	95559	17050481	131741	224478	1951934	14742328
羊的饲养	8415993	67919	8348074	1400	46757	1961653	6338264
骆驼饲养	22906	600	22306			1643	20663
其他牲畜饲养	2201753	10717	2191036	5050	51611	541250	1593125
家禽饲养	9020989	125226	8895763	12697	49385	1020576	7813105
鸡的饲养	7169629	116159	7053470	6277	44325	819026	6183842
鸭的饲养	669536		669536		2300	68908	598328
鹅的饲养	386354	4900	381454	6420	760	50646	323628
其他家禽饲养	795470	4167	791303		2000	81996	707307
狩猎和捕捉动物	192074		192074			34950	157124
其他畜牧业	2485108	6814	2478294	8501	20639	550099	1899055
渔业	10851713	26271	10825442	31372	415912	1194788	9183370
水产养殖	10106661	25730	10080931	31372	405586	1147986	8495987
海水养殖	3644017	8877	3635140	8850	260015	370789	2995486
内陆养殖	6462644	16853	6445791	22522	145571	777197	5500501
水产捕捞	745052	541	744511		10326	46802	687383
海水捕捞	655852		655852		10326	43202	602324
内陆捕捞	89200	541	88659			3600	85059
农、林、牧、渔服务业	39355719	943373	38412346	352610	1018249	17838128	19203359
农业服务业	35348828	900156	34448672	278054	955019	16195915	17019684
农业机械服务	2942425	55109	2887316	34201	51579	822966	1978570
灌溉服务	8768037	572319	8195718	59806	375940	5457609	2302363
农产品初加工服务	5105987	70530	5035457	24684	105918	847594	4057261
其他农业服务	18532379	202198	18330181	159363	421582	9067746	8681490
林业服务业	1735113	22891	1712222	39084	19162	883796	770180
林业有害生物防治服务	121608	897	120711	497	1135	67263	51816
森林防火服务	247428	2636	244792	15124	10133	188670	30865
林产品初级加工服务	321410		321410	15820		31475	274115
其他林业服务	1044667	19358	1025309	7643	7894	596388	413384
畜牧服务业	1585040	16876	1568164	35472	39227	633031	860434
渔业服务业	686738	3450	683288		4841	125386	553061
(二)采矿业	**103197197**	**20658651**	**82538546**	**10236954**	**2755141**	**14852491**	**54693960**
煤炭开采和洗选业	30376841	2141925	28234916	5549779	1319347	5706624	15659166
烟煤和无烟煤开采洗选	27448702	1311540	26137162	5087904	1163244	5439340	14446674
褐煤开采洗选	1985307	755016	1230291	435365	137495	137262	520169
其他煤炭采选	942832	75369	867463	26510	18608	130022	692323
石油和天然气开采业	23309704	17306135	6003569	1697409	339303	1921545	2045312
石油开采	19273926	15579213	3694713	1306755	65942	1049795	1272221
天然气开采	4035778	1726922	2308856	390654	273361	871750	773091
黑色金属矿采选业	9783212	278928	9504284	735468	310861	988598	7469357
铁矿采选	8838676	278928	8559748	697622	306073	910633	6645420
锰矿、铬矿采选	625962		625962	34695		20283	570984
其他黑色金属矿采选	318574		318574	3151	4788	57682	252953
有色金属矿采选业	14287211	629805	13657406	1708092	196949	3001258	8751107
常用有色金属矿采选	8810873	312446	8498427	1151952	114749	1666580	5565146
铜矿采选	2413259	64803	2348456	620498	89967	395391	1242600
铅锌矿采选	3238337	26200	3212137	172148	17992	942764	2079233
镍钴矿采选	183974		183974	167724			16250
锡矿采选	618455		618455	90500		4910	523045
锑矿采选	178481	53680	124801	1000	6790	44750	72261

2-1-21 续表 2 单位：万元

行　　业	合计	中央项目	地方项目				
				省属	地市属	县属	其他
铝矿采选	1125000	108351	1016649	23607		122107	870935
镁矿采选	90018	960	89058			21345	67713
其他常用有色金属矿采选	963349	58452	904897	76475		135313	693109
贵金属矿采选	4140539	76492	4064047	333196	36150	1157592	2537109
金矿采选	3864020	71722	3792298	283520	2990	1144183	2361605
银矿采选	222003	4770	217233	49676	23250	6200	138107
其他贵金属矿采选	54516		54516		9910	7209	37397
稀有稀土金属矿采选	1335799	240867	1094932	222944	46050	177086	648852
钨钼矿采选	820449	206650	613799	24765	7790	107171	474073
稀土金属矿采选	216719	1554	215165	152690			62475
放射性金属矿采选	56753	32663	24090				24090
其他稀有金属矿采选	241878		241878	45489	38260	69915	88214
非金属矿采选业	21262421	50343	21212078	330782	364152	2148431	18368713
土砂石开采	16067968	31670	16036298	54193	131757	1334087	14516261
石灰石、石膏开采	5189732	26977	5162755	1850	74975	401534	4684396
建筑装饰用石开采	4697763		4697763		400	350559	4346804
耐火土石开采	725215		725215	403		42112	682700
粘土及其他土砂石开采	5455258	4693	5450565	51940	56382	539882	4802361
化学矿开采	2140660	14973	2125687	223100	82269	468735	1351583
采盐	492340	3700	488640	1570		58694	428376
石棉及其他非金属矿采选	2561453		2561453	51919	150126	286915	2072493
石棉、云母矿采选	113979		113979			27508	86471
石墨、滑石采选	344535		344535	4280	20026	9760	310469
宝石、玉石采选	259945		259945		130100	22669	107176
其他未列明非金属矿采选	1842994		1842994	47639		226978	1568377
开采辅助活动	3427550	243375	3184175	202759	219460	943619	1818337
煤炭开采和洗选辅助活动	1806720	7299	1799421	163538	31549	622859	981475
石油和天然气开采辅助活动	925032	233771	691261	7695	110808	197067	375691
其他开采辅助活动	695798	2305	693493	31526	77103	123693	461171
其他采矿业	750258	8140	742118	12665	5069	142416	581968
其他采矿业	750258	8140	742118	12665	5069	142416	581968
(三)制造业	**1878359776**	**27082420**	**1851277356**	**37287745**	**88439426**	**215509023**	**1510041162**
农副食品加工业	117863877	272195	117591682	816632	2236651	16021663	98516736
谷物磨制	21515987	81310	21434677	323645	379968	2311172	18419892
饲料加工	14654405	17921	14636484	87973	300440	1602841	12645230
植物油加工	10951167	60489	10890678	35374	227134	1831606	8796564
食用植物油加工	10135010	53420	10081590	35374	215312	1740142	8090762
非食用植物油加工	816157	7069	809088		11822	91464	705802
制糖业	1210692	12616	1198076	28745	16820	246369	906142
屠宰及肉类加工	18941702	600	18941102	113426	366771	3063198	15397707
牲畜屠宰	5325463		5325463	7071	135875	886225	4296292
禽类屠宰	2442213		2442213	4800	5150	345320	2086943
肉制品及副产品加工	11174026	600	11173426	101555	225746	1831653	9014472
水产品加工	8513821	51850	8461971	33520	170540	470480	7787431
水产品冷冻加工	5022863	23200	4999663	15985	160522	246196	4576960
鱼糜制品及水产品干腌制加工	1191619	300	1191319	2495		78651	1110173
水产饲料制造	718522	28350	690172		4620	55255	630297
鱼油提取及制品制造	78466		78466			6964	71502
其他水产品加工	1502351		1502351	15040	5398	83414	1398499
蔬菜、水果和坚果加工	20010680	21547	19989133	46488	240772	3008177	16693696
蔬菜加工	12376177	2000	12374177	11880	184534	1933957	10243806
水果和坚果加工	7634503	19547	7614956	34608	56238	1074220	6449890

2-1-21　续表 3

单位：万元

行　　业	合计	中央项目	地方项目	省属	地市属	县属	其他
其他农副食品加工	22065423	25862	22039561	147461	534206	3487820	17870074
淀粉及淀粉制品制造	5059037		5059037	6973	170632	904131	3977301
豆制品制造	4110355		4110355	21682	106264	645082	3337327
蛋品加工	1012461		1012461	7220	12000	129366	863875
其他未列明农副食品加工	11883570	25862	11857708	111586	245310	1809241	9691571
食品制造业	58248300	64112	58184188	484183	2073726	7716986	47909293
焙烤食品制造	9920533		9920533	76736	212060	1452685	8179052
糕点、面包制造	5215302		5215302	6926	104385	732068	4371923
饼干及其他焙烤食品制造	4705231		4705231	69810	107675	720617	3807129
糖果、巧克力及蜜饯制造	3536330		3536330	13415	53462	411305	3058148
糖果、巧克力制造	2083495		2083495	10838	45505	312557	1714595
蜜饯制作	1452835		1452835	2577	7957	98748	1343553
方便食品制造	11215263		11215263	23120	317046	1250935	9624162
米、面制品制造	5299174		5299174	15000	89192	626648	4568334
速冻食品制造	3037350		3037350		84726	357277	2595347
方便面及其他方便食品制造	2878739		2878739	8120	143128	267010	2460481
乳制品制造	3784953	27175	3757778	77504	406748	804213	2469313
罐头食品制造	3775227	7781	3767446	15480	112995	281598	3357373
肉、禽类罐头制造	692201		692201	662	32787	53866	604886
水产品罐头制造	178964		178964		12390	35770	130804
蔬菜、水果罐头制造	2112258	7781	2104477	6558	36898	164912	1896109
其他罐头食品制造	791804		791804	8260	30920	27050	725574
调味品、发酵制品制造	7252939	115	7252824	7397	147696	1347578	5750153
味精制造	1105585		1105585		67131	515206	523248
酱油、食醋及类似制品制造	2013382		2013382		28906	221668	1762808
其他调味品、发酵制品制造	4133972	115	4133857	7397	51659	610704	3464097
其他食品制造	18763055	29041	18734014	270531	823719	2168672	15471092
营养食品制造	2001336	23591	1977745	585	91392	219117	1666651
保健食品制造	5115406	4800	5110606	19755	235500	704571	4150780
冷冻饮品及食用冰制造	1039530		1039530		10071	121036	908423
盐加工	503714		503714	89663	44652	9856	359543
食品及饲料添加剂制造	4217113		4217113	137279	42877	444351	3592606
其他未列明食品制造	5885956	650	5885306	23249	399227	669741	4793089
酒、饮料和精制茶制造业	41060324	154960	40905364	210574	2043912	6214732	32436146
酒的制造	16052082	37252	16014830	121664	1185060	2463590	12244516
酒精制造	547073	8253	538820	3540	12343	72327	450610
白酒制造	8836231	6044	8830187	33995	711419	1199179	6885594
啤酒制造	2017107	17555	1999552	45506	312048	414919	1227079
黄酒制造	715230	800	714430	9509	17881	61587	625453
葡萄酒制造	2281776	4600	2277176	12854	50969	441838	1771515
其他酒制造	1654665		1654665	16260	80400	273740	1284265
饮料制造	16612850	110808	16502042	67970	831097	2833819	12769156
碳酸饮料制造	1480174	84295	1395879		32817	156698	1206364
瓶(罐)装饮用水制造	4627424		4627424	47522	109978	760956	3708968
果菜汁及果菜汁饮料制造	4840337	25618	4814719	6987	196556	830993	3780183
含乳饮料和植物蛋白饮料制造	2153556		2153556	11903	256287	420642	1464724
固体饮料制造	641613	895	640718		101351	54519	484848
茶饮料及其他饮料制造	2869746		2869746	1558	134108	610011	2124069
精制茶加工	8395392	6900	8388492	20940	27755	917323	7422474
烟草制品业	2092043	581543	1510500	491857	203552	312176	502915

2-1-21 续表 4

单位：万元

行 业	合计	中央项目	地方项目				
				省属	地市属	县属	其他
烟叶复烤	702360	79658	622702	90296	97917	160494	273995
卷烟制造	1115533	501885	613648	379612	74493	86485	73058
其他烟草制品制造	274150		274150	21949	31142	65197	155862
纺织业	66425704	116072	66309632	677521	1681972	6973670	56976469
棉纺织及印染精加工	34678920	50249	34628671	510920	1177844	4275616	28664291
棉纺纱加工	23310349	50199	23260150	449010	1006478	3696984	18107678
棉织造加工	7705935	50	7705885	36260	90112	456558	7122955
棉印染精加工	3662636		3662636	25650	81254	122074	3433658
毛纺织及染整精加工	3875809	25266	3850543	12970	79051	475641	3282881
毛条和毛纱线加工	1653939	4066	1649873		70551	109390	1469932
毛织造加工	1937287	21200	1916087	12970	8500	351451	1543166
毛染整精加工	284583		284583			14800	269783
麻纺织及染整精加工	1367699	7998	1359701	8750	4832	228302	1117817
麻纤维纺前加工和纺纱	656846	7998	648848		4680	138101	506067
麻织造加工	653686		653686	8750		85321	559615
麻染整精加工	57167		57167		152	4880	52135
丝绢纺织及印染精加工	1538281		1538281		31387	178714	1328180
缫丝加工	663700		663700		31387	110860	521453
绢纺和丝织加工	663029		663029			29372	633657
丝印染精加工	211552		211552			38482	173070
化纤织造及印染精加工	4835616		4835616	13400	203013	302523	4316680
化纤织造加工	4074693		4074693	13400	178364	270803	3612126
化纤织物染整精加工	760923		760923		24649	31720	704554
针织或钩针编织物及其制品制造	5869008		5869008		32436	352136	5484436
针织或钩针编织物织造	4601034		4601034		23499	216813	4360722
针织或钩针编织物印染精加工	519575		519575		4990	25708	488877
针织或钩针编织品制造	748399		748399		3947	109615	634837
家用纺织制成品制造	7342660	10223	7332437	1571	99524	557987	6673355
床上用品制造	3388010		3388010		3433	99604	3284973
毛巾类制品制造	1107456		1107456			45769	1061687
窗帘、布艺类产品制造	619284		619284			60907	558377
其他家用纺织制成品制造	2227910	10223	2217687	1571	96091	351707	1768318
非家用纺织制成品制造	6917711	22336	6895375	129910	53885	602751	6108829
非织造布制造	3062165		3062165	28752	31816	331182	2670415
绳、索、缆制造	603427		603427			48875	554552
纺织带和帘子布制造	609954	15000	594954			36125	558829
篷、帆布制造	784252		784252	85379	6800	133768	558305
其他非家用纺织制成品制造	1857913	7336	1850577	15779	15269	52801	1766728
纺织服装、服饰业	47809087	55885	47753202	80396	979346	4608036	42085424
机织服装制造	29911670	35605	29876065	31338	674410	2869052	26301265
针织或钩针编织服装制造	6716191		6716191	4192	35430	447134	6229435
服饰制造	11181226	20280	11160946	44866	269506	1291850	9554724
皮革、毛皮、羽毛及其制品和制鞋业	23058827	68614	22990213	43968	379707	3027248	19539290
皮革鞣制加工	1471161		1471161		20990	339175	1110996
皮革制品制造	7282751		7282751		147991	802266	6332494
皮革服装制造	1454424		1454424		17060	105664	1331700
皮箱、包(袋)制造	2996748		2996748		80649	508495	2407604
皮手套及皮装饰制品制造	984038		984038		18000	41662	924376
其他皮革制品制造	1847541		1847541		32282	146445	1668814
毛皮鞣制及制品加工	2038052	1000	2037052	13582	2848	256177	1764445
毛皮鞣制加工	303974	1000	302974		2848	4800	295326

2-1-21　续表 5

单位：万元

行　业	合计	中央项目	地方项目				
				省属	地市属	县属	其他
毛皮服装加工	1101421		1101421	13582		221821	866018
其他毛皮制品加工	632657		632657			29556	603101
羽毛(绒)加工及制品制造	1556018	4900	1551118			241861	1309257
羽毛(绒)加工	613167		613167			73908	539259
羽毛(绒)制品加工	942851	4900	937951			167953	769998
制鞋业	10710845	62714	10648131	30386	207878	1387769	9022098
纺织面料鞋制造	1920808		1920808		8147	266604	1646057
皮鞋制造	5093011	58266	5034745		56850	740706	4237189
塑料鞋制造	1086208		1086208		41091	61460	983657
橡胶鞋制造	1120013	4448	1115565		9379	130240	975946
其他制鞋业	1490805		1490805	30386	92411	188759	1179249
木材加工和木、竹、藤、棕、草制品业	43077089	30263	43046826	67062	326573	3711525	38941666
木材加工	12423131	2738	12420393	7701	82793	1074578	11255321
锯材加工	3211865	2738	3209127	4251	29093	379190	2796593
木片加工	3290619		3290619	3450	9240	244482	3033447
单板加工	2664211		2664211		7919	138308	2517984
其他木材加工	3256436		3256436		36541	312598	2907297
人造板制造	13994832		13994832	37181	59442	1181788	12716421
胶合板制造	8356805		8356805	23906	25670	476096	7831133
纤维板制造	1883894		1883894	1230	18001	341925	1522738
刨花板制造	958391		958391	6170	3734	196248	752239
其他人造板制造	2795742		2795742	5875	12037	167519	2610311
木制品制造	11642161	27525	11614636	15300	150534	1095520	10353282
建筑用木料及木材组件加工	3176671		3176671		99200	409486	2667985
木门窗、楼梯制造	3235585	27525	3208060	4800	26468	243543	2933249
地板制造	1380261		1380261	10500	8986	94997	1265778
木制容器制造	904466		904466			111133	793333
软木制品及其他木制品制造	2945178		2945178		15880	236361	2692937
竹、藤、棕、草等制品制造	5016965		5016965	6880	33804	359639	4616642
竹制品制造	4168655		4168655	6880	16204	303810	3841761
藤制品制造	190081		190081			9170	180911
棕制品制造	155769		155769			8140	147629
草及其他制品制造	502460		502460		17600	38519	446341
家具制造业	30676208	46645	30629563	118993	517873	3190409	26802288
木质家具制造	22535954	46645	22489309	54571	404701	2430732	19599305
竹、藤家具制造	607619		607619			72378	535241
金属家具制造	3060852		3060852	6500	56008	348684	2649660
塑料家具制造	591022		591022			75670	515352
其他家具制造	3880761		3880761	57922	57164	262945	3502730
造纸和纸制品业	30913272	31919	30881353	99641	1186559	3581201	26013952
纸浆制造	904447		904447			73438	831009
木竹浆制造	797317		797317			57954	739363
非木竹浆制造	107130		107130			15484	91646
造纸	12393208	26509	12366699	9390	568127	1865217	9923965
机制纸及纸板制造	10268909	26509	10242400	9390	524559	1630956	8077495
手工纸制造	346649		346649		5700	34258	306691
加工纸制造	1777650		1777650		37868	200003	1539779
纸制品制造	17615617	5410	17610207	90251	618432	1642546	15258978
纸和纸板容器制造	7771262	4910	7766352	22430	329837	780597	6633488
其他纸制品制造	9844355	500	9843855	67821	288595	861949	8625490
印刷和记录媒介复制业	18538403	81664	18456739	269114	466867	1945770	15774988

2-1-21 续表 6

单位：万元

行　业	合计	中央项目	地方项目				
				省属	地市属	县属	其他
印刷	17243665	40159	17203506	215195	435507	1857299	14695505
书、报刊印刷	2331979	1200	2330779	34974	107203	383429	1805173
本册印制	572392	14937	557455	7892	10142	26939	512482
包装装潢及其他印刷	14339294	24022	14315272	172329	318162	1446931	12377850
装订及印刷相关服务	1177844	11097	1166747	30694	31360	88471	1016222
记录媒介复制	116894	30408	86486	23225			63261
文教、工美、体育和娱乐用品制造业	26419228	3000	26416228	122115	947059	3232717	22114337
文教办公用品制造	2274420	3000	2271420	7084	25460	237388	2001488
文具制造	749185		749185	5704	9500	55839	678142
笔的制造	489045		489045			57349	431696
教学用模型及教具制造	471215	3000	468215		4960	29424	433831
墨水、墨汁制造	105125		105125				105125
其他文教办公用品制造	459850		459850	1380	11000	94776	352694
乐器制造	1249268		1249268		79204	230127	939937
中乐器制造	141241		141241			32974	108267
西乐器制造	567899		567899		27434	62685	477780
电子乐器制造	197406		197406		8800		188606
其他乐器及零件制造	342722		342722		42970	134468	165284
工艺美术品制造	13285310		13285310	66237	747370	1660601	10811102
雕塑工艺品制造	2539292		2539292	14352	24199	254667	2246074
金属工艺品制造	1476442		1476442		12080	76582	1387780
漆器工艺品制造	166059		166059		1000	6000	159059
花画工艺品制造	391361		391361		3520	42362	345479
天然植物纤维编织工艺品制造	857479		857479			147212	710267
抽纱刺绣工艺品制造	591742		591742	1606	3850	9900	576386
地毯、挂毯制造	1165579		1165579	6540	103198	117904	937937
珠宝首饰及有关物品制造	2063300		2063300	38798	129476	260325	1634701
其他工艺美术品制造	4034056		4034056	4941	470047	745649	2813419
体育用品制造	4257495		4257495	41994	22051	498858	3694592
球类制造	353945		353945		4944		349001
体育器材及配件制造	1399571		1399571	41994	10120	230102	1117355
训练健身器材制造	1053532		1053532		6987	178686	867859
运动防护用具制造	344649		344649			6600	338049
其他体育用品制造	1105798		1105798			83470	1022328
玩具制造	4008481		4008481	6800	44356	462008	3495317
游艺器材及娱乐用品制造	1344254		1344254		28618	143735	1171901
露天游乐场所游乐设备制造	624345		624345		28618	99762	495965
游艺用品及室内游艺器材制造	326421		326421				326421
其他娱乐用品制造	393488		393488			43973	349515
石油加工、炼焦和核燃料加工业	26962344	5454783	21507561	1382997	1455860	5237626	13431078
精炼石油产品制造	21252784	5027413	16225371	1089901	1034244	4247356	9853870
原油加工及石油制品制造	20064986	4918763	15146223	1041352	1025192	4047787	9031892
人造原油制造	1187798	108650	1079148	48549	9052	199569	821978
炼焦	5709560	427370	5282190	293096	421616	990270	3577208
化学原料和化学制品制造业	147530993	1875021	145655972	4925907	8047973	18942763	113739329
基础化学原料制造	44418543	981354	43437189	2678675	3405759	5840130	31512625
无机酸制造	2368030	18530	2349500	124886	38303	298929	1887382
无机碱制造	2320663	8052	2312611	28578	379761	165936	1738336
无机盐制造	4237047	24452	4212595	35029	79376	987046	3111144
有机化学原料制造	25047462	866569	24180893	2405606	2315169	2516467	16943651
其他基础化学原料制造	10445341	63751	10381590	84576	593150	1871752	7832112

2-1-21　续表 7　　　　单位：万元

行　　业	合计	中央项目	地方项目				
				省属	地市属	县属	其他
肥料制造	21097383	323616	20773767	658693	1558140	3581105	14975829
氮肥制造	3741396	222930	3518466	222032	1108163	634662	1553609
磷肥制造	1295806	9360	1286446	102838	21743	223195	938670
钾肥制造	875772	57563	818209		17025	322838	478346
复混肥料制造	6227576	13728	6213848	125444	330805	1178915	4578684
有机肥料及微生物肥料制造	7539452	19835	7519617	179779	64844	964758	6310236
其他肥料制造	1417381	200	1417181	28600	15560	256737	1116284
农药制造	5125709	1500	5124209	117936	401823	568357	4036093
化学农药制造	3682482	1500	3680982	115636	342429	402049	2820868
生物化学农药及微生物农药制造	1443227		1443227	2300	59394	166308	1215225
涂料、油墨、颜料及类似产品制造	12659088	2550	12656538	100109	250282	1129660	11176487
涂料制造	7924210	2550	7921660	89459	181023	523862	7127316
油墨及类似产品制造	734995		734995		7100	87207	640688
颜料制造	1890755		1890755		32574	347089	1511092
染料制造	1110233		1110233		5579	58323	1046331
密封用填料及类似品制造	998895		998895	10650	24006	113179	851060
合成材料制造	20912199	177469	20734730	637042	854582	3301188	15941918
初级形态塑料及合成树脂制造	9342515	68085	9274430	504517	408679	1341204	7020030
合成橡胶制造	2354588	35820	2318768	83095	42276	685610	1507787
合成纤维单(聚合)体制造	3438594	47399	3391195	27280	90095	714530	2559290
其他合成材料制造	5776502	26165	5750337	22150	313532	559844	4854811
专用化学产品制造	31879139	265506	31613633	503700	1347163	3201818	26560952
化学试剂和助剂制造	11307036	95914	11211122	147212	296263	982433	9785214
专项化学用品制造	9403989	63040	9340949	33956	309334	1055318	7942341
林产化学产品制造	1056197		1056197		13905	81195	961097
信息化学品制造	3670223	62267	3607956	183508	527994	520779	2375675
环境污染处理专用药剂材料制造	1889455	800	1888655	96471	42807	170478	1578899
动物胶制造	316625		316625		49287	7641	259697
其他专用化学产品制造	4235614	43485	4192129	42553	107573	383974	3658029
炸药、火工及焰火产品制造	5027369	96582	4930787	176408	84503	265196	4404680
焰火、鞭炮产品制造	5027369	96582	4930787	176408	84503	265196	4404680
日用化学产品制造	6411563	26444	6385119	53344	145721	1055309	5130745
肥皂及合成洗涤剂制造	1231403		1231403	23655	10230	120128	1077390
化妆品制造	1749567		1749567	25289	15088	155904	1553286
口腔清洁用品制造	197746		197746			7910	189836
香料、香精制造	1371193		1371193	4400	63654	225469	1077670
其他日用化学产品制造	1861654	26444	1835210		56749	545898	1232563
医药制造业	62991508	163197	62828311	1590018	4632065	9468234	47137994
化学药品原料药制造	12456535	20211	12436324	343982	813225	1561761	9717356
化学药品制剂制造	9471787	27798	9443989	342407	615533	1092628	7393421
中药饮片加工	9874756	50149	9824607	181342	295137	1533565	7814563
中成药生产	10397543	19817	10377726	308945	1132925	2059870	6875986
兽用药品制造	2226909	9600	2217309	4835	101041	384942	1726491
生物药品制造	12217015	35622	12181393	278095	1244996	1736709	8921593
卫生材料及医药用品制造	6346963		6346963	130412	429208	1098759	4688584
化学纤维制造业	11160436	148256	11012180	285533	481497	1411332	8833818
纤维素纤维原料及纤维制造	2308139	113408	2194731	170222	116801	184854	1722854
化纤浆粕制造	455087		455087	9800	4690	112691	327906
人造纤维(纤维素纤维)制造	1853052	113408	1739644	160422	112111	72163	1394948
合成纤维制造	8852297	34848	8817449	115311	364696	1226478	7110964
锦纶纤维制造	1908328	2771	1905557	3586	67914	309075	1524982

2-1-21 续表 8

单位：万元

行业	合计	中央项目	地方项目				
				省属	地市属	县属	其他
涤纶纤维制造	2734429	23328	2711101	10002	47293	284470	2369336
腈纶纤维制造	184510	834	183676		10135	87134	86407
维纶纤维制造	87698		87698			34609	53089
丙纶纤维制造	141998		141998	78821	12119		51058
氨纶纤维制造	567745		567745	22902	3845	117220	423778
其他合成纤维制造	3227589	7915	3219674		223390	393970	2602314
橡胶和塑料制品业	70150200	237777	69912423	263257	2537181	7302745	59809240
橡胶制品业	17104477	105036	16999441	115098	1061010	2038956	13784377
轮胎制造	5869264	10576	5858688	21684	671618	1119303	4046083
橡胶板、管、带制造	3959710	50072	3909638	50172	153882	401439	3304145
橡胶零件制造	2493384		2493384		113258	109046	2271080
再生橡胶制造	913815		913815			29366	884449
日用及医用橡胶制品制造	836745	27795	808950	42072	15700	57318	693860
其他橡胶制品制造	3031559	16593	3014966	1170	106552	322484	2584760
塑料制品业	53045723	132741	52912982	148159	1476171	5263789	46024863
塑料薄膜制造	7086531	53273	7033258	1500	382154	752379	5897225
塑料板、管、型材制造	11859646	43490	11816156	5878	268492	1668039	9873747
塑料丝、绳及编织品制造	4997329	15000	4982329	15437	64700	441717	4460475
泡沫塑料制造	2080553		2080553	47794	125753	136039	1770967
塑料人造革、合成革制造	982523		982523		27950	127111	827462
塑料包装箱及容器制造	6382585		6382585	68360	206021	664575	5443629
日用塑料制品制造	5062565	2184	5060381		78248	352520	4629613
塑料零件制造	3234188		3234188		24714	173899	3035575
其他塑料制品制造	11359803	18794	11341009	9190	298139	947510	10086170
非金属矿物制品业	168693324	2017621	166675703	1197537	4773161	17927175	142777830
水泥、石灰和石膏制造	12758390	609016	12149374	344139	349133	1511198	9944904
水泥制造	8534352	606467	7927885	334809	346333	1010395	6236348
石灰和石膏制造	4224038	2549	4221489	9330	2800	500803	3708556
石膏、水泥制品及类似制品制造	32622106	352872	32269234	268154	665942	3009925	28325213
水泥制品制造	17557909	110071	17447838	74774	362336	1580967	15429761
砼结构构件制造	5503779	173188	5330591	126102	180314	464539	4559636
石棉水泥制品制造	401452		401452			47900	353552
轻质建筑材料制造	5583402	60618	5522784	62778	59669	501086	4899251
其他水泥类似制品制造	3575564	8995	3566569	4500	63623	415433	3083013
砖瓦、石材等建筑材料制造	66051795	377933	65673862	186258	1520125	6871163	57096316
粘土砖瓦及建筑砌块制造	16935688	11765	16923923	35475	172204	1299542	15416702
建筑陶瓷制品制造	8499554		8499554	7754	228260	1119043	7144497
建筑用石加工	16590728	42220	16548508	53144	595631	1873385	14026348
防水建筑材料制造	3403877	2800	3401077	2520	61758	343612	2993187
隔热和隔音材料制造	5636653	27601	5609052	43600	100226	568996	4896230
其他建筑材料制造	14985295	293547	14691748	43765	362046	1666585	12619352
玻璃制造	6478370	88303	6390067	98554	453336	798145	5040032
平板玻璃制造	2299692	4735	2294957	93161	280473	367306	1554017
其他玻璃制造	4178678	83568	4095110	5393	172863	430839	3486015
玻璃制品制造	12209981	67413	12142568	219764	618226	1558881	9745697
技术玻璃制品制造	3218334	56000	3162334		302302	516265	2343767
光学玻璃制造	1116858	1040	1115818	7999	78977	130404	898438
玻璃仪器制造	390303		390303		22580	48798	318925
日用玻璃制品制造	2606413		2606413		44815	324826	2236772
玻璃包装容器制造	1471835		1471835		88584	163492	1219759
玻璃保温容器制造	353055		353055		5560	17150	330345

2-1-21　续表 9　　单位：万元

行　　业	合计	中央项目	地方项目				
				省属	地市属	县属	其他
制镜及类似品加工	255325		255325		8050	9030	238245
其他玻璃制品制造	2797858	10373	2787485	211765	67358	348916	2159446
玻璃纤维和玻璃纤维增强塑料制品制造	5357816	358062	4999754	36459	71253	618200	4273842
玻璃纤维及制品制造	3068304	357241	2711063	36459	40772	441927	2191905
玻璃纤维增强塑料制品制造	2289512	821	2288691		30481	176273	2081937
陶瓷制品制造	10364030	83185	10280845	12542	275037	1397275	8595991
卫生陶瓷制品制造	1432715		1432715		20433	244604	1167678
特种陶瓷制品制造	4149641	83185	4066456	12542	65554	506413	3481947
日用陶瓷制品制造	3071828		3071828		93896	348897	2629035
园林、陈设艺术及其他陶瓷制品制造	1709846		1709846		95154	297361	1317331
耐火材料制品制造	8131527	5520	8126007	6864	82575	550920	7485648
石棉制品制造	923170		923170		25500	51837	845833
云母制品制造	374601		374601		34880	24210	315511
耐火陶瓷制品及其他耐火材料制造	6833756	5520	6828236	6864	22195	474873	6324304
石墨及其他非金属矿物制品制造	14719309	75317	14643992	24803	737534	1611468	12270187
石墨及碳素制品制造	5724582	7718	5716864	10750	268176	805635	4632303
其他非金属矿物制品制造	8994727	67599	8927128	14053	469358	805833	7637884
黑色金属冶炼和压延加工业	41614628	1662246	39952382	3179885	3134239	3573866	30064392
炼铁	1582429	13566	1568863	23452	103365	291201	1150845
炼钢	7260920	89334	7171586	1312391	1949145	440137	3469913
黑色金属铸造	7297283	32100	7265183	124959	96253	553131	6490840
钢压延加工	22681978	1510600	21171378	1670985	945511	1797947	16756935
铁合金冶炼	2792018	16646	2775372	48098	39965	491450	2195859
有色金属冶炼和压延加工业	52585427	1361300	51224127	3345344	4006057	11208789	32663937
常用有色金属冶炼	14303054	765697	13537357	1237244	1592157	3444035	7263921
铜冶炼	1906044	90311	1815733	369415	174763	277172	994383
铅锌冶炼	2365961	18134	2347827	291892	46552	304352	1705031
镍钴冶炼	881563		881563	231447	100090	65180	484846
锡冶炼	382500		382500	10882	10000	38863	322755
锑冶炼	242514		242514	13235		59179	170100
铝冶炼	5726716	600968	5125748	274018	1153145	1725265	1973320
镁冶炼	1078051		1078051		36980	565993	475078
其他常用有色金属冶炼	1719705	56284	1663421	46355	70627	408031	1138408
贵金属冶炼	1856212	278282	1577930	76740	140532	538278	822380
金冶炼	728318	268283	460035	46896	3320	59625	350194
银冶炼	822901	9999	812902		102325	436240	274337
其他贵金属冶炼	304993		304993	29844	34887	42413	197849
稀有稀土金属冶炼	2009174	53038	1956136	94993	73464	452727	1334952
钨钼冶炼	487780		487780	34114		183859	269807
稀土金属冶炼	962783	7393	955390	57959	73464	202777	621190
其他稀有金属冶炼	558611	45645	512966	2920		66091	443955
有色金属合金制造	7644856	47881	7596975	380167	556783	1781586	4878439
有色金属铸造	1301588		1301588	1463	5500	215488	1079137
有色金属压延加工	25470543	216402	25254141	1554737	1637621	4776675	17285108
铜压延加工	5214871	27423	5187448	22178	196087	1249193	3719990
铝压延加工	15527148	110372	15416776	1497498	1291959	2996848	9630471
贵金属压延加工	377704	72737	304967		25	25397	279545
稀有稀土金属压延加工	807193		807193	30076	4897	86474	685746
其他有色金属压延加工	3543627	5870	3537757	4985	144653	418763	2969356
金属制品业	101112923	797589	100315334	820671	2609657	8834127	88050879
结构性金属制品制造	40168860	463872	39704988	222461	1211165	3907104	34364258

2-1-21 续表 10

单位：万元

行业	合计	中央项目	地方项目				
				省属	地市属	县属	其他
金属结构制造	28115787	368872	27746915	212161	883924	2859399	23791431
金属门窗制造	12053073	95000	11958073	10300	327241	1047705	10572827
金属工具制造	9117113	31607	9085506	76616	176293	716223	8116374
切削工具制造	3360944	29217	3331727	64913	36406	300264	2930144
手工具制造	1055171		1055171		56783	61261	937127
农用及园林用金属工具制造	1011674		1011674		15805	179677	816192
刀剪及类似日用金属工具制造	568869		568869		1700	13875	553294
其他金属工具制造	3120455	2390	3118065	11703	65599	161146	2879617
集装箱及金属包装容器制造	5412399	167152	5245247	20694	211429	576776	4436348
集装箱制造	404019	4040	399979		2500	11085	386394
金属压力容器制造	2373619	146007	2227612	5745	71385	279732	1870750
金属包装容器制造	2634761	17105	2617656	14949	137544	285959	2179204
金属丝绳及其制品制造	4595831	17650	4578181	66670	55898	221876	4233737
建筑、安全用金属制品制造	12653717	78387	12575330	126057	230912	979676	11238685
建筑、家具用金属配件制造	3937453	8887	3928566	115897	24403	230428	3557838
建筑装饰及水暖管道零件制造	4729654	64600	4665054		108178	395283	4161593
安全、消防用金属制品制造	2177895	4900	2172995	10160	45296	226102	1891437
其他建筑、安全用金属制品制造	1808715		1808715		53035	127863	1627817
金属表面处理及热处理加工	5049159	7118	5042041	2320	180580	485344	4373797
搪瓷制品制造	974909		974909	186080	4990	16906	766933
生产专用搪瓷制品制造	129611		129611		4990		124621
建筑装饰搪瓷制品制造	462656		462656	186080		8000	268576
搪瓷卫生洁具制造	198650		198650				198650
搪瓷日用品及其他搪瓷制品制造	183992		183992			8906	175086
金属制日用品制造	5809098		5809098	17000	115217	479847	5197034
金属制厨房用器具制造	1376823		1376823		12263	90930	1273630
金属制餐具和器皿制造	1595932		1595932	17000	29660	234953	1314319
金属制卫生器具制造	241539		241539		2031	950	238558
其他金属制日用品制造	2594804		2594804		71263	153014	2370527
其他金属制品制造	17331837	31803	17300034	102773	423173	1450375	15323713
锻件及粉末冶金制品制造	5423051	11495	5411556	31142	53583	424193	4902638
交通及公共管理用金属标牌制造	645630		645630	7666	26215	51554	560195
其他未列明金属制品制造	11263156	20308	11242848	63965	343375	974628	9860880
通用设备制造业	130607143	905291	129701852	1118416	4601661	11522140	112459635
锅炉及原动设备制造	11033019	406509	10626510	144352	692818	929187	8860153
锅炉及辅助设备制造	5535417	49425	5485992	56524	438834	406630	4584004
内燃机及配件制造	2803443	135046	2668397	6445	146785	315628	2199539
汽轮机及辅机制造	532844	74881	457963	48415	82884	17140	309524
水轮机及辅机制造	236073		236073	10750		19185	206138
风能原动设备制造	1171062	138425	1032637	22218	13823	61881	934715
其他原动设备制造	754180	8732	745448		10492	108723	626233
金属加工机械制造	25202927	158075	25044852	177387	598522	2087328	22181615
金属切削机床制造	4261661	45815	4215846	14732	133268	457075	3610771
金属成形机床制造	2676245	25403	2650842	9282	33643	261248	2346669
铸造机械制造	5276313	72095	5204218	71300	112186	361208	4659524
金属切割及焊接设备制造	1927768		1927768	52353	4844	215802	1654769
机床附件制造	2471423		2471423		146136	136519	2188768
其他金属加工机械制造	8589517	14762	8574755	29720	168445	655476	7721114
物料搬运设备制造	13058465	13142	13045323	206820	509860	1840304	10488339
轻小型起重设备制造	1270609		1270609		13901	124366	1132342
起重机制造	2742231	4620	2737611	10225	77320	393208	2256858

2-1-21　续表 11　　单位：万元

行　业	合计	中央项目	地方项目				
				省属	地市属	县属	其他
生产专用车辆制造	1445680		1445680	10604	140441	154214	1140421
连续搬运设备制造	1848810	649	1848161	171006	36371	442021	1198763
电梯、自动扶梯及升降机制造	4225120	4843	4220277	9859	130070	501440	3578908
其他物料搬运设备制造	1526015	3030	1522985	5126	111757	225055	1181047
泵、阀门、压缩机及类似机械制造	17612414	50273	17562141	138633	606242	1568516	15248750
泵及真空设备制造	5090812	34238	5056574	9000	125165	444593	4477816
气体压缩机械制造	2486394	8262	2478132	68916	118617	315570	1975029
阀门和旋塞制造	5058392		5058392		152061	446759	4459572
液压和气压动力机械及元件制造	4976816	7773	4969043	60717	210399	361594	4336333
轴承、齿轮和传动部件制造	11930371	10411	11919960	140899	294844	1168293	10315924
轴承制造	6478498	6111	6472387	114403	197371	567090	5593523
齿轮及齿轮减、变速箱制造	3592991	4300	3588691	22784	52813	319968	3193126
其他传动部件制造	1858882		1858882	3712	44660	281235	1529275
烘炉、风机、衡器、包装等设备制造	14824247	147606	14676641	242777	674177	1368375	12391312
烘炉、熔炉及电炉制造	1379889	3476	1376413	12900	64617	167696	1131200
风机、风扇制造	2316173	99429	2216744	2005	239330	197523	1777886
气体、液体分离及纯净设备制造	1947752	4365	1943387	140738	23192	145757	1633700
制冷、空调设备制造	5739125	4694	5734431	68688	293278	701529	4670936
风动和电动工具制造	1090024	31062	1058962	3940	2395	12428	1040199
喷枪及类似器具制造	261609	4580	257029	14506	7139		235384
衡器制造	415276		415276		14035	22819	378422
包装专用设备制造	1674399		1674399		30191	120623	1523585
文化、办公用机械制造	1501365	4500	1496865	8400	62847	173753	1251865
电影机械制造	37213		37213		703	2520	33990
幻灯及投影设备制造	105747		105747	8400			97347
照相机及器材制造	195313		195313		8039	8191	179083
复印和胶印设备制造	457948	4500	453448		24739	112421	316288
计算器及货币专用设备制造	297638		297638		9347	9305	278986
其他文化、办公用机械制造	407506		407506		20019	41316	346171
通用零部件制造	26725885	79028	26646857	34844	694207	1699253	24218553
金属密封件制造	1631446	8365	1623081		42346	244304	1336431
紧固件制造	4081589	20055	4061534		107869	461891	3491774
弹簧制造	864081		864081	816	969	119522	742774
机械零部件加工	14820034	32130	14787904	23943	471836	640341	13651784
其他通用零部件制造	5328735	18478	5310257	10085	71187	233195	4995790
其他通用设备制造业	8718450	35747	8682703	24304	468144	687131	7503124
专用设备制造业	120370188	1507911	118862277	1142881	5495183	11083150	101141063
采矿、冶金、建筑专用设备制造	29853657	742319	29111338	408592	965208	2205521	25532017
矿山机械制造	10703185	101095	10602090	216276	140337	1079681	9165796
石油钻采专用设备制造	5597131	433100	5164031	67263	420297	428646	4247825
建筑工程用机械制造	6231266	95124	6136142	52860	166449	380055	5536778
海洋工程专用设备制造	1762979	81786	1681193	4724	162063	20220	1494186
建筑材料生产专用机械制造	3474104	18600	3455504		43863	231662	3179979
冶金专用设备制造	2084992	12614	2072378	67469	32199	65257	1907453
化工、木材、非金属加工专用设备制造	17867110	125664	17741446	219266	827785	1174135	15520260
炼油、化工生产专用设备制造	3031032	89578	2941454	16207	91078	239895	2594274
橡胶加工专用设备制造	546959	10724	536235		6760	40955	488520
塑料加工专用设备制造	2367800	15068	2352732		110711	224075	2017946
木材加工机械制造	1095815		1095815			140535	955280
模具制造	9358491	10294	9348197	203059	561495	410930	8172713
其他非金属加工专用设备制造	1467013		1467013		57741	117745	1291527

2-1-21 续表 12 单位：万元

行业	合计	中央项目	地方项目	省属	地市属	县属	其他
食品、饮料、烟草及饲料生产专用设备制造	4187525	10684	4176841	4444	188251	618687	3365459
食品、酒、饮料及茶生产专用设备制造	1811898		1811898	4444	66711	240320	1500423
农副食品加工专用设备制造	1750739	976	1749763		99547	236132	1414084
烟草生产专用设备制造	292440	9708	282732		17093	48791	216848
饲料生产专用设备制造	332448		332448		4900	93444	234104
印刷、制药、日化及日用品生产专用设备制造	6398698	109839	6288859	4108	229959	587816	5466976
制浆和造纸专用设备制造	782852	18473	764379		4962	13257	746160
印刷专用设备制造	1487143		1487143	2097	34349	100014	1350683
日用化工专用设备制造	640748		640748		4987	42282	593479
制药专用设备制造	1152906	91366	1061540	1121	20573	163323	876523
照明器具生产专用设备制造	1094377		1094377	890	76400	74091	942996
玻璃、陶瓷和搪瓷制品生产专用设备制造	764307		764307		79030	180810	504467
其他日用品生产专用设备制造	476365		476365		9658	14039	452668
纺织、服装和皮革加工专用设备制造	4104180		4104180		210458	258861	3634861
纺织专用设备制造	2992238		2992238		186019	167592	2638627
皮革、毛皮及其制品加工专用设备制造	412953		412953			46720	366233
缝制机械制造	492842		492842		17339	32723	442780
洗涤机械制造	206147		206147		7100	11826	187221
电子和电工机械专用设备制造	10376328	74832	10301496	98310	690329	1110438	8402419
电工机械专用设备制造	3725552	17700	3707852	16432	115460	316169	3259791
电子工业专用设备制造	6650776	57132	6593644	81878	574869	794269	5142628
农、林、牧、渔专用机械制造	11497589	18975	11478614	48780	498798	1751876	9179160
拖拉机制造	1227859	16715	1211144		167734	157053	886357
机械化农业及园艺机具制造	4498555	260	4498295	32500	149271	807752	3508772
营林及木竹采伐机械制造	153079		153079		27552	4877	120650
畜牧机械制造	733823		733823		55292	62725	615806
渔业机械制造	124242		124242	16280	1005		106957
农林牧渔机械配件制造	2157446	2000	2155446		34271	290924	1830251
棉花加工机械制造	125177		125177		2022	7901	115254
其他农、林、牧、渔业机械制造	2477408		2477408		61651	420644	1995113
医疗仪器设备及器械制造	10994069	24518	10969551	137163	616176	1595754	8620458
医疗诊断、监护及治疗设备制造	3544791	24518	3520273	47170	257240	787475	2428388
口腔科用设备及器具制造	278318		278318			10348	267970
医疗实验室及医用消毒设备和器具制造	1075199		1075199	13662	46043	88345	927149
医疗、外科及兽医用器械制造	2093296		2093296	10727	97334	397058	1588177
机械治疗及病房护理设备制造	741652		741652	8064	20050	117400	596138
假肢、人工器官及植(介)入器械制造	303381		303381	8762	48874		245745
其他医疗设备及器械制造	2957432		2957432	48778	146635	195128	2566891
环保、社会公共服务及其他专用设备制造	25091032	401080	24689952	222218	1268219	1780062	21419453
环境保护专用设备制造	12002780	224815	11777965	158344	394950	904093	10320578
地质勘查专用设备制造	237045	6800	230245	2482	29814	67530	130419
邮政专用机械及器材制造	9179		9179				9179
商业、饮食、服务专用设备制造	237592		237592			45088	192504
社会公共安全设备及器材制造	1856241	31374	1824867	25231	113737	79827	1606072
交通安全、管制及类似专用设备制造	559679		559679	10410	49723	35464	464082
水资源专用机械制造	1109418	8688	1100730	3880	28075	81517	987258
其他专用设备制造	9079098	129403	8949695	21871	651920	566543	7709361
汽车制造业	120369125	3249379	117119746	3844610	7908685	13145716	92220735
汽车整车制造	23401615	1762021	21639594	2295476	2883281	2303952	14156885
改装汽车制造	2813106	10100	2803006	8505	338638	364901	2090962

2-1-21　续表 13　　　　单位：万元

行　业	合计	中央项目	地方项目				
				省属	地市属	县属	其他
低速载货汽车制造	878403	3962	874441			58877	815564
电车制造	3839967	54695	3785272	19938	506254	737625	2521455
汽车车身、挂车制造	2581132	5362	2575770		96324	284310	2195136
汽车零部件及配件制造	86854902	1413239	85441663	1520691	4084188	9396051	70440733
铁路、船舶、航空航天和其他运输设备制造业	29295656	2911867	26383789	593222	1984165	3699487	20106915
铁路运输设备制造	5859703	1215979	4643724	79394	369398	800982	3393950
铁路机车车辆及动车组制造	821113	600130	220983	14600	99304	1792	105287
窄轨机车车辆制造	82820		82820		2300		80520
铁路机车车辆配件制造	2473267	406809	2066458	11587	81142	294572	1679157
铁路专用设备及器材、配件制造	2056200	149163	1907037	47897	154087	442454	1262599
其他铁路运输设备制造	426303	59877	366426	5310	32565	62164	266387
城市轨道交通设备制造	1742132	357065	1385067	69831	136656	64809	1113771
船舶及相关装置制造	6432319	391489	6040830	28266	373154	876364	4763046
金属船舶制造	2387222	240042	2147180	15481	26855	350796	1754048
非金属船舶制造	597037	33011	564026		11302	91673	461051
娱乐船和运动船制造	389453		389453		34719	40748	313986
船用配套设备制造	2797057	96843	2700214	959	300278	393147	2005830
船舶改装与拆除	129289	21593	107696	11826			95870
航标器材及其他相关装置制造	132261		132261				132261
摩托车制造	3898364	28258	3870106	199598	181110	470936	3018462
摩托车整车制造	1381152	21210	1359942	68119	75385	408714	807724
摩托车零部件及配件制造	2517212	7048	2510164	131479	105725	62222	2210738
自行车制造	4097125	48320	4048805	4510	133055	488548	3422692
脚踏自行车及残疾人座车制造	1042218	48320	993898	1500	106261	73965	812172
助动自行车制造	3054907		3054907	3010	26794	414583	2610520
非公路休闲车及零配件制造	924048		924048			71930	852118
潜水救捞及其他未列明运输设备制造	6341965	870756	5471209	211623	790792	925918	3542876
其他未列明运输设备制造	6341965	870756	5471209	211623	790792	925918	3542876
电气机械和器材制造业	127815114	876531	126938583	1980606	7548011	13511628	103898338
电机制造	11962745	81267	11881478	389808	564762	810368	10116540
发电机及发电机组制造	5517772	57949	5459823	335402	187316	437573	4499532
电动机制造	3208071	23318	3184753	46508	243369	180679	2714197
微电机及其他电机制造	3236902		3236902	7898	134077	192116	2902811
输配电及控制设备制造	44584703	469847	44114856	841459	2853318	4159342	36260737
变压器、整流器和电感器制造	7555711	60660	7495051	25759	377333	655468	6436491
电容器及其配套设备制造	1937452		1937452	5501	72642	137260	1722049
配电开关控制设备制造	7652717	84048	7568669	98342	469426	699153	6301748
电力电子元器件制造	9949144	8365	9940779	145237	652518	1084152	8058872
光伏设备及元器件制造	12742581	122990	12619591	214852	954380	1090775	10359584
其他输配电及控制设备制造	4747098	193784	4553314	351768	327019	492534	3381993
电线、电缆、光缆及电工器材制造	20363414	85703	20277711	267944	540804	2296149	17172814
电线、电缆制造	14128721	68294	14060427	174450	363879	1558398	11963700
光纤、光缆制造	3022765	8934	3013831	53403	108368	323103	2528957
绝缘制品制造	1347280	8475	1338805	3520	37117	251612	1046556
其他电工器材制造	1864648		1864648	36571	31440	163036	1633601
电池制造	19282984	104774	19178210	285635	2321315	2883837	13687423
锂离子电池制造	12968163	55017	12913146	97905	1686785	1895895	9232561
镍氢电池制造	933818		933818		34889	121090	777839
其他电池制造	5381003	49757	5331246	187730	599641	866852	3677023
家用电力器具制造	10892542	3240	10889302	85405	576410	948814	9278673

2-1-21 续表 14 单位：万元

行业	合计	中央项目	地方项目				
				省属	地市属	县属	其他
家用制冷电器具制造	2685679	3240	2682439	28779	206824	416714	2030122
家用空气调节器制造	1173659		1173659	2175	139138	115924	916422
家用通风电器具制造	451377		451377			23391	427986
家用厨房电器具制造	2511406		2511406	5484	60288	99689	2345945
家用清洁卫生电器具制造	763863		763863		27636	41633	694594
家用美容、保健电器具制造	324807		324807			5889	318918
家用电力器具专用配件制造	1388428		1388428		125427	130376	1132625
其他家用电力器具制造	1593323		1593323	48967	17097	115198	1412061
非电力家用器具制造	3616882	19637	3597245	24512	109855	170895	3291983
燃气、太阳能及类似能源家用器具制造	3183977	19337	3164640	24512	97067	168335	2874726
其他非电力家用器具制造	432905	300	432605		12788	2560	417257
照明器具制造	11376418	4328	11372090	43918	439457	1718320	9170395
电光源制造	2142565	41	2142524	23291	74091	422248	1622894
照明灯具制造	7716012	4287	7711725	15682	339902	1123023	6233118
灯用电器附件及其他照明器具制造	1517841		1517841	4945	25464	173049	1314383
其他电气机械及器材制造	5735426	107735	5627691	41925	142090	523903	4919773
电气信号设备装置制造	906344		906344	18954	36081	138500	712809
其他未列明电气机械及器材制造	4829082	107735	4721347	22971	106009	385403	4206964
计算机、通信和其他电子设备制造业	104644461	1692271	102952190	7122970	13191670	9819342	72818208
计算机制造	11446419	30242	11416177	373329	655679	997763	9389406
计算机整机制造	1991810	8798	1983012	136202	254858	11861	1580091
计算机零部件制造	4662235		4662235	70509	81899	522761	3987066
计算机外围设备制造	1577021		1577021	53324	49356	159133	1315208
其他计算机制造	3215353	21444	3193909	113294	269566	304008	2507041
通信设备制造	15366415	729550	14636865	720963	1960586	1901963	10053353
通信系统设备制造	8352358	589902	7762456	380893	384094	901622	6095847
通信终端设备制造	7014057	139648	6874409	340070	1576492	1000341	3957506
广播电视设备制造	2158549		2158549	60110	75509	322484	1700446
广播电视节目制作及发射设备制造	403231		403231		12516	11694	379021
广播电视接收设备及器材制造	1057519		1057519	32371	24065	244226	756857
应用电视设备及其他广播电视设备制造	697799		697799	27739	38928	66564	564568
视听设备制造	2904224	3655	2900569	13749	630636	285735	1970449
电视机制造	1250482	1104	1249378	13749	566062	126835	542732
音响设备制造	939854		939854		39696	59511	840647
影视录放设备制造	713888	2551	711337		24878	99389	587070
电子器件制造	37190526	580950	36609576	5236534	6925548	2754954	21692540
电子真空器件制造	901145		901145	4320	121906	27533	747386
半导体分立器件制造	2387489	18157	2369332	71811	256852	35834	2004835
集成电路制造	8800637	10397	8790240	390563	1196075	673161	6530441
光电子器件及其他电子器件制造	25101255	552396	24548859	4769840	5350715	2018426	12409878
电子元件制造	23022020	76622	22945398	369423	1799407	2096682	18679886
电子元件及组件制造	19317009	72741	19244268	364923	1519325	1711594	15648426
印制电路板制造	3705011	3881	3701130	4500	280082	385088	3031460
其他电子设备制造	12556308	271252	12285056	348862	1144305	1459761	9332128
仪器仪表制造业	17463409	150282	17313127	123563	810708	1375229	15003627
通用仪器仪表制造	9457509	62901	9394608	79144	519563	742214	8053687
工业自动控制系统装置制造	4405134	29371	4375763	11956	274791	323284	3765732
电工仪器仪表制造	1761577		1761577	40399	112623	288262	1320293
绘图、计算及测量仪器制造	697437		697437	8984		68620	619833
实验分析仪器制造	712873	28644	684229	13626	88618	7848	574137

2-1-21　续表 15

单位：万元

行　　业	合计	中央项目	地方项目				
				省属	地市属	县属	其他
试验机制造	269490	4886	264604		4221	4850	255533
供应用仪表及其他通用仪器制造	1610998		1610998	4179	39310	49350	1518159
专用仪器仪表制造	4359314	67924	4291390	33633	88915	334203	3834639
环境监测专用仪器仪表制造	667057		667057		15680	39282	612095
运输设备及生产用计数仪表制造	747652		747652		21930	63730	661992
农林牧渔专用仪器仪表制造	87817		87817				87817
地质勘探和地震专用仪器制造	138455	55811	82644			6518	76126
教学专用仪器制造	284162	4688	279474	3680	9010	59457	207327
电子测量仪器制造	861673	4600	857073	25103	27770	110163	694037
其他专用仪器制造	1572498	2825	1569673	4850	14525	55053	1495245
钟表与计时仪器制造	471417	13074	458343			35406	422937
光学仪器及眼镜制造	1830099	6383	1823716	6106	87396	161887	1568327
光学仪器制造	1244565	6383	1238182	6106	87286	99279	1045511
眼镜制造	585534		585534		110	62608	522816
其他仪器仪表制造业	1345070		1345070	4680	114834	101519	1124037
其他制造业	22052202	356769	21695433	333694	1664228	4644936	15052575
日用杂品制造	2767463		2767463	20523	26996	205673	2514271
鬃毛加工、制刷及清扫工具制造	845527		845527		5227	96298	744002
其他日用杂品制造	1921936		1921936	20523	21769	109375	1770269
煤制品制造	1809722		1809722	69459	10189	268115	1461959
其他未列明制造业	17475017	356769	17118248	243712	1627043	4171148	11076345
废弃资源综合利用业	13753776	92011	13661765	249359	367145	1901404	11143857
金属废料和碎屑加工处理	7407813	4800	7403013	107951	134193	867783	6293086
非金属废料和碎屑加工处理	6345963	87211	6258752	141408	232952	1033621	4850771
金属制品、机械和设备修理业	3004557	115446	2889111	305219	146483	363201	2074208
金属制品修理	331354		331354		900	41506	288948
通用设备修理	330956	25980	304976	7219	4786	26310	266661
专用设备修理	726124	18508	707616	229290	26717	48949	402660
铁路、船舶、航空航天等运输设备修理	817637	42887	774750	35099	53208	208936	477507
铁路运输设备修理	182271		182271		18413	7825	156033
船舶修理	206921	6870	200051	24767		8418	166866
航空航天器修理	320932	36017	284915	10332	33795	147516	93272
其他运输设备修理	107513		107513		1000	45177	61336
电气设备修理	159340		159340	11770	4550	5504	137516
仪器仪表修理	26437		26437				26437
其他机械和设备修理业	612709	28071	584638	21841	56322	31996	474479
(四)电力、热力、燃气及水生产和供应业	**297359986**	**69387380**	**227972606**	**28626462**	**22690365**	**68796104**	**107859675**
电力、热力生产和供应业	226376767	67139260	159237507	24526210	12410119	42023773	80277405
电力生产	150098559	42285743	107812816	13786072	5349449	24730146	63947149
火力发电	39310769	13363900	25946869	6890184	2052255	5985273	11019157
水力发电	19665894	8583099	11082795	1023141	885223	2871737	6302694
核力发电	10101929	9967299	134630				134630
风力发电	26088176	7123117	18965059	3154657	413603	5219090	10177709
太阳能发电	42661830	2445888	40215942	2079495	1172111	8429614	28534722
其他电力生产	12269961	802440	11467521	638595	826257	2224432	7778237
电力供应	53949909	23940021	30009888	8887393	3810270	10962537	6349688
热力生产和供应	22328299	913496	21414803	1852745	3250400	6331090	9980568
燃气生产和供应业	21347990	1434194	19913796	1638581	2224590	4617585	11433040
燃气生产和供应业	21347990	1434194	19913796	1638581	2224590	4617585	11433040
水的生产和供应业	49635229	813926	48821303	2461671	8055656	22154746	16149230

2-1-21 续表 16　　　　单位：万元

行　　业	合计	中央项目	地方项目				
				省属	地市属	县属	其他
自来水生产和供应	24237054	561063	23675991	1176754	4163007	11930305	6405925
污水处理及其再生利用	21935756	170593	21765163	1101112	3453454	8615390	8595207
其他水的处理、利用与分配	3462419	82270	3380149	183805	439195	1609051	1148098
(五)建筑业	**45774311**	**966060**	**44808251**	**899363**	**3808709**	**19579627**	**20520552**
房屋建筑业	12848611	113733	12734878	225840	394950	5711449	6402639
房屋建筑业	12848611	113733	12734878	225840	394950	5711449	6402639
土木工程建筑业	23769247	822243	22947004	522287	2892170	11249885	8282662
铁路、道路、隧道和桥梁工程建筑	14997682	373052	14624630	440970	2141409	7345331	4696920
铁路工程建筑	504743	119576	385167	88903	12136	60200	223928
公路工程建筑	5649626	78751	5570875	230910	467695	3157834	1714436
市政道路工程建筑	5875470	73371	5802099	58298	1262086	2761690	1720025
其他道路、隧道和桥梁工程建筑	2967843	101354	2866489	62859	399492	1365607	1038531
水利和内河港口工程建筑	3480964	219715	3261249	16857	342566	1877192	1024634
水源及供水设施工程建筑	1409095	53546	1355549	7165	117709	887313	343362
河湖治理及防洪设施工程建筑	1556439	11107	1545332	3274	222948	834021	485089
港口及航运设施工程建筑	515430	155062	360368	6418	1909	155858	196183
海洋工程建筑	252135	9876	242259			6455	235804
工矿工程建筑	398144	4595	393549	1845	16902	92704	282098
架线和管道工程建筑	1478338	214505	1263833	45781	79709	601899	536444
架线及设备工程建筑	678393	210691	467702	26632	34642	142958	263470
管道工程建筑	799945	3814	796131	19149	45067	458941	272974
其他土木工程建筑	3161984	500	3161484	16834	311584	1326304	1506762
建筑安装业	2727184	19780	2707404	53638	99192	802633	1751941
电气安装	468658	900	467758	29672	18078	95209	324799
管道和设备安装	985379	8248	977131	18382	30478	434920	493351
其他建筑安装业	1273147	10632	1262515	5584	50636	272504	933791
建筑装饰和其他建筑业	6429269	10304	6418965	97598	422397	1815660	4083310
建筑装饰业	2585542		2585542	19015	112281	307890	2146356
工程准备活动	760034	4556	755478	11266	133464	220801	389947
建筑物拆除活动	250523		250523		96929	19293	134301
其他工程准备活动	509511	4556	504955	11266	36535	201508	255646
提供施工设备服务	353029		353029	4500	2100	14299	332130
其他未列明建筑业	2730664	5748	2724916	62817	174552	1272670	1214877
(六)批发和零售业	**179390736**	**1035960**	**178354776**	**2309726**	**9407372**	**22470345**	**144167333**
批发业	92207251	681687	91525564	1221591	4233099	9039013	77031861
农、林、牧产品批发	10409347	108399	10300948	56948	425110	1945375	7873515
谷物、豆及薯类批发	3213209	6210	3206999	9264	73236	750542	2373957
种子批发	700168		700168	4800	43595	55713	596060
饲料批发	478992		478992	200	62540	72398	343854
棉、麻批发	373477	1199	372278		3560	103312	265406
林业产品批发	769011		769011		28341	85299	655371
牲畜批发	543144		543144		7900	103440	431804
其他农牧产品批发	4331346	100990	4230356	42684	205938	774671	3207063
食品、饮料及烟草制品批发	14459590	59970	14399620	412411	644055	1977372	11365782
米、面制品及食用油批发	1456410	14283	1442127	104455	32870	216515	1088287
糕点、糖果及糖批发	450209		450209		12300	2484	435425
果品、蔬菜批发	6511094	26430	6484664	231853	362651	1277398	4612762
肉、禽、蛋、奶及水产品批发	2168436		2168436	4997	127194	178926	1857319
盐及调味品批发	154560	1752	152808	15895	3403	58224	75286
营养和保健品批发	188054		188054			21401	166653

2-1-21 续表 17　　　　单位：万元

行业	合计	中央项目	地方项目				
				省属	地市属	县属	其他
酒、饮料及茶叶批发	1268859		1268859	3105	13573	48363	1203818
烟草制品批发	197421	15755	181666	27080	31678	17779	105129
其他食品批发	2064547	1750	2062797	25026	60386	156282	1821103
纺织、服装及家庭用品批发	8088621	12133	8076488	24822	264264	468141	7319261
纺织品、针织品及原料批发	2181772		2181772	2389	4897	108841	2065645
服装批发	2265800	8868	2256932	15994	108362	83071	2049505
鞋帽批发	275439		275439		15423	33569	226447
化妆品及卫生用品批发	330382		330382	3550	16801	69771	240260
厨房、卫生间用具及日用杂货批发	649706		649706	2889		72775	574042
灯具、装饰物品批发	822847		822847		36000	64141	722706
家用电器批发	664753	3265	661488		2702	1756	657030
其他家庭用品批发	897922		897922		80079	34217	783626
文化、体育用品及器材批发	1912417		1912417	42833	45143	189230	1635211
文具用品批发	690740		690740	17710	11453	27541	634036
体育用品及器材批发	237499		237499			45584	191915
图书批发	249948		249948	23123	22639	74577	129609
报刊批发	2617		2617				2617
音像制品及电子出版物批发	49112		49112			4998	44114
首饰、工艺品及收藏品批发	375915		375915	2000		33570	340345
其他文化用品批发	306586		306586		11051	2960	292575
医药及医疗器材批发	3677172	18462	3658710	101824	165208	341135	3050543
西药批发	981617	2096	979521	42463	55478	77642	803938
中药批发	1165125	5114	1160011	50761	68650	222604	817996
医疗用品及器材批发	1530430	11252	1519178	8600	41080	40889	1428609
矿产品、建材及化工产品批发	25822041	366635	25455406	267754	1261055	1833007	22093590
煤炭及制品批发	2268409		2268409	28123	9741	136137	2094408
石油及制品批发	3631693	266675	3365018	129126	277438	371366	2587088
非金属矿及制品批发	512433		512433		12320	22300	477813
金属及金属矿批发	4419930	86872	4333058	28718	257891	130920	3915529
建材批发	11531983	11400	11520583	78577	666403	1006869	9768734
化肥批发	913701	410	913291	3210	7954	91770	810357
农药批发	157414		157414		9428	14505	133481
农用薄膜批发	28156	1278	26878		10		26868
其他化工产品批发	2358322		2358322		19870	59140	2279312
机械设备、五金产品及电子产品批发	14509735	90568	14419167	178715	656683	818287	12765482
农业机械批发	1526479		1526479	66596	27918	112322	1319643
汽车批发	2072867	34019	2038848	42165	235855	214765	1546063
汽车零配件批发	1801665		1801665	3801	85811	149654	1562399
摩托车及零配件批发	125093		125093				125093
五金产品批发	2763489		2763489		39294	82241	2641954
电气设备批发	1311997	4280	1307717	8764	14031	108573	1176349
计算机、软件及辅助设备批发	944718		944718		17062	22616	905040
通讯及广播电视设备批发	349993	7045	342948	7425	15692	17118	302713
其他机械设备及电子产品批发	3613434	45224	3568210	49964	221020	110998	3186228
贸易经纪与代理	5471435	7068	5464367	23576	285045	611921	4543825
贸易代理	3731391	4023	3727368	19016	252711	498716	2956925
拍卖	18847		18847			1166	17681
其他贸易经纪与代理	1721197	3045	1718152	4560	32334	112039	1569219
其他批发业	7856893	18452	7838441	112708	486536	854545	6384652
再生物资回收与批发	1993928	5937	1987991	30400	47955	215982	1693654
其他未列明批发业	5862965	12515	5850450	82308	438581	638563	4690998

2-1-21 续表 18

单位：万元

行　　业	合计	中央项目	地方项目				
				省属	地市属	县属	其他
零售业	87183485	354273	86829212	1088135	5174273	13431332	67135472
综合零售	30072760	156414	29916346	360984	2213217	6286706	21055439
百货零售	16097818	70158	16027660	296800	1185025	3122017	11423818
超级市场零售	6870209	2800	6867409	51647	425525	1377051	5013186
其他综合零售	7104733	83456	7021277	12537	602667	1787638	4618435
食品、饮料及烟草制品专门零售	6363038	7299	6355739		240372	1274146	4841221
粮油零售	799892		799892		27549	184039	588304
糕点、面包零售	152378		152378		2980		149398
果品、蔬菜零售	1562377	2665	1559712		57253	365534	1136925
肉、禽、蛋、奶及水产品零售	1120043		1120043		77943	302419	739681
营养和保健品零售	162247		162247			34683	127564
酒、饮料及茶叶零售	804553		804553		46022	35994	722537
烟草制品零售	33839		33839		3297	7567	22975
其他食品零售	1727709	4634	1723075		25328	343910	1353837
纺织、服装及日用品专门零售	3834085		3834085	13420	256344	640374	2923947
纺织品及针织品零售	617239		617239		10210	150591	456438
服装零售	1820404		1820404	2920	202192	295365	1319927
鞋帽零售	112582		112582		6000	7930	98652
化妆品及卫生用品零售	159542		159542			18459	141083
钟表、眼镜零售	126716		126716			4900	121816
箱、包零售	69871		69871				69871
厨房用具及日用杂品零售	92475		92475		565	4699	87211
自行车零售	69826		69826		720	7906	61200
其他日用品零售	765430		765430	10500	36657	150524	567749
文化、体育用品及器材专门零售	2446955	1780	2445175	96152	174248	230146	1944629
文具用品零售	168643		168643			4700	163943
体育用品及器材零售	230318		230318	564	8020	57941	163793
图书、报刊零售	231161		231161	53588	23290	27490	126793
音像制品及电子出版物零售	13359		13359				13359
珠宝首饰零售	684269	1780	682489	42000	87235	50322	502932
工艺美术品及收藏品零售	888730		888730		48652	77951	762127
乐器零售	27219		27219				27219
照相器材零售	18083		18083				18083
其他文化用品零售	185173		185173		7051	11742	166380
医药及医疗器材专门零售	2546011	73	2545938	13258	148217	158043	2226420
药品零售	1852562	73	1852489	13258	133307	134764	1571160
医疗用品及器材零售	693449		693449		14910	23279	655260
汽车、摩托车、燃料及零配件专门零售	21876977	123171	21753806	382776	1536706	2298722	17535602
汽车零售	15366387	7596	15358791	135226	1162228	1584867	12476470
汽车零配件零售	1539852	9998	1529854	51180	106415	118708	1253551
摩托车及零配件零售	224441		224441			19290	205151
机动车燃料零售	4746297	105577	4640720	196370	268063	575857	3600430
家用电器及电子产品专门零售	3363205	8535	3354670	89118	78901	260548	2926103
家用视听设备零售	168278		168278			12140	156138
日用家电设备零售	1101842		1101842		12280	108135	981427
计算机、软件及辅助设备零售	788751		788751	8200	39843	42300	698408
通信设备零售	468740	8535	460205	76118		80470	303617
其他电子产品零售	835594		835594	4800	26778	17503	786513
五金、家具及室内装饰材料专门零售	7981255	2000	7979255	61920	278880	1019268	6619187

2-1-21 续表 19

单位：万元

行业	合计	中央项目	地方项目				
				省属	地市属	县属	其他
五金零售	1391191	2000	1389191		25058	93663	1270470
灯具零售	151422		151422		24550	5630	121242
家具零售	3425757		3425757	61920	163858	399392	2800587
涂料零售	108495		108495		4300		104195
卫生洁具零售	77142		77142				77142
木质装饰材料零售	664955		664955		10247	90843	563865
陶瓷、石材装饰材料零售	907638		907638		29297	110403	767938
其他室内装饰材料零售	1254655		1254655		21570	319337	913748
货摊、无店铺及其他零售业	8699199	55001	8644198	70507	247388	1263379	7062924
货摊食品零售	121939	500	121439			15582	105857
货摊纺织、服装及鞋零售	84268		84268			19380	64888
货摊日用品零售	103457		103457			11586	91871
互联网零售	3469619	43972	3425647	19249	55098	612549	2738751
邮购及电视、电话零售	78388		78388				78388
旧货零售	47564		47564			1576	45988
生活用燃料零售	1019615	5993	1013622	17615	24888	106886	864233
其他未列明零售业	3774349	4536	3769813	33643	167402	495820	3072948
（七）交通运输、仓储和邮政业	**536284754**	**77569117**	**458715637**	**92078417**	**90211272**	**139679972**	**136745976**
铁路运输业	77481124	56250020	21231104	11208748	4024213	2369795	3628348
铁路旅客运输	59311143	46074683	13236460	8809372	1980942	727274	1718872
铁路货物运输	11930404	7488526	4441878	1275962	702540	1184489	1278887
铁路运输辅助活动	6239577	2686811	3552766	1123414	1340731	458032	630589
客运火车站	1205476	101791	1103685	96056	657157	215254	135218
货运火车站	848934	68018	780916	322067	195254	63564	200031
其他铁路运输辅助活动	4185167	2517002	1668165	705291	488320	179214	295340
道路运输业	329373376	7542968	321830408	68790629	73735311	116485495	62818973
城市公共交通运输	57009402	823043	56186359	11045389	35049828	5345053	4746089
公共电汽车客运	4333897	9623	4324274	326989	1844325	1302556	850404
城市轨道交通	43837447	39410	43798037	10474094	31229142	894928	1199873
出租车客运	966031		966031	77901	325083	50755	512292
其他城市公共交通运输	7872027	774010	7098017	166405	1651278	3096814	2183520
公路旅客运输	98622562	2656350	95966212	32711457	15108103	36931770	11214882
道路货物运输	88680298	2667225	86013073	8726575	10940137	35358540	30987821
道路运输辅助活动	85061114	1396350	83664764	16307208	12637243	38850132	15870181
客运汽车站	3048712	21365	3027347	69413	566792	1566853	824289
公路管理与养护	61313737	1268715	60045022	12974975	10413693	27555504	9100850
其他道路运输辅助活动	20698665	106270	20592395	3262820	1656758	9727775	5945042
水上运输业	21633274	2129665	19503609	3380906	3938221	4089333	8095149
水上旅客运输	965639	74874	890765	30073	355430	189507	315755
海洋旅客运输	385189	70412	314777	29127	106081	79624	99945
内河旅客运输	410191		410191		223301	81028	105862
客运轮渡运输	170259	4462	165797	946	26048	28855	109948
水上货物运输	5295837	831451	4464386	370856	719541	535380	2838609
远洋货物运输	1175974	582695	593279	2271	118675	90078	382255
沿海货物运输	1746701	205589	1541112	234691	172697	109421	1024303
内河货物运输	2373162	43167	2329995	133894	428169	335881	1432051
水上运输辅助活动	15371798	1223340	14148458	2979977	2863250	3364446	4940785
客运港口	854379	140384	713995	239262	107010	204693	163030
货运港口	11086609	432094	10654515	2011241	2210950	2244260	4188064
其他水上运输辅助活动	3430810	650862	2779948	729474	545290	915493	589691

2-1-21 续表 20

单位：万元

行业	合计	中央项目	地方项目				
				省属	地市属	县属	其他
航空运输业	22196237	9054421	13141816	6291867	2609989	1356220	2883740
航空客货运输	12953648	7004522	5949126	3384263	732029	336893	1495941
航空旅客运输	12845313	7003545	5841768	3382973	727749	328893	1402153
航空货物运输	108335	977	107358	1290	4280	8000	93788
通用航空服务	1890072	98206	1791866	762986	56747	432253	539880
航空运输辅助活动	7352517	1951693	5400824	2144618	1821213	587074	847919
机场	6563466	1875265	4688201	2094011	1498406	492261	603523
空中交通管理	29996	13220	16776	4485			12291
其他航空运输辅助活动	759055	63208	695847	46122	322807	94813	232105
管道运输业	2627150	688920	1938230	153735	252698	444676	1087121
管道运输业	2627150	688920	1938230	153735	252698	444676	1087121
装卸搬运和运输代理业	10894429	268567	10625862	167801	791440	2020582	7646039
装卸搬运	1811063	151608	1659455	36456	161147	219758	1242094
运输代理业	9083366	116959	8966407	131345	630293	1800824	6403945
货物运输代理	6699863	68273	6631590	111757	376065	1050354	5093414
旅客票务代理	11838		11838			4610	7228
其他运输代理业	2371665	48686	2322979	19588	254228	745860	1303303
仓储业	69834987	1529520	68305467	2024624	4817083	12532747	48931013
谷物、棉花等农产品仓储	16448344	370068	16078276	526996	882677	4330442	10338161
谷物仓储	9880868	344426	9536442	405824	566867	2918043	5645708
棉花仓储	415685		415685			41360	374325
其他农产品仓储	6151791	25642	6126149	121172	315810	1371039	4318128
其他仓储业	53386643	1159452	52227191	1497628	3934406	8202305	38592852
邮政业	2244177	105036	2139141	60107	42317	381124	1655593
邮政基本服务	384844	63685	321159	52107	18105	86659	164288
快递服务	1859333	41351	1817982	8000	24212	294465	1491305
(八)住宿和餐饮业	**59473863**	**543804**	**58930059**	**1044533**	**3309060**	**9013800**	**45562666**
住宿业	41378133	515331	40862802	920712	2636856	6983492	30321742
旅游饭店	29384795	480573	28904222	812376	2046332	4819711	21225803
一般旅馆	6721741	13174	6708567	81911	355863	970983	5299810
其他住宿业	5271597	21584	5250013	26425	234661	1192798	3796129
餐饮业	18095730	28473	18067257	123821	672204	2030308	15240924
正餐服务	13770110	27873	13742237	115083	511548	1361214	11754392
快餐服务	721923		721923	950	52185	57617	611171
饮料及冷饮服务	521381		521381	533	6125	42768	471955
茶馆服务	91256		91256			4121	87135
咖啡馆服务	163571		163571			26397	137174
酒吧服务	188904		188904	533	6125	3200	179046
其他饮料及冷饮服务	77650		77650			9050	68600
其他餐饮业	3082316	600	3081716	7255	102346	568709	2403406
小吃服务	888812	600	888212	7255	9348	217952	653657
餐饮配送服务	271948		271948		6524	23749	241675
其他未列明餐饮业	1921556		1921556		86474	327008	1508074
(九)信息传输、软件和信息技术服务业	**63186602**	**12775653**	**50410949**	**7963827**	**5923039**	**7493598**	**29030485**
电信、广播电视和卫星传输服务	26470361	11459615	15010746	6689763	2080578	2088509	4151896
电信	24518571	11432547	13086024	5989229	1878908	1400379	3817508
固定电信服务	4799359	2294466	2504893	1189822	521929	163954	629188
移动电信服务	17107173	8040546	9066627	4528491	1226072	968446	2343618
其他电信服务	2612039	1097535	1514504	270916	130907	267979	844702
广播电视传输服务	1809695	19182	1790513	688318	195433	622947	283815

2-1-21　续表 21　　　　单位：万元

行　　业	合计	中央项目	地方项目				
				省属	地市属	县属	其他
有线广播电视传输服务	1507782	4998	1502784	675855	134696	464223	228010
无线广播电视传输服务	301913	14184	287729	12463	60737	158724	55805
卫星传输服务	142095	7886	134209	12216	6237	65183	50573
互联网和相关服务	9384033	718863	8665170	562223	921146	1444528	5737273
互联网接入及相关服务	2916135	681676	2234459	246259	306799	512881	1168520
互联网信息服务	4291144	27134	4264010	302480	387301	475847	3098382
其他互联网服务	2176754	10053	2166701	13484	227046	455800	1470371
软件和信息技术服务业	27332208	597175	26735033	711841	2921315	3960561	19141316
软件开发	10676512	71218	10605294	251028	979207	1104954	8270105
信息系统集成服务	4318333	300466	4017867	168872	330171	507751	3011073
信息技术咨询服务	3130753	19492	3111261	47463	231389	707496	2124913
数据处理和存储服务	4615726	67025	4548701	139907	581145	1024246	2803403
集成电路设计	357518	7341	350177	2696	48607	97164	201710
其他信息技术服务业	4233366	131633	4101733	101875	750796	518950	2730112
数字内容服务	554230		554230	10422	89487	112855	341466
呼叫中心	576876	2259	574617		23400	25736	525481
其他未列明信息技术服务业	3102260	129374	2972886	91453	637909	380359	1863165
(十)金融业	**13101987**	**1396215**	**11705772**	**1059193**	**2265511**	**1521474**	**6859594**
货币金融服务	5600336	780251	4820085	861892	997624	776652	2183917
中央银行服务	550621	120393	430228	10424	187086	82682	150036
货币银行服务	4097399	581927	3515472	846702	783763	595581	1289426
非货币银行服务	885232	42264	842968	4766	26775	71872	739555
金融租赁服务	410141	1764	408377	4766		20000	383611
财务公司	42879		42879			3500	39379
典当	66810		66810			4970	61840
其他非货币银行服务	365402	40500	324902		26775	43402	254725
银行监管服务	67084	35667	31417			26517	4900
资本市场服务	4306882	167152	4139730	93025	851978	362799	2831928
证券市场服务	535808	109264	426544	78732	206600	35136	106076
证券市场管理服务	131756	106253	25503		15571	4670	5262
证券经纪交易服务	315846	3011	312835	73548	175542	21150	42595
基金管理服务	88206		88206	5184	15487	9316	58219
期货市场服务	42392		42392			3000	39392
期货市场管理服务	11853		11853				11853
其他期货市场服务	30539		30539			3000	27539
证券期货监管服务	86548	53802	32746				32746
资本投资服务	3032630	1376	3031254	14293	626160	297866	2092935
其他资本市场服务	609504	2710	606794		19218	26797	560779
保险业	1181178	410498	770680	50615	64683	27026	628356
人身保险	769646	261538	508108	42146	14514	3636	447812
人寿保险	760916	261538	499378	42146	14514	3636	439082
健康和意外保险	8730		8730				8730
财产保险	274725	148960	125765	6926	50169	4381	64289
再保险							
养老金	8399		8399			8399	
保险经纪与代理服务	58195		58195	1543		3810	52842
保险监管服务							
其他保险活动	70213		70213			6800	63413
风险和损失评估	46275		46275			4700	41575
其他未列明保险活动	23938		23938			2100	21838

2-1-21 续表 22　　　　单位：万元

行　业	合计	中央项目	地方项目				
				省属	地市属	县属	其他
其他金融业	2013591	38314	1975277	53661	351226	354997	1215393
金融信托与管理服务	463489	3925	459564		242500	30405	186659
控股公司服务	268809	25791	243018		4508	12671	225839
非金融机构支付服务	138448		138448		19631	60121	58696
金融信息服务	538100	8598	529502	18878	67156	111510	331958
其他未列明金融业	604745		604745	34783	17431	140290	412241
(十一)房地产业	**1352836941**	**27256611**	**1325580330**	**43441343**	**153810046**	**225294791**	**903034150**
房地产业	1352836941	27256611	1325580330	43441343	153810046	225294791	903034150
房地产开发经营	1069434050	23588079	1045845971	34481015	121080177	98190438	792094341
物业管理	5123094	15564	5107530	57378	765507	533069	3751576
房地产中介服务	551524	50412	501112	8804	43106	70058	379144
自有房地产经营活动	24408791	436161	23972630	653293	3875118	6062620	13381599
其他房地产业	253319482	3166395	250153087	8240853	28046138	120438606	93427490
(十二)租赁和商务服务业	**123157239**	**2338194**	**120819045**	**3350833**	**15457030**	**26327634**	**75683548**
租赁业	15944993	1247398	14697595	742200	4146876	1456091	8352428
机械设备租赁	15552543	1247398	14305145	711677	4143220	1307324	8142924
汽车租赁	1668706	21698	1647008	156479	123078	82218	1285233
农业机械租赁	512722		512722		3000	19513	490209
建筑工程机械与设备租赁	2003917	10110	1993807	15378	182230	170963	1625236
计算机及通讯设备租赁	108612	81542	27070				27070
其他机械与设备租赁	11258586	1134048	10124538	539820	3834912	1034630	4715176
文化及日用品出租	392450		392450	30523	3656	148767	209504
娱乐及体育设备出租	282352		282352	2823	1156	132027	146346
图书出租	22019		22019		2500	7670	11849
音像制品出租	10922		10922				10922
其他文化及日用品出租	77157		77157	27700		9070	40387
商务服务业	107212246	1090796	106121450	2608633	11310154	24871543	67331120
企业管理服务	45463818	808375	44655443	1900467	6317677	12242846	24194453
企业总部管理	5875750	507686	5368064	399046	889756	1155061	2924201
投资与资产管理	33214136	242880	32971256	1373694	4716712	9468518	17412332
单位后勤管理服务	701961	5130	696831	6770	171022	162239	356800
其他企业管理服务	5671971	52679	5619292	120957	540187	1457028	3501120
法律服务	220750	533	220217			42276	177941
律师及相关法律服务	142889	533	142356			9476	132880
公证服务	6376		6376				6376
其他法律服务	71485		71485			32800	38685
咨询与调查	3775366	14538	3760828	14818	130978	226224	3388808
会计、审计及税务服务	209119		209119			8719	200400
市场调查	23613		23613				23613
社会经济咨询	1548448		1548448	9838	63632	64391	1410587
其他专业咨询	1994186	14538	1979648	4980	67346	153114	1754208
广告业	3859346		3859346	29766	112290	201432	3515858
知识产权服务	290107	127893	162214		4697	55530	101987
人力资源服务	1550466	14900	1535566		82829	234511	1218226
公共就业服务	386925	11000	375925		36541	88537	250847
职业中介服务	159078		159078		5080	16383	137615
劳务派遣服务	618059		618059		24955	17267	575837
其他人力资源服务	386404	3900	382504		16253	112324	253927
旅行社及相关服务	17578293	31841	17546452	157562	746558	5525996	11116336
旅行社服务	775383	1700	773683	30052	16417	47172	680042

2-1-21　续表 23　　　　单位：万元

行　业	合计	中央项目	地方项目				
				省属	地市属	县属	其他
旅游管理服务	15944894	30141	15914753	127510	714889	5337084	9735270
其他旅行社相关服务	858016		858016		15252	141740	701024
安全保护服务	1354447	1653	1352794	24673	181033	347716	799372
安全服务	333020	520	332500	4123	44155	84980	199242
安全系统监控服务	796398	627	795771	19650	98690	219973	457458
其他安全保护服务	225029	506	224523	900	38188	42763	142672
其他商务服务业	33119653	91063	33028590	481347	3734092	5995012	22818139
市场管理	12092939	30739	12062200	138779	559444	2736766	8627211
会议及展览服务	7938609	17869	7920740	156715	1640318	1423266	4700441
包装服务	456027		456027		70712	48854	336461
办公服务	1703366	1493	1701873	18823	310177	348749	1024124
信用服务	62443		62443			27369	35074
担保服务	119255		119255			15618	103637
其他未列明商务服务业	10747014	40962	10706052	167030	1153441	1394390	7991191
（十三）科学研究和技术服务业	**55677695**	**2670128**	**53007567**	**2259241**	**4613533**	**8899777**	**37235016**
研究和试验发展	13591874	1306940	12284934	809355	1358545	1654203	8462831
自然科学研究和试验发展	1461223	242775	1218448	98016	220918	63523	835991
工程和技术研究和试验发展	7671507	917723	6753784	436576	806257	881291	4629660
农业科学研究和试验发展	2100974	22742	2078232	114120	177181	321613	1465318
医学研究和试验发展	2085250	120410	1964840	159174	144383	323152	1338131
社会人文科学研究	272920	3290	269630	1469	9806	64624	193731
专业技术服务业	19507002	1079296	18427706	1114379	1865766	3146185	12301376
气象服务	385300	58517	326783	29740	30129	178638	88276
地震服务	108074	10665	97409	3478	4269	37467	52195
海洋服务	290556	40405	250151	17758	74572	64172	93649
测绘服务	297785	26083	271702	24476	22459	2920	221847
质检技术服务	3341915	117174	3224741	240377	428311	453147	2102906
环境与生态监测	958241	14026	944215	21328	95824	218070	608993
环境保护监测	795245	9513	785732	21328	93937	143340	527127
生态监测	162996	4513	158483		1887	74730	81866
地质勘查	2069243	428281	1640962	134775	40199	419607	1046381
能源矿产地质勘查	684551	331054	353497	37813	5175	78880	231629
固体矿产地质勘查	755195		755195	30531	13811	164896	545957
水、二氧化碳等矿产地质勘查	24710		24710			7340	17370
基础地质勘查	256532	19773	236759	22124	3200	113869	97566
地质勘查技术服务	348255	77454	270801	44307	18013	54622	153859
工程技术	7400777	319098	7081679	571884	843018	1486079	4180698
工程管理服务	2963290	170413	2792877	457573	399322	692955	1243027
工程勘察设计	2088759	117429	1971330	91559	129433	152166	1598172
规划管理	2348728	31256	2317472	22752	314263	640958	1339499
其他专业技术服务业	4655111	65047	4590064	70563	326985	286085	3906431
专业化设计服务	1385788	8320	1377468	33668	46954	111449	1185397
摄影扩印服务	359545		359545		2580	20057	336908
兽医服务	95055		95055		2451	15291	77313
其他未列明专业技术服务业	2814723	56727	2757996	36895	275000	139288	2306813
科技推广和应用服务业	22578819	283892	22294927	335507	1389222	4099389	16470809
技术推广服务	15463847	240409	15223438	167134	626343	2626040	11803921
农业技术推广服务	7150194	65016	7085178	13926	171010	1519460	5380782
生物技术推广服务	1937428	2135	1935293	381	157048	282724	1495140
新材料技术推广服务	2083596	89516	1994080	20132	50959	318028	1604961

2-1-21 续表 24　　单位：万元

行　业	合计	中央项目	地方项目				
				省属	地市属	县属	其他
节能技术推广服务	1743008	19119	1723889	1639	58306	251823	1412121
其他技术推广服务	2549621	64623	2484998	131056	189020	254005	1910917
科技中介服务	2727899	12812	2715087	91317	266970	936666	1420134
其他科技推广和应用服务业	4387073	30671	4356402	77056	495909	536683	3246754
(十四)水利、环境和公共设施管理业	**686472107**	**8639878**	**677832229**	**24870798**	**123246961**	**314115348**	**215599122**
水利管理业	87253835	1389085	85864750	7459280	11454600	48956070	17994800
防洪除涝设施管理	41783377	615613	41167764	2804604	5315513	24195159	8852488
水资源管理	15688176	303510	15384666	1826315	2155952	8457580	2944819
天然水收集与分配	14035072	225803	13809269	1293200	2012403	8289382	2214284
水文服务	245556	805	244751	7997	34711	76741	125302
其他水利管理业	15501654	243354	15258300	1527164	1936021	7937208	3857907
生态保护和环境治理业	31455739	818594	30637145	863193	5449134	13586113	10738705
生态保护	5640503	425766	5214737	190378	1125523	2103754	1795082
自然保护区管理	2061537	371464	1690073	61247	190305	683997	754524
野生动物保护	374916		374916	15100	110077	52751	196988
野生植物保护	304162		304162		32491	88244	183427
其他自然保护	2899888	54302	2845586	114031	792650	1278762	660143
环境治理业	25815236	392828	25422408	672815	4323611	11482359	8943623
水污染治理	14486658	114927	14371731	295862	3161713	6784585	4129571
大气污染治理	2620846	199009	2421837	177496	541719	611469	1091153
固体废物治理	3211361	42889	3168472	78766	255817	1239962	1593927
危险废物治理	548175	7644	540531	29735	39233	166043	305520
放射性废物治理	59726		59726		8430	15918	35378
其他污染治理	4888470	28359	4860111	90956	316699	2664382	1788074
公共设施管理业	567762533	6432199	561330334	16548325	106343227	251573165	186865617
市政设施管理	380330135	5119827	375210308	13422567	87561807	178055933	96170001
环境卫生管理	13309661	132507	13177154	532740	1223050	6262972	5158392
城乡市容管理	32793794	203942	32589852	424481	2534264	18450645	11180462
绿化管理	21417141	296650	21120491	467694	3544547	10130942	6977308
公园和游览景区管理	119911802	679273	119232529	1700843	11479559	38672673	67379454
公园管理	25101531	316884	24784647	493694	4215972	10085945	9989036
游览景区管理	94810271	362389	94447882	1207149	7263587	28586728	57390418
(十五)居民服务、修理和其他服务业	**26766273**	**360725**	**26405548**	**150604**	**2035967**	**6846924**	**17372053**
居民服务业	14906852	258303	14648549	76489	1131906	4905650	8534504
家庭服务	832527	25488	807039		53170	316376	437493
托儿所服务	110041		110041		12374	24988	72679
洗染服务	193991		193991	2890		22942	168159
理发及美容服务	270476		270476		5900	4180	260396
洗浴服务	1576834	4990	1571844		103095	241229	1227520
保健服务	559538	1010	558528	809	28086	25169	504464
婚姻服务	264255		264255		18945	65005	180305
殡葬服务	2129910	1160	2128750	12920	170105	934310	1011415
其他居民服务业	8969280	225655	8743625	59870	740231	3271451	4672073
机动车、电子产品和日用产品修理业	5776027	20202	5755825	28455	211821	617713	4897836
汽车、摩托车修理与维护	5125243	8071	5117172	20274	154696	467877	4474325
汽车修理与维护	5086908	8071	5078837	20274	154696	466977	4436890
摩托车修理与维护	38335		38335			900	37435
计算机和办公设备维修	431589	12131	419458	6181	43160	118907	251210
计算机和辅助设备修理	167003	8955	158048		16332	25674	116042
通讯设备修理	96512	1018	95494		17466	20682	57346
其他办公设备维修	168074	2158	165916	6181	9362	72551	77822

2-1-21 续表 25

单位：万元

行　业	合计	中央项目	地方项目				
				省属	地市属	县属	其他
家用电器修理	99797		99797	2000	4895	13289	79613
家用电子产品修理	51264		51264	2000		2719	46545
日用电器修理	48533		48533		4895	10570	33068
其他日用产品修理业	119398		119398		9070	17640	92688
自行车修理	4410		4410		890	3520	
鞋和皮革修理	830		830				830
家具和相关物品修理	19848		19848				19848
其他未列明日用产品修理业	94310		94310		8180	14120	72010
其他服务业	6083394	82220	6001174	45660	692240	1323561	3939713
清洁服务	999541	657	998884	22485	73492	66070	836837
建筑物清洁服务	139313		139313		22966	12955	103392
其他清洁服务	860228	657	859571	22485	50526	53115	733445
其他未列明服务业	5083853	81563	5002290	23175	618748	1257491	3102876
（十六）教育	**93236743**	**2691779**	**90544964**	**7114832**	**12543245**	**41679538**	**29207349**
教育	93236743	2691779	90544964	7114832	12543245	41679538	29207349
学前教育	8369019	85078	8283941	56945	460303	3775516	3991177
初等教育	22040429	192342	21848087	126711	1668588	13526471	6526317
普通小学教育	21806439	192342	21614097	126711	1665069	13375506	6446811
成人小学教育	233990		233990		3519	150965	79506
中等教育	34104156	392846	33711310	1026229	5642978	18929119	8112984
普通初中教育	18156075	157817	17998258	423221	2203099	10676016	4695922
职业初中教育	810800	1772	809028	46913	121663	407599	232853
成人初中教育	165447		165447	17048	13764	56168	78467
普通高中教育	8753186	44901	8708285	119157	1581485	5037689	1969954
成人高中教育	124621		124621		12041	96810	15770
中等职业学校教育	6094027	188356	5905671	419890	1710926	2654837	1120018
高等教育	15922638	1814547	14108091	5454255	2735672	2168848	3749316
普通高等教育	15239879	1803267	13436612	5264864	2554633	2040661	3576454
成人高等教育	682759	11280	671479	189391	181039	128187	172862
特殊教育	478651	1242	477409	17155	89657	187497	183100
技能培训、教育辅助及其他教育	12321850	205724	12116126	433537	1946047	3092087	6644455
职业技能培训	6300308	96613	6203695	219298	645422	1208249	4130726
体校及体育培训	670994	2976	668018	28361	130297	262460	246900
文化艺术培训	848163		848163	27825	64935	94514	660889
教育辅助服务	1091548	3625	1087923	1045	148803	407962	530113
其他未列明教育	3410837	102510	3308327	157008	956590	1118902	1075827
（十七）卫生和社会工作	**62815500**	**1076125**	**61739375**	**3641894**	**10197694**	**23024770**	**24875017**
卫生	46014217	893174	45121043	3281649	8981540	17176606	15681248
医院	36171709	835341	35336368	3027471	8191339	11853857	12263701
综合医院	24378143	659440	23718703	2298762	6193749	7980937	7245255
中医医院	3570573	6789	3563784	200719	561876	2158307	642882
中西医结合医院	918481	21000	897481	71755	61505	460990	303231
民族医院	224375	23350	201025	35240	34617	99776	31392
专科医院	4921106	47800	4873306	328275	1133426	667799	2743806
疗养院	2159031	76962	2082069	92720	206166	486048	1297135
社区医疗与卫生院	5249091	45685	5203406	22861	159469	3099957	1921119
社区卫生服务中心(站)	1498136	39159	1458977	6861	89792	708015	654309
街道卫生院	315093		315093	3000	35625	154348	122120
乡镇卫生院	3435862	6526	3429336	13000	34052	2237594	1144690

2-1-21 续表 26

单位：万元

行　业	合计	中央项目	地方项目				
				省属	地市属	县属	其他
门诊部(所)	751489	2700	748789	9807	65821	207812	465349
计划生育技术服务活动	192646	2750	189896	3835	38740	114477	32844
妇幼保健院(所、站)	1682200	1217	1680983	134416	331684	926080	288803
专科疾病防治院(所、站)	369061	1003	368058	20571	46979	70709	229799
疾病预防控制中心	482856	3908	478948	21209	69010	305689	83040
其他卫生活动	1115165	570	1114595	41479	78498	598025	396593
社会工作	16801283	182951	16618332	360245	1216154	5848164	9193769
提供住宿社会工作	15683913	159436	15524477	323174	1154082	5333862	8713359
干部休养所	147230	8890	138340	10547	21566	46193	60034
护理机构服务	1354378	3913	1350465	43428	113289	361586	832162
精神康复服务	239347	6500	232847	15026	55727	95209	66885
老年人、残疾人养护服务	13015387	138850	12876537	250023	855427	4214018	7557069
孤残儿童收养和庇护服务	423231	1283	421948	4150	90044	256821	70933
其他提供住宿社会救助	504340		504340		18029	360035	126276
不提供住宿社会工作	1117370	23515	1093855	37071	62072	514302	480410
社会看护与帮助服务	762609	23174	739435	30201	18497	331298	359439
其他不提供住宿社会工作	354761	341	354420	6870	43575	183004	120971
(十八)文化、体育和娱乐业	**78301417**	**868425**	**77432992**	**4113929**	**10804202**	**24460869**	**38053992**
新闻和出版业	998364	33069	965295	266709	197261	72459	428866
新闻业	221888	27069	194819	50799	9469	56571	77980
出版业	776476	6000	770476	215910	187792	15888	350886
图书出版	127364	6000	121364	45504	15372	10778	49710
报纸出版	346013		346013	170406	144570		31037
期刊出版	39875		39875			3738	36137
音像制品出版	17703		17703				17703
电子出版物出版	43121		43121		27850		15271
其他出版业	202400		202400			1372	201028
广播、电视、电影和影视录音制作业	6191075	296583	5894492	507208	1458724	772145	3156415
广播	544924	200482	344442	100578	25254	159879	58731
电视	601953	94149	507804	132332	61111	230342	84019
电影和影视节目制作	3230504	1152	3229352	215340	1245520	125142	1643350
电影和影视节目发行	200671		200671		48552	12659	139460
电影放映	1484233		1484233	5458	77268	239304	1162203
录音制作	128790	800	127990	53500	1019	4819	68652
文化艺术业	34078719	251968	33826751	1236909	5056312	13892021	13641509
文艺创作与表演	1784408	3595	1780813	46694	248829	625393	859897
艺术表演场馆	2519909	6044	2513865	380936	764272	639308	729349
图书馆与档案馆	1797697	61667	1736030	110098	564208	763061	298663
图书馆	1287547	42237	1245310	54578	449533	494382	246817
档案馆	510150	19430	490720	55520	114675	268679	51846
文物及非物质文化遗产保护	7766254	25564	7740690	180837	614920	4305641	2639292
博物馆	5043415	39792	5003623	265354	1249077	1664886	1824306
烈士陵园、纪念馆	1104684	19657	1085027	10020	64367	659040	351600
群众文化活动	7694245	51005	7643240	124416	837829	3462993	3218002
其他文化艺术业	6368107	44644	6323463	118554	712810	1771699	3720400
体育	14213400	148923	14064477	304814	1891096	5645464	6223103
体育组织	223811	1252	222559	7254	74189	58399	82717
体育场馆	6031447	124258	5907189	228377	1221642	2912227	1544943
休闲健身活动	7013050	18242	6994808	35856	545847	2300877	4112228
其他体育	945092	5171	939921	33327	49418	373961	483215

2-1-21　续表 27

单位：万元

行　　业	合计	中央项目	地方项目				
				省属	地市属	县属	其他
娱乐业	22819859	137882	22681977	1798289	2200809	4078780	14604099
室内娱乐活动	3260056	2307	3257749	79567	192259	421096	2564827
歌舞厅娱乐活动	963162	302	962860	46396	26511	74694	815259
电子游艺厅娱乐活动	96978		96978		650	7010	89318
网吧活动	475218		475218		17943	4760	452515
其他室内娱乐活动	1724698	2005	1722693	33171	147155	334632	1207735
游乐园	11914873	117271	11797602	1632684	1557148	1848689	6759081
彩票活动	22109		22109	12229	650	900	8330
文化、娱乐、体育经纪代理	298206		298206		74835	14816	208555
文化娱乐经纪人	23793		23793			3680	20113
体育经纪人	652		652				652
其他文化艺术经纪代理	273761		273761		74835	11136	187790
其他娱乐业	7324615	18304	7306311	73809	375917	1793279	5063306
（十九）公共管理、社会保障和社会组织	**81875464**	**7681113**	**74194351**	**2691942**	**7572554**	**37491714**	**26438141**
中国共产党机关	317941	5075	312866	8938	11218	216073	76637
中国共产党机关	317941	5075	312866	8938	11218	216073	76637
国家机构	57707339	7565085	50142254	2413284	6973456	27789570	12965944
国家权力机构	699467		699467	4917	135627	325107	233816
国家行政机构	55053141	7513284	47539857	2235102	6369627	26495027	12440101
综合事务管理机构	20930973	212070	20718903	669609	2045133	10275748	7728413
对外事务管理机构	83032		83032	768	2464	54425	25375
公共安全管理机构	12651558	6910636	5740922	713749	1498120	2709652	819401
社会事务管理机构	10259773	153646	10106127	274870	1615748	5983188	2232321
经济事务管理机构	9866725	193565	9673160	456005	882025	6910426	1424704
行政监督检查机构	1261080	43367	1217713	120101	326137	561588	209887
人民法院和人民检察院	1092127	21728	1070399	78674	311617	572015	108093
人民法院	721463	20928	700535	24495	176429	421062	78549
人民检察院	370664	800	369864	54179	135188	150953	29544
其他国家机构	862604	30073	832531	94591	156585	397421	183934
人民政协、民主党派	38615		38615	8958		12403	17254
人民政协	21529		21529	4900		9903	6726
民主党派	17086		17086	4058		2500	10528
社会保障	2613381	5085	2608296	95831	258177	1254841	999447
社会保障	2613381	5085	2608296	95831	258177	1254841	999447
群众团体、社会团体和其他成员组织	4765081	12548	4752533	64788	133397	1779346	2775002
群众团体	229055	1082	227973	7179	22975	115524	82295
工会	74410		74410	4056	7299	52249	10806
妇联	25874	1082	24792	3123	2759	2306	16604
共青团	7528		7528			7528	
其他群众团体	121243		121243		12917	53441	54885
社会团体	1859692	8091	1851601	57609	64401	996193	733398
专业性团体	1236113	7491	1228622	7898	40823	839998	339903
行业性团体	351480		351480	35499	4357	57527	254097
其他社会团体	272099	600	271499	14212	19221	98668	139398
基金会	7178		7178		4910		2268
宗教组织	2669156	3375	2665781		41111	667629	1957041
基层群众自治组织	16433107	93320	16339787	100143	196306	6439481	9603857
社区自治组织	3688540	12833	3675707	82473	106531	1051675	2435028
村民自治组织	12744567	80487	12664080	17670	89775	5387806	7168829

2-1-22 国民经济行业小类按建设性质分的固定资产投资(不含农户)

单位：万元

行业	新建	扩建	改建和技术改造	单纯建造生活设施	迁建	恢复	单纯购置
全国总计	**4211603434**	**689819270**	**853915365**	**18954420**	**37132215**	**7233914**	**146348902**
(一)农、林、牧、渔业	**180609517**	**30747287**	**13716032**	**281711**	**244544**	**249101**	**1890737**
农业	83764124	12736659	5032245	157643	113935	65499	455749
谷物种植	9688282	1467990	1174246	6255	11330	15843	175606
稻谷种植	4993923	848584	638721	6255	7530	3095	154224
小麦种植	1147641	86434	87282				
玉米种植	1850941	316578	379175		3800	7000	11613
其他谷物种植	1695777	216394	69068			5748	9769
豆类、油料和薯类种植	3049385	610535	105709		3900		
豆类种植	715824	201280	11600				
油料种植	1498534	247399	52949		3900		
薯类种植	835027	161856	41160				
棉、麻、糖、烟草种植	1350460	335010	179349		2875		14936
棉花种植	372029	94322	55804				3900
麻类种植	127147	9317	8795				
糖料种植	299594	129366	52876				10010
烟草种植	551690	102005	61874		2875		1026
蔬菜、食用菌及园艺作物种植	32017929	4473935	1664342	19913	44614	31415	144142
蔬菜种植	16683721	2460556	795137	13448	20555	14412	46930
食用菌种植	4760453	580523	355582	1550	16464	1060	37728
花卉种植	7479925	1019973	401572		3800	10465	22103
其他园艺作物种植	3093830	412883	112051	4915	3795	5478	37381
水果种植	16687534	2970212	907180	24089	50573	6036	14118
仁果类和核果类水果种植	6064244	893635	181866			875	
葡萄种植	2100971	483828	119934			1901	
柑橘类种植	1627371	229612	164693	5270		3260	
香蕉等亚热带水果种植	555497	194919	39439	7295			
其他水果种植	6339451	1168218	401248	11524	50573		14118
坚果、含油果、香料和饮料作物种植	6726669	880905	266979	93325		210	
坚果种植	2867615	376642	48128	23855			
含油果种植	936661	97382	19128				
香料作物种植	358639	46284	5700	68590		210	
茶及其他饮料作物种植	2563754	360597	194023	880			
中药材种植	6634100	1095882	357772	8396		6695	33100
其他农业	7609765	902190	376668	5665	643	5300	73847
林业	17274621	3009210	1316774	9987	13378	74249	58785
林木育种和育苗	8908090	1239371	499467	2800	13378	30845	41879
林木育种	2267023	268407	103539		1039	3576	23912
林木育苗	6641067	970964	395928	2800	12339	27269	17967
造林和更新	7047701	1448305	672595	7187		33452	12474
森林经营和管护	1069057	258315	84333			6664	3060
木材和竹材采运	115676	25347	47317			3288	1372
木材采运	90094	12460	37995			3288	1372
竹材采运	25582	12887	9322				
林产品采集	134097	37872	13062				
木竹材林产品采集	68499	18347	8257				
非木竹材林产品采集	65598	19525	4805				
畜牧业	42411279	8453632	2326290	24042	84729	24244	124423
牲畜饲养	33432431	6504393	1626138	24042	67829	17264	78371
牛的饲养	11059411	2044764	512701		22394	6198	13879

2-1-22　续表 1　　　　单位：万元

行　　业	新建	扩建	改建和技术改造	单纯建造生活设施	迁建	恢复	单纯购置
马的饲养	252475	9316	33388		4600		4650
猪的饲养	13131245	3063763	853026	24042	25990	6266	41708
羊的饲养	7159955	1093643	143291		13745	4800	559
骆驼饲养	14009	8897					
其他牲畜饲养	1815336	284010	83732		1100		17575
家禽饲养	6891552	1530362	555089		5100	5980	32906
鸡的饲养	5573986	1134925	431262		5100		24356
鸭的饲养	434810	183454	45292			5980	
鹅的饲养	283658	63115	34981				4600
其他家禽饲养	599098	148868	43554				3950
狩猎和捕捉动物	132860	41185	12729				5300
其他畜牧业	1954436	377692	132334		11800	1000	7846
渔业	7728079	1376021	1237343	5182	760	8436	495892
水产养殖	7448273	1356126	1191887	5182	760	8436	95997
海水养殖	2474835	457393	645862	5062		3486	57379
内陆养殖	4973438	898733	546025	120	760	4950	38618
水产捕捞	279806	19895	45456				399895
海水捕捞	221579	12769	41471				380033
内陆捕捞	58227	7126	3985				19862
农、林、牧、渔服务业	29431414	5171765	3803380	84857	31742	76673	755888
农业服务业	26570221	4501522	3434126	84357	28631	66456	663515
农业机械服务	1759966	360200	271276	38860	5578		506545
灌溉服务	6129427	1334096	1256835	18376	4800	18013	6490
农产品初加工服务	3900854	681947	458660	15860	3900		44766
其他农业服务	14779974	2125279	1447355	11261	14353	48443	105714
林业服务业	1240159	307449	168888	500	801	10217	7099
林业有害生物防治服务	78974	12775	24862			4500	497
森林防火服务	156068	65000	21819			1195	3346
林产品初级加工服务	198050	92090	28834	500			1936
其他林业服务	807067	137584	93373		801	4522	1320
畜牧服务业	1202350	284676	73190		2310		22514
渔业服务业	418684	78118	127176				62760
(二)采矿业	**54928355**	**16896677**	**29255539**	**163961**	**90203**	**178977**	**1683485**
煤炭开采和洗选业	14524204	4460219	10105948	160136	36936	63789	1025609
烟煤和无烟煤开采洗选	12660744	3879792	9693598	160136	36936	38579	978917
褐煤开采洗选	1302772	425245	210320			25210	21760
其他煤炭采选	560688	155182	202030				24932
石油和天然气开采业	18450367	2458988	2316954				83395
石油开采	15234323	1983519	1972689				83395
天然气开采	3216044	475469	344265				
黑色金属矿采选业	3284292	2162284	4261383		2745	21948	50560
铁矿采选	2910845	2016605	3861048		2745	17448	29985
锰矿、铬矿采选	256847	117285	226755			4500	20575
其他黑色金属矿采选	116600	28394	173580				
有色金属矿采选业	6705857	3243517	4259073	500	501	46660	31103
常用有色金属矿采选	3910983	1981580	2849345		501	41680	26784
铜矿采选	1192802	356110	841942		501		21904
铅锌矿采选	1632921	463984	1111972			27480	1980
镍钴矿采选	114017	3168	66789				
锡矿采选	24381	494523	99551				
锑矿采选	14224	90680	73577				

2-1-22 续表 2

单位：万元

行　　业	新建	扩建	改建和技术改造	单纯建造生活设施	迁建	恢复	单纯购置
铝矿采选	589138	299166	236696				
镁矿采选	63038	1930	25050				
其他常用有色金属矿采选	280462	272019	393768			14200	2900
贵金属矿采选	2097944	1038081	994715	500		4980	4319
金矿采选	1904905	1013836	936680	500		3780	4319
银矿采选	175416	19465	25922			1200	
其他贵金属矿采选	17623	4780	32113				
稀有稀土金属矿采选	696930	223856	415013				
钨钼矿采选	430975	98540	290934				
稀土金属矿采选	175309	11530	29880				
放射性金属矿采选	21136	11527	24090				
其他稀有金属矿采选	69510	102259	70109				
非金属矿采选业	9706536	4191433	6916279	3325	44041	14660	386147
土砂石开采	6992959	3193584	5500917	3325	41841	1000	334342
石灰石、石膏开采	1974918	1108411	2041714		16638		48051
建筑装饰用石开采	2067665	951295	1567124		7631	1000	103048
耐火土石开采	362293	144076	218846				
粘土及其他土砂石开采	2588083	989802	1673233	3325	17572		183243
化学矿开采	941983	467567	706188				24922
采盐	279226	118190	89946				4978
石棉及其他非金属矿采选	1492368	412092	619228		2200	13660	21905
石棉、云母矿采选	77115	2036	31878			2950	
石墨、滑石采选	153570	57805	133160				
宝石、玉石采选	228133	9175	6931			10710	4996
其他未列明非金属矿采选	1033550	343076	447259		2200		16909
开采辅助活动	1861814	301820	1136828		5980	31920	89188
煤炭开采和洗选辅助活动	957369	139828	672332		2880	28000	6311
石油和天然气开采辅助活动	483390	112400	250176		3100		75966
其他开采辅助活动	421055	49592	214320			3920	6911
其他采矿业	395285	78416	259074				17483
其他采矿业	395285	78416	259074				17483
（三）制造业	**903192941**	**341629150**	**538023451**	**1188381**	**21138027**	**1728080**	**71459746**
农副食品加工业	61318345	22506519	31088952	78495	760340	128721	1982505
谷物磨制	10128866	5090191	5763397	20600	108707	35243	368983
饲料加工	6980545	2959182	4257251	5680	90694	997	360056
植物油加工	6153381	1502993	3117624	9960	41631	4787	120791
食用植物油加工	5638514	1409109	2919652	9960	41631	4787	111357
非食用植物油加工	514867	93884	197972				9434
制糖业	431168	245403	502473		18118		13530
屠宰及肉类加工	10790167	3386305	4381826	9610	105414	16000	252380
牲畜屠宰	3168279	976821	1105827	2610	47822		24104
禽类屠宰	1203899	499945	694286		10687		33396
肉制品及副产品加工	6417989	1909539	2581713	7000	46905	16000	194880
水产品加工	3724549	1569232	2717959	6152	147587	8445	339897
水产品冷冻加工	2052563	936595	1640808	6152	108324	5445	272976
鱼糜制品及水产品干腌制加工	531998	222720	375302		8112		53487
水产饲料制造	292371	101125	291124		22168	3000	8734
鱼油提取及制品制造	39326	11450	27690				
其他水产品加工	808291	297342	383035		8983		4700
蔬菜、水果和坚果加工	10901706	4086088	4673428	5906	59447	57436	226669
蔬菜加工	6537153	2672058	2907786	5906	42174	35676	175424
水果和坚果加工	4364553	1414030	1765642		17273	21760	51245

2-1-22　续表 3　　　　单位：万元

行　　业	新建	扩建	改建和技术改造	单纯建造生活设施	迁建	恢复	单纯购置
其他农副食品加工	12207963	3667125	5674994	20587	188742	5813	300199
淀粉及淀粉制品制造	2484832	791669	1598828	8657	87974	5813	81264
豆制品制造	2204120	881072	933759		27173		64231
蛋品加工	548316	196064	235433	4850			27798
其他未列明农副食品加工	6970695	1798320	2906974	7080	73595		126906
食品制造业	29916844	10780750	15319435	44054	630057	26778	1530382
焙烤食品制造	5305053	1738181	2428487	39292	88650		320870
糕点、面包制造	2681027	1005469	1258244	38494	56525		175543
饼干及其他焙烤食品制造	2624026	732712	1170243	798	32125		145327
糖果、巧克力及蜜饯制造	1524493	909054	963720	2762	24003		112298
糖果、巧克力制造	995543	404652	569719	2762	11000		99819
蜜饯制作	528950	504402	394001		13003		12479
方便食品制造	6440092	1764453	2682287		61837	15040	251554
米、面制品制造	2908664	765332	1476556		30358	9040	109224
速冻食品制造	1738886	553465	659916		18568		66515
方便面及其他方便食品制造	1792542	445656	545815		12911	6000	75815
乳制品制造	1532290	751622	1198117		128008		174916
罐头食品制造	1650229	872182	1126130		54592		72094
肉、禽类罐头制造	399527	86944	165678		3200		36852
水产品罐头制造	79547	46760	43915		4742		4000
蔬菜、水果罐头制造	902631	600042	563439		38254		7892
其他罐头食品制造	268524	138436	353098		8396		23350
调味品、发酵制品制造	3262840	1305510	2434456		78227	4699	167207
味精制造	332751	109693	605514		38289		19338
酱油、食醋及类似制品制造	893370	395295	678285		2100		44332
其他调味品、发酵制品制造	2036719	800522	1150657		37838	4699	103537
其他食品制造	10201847	3439748	4486238	2000	194740	7039	431443
营养食品制造	1054655	341521	530601		36308	4481	33770
保健食品制造	2962363	884837	1116412		101415		50379
冷冻饮品及食用冰制造	572130	182677	246986		3940		33797
盐加工	265226	146354	89374				2760
食品及饲料添加剂制造	2137731	733314	1189432		15290	2558	138788
其他未列明食品制造	3209742	1151045	1313433	2000	37787		171949
酒、饮料和精制茶制造业	19878232	7830825	11665615	8082	1119428	10242	547900
酒的制造	6350260	2734785	5776276	4987	957135	4950	223689
酒精制造	215473	95975	218801		8537		8287
白酒制造	3013290	1292956	3953860		446537	4950	124638
啤酒制造	651095	399143	550733	4987	374501		36648
黄酒制造	331301	197618	163024		23287		
葡萄酒制造	1328042	467620	445065		1996		39053
其他酒制造	811059	281473	444793		102277		15063
饮料制造	9525804	3146680	3492115		142169	5292	300790
碳酸饮料制造	885778	257325	274910				62161
瓶(罐)装饮用水制造	2532432	893159	1111359		10040	2513	77921
果菜汁及果菜汁饮料制造	2862285	992620	865857		63177	459	55939
含乳饮料和植物蛋白饮料制造	1162227	410424	545371		3071		32463
固体饮料制造	373140	118548	127928				21997
茶饮料及其他饮料制造	1709942	474604	566690		65881	2320	50309
精制茶加工	4002168	1949360	2397224	3095	20124		23421
烟草制品业	900896	248633	659878	3570	122696		156370

2-1-22 续表 4 单位：万元

行 业	新建	扩建	改建和技术改造	单纯建造生活设施	迁建	恢复	单纯购置
烟叶复烤	363420	113901	144457		71452		9130
卷烟制造	413057	57734	471212		32858		140672
其他烟草制品制造	124419	76998	44209	3570	18386		6568
纺织业	24478380	17959514	20933004	12963	918567	10055	2113221
棉纺织及印染精加工	13564423	8230590	11325525	10823	618914	5069	923576
棉纺纱加工	9998529	5762465	6968007	9990	198488		372870
棉织造加工	2854357	1857674	2530571		112534	5069	345730
棉印染精加工	711537	610451	1826947	833	307892		204976
毛纺织及染整精加工	1430176	1009496	1251898		76137		108102
毛条和毛纱线加工	636168	366764	583519		23619		43869
毛织造加工	732385	570080	554630		23864		56328
毛染整精加工	61623	72652	113749		28654		7905
麻纺织及染整精加工	565190	312545	479721		152		10091
麻纤维纺前加工和纺纱	315732	99914	235332				5868
麻织造加工	226870	193637	228956				4223
麻染整精加工	22588	18994	15433		152		
丝绢纺织及印染精加工	551860	340379	583795				62247
缫丝加工	153327	150367	350676				9330
绢纺和丝织加工	313307	140597	173474				35651
丝印染精加工	85226	49415	59645				17266
化纤织造及印染精加工	1396551	1988569	1197412	840	60341		191903
化纤织造加工	1235801	1647340	983026		50810		157716
化纤织物染整精加工	160750	341229	214386	840	9531		34187
针织或钩针编织物及其制品制造	1459518	2540441	1444644		56621		367784
针织或钩针编织物织造	960530	2290663	986903		56621		306317
针织或钩针编织物印染精加工	188364	129458	192223				9530
针织或钩针编织品制造	310624	120320	265518				51937
家用纺织制成品制造	2661652	1842877	2575129	1300	41987		219715
床上用品制造	1192201	866917	1225918	1300	25984		75690
毛巾类制品制造	368485	401370	321721				15880
窗帘、布艺类产品制造	168753	192407	219173				38951
其他家用纺织制成品制造	932213	382183	808317		16003		89194
非家用纺织制成品制造	2849010	1694617	2074880		64415	4986	229803
非织造布制造	1297100	703211	895286		39714		126854
绳、索、缆制造	197817	198019	196291		1272		10028
纺织带和帘子布制造	226302	175444	174125		7644		26439
篷、帆布制造	352023	207495	194877		5347	4986	19524
其他非家用纺织制成品制造	775768	410448	614301		10438		46958
纺织服装、服饰业	23494085	10081337	12361090	77174	272525	41201	1481675
机织服装制造	15189366	6629758	6861224	57374	234186	41101	898661
针织或钩针编织服装制造	2617016	1444600	2390480	13350	17506		233239
服饰制造	5687703	2006979	3109386	6450	20833	100	349775
皮革、毛皮、羽毛及其制品和制鞋业	11201538	4982968	5803611	17120	200379	56239	796972
皮革鞣制加工	681653	220296	537396		100		31716
皮革制品制造	3496458	1619209	1832377	10000	74003		250704
皮革服装制造	715817	298389	389434		16560		34224
皮箱、包(袋)制造	1558206	546615	724021	10000	11649		146257
皮手套及皮装饰制品制造	359163	240491	353735				30649
其他皮革制品制造	863272	533714	365187		45794		39574
毛皮鞣制及制品加工	852349	783572	378567		1166		22398
毛皮鞣制加工	123374	56349	123611		640		

2-1-22　续表 5　　　　单位：万元

行　业	新建	扩建	改建和技术改造	单纯建造生活设施	迁建	恢复	单纯购置
毛皮服装加工	482680	426761	176649		526		14805
其他毛皮制品加工	246295	300462	78307				7593
羽毛(绒)加工及制品制造	792232	297917	416885		24415		24569
羽毛(绒)加工	295969	119004	193594				4600
羽毛(绒)制品加工	496263	178913	223291		24415		19969
制鞋业	5378846	2061974	2638386	7120	100695	56239	467585
纺织面料鞋制造	931287	518805	382755		26950		61011
皮鞋制造	2629673	915662	1295411		68602		183663
塑料鞋制造	521374	135394	347309	2320	3014	50057	26740
橡胶鞋制造	585320	220277	273063		2129		39224
其他制鞋业	711192	271836	339848	4800		6182	156947
木材加工和木、竹、藤、棕、草制品业	17683538	10137703	14045596	61636	221192	78150	849274
木材加工	5274815	3126728	3737307	10476	56928	1200	215677
锯材加工	1168984	1086125	877217	10476	12524		56539
木片加工	1305209	915477	1016804		26986		26143
单板加工	1108144	497652	1003569				54846
其他木材加工	1692478	627474	839717		17418	1200	78149
人造板制造	5399148	3126183	5123074	46160	53942	17770	228555
胶合板制造	2749378	2128355	3231293	46160	7950	17570	176099
纤维板制造	955966	337292	533476		26000	200	30960
刨花板制造	457238	140421	345086				15646
其他人造板制造	1236566	520115	1013219		19992		5850
木制品制造	5304505	2363938	3467022	5000	60379	57180	384137
建筑用木料及木材组件加工	1685723	492931	925416		8525	5300	58776
木门窗、楼梯制造	1590048	593418	921980		10000		120139
地板制造	553612	276156	445889		21397	36000	47207
木制容器制造	460161	214032	202359		318		27596
软木制品及其他木制品制造	1014961	787401	971378	5000	20139	15880	130419
竹、藤、棕、草等制品制造	1705070	1520854	1718193		49943	2000	20905
竹制品制造	1302157	1336742	1478930		44351	2000	4475
藤制品制造	93425	35253	53647				7756
棕制品制造	52392	69373	31235				2769
草及其他制品制造	257096	79486	154381		5592		5905
家具制造业	15913390	5474423	8226436	43850	226969	15935	775205
木质家具制造	11806822	3822287	6086682	43850	189763	15935	570615
竹、藤家具制造	327500	123594	147330		5885		3310
金属家具制造	1444396	888449	613238		14744		100025
塑料家具制造	258396	94068	218217				20341
其他家具制造	2076276	546025	1160969		16577		80914
造纸和纸制品业	13207051	6733877	9171837	13346	948124	2431	836606
纸浆制造	707956	54514	141977				
木竹浆制造	669028	15231	113058				
非木竹浆制造	38928	39283	28919				
造纸	4669669	2649564	3948911	3320	871277	2431	248036
机制纸及纸板制造	3711092	2268124	3276523	2600	844485	2431	163654
手工纸制造	148251	63734	116269		3078		15317
加工纸制造	810326	317706	556119	720	23714		69065
纸制品制造	7829426	4029799	5080949	10026	76847		588570
纸和纸板容器制造	3108670	1831268	2567789		23833		239702
其他纸制品制造	4720756	2198531	2513160	10026	53014		348868
印刷和记录媒介复制业	7016785	3785637	6066925		220027	4030	1444999

2-1-22 续表 6　　　　　　单位：万元

行　业	新建	扩建	改建和技术改造	单纯建造生活设施	迁建	恢复	单纯购置
印刷	6475896	3554169	5719771		202957	4030	1286842
书、报刊印刷	878736	402041	834939		30222		186041
本册印制	145624	138757	225231		8030		54750
包装装潢及其他印刷	5451536	3013371	4659601		164705	4030	1046051
装订及印刷相关服务	459146	219628	324803		17070		157197
记录媒介复制	81743	11840	22351				960
文教、工美、体育和娱乐用品制造业	12304963	5880370	7065969	9203	297419	3341	857963
文教办公用品制造	963861	503282	649608		30955		126714
文具制造	217657	234877	219375		7787		69489
笔的制造	235160	129148	103962		10128		10647
教学用模型及教具制造	196364	47348	203511				23992
墨水、墨汁制造	53877	11092	35896		4260		
其他文教办公用品制造	260803	80817	86864		8780		22586
乐器制造	669946	258846	239174		26943		54359
中乐器制造	62148	47294	19171				12628
西乐器制造	280261	132058	112486		26943		16151
电子乐器制造	80238	51177	58232				7759
其他乐器及零件制造	247299	28317	49285				17821
工艺美术品制造	6806427	2552378	3435155	5921	125628		359801
雕塑工艺品制造	1283742	531813	643077		27547		53113
金属工艺品制造	479889	311235	587031		15434		82853
漆器工艺品制造	71498	30509	64052				
花画工艺品制造	179917	73350	102084		4970		31040
天然植物纤维编织工艺品制造	185137	222889	427973		7500		13980
抽纱刺绣工艺品制造	202448	144403	211385		2490		31016
地毯、挂毯制造	510321	372917	258912	500	1250		21679
珠宝首饰及有关物品制造	1498806	135536	372637				56321
其他工艺美术品制造	2394669	729726	768004	5421	66437		69799
体育用品制造	1861503	999967	1278392		20800		96833
球类制造	149080	88173	113324				3368
体育器材及配件制造	628846	260863	476369		6063		27430
训练健身器材制造	530154	270131	209135		1330		42782
运动防护用具制造	108329	71440	148745		5740		10395
其他体育用品制造	445094	309360	330819		7667		12858
玩具制造	1386253	1300669	1057585	3282	89591	3341	167760
游艺器材及娱乐用品制造	616973	265228	406055		3502		52496
露天游乐场所游乐设备制造	297351	157373	136447				33174
游艺用品及室内游艺器材制造	211865	27955	76491		550		9560
其他娱乐用品制造	107757	79900	193117		2952		9762
石油加工、炼焦和核燃料加工业	14482173	4998012	6861576	3360	267869	94498	254856
精炼石油产品制造	11471799	4082093	5344255	3360	138615	59964	152698
原油加工及石油制品制造	10682196	3953365	5110369	3360	133715	40734	141247
人造原油制造	789603	128728	233886		4900	19230	11451
炼焦	3010374	915919	1517321		129254	34534	102158
化学原料和化学制品制造业	68481536	26456599	47204352	32684	2176902	99120	3079800
基础化学原料制造	21185857	8031089	14134201	6108	533010	20149	508129
无机酸制造	1175908	428099	701339		30132		32552
无机碱制造	1471330	179013	615610		4712		49998
无机盐制造	2014704	891697	1269269		41103		20274
有机化学原料制造	10865193	4877288	8684702	2908	366762	2839	247770
其他基础化学原料制造	5658722	1654992	2863281	3200	90301	17310	157535

2-1-22　续表 7

单位：万元

行　业	新建	扩建	改建和技术改造	单纯建造生活设施	迁建	恢复	单纯购置
肥料制造	11118328	3968439	5571878		203173	2200	233365
氮肥制造	1723022	738899	1255298		2990		21187
磷肥制造	840465	156421	298920				
钾肥制造	479255	151834	239702				4981
复混肥料制造	3104148	874684	1970749		174739		103256
有机肥料及微生物肥料制造	4135463	1792426	1516333		25444	2200	67586
其他肥料制造	835975	254175	290876				36355
农药制造	1924172	546808	2222711		336082	2800	93136
化学农药制造	1337892	279033	1737753		265599	2800	59405
生物化学农药及微生物农药制造	586280	267775	484958		70483		33731
涂料、油墨、颜料及类似产品制造	5409319	2448340	4255502	4210	157830		383887
涂料制造	3714084	1453378	2388495		47414		320839
油墨及类似产品制造	336532	141383	245184				11896
颜料制造	690545	317415	787108		84551		11136
染料制造	299188	312495	465582	2800	20028		10140
密封用填料及类似品制造	368970	223669	369133	1410	5837		29876
合成材料制造	10314343	3496586	6083703		351639	834	665094
初级形态塑料及合成树脂制造	4600050	1519863	2583842		312271	834	325655
合成橡胶制造	1225576	480215	565478		25834		57485
合成纤维单(聚合)体制造	1938972	669579	824436		2624		2983
其他合成材料制造	2549745	826929	2109947		10910		278971
专用化学产品制造	13808646	5757902	11001119	11000	282337	73137	944998
化学试剂和助剂制造	5593650	1819718	3569019	4800	64991	68023	186835
专项化学用品制造	3100481	2413613	3441957		121678	3477	322783
林产化学产品制造	347298	280923	404736		1600		21640
信息化学品制造	1596726	427438	1391234	6200		1637	246988
环境污染处理专用药剂材料制造	923966	223697	697905		9405		34482
动物胶制造	123386	45379	90212		49287		8361
其他专用化学产品制造	2123139	547134	1406056		35376		123909
炸药、火工及焰火产品制造	1662683	886211	2264430		193658		20387
焰火、鞭炮产品制造	1662683	886211	2264430		193658		20387
日用化学产品制造	3058188	1321224	1670808	11366	119173		230804
肥皂及合成洗涤剂制造	530264	299314	368242	8100			25483
化妆品制造	853832	372816	332533		84177		106209
口腔清洁用品制造	118182	43106	34321				2137
香料、香精制造	625212	295930	379456		31955		38640
其他日用化学产品制造	930698	310058	556256	3266	3041		58335
医药制造业	33787660	10347495	16394487	11064	968418	250743	1231641
化学药品原料药制造	6258744	1982022	3801358		168029		246382
化学药品制剂制造	4229138	1971111	2703961		221105	156935	189537
中药饮片加工	6243632	1271082	2270408	1000	13373	4986	70275
中成药生产	5921564	1750728	2370124	10064	251788		93275
兽用药品制造	1016514	285827	838585		9641		76342
生物药品制造	6367532	2051613	3133244		165039	88822	410765
卫生材料及医药用品制造	3750536	1035112	1276807		139443		145065
化学纤维制造业	4714943	3007853	3018381		163203	3500	252556
纤维素纤维原料及纤维制造	781278	582817	886337				57707
化纤浆粕制造	128155	49947	274885				2100
人造纤维(纤维素纤维)制造	653123	532870	611452				55607
合成纤维制造	3933665	2425036	2132044		163203	3500	194849
锦纶纤维制造	1050374	492192	309725		29817		26220

2-1-22　续表 8　　　　　　　　　　　　　　　　　　　　　　　　　　单位：万元

行　　业	新建	扩建	改建和技术改造	单纯建造生活设施	迁建	恢复	单纯购置
涤纶纤维制造	626952	1191792	716169		125410		74106
腈纶纤维制造	89175		95335				
维纶纤维制造	47792		35406				4500
丙纶纤维制造	95740	23388	22870				
氨纶纤维制造	190552	223565	135800				17828
其他合成纤维制造	1833080	494099	816739		7976	3500	72195
橡胶和塑料制品业	29928866	15159259	21149716	23499	831118	40843	3016899
橡胶制品业	6358079	4169393	5374939		361623	19309	821134
轮胎制造	2366021	1387749	1599418		191858	5760	318458
橡胶板、管、带制造	1043197	1236311	1315015		103480	1941	259766
橡胶零件制造	966932	547261	842897		37847		98447
再生橡胶制造	478745	150450	270031		1740		12849
日用及医用橡胶制品制造	321789	129837	333612		22710	735	28062
其他橡胶制品制造	1181395	717785	1013966		3988	10873	103552
塑料制品业	23570787	10989866	15774777	23499	469495	21534	2195765
塑料薄膜制造	3217205	1438909	2164839		47310	350	217918
塑料板、管、型材制造	5803299	2393121	3146452		79004	6978	430792
塑料丝、绳及编织品制造	2081038	1071550	1669724	12659	9475		152883
泡沫塑料制造	946614	475581	566701		8487		83170
塑料人造革、合成革制造	336643	166758	436758		1935		40429
塑料包装箱及容器制造	2648649	1451349	1899531	5240	99846		277970
日用塑料制品制造	2199742	1052339	1558495		49717	9831	192441
塑料零件制造	1343792	595365	990876	4000	15038		285117
其他塑料制品制造	4993805	2344894	3341401	1600	158683	4375	515045
非金属矿物制品业	81376524	30427759	51938128	193012	1309688	188582	3259631
水泥、石灰和石膏制造	5188550	2266559	4963182	8600	87689	13144	230666
水泥制造	3273135	1569800	3414710	8600	75777	8974	183356
石灰和石膏制造	1915415	696759	1548472		11912	4170	47310
石膏、水泥制品及类似制品制造	16829535	5759153	8809869	37627	294017	35128	856777
水泥制品制造	8838732	2998996	5057865	7885	133897	21858	498676
砼结构构件制造	3080894	947648	1214062	4785	139350		117040
石棉水泥制品制造	148645	94127	148530		2500		7650
轻质建筑材料制造	2787139	1146663	1494963	3015	12920	9540	129162
其他水泥类似制品制造	1974125	571719	894449	21942	5350	3730	104249
砖瓦、石材等建筑材料制造	31406017	12070073	20675217	88932	577420	57009	1177127
粘土砖瓦及建筑砌块制造	6805976	3230521	6597263	15800	48630	4819	232679
建筑陶瓷制品制造	3510586	1550577	3330387	7500	9100	33175	58229
建筑用石加工	8375908	3272109	4293408	60532	276902	12615	299254
防水建筑材料制造	1731543	580216	925683		70568		95867
隔热和隔音材料制造	2922292	918271	1614129	5100	99340	6400	71121
其他建筑材料制造	8059712	2518379	3914347		72880		419977
玻璃制造	3177658	1222785	1863345	4800	56548	6800	146434
平板玻璃制造	1145313	375416	726343			6800	45820
其他玻璃制造	2032345	847369	1137002	4800	56548		100614
玻璃制品制造	6033344	2001728	3875169	9400	61707	6427	222206
技术玻璃制品制造	1575520	588875	995704		10200	2588	45447
光学玻璃制造	654863	149661	248316		4870		59148
玻璃仪器制造	189730	62801	133614				4158
日用玻璃制品制造	1111535	520267	900388	4500	33556		36167
玻璃包装容器制造	719099	137222	607596		3420	3839	659
玻璃保温容器制造	155818	65926	115610		6994		8707

2-1-22　续表 9　　　　单位：万元

行　业	新建	扩建	改建和技术改造	单纯建造生活设施	迁建	恢复	单纯购置
制镜及类似品加工	131432	48359	65383				10151
其他玻璃制品制造	1495347	428617	808558	4900	2667		57769
玻璃纤维和玻璃纤维增强塑料制品制造	2224870	994055	1971196	20472	680		146543
玻璃纤维及制品制造	984394	613381	1368122	9472	680		92255
玻璃纤维增强塑料制品制造	1240476	380674	603074	11000			54288
陶瓷制品制造	5036073	2056322	3030375	14712	19002	55436	152110
卫生陶瓷制品制造	786760	137939	440156	6412	4600	35000	21848
特种陶瓷制品制造	1784531	1214710	1101521	8300	3362	15200	22017
日用陶瓷制品制造	1484358	393707	1117571		2420	500	73272
园林、陈设艺术及其他陶瓷制品制造	980424	309966	371127		8620	4736	34973
耐火材料制品制造	3938772	1519316	2496967	7500	89433		79539
石棉制品制造	498417	106211	308422		3750		6370
云母制品制造	154293	112734	95389	1000			11185
耐火陶瓷制品及其他耐火材料制造	3286062	1300371	2093156	6500	85683		61984
石墨及其他非金属矿物制品制造	7541705	2537768	4252808	969	123192	14638	248229
石墨及碳素制品制造	2584454	1114119	1916527	969	22484		86029
其他非金属矿物制品制造	4957251	1423649	2336281		100708	14638	162200
黑色金属冶炼和压延加工业	15356111	6784054	18032221	42253	586570	62355	751064
炼铁	670467	220639	612885		1300		77138
炼钢	3149536	261020	3833855				16509
黑色金属铸造	2245108	1760064	3109620	2720	18352	15962	145457
钢压延加工	8473271	3880457	9299196	39533	484464	46393	458664
铁合金冶炼	817729	661874	1176665		82454		53296
有色金属冶炼和压延加工业	28090510	9075753	12922933	15789	593017	306765	1580660
常用有色金属冶炼	7762453	1762178	4324933	2824	142752	102614	205300
铜冶炼	1052305	119038	640551			78813	15337
铅锌冶炼	807321	375281	998964	2824	91206	16772	73593
镍钴冶炼	588493	25992	267078				
锡冶炼	94688	99842	165836		22134		
锑冶炼	37583	16737	169859		13235		5100
铝冶炼	3299188	859160	1548060		4697	2903	12708
镁冶炼	895894	97234	84923				
其他常用有色金属冶炼	986981	168894	449662		11480	4126	98562
贵金属冶炼	917534	433520	485453	3327	4830		11548
金冶炼	470459	104927	148102		4830		
银冶炼	311553	216585	294763				
其他贵金属冶炼	135522	112008	42588	3327			11548
稀有稀土金属冶炼	958657	221691	778339		11565	2000	36922
钨钼冶炼	214792	125325	137833		7040		2790
稀土金属冶炼	366815	55561	503230		4525		32652
其他稀有金属冶炼	377050	40805	137276			2000	1480
有色金属合金制造	4141609	1112774	1850140	2700	207032	201051	129550
有色金属铸造	585182	222786	427986		5279		60355
有色金属压延加工	13725075	5322804	5056082	6938	221559	1100	1136985
铜压延加工	2988520	918897	1119533		51585		136336
铝压延加工	8169786	3946723	3008365	4900	141380	1100	254894
贵金属压延加工	245528	42984	70899				18293
稀有稀土金属压延加工	457765	82824	249401				17203
其他有色金属压延加工	1863476	331376	607884	2038	28594		710259
金属制品业	46081493	19244846	30326128	57163	1148862	89567	4164864
结构性金属制品制造	20534192	7453212	10479225	3474	256741	34630	1407386

2-1-22 续表 10

单位：万元

行　　业	新建	扩建	改建和技术改造	单纯建造生活设施	迁建	恢复	单纯购置
金属结构制造	14102509	5431048	7283300	3474	198598	34610	1062248
金属门窗制造	6431683	2022164	3195925		58143	20	345138
金属工具制造	3924276	1922214	2632253	10240	35308		592822
切削工具制造	1599143	630373	862522	9280	10370		249256
手工具制造	357272	289672	377010		3900		27317
农用及园林用金属工具制造	452993	178881	365660		5391		8749
刀剪及类似日用金属工具制造	276341	107578	148289		7709		28952
其他金属工具制造	1238527	715710	878772	960	7938		278548
集装箱及金属包装容器制造	2550226	904339	1524540	4980	139371		288943
集装箱制造	207294	47716	123615				25394
金属压力容器制造	1139064	422091	617459		108144		86861
金属包装容器制造	1203868	434532	783466	4980	31227		176688
金属丝绳及其制品制造	1909736	908615	1475586		159102		142792
建筑、安全用金属制品制造	4952167	2575112	4293972	20350	319165	4204	488747
建筑、家具用金属配件制造	1727570	931521	946670	5600	155062	4204	166826
建筑装饰及水暖管道零件制造	1664968	688249	2199953	14750	6306		155428
安全、消防用金属制品制造	842101	623086	543557		104011		65140
其他建筑、安全用金属制品制造	717528	332256	603792		53786		101353
金属表面处理及热处理加工	1915755	944155	1903886	4820	40630	49300	190613
搪瓷制品制造	506695	238450	160240		12239		57285
生产专用搪瓷制品制造	37751	39356	48908				3596
建筑装饰搪瓷制品制造	308451	122606	26648		2851		2100
搪瓷卫生洁具制造	78795	43526	34620				41709
搪瓷日用品及其他搪瓷制品制造	81698	32962	50064		9388		9880
金属制日用品制造	2432473	1340891	1695207	4890	33247		302390
金属制厨房用器具制造	663522	321104	326104		15090		51003
金属制餐具和器皿制造	755002	377332	397949	4890			60759
金属制卫生器具制造	94989	76602	57218				12730
其他金属制日用品制造	918960	565853	913936		18157		177898
其他金属制品制造	7355973	2957858	6161219	8409	153059	1433	693886
锻件及粉末冶金制品制造	2325544	962747	1881680	4019	30808	1433	216820
交通及公共管理用金属标牌制造	300000	86428	154784		25480		78938
其他未列明金属制品制造	4730429	1908683	4124755	4390	96771		398128
通用设备制造业	54559932	25082864	41872531	71410	1496668	17890	7505848
锅炉及原动设备制造	4765978	1925369	3542635	18136	205594	3800	571507
锅炉及辅助设备制造	2490586	966334	1776105	18136	45613	3800	234843
内燃机及配件制造	984348	505146	1042952		116335		154662
汽轮机及辅机制造	182481	84801	203220		17662		44680
水轮机及辅机制造	73266	30429	107024		12774		12580
风能原动设备制造	758043	202566	142297				68156
其他原动设备制造	277254	136093	271037		13210		56586
金属加工机械制造	10055128	4809838	8506761	4916	205815	1140	1619329
金属切削机床制造	2087018	820430	951151	4910	82869		315283
金属成形机床制造	1086104	480447	949138		3290		157266
铸造机械制造	1730107	1164852	2024228		20137		336989
金属切割及焊接设备制造	700982	332590	767427		9389		117380
机床附件制造	1090414	394731	773435		780	1140	210923
其他金属加工机械制造	3360503	1616788	3041382	6	89350		481488
物料搬运设备制造	7436850	2246554	2927502		84156		363403
轻小型起重设备制造	668005	175808	380209		2494		44093
起重机制造	1600109	421304	613482		18946		88390

2-1-22 续表 11

单位：万元

行　　业	新建	扩建	改建和技术改造	单纯建造生活设施	迁建	恢复	单纯购置
生产专用车辆制造	782790	340058	277398		5110		40324
连续搬运设备制造	962092	367839	482676		3609		32594
电梯、自动扶梯及升降机制造	2545112	667648	834937		53997		123426
其他物料搬运设备制造	878742	273897	338800				34576
泵、阀门、压缩机及类似机械制造	7058556	3453707	6050130		315636		734385
泵及真空设备制造	2005122	873055	1966190		76296		170149
气体压缩机械制造	962601	481258	779481		118068		144986
阀门和旋塞制造	2146171	1028895	1557068		71197		255061
液压和气压动力机械及元件制造	1944662	1070499	1747391		50075		164189
轴承、齿轮和传动部件制造	4662444	2496906	4054092		114938	3965	598026
轴承制造	2808532	1352117	2045734		36462	3965	231688
齿轮及齿轮减、变速箱制造	1130169	768052	1333553		56176		305041
其他传动部件制造	723743	376737	674805		22300		61297
烘炉、风机、衡器、包装等设备制造	6552743	3210302	4292613	8650	107245		652694
烘炉、熔炉及电炉制造	604430	254645	494627		300		25887
风机、风扇制造	961508	526563	715357				112745
气体、液体分离及纯净设备制造	912630	357119	536420		55215		86368
制冷、空调设备制造	2951395	1108186	1368042	8650	48118		254734
风动和电动工具制造	315024	243686	462749		256		68309
喷枪及类似器具制造	62895	70519	117049				11146
衡器制造	168028	114962	113402				18884
包装专用设备制造	576833	534622	484967		3356		74621
文化、办公用机械制造	735571	223428	349015		18957		174394
电影机械制造	18639	4520	13351				703
幻灯及投影设备制造	56813	2820	38382				7732
照相机及器材制造	82869	35493	66619				10332
复印和胶印设备制造	212152	42148	103525		18957		81166
计算器及货币专用设备制造	155572	62783	54621				24662
其他文化、办公用机械制造	209526	75664	72517				49799
通用零部件制造	9289466	5491552	9311167	36458	309735		2287507
金属密封件制造	914797	234457	374634		32600		74958
紧固件制造	1339429	1050052	1507483		52711		131914
弹簧制造	232469	237528	302766				91318
机械零部件加工	5014290	2511281	5343034	36458	133179		1781792
其他通用零部件制造	1788481	1458234	1783250		91245		207525
其他通用设备制造业	4003196	1225208	2838616	3250	134592	8985	504603
专用设备制造业	57324167	19975916	35273393	98456	1435830	46484	6215942
采矿、冶金、建筑专用设备制造	13484964	5523725	8871063	10200	531292	10663	1421750
矿山机械制造	5010645	1792951	3242072	3650	249732	4958	399177
石油钻采专用设备制造	2866077	951720	1319826		164989		294519
建筑工程用机械制造	2872891	984771	1999630	6550	41880	5705	319839
海洋工程专用设备制造	606534	569108	388652		5657		193028
建筑材料生产专用机械制造	1426051	804710	1050639		34859		157845
冶金专用设备制造	702766	420465	870244		34175		57342
化工、木材、非金属加工专用设备制造	7170495	3351775	5929210	5979	112481	8502	1288668
炼油、化工生产专用设备制造	1090855	602070	1098903		56671	2	182531
橡胶加工专用设备制造	186672	161469	156109		890		41819
塑料加工专用设备制造	852670	545075	827547		6053		136455
木材加工机械制造	455923	191554	374454		10076		63808
模具制造	4028339	1567593	3016592	5979	30123	8500	701365
其他非金属加工专用设备制造	556036	284014	455605		8668		162690

2-1-22 续表 12 单位：万元

行　　业	新建	扩建	改建和技术改造	单纯建造生活设施	迁建	恢复	单纯购置
食品、饮料、烟草及饲料生产专用设备制造	2060252	751525	1198269		30210		147269
食品、酒、饮料及茶生产专用设备制造	957089	299087	474755		20320		60647
农副食品加工专用设备制造	816748	263853	616735		6196		47207
烟草生产专用设备制造	200142	30612	29694				31992
饲料生产专用设备制造	86273	157973	77085		3694		7423
印刷、制药、日化及日用品生产专用设备制造	3248833	865574	1924041	10222	74510	6820	268698
制浆和造纸专用设备制造	306541	152383	290440				33488
印刷专用设备制造	666720	306706	416388	7904	30790		58635
日用化工专用设备制造	229282	93634	225938	2318	41873		47703
制药专用设备制造	557608	98351	454311		1847	6820	33969
照明器具生产专用设备制造	735631	110107	209017				39622
玻璃、陶瓷和搪瓷制品生产专用设备制造	563589	39393	140138				21187
其他日用品生产专用设备制造	189462	65000	187809				34094
纺织、服装和皮革加工专用设备制造	1254696	1063851	1306240		162321		317072
纺织专用设备制造	837781	819954	1012122		85566		236815
皮革、毛皮及其制品加工专用设备制造	95068	73485	134607		76755		33038
缝制机械制造	213099	121009	117667				41067
洗涤机械制造	108748	49403	41844				6152
电子和电工机械专用设备制造	5407359	1228584	2965781		42923		731681
电工机械专用设备制造	1961378	501302	1053309		8210		201353
电子工业专用设备制造	3445981	727282	1912472		34713		530328
农、林、牧、渔专用机械制造	5775143	1830829	3445100	9700	110817	14500	311500
拖拉机制造	649177	158726	387803				32153
机械化农业及园艺机具制造	2281154	767771	1302961		78964		67705
营林及木竹采伐机械制造	86385	12114	34360		3000		17220
畜牧机械制造	347933	179662	170446				35782
渔业机械制造	40203	1351	63960				18728
农林牧渔机械配件制造	911393	346066	810477	9700		14500	65310
棉花加工机械制造	75323	9341	37527				2986
其他农、林、牧、渔业机械制造	1383575	355798	637566		28853		71616
医疗仪器设备及器械制造	5873593	1346805	2821402		155260		797009
医疗诊断、监护及治疗设备制造	1934183	399592	835148		81555		294313
口腔科用设备及器具制造	152235	18008	61641		10800		35634
医疗实验室及医用消毒设备和器具制造	455999	211308	331698		4600		71594
医疗、外科及兽医用器械制造	1074090	232566	657791		16580		112269
机械治疗及病房护理设备制造	379181	132091	189807		13160		27413
假肢、人工器官及植(介)入器械制造	170954	47142	55039		3202		27044
其他医疗设备及器械制造	1706951	306098	690278		25363		228742
环保、社会公共服务及其他专用设备制造	13048832	4013248	6812287	62355	216016	5999	932295
环境保护专用设备制造	6200995	1812636	3402224	52655	119893		414377
地质勘查专用设备制造	125708	19610	71677				20050
邮政专用机械及器材制造		2987	6192				
商业、饮食、服务专用设备制造	87431	64404	79662				6095
社会公共安全设备及器材制造	874968	354311	551081		23461		52420
交通安全、管制及类似专用设备制造	327139	77328	127021		4708		23483
水资源专用机械制造	586350	180890	298648		20458		23072
其他专用设备制造	4846241	1501082	2275782	9700	47496	5999	392798
汽车制造业	61746124	18020751	33642082	13138	2071877	4182	4870971
汽车整车制造	12428388	4408373	5629272		513374		422208
改装汽车制造	1228230	374276	1076679		38722		95199

2-1-22　续表 13　　　　单位：万元

行　业	新建	扩建	改建和技术改造	单纯建造生活设施	迁建	恢复	单纯购置
低速载货汽车制造	268258	109220	56065		440000		4860
电车制造	2694246	475030	595782		44178		30731
汽车车身、挂车制造	1366210	547927	632185		15802		19008
汽车零部件及配件制造	43760792	12105925	25652099	13138	1019801	4182	4298965
铁路、船舶、航空航天和其他运输设备制造业	16680721	4305662	6706312	7473	197454	7600	1390434
铁路运输设备制造	2899465	1091588	1630982		21169	7400	209099
铁路机车车辆及动车组制造	205030	357360	234214		15097		9412
窄轨机车车辆制造	53749	15941	10130				3000
铁路机车车辆配件制造	1103828	449601	820105		6072	7400	86261
铁路专用设备及器材、配件制造	1221388	219131	517446				98235
其他铁路运输设备制造	315470	49555	49087				12191
城市轨道交通设备制造	1358686	148437	198510				36499
船舶及相关装置制造	2778834	1186488	2293821	793	24894	200	147289
金属船舶制造	984904	360662	996645		5400	200	39411
非金属船舶制造	261655	123843	188886		2280		20373
娱乐船和运动船制造	173055	77749	129053		4930		4666
船用配套设备制造	1210900	593194	905550	793	8503		78117
船舶改装与拆除	38999	22270	64239		3781		
航标器材及其他相关装置制造	109321	8770	9448				4722
摩托车制造	2341731	484990	898363		50986		122294
摩托车整车制造	975396	140945	213852		15589		35370
摩托车零部件及配件制造	1366335	344045	684511		35397		86924
自行车制造	2481054	792803	566514	6680	62516		187558
脚踏自行车及残疾人座车制造	590001	186495	149173	6680	30661		79208
助动自行车制造	1891053	606308	417341		31855		108350
非公路休闲车及零配件制造	648425	170553	84552		4775		15743
潜水救捞及其他未列明运输设备制造	4172526	430803	1033570		33114		671952
其他未列明运输设备制造	4172526	430803	1033570		33114		671952
电气机械和器材制造业	65315413	20493382	33899685	80629	1133679	56376	6835950
电机制造	5697624	2006103	3399697		108913		750408
发电机及发电机组制造	2838499	816515	1537522		12072		313164
电动机制造	1520108	552640	924448		17332		193543
微电机及其他电机制造	1339017	636948	937727		79509		243701
输配电及控制设备制造	22815727	6937278	11598035	58354	589799	29017	2556493
变压器、整流器和电感器制造	3584001	1191213	2192337		107050		481110
电容器及其配套设备制造	1082569	190385	521816		3400		139282
配电开关控制设备制造	3168198	1392764	2426282		214955		450518
电力电子元器件制造	5382361	1109193	2821077	19404	16547	676	599886
光伏设备及元器件制造	7554240	2300818	2118344	38950	82276	28341	619612
其他输配电及控制设备制造	2044358	752905	1518179		165571		266085
电线、电缆、光缆及电工器材制造	9316200	3400367	6722885	7594	152576	3600	760192
电线、电缆制造	6417464	2292521	4771678	7594	142974	3600	492890
光纤、光缆制造	1676598	443553	847355		5045		50214
绝缘制品制造	589009	230914	452128		3875		71354
其他电工器材制造	633129	433379	651724		682		145734
电池制造	10745399	3072055	4480486	1873	127072	11770	844329
锂离子电池制造	7199202	1999928	3084685	1873	74661	11770	596044
镍氢电池制造	647354	99945	175142		1590		9787
其他电池制造	2898843	972182	1220659		50821		238498
家用电力器具制造	5369721	2100743	2598846	6719	116163	6127	694223

2-1-22 续表 14

单位：万元

行　　业	新建	扩建	改建和技术改造	单纯建造生活设施	迁建	恢复	单纯购置
家用制冷电器具制造	1428288	497348	548396		39974		171673
家用空气调节器制造	525834	237403	307956	4860			97606
家用通风电器具制造	144785	127231	102080		4980		72301
家用厨房电器具制造	1337373	544064	516430	1859	20657	6127	84896
家用清洁卫生电器具制造	320351	123532	253212				66768
家用美容、保健电器具制造	137259	118502	49212				19834
家用电力器具专用配件制造	627780	235657	412557		50552		61882
其他家用电力器具制造	848051	217006	409003				119263
非电力家用器具制造	2143221	442619	820866		2910		207266
燃气、太阳能及类似能源家用器具制造	1978484	374931	639211		2910		188441
其他非电力家用器具制造	164737	67688	181655				18825
照明器具制造	6494041	1669613	2565627	6089	10903	5862	624283
电光源制造	1165820	324942	504947			5862	140994
照明灯具制造	4434730	1138734	1749041	3375	4650		385482
灯用电器附件及其他照明器具制造	893491	205937	311639	2714	6253		97807
其他电气机械及器材制造	2733480	864604	1713243		25343		398756
电气信号设备装置制造	439876	109774	290179		4860		61655
其他未列明电气机械及器材制造	2293604	754830	1423064		20483		337101
计算机、通信和其他电子设备制造业	57617012	13063813	22466427	129894	560286	45275	10761754
计算机制造	5814687	1738850	2903984	2818	57946		928134
计算机整机制造	888177	72192	717357		24528		289556
计算机零部件制造	2399162	934253	923506		20328		384986
计算机外围设备制造	842928	125529	511313		10297		86954
其他计算机制造	1684420	606876	751808	2818	2793		166638
通信设备制造	8789980	1099256	2824398	8433	102400		2541948
通信系统设备制造	4151241	607874	1756726		69471		1767046
通信终端设备制造	4638739	491382	1067672	8433	32929		774902
广播电视设备制造	959143	452298	636580		4860	2394	103274
广播电视节目制作及发射设备制造	123346	95089	149846		4860	2394	27696
广播电视接收设备及器材制造	455286	249867	293474				58892
应用电视设备及其他广播电视设备制造	380511	107342	193260				16686
视听设备制造	1451231	244473	853103		14672	1800	338945
电视机制造	722658	17544	415612			1800	92868
音响设备制造	438668	155182	243535		14672		87797
影视录放设备制造	289905	71747	193956				158280
电子器件制造	22313245	4328286	6395731	113486	27758	40873	3971147
电子真空器件制造	505388	123120	196268	4775	4980		66614
半导体分立器件制造	694453	146266	455495	5314	530		1085431
集成电路制造	5043092	283777	2070914	82400	170		1320284
光电子器件及其他电子器件制造	16070312	3775123	3673054	20997	22078	40873	1498818
电子元件制造	10644833	3633275	6351170	4600	192421	208	2195513
电子元件及组件制造	8684422	3339484	5421977	4600	156819	208	1709499
印制电路板制造	1960411	293791	929193		35602		486014
其他电子设备制造	7643893	1567375	2501461	557	160229		682793
仪器仪表制造业	7961612	2771837	5227158	2957	95118		1404727
通用仪器仪表制造	3894668	1562501	3236585	782	52916		710057
工业自动控制系统装置制造	1741112	731795	1604117		29663		298447
电工仪器仪表制造	739699	303052	595941		4710		118175
绘图、计算及测量仪器制造	340319	229032	93805	782			33499
实验分析仪器制造	211341	77929	252864		3483		167256

2-1-22　续表 15

单位：万元

行　业	新建	扩建	改建和技术改造	单纯建造生活设施	迁建	恢复	单纯购置
试验机制造	84774	52650	74574				57492
供应用仪表及其他通用仪器制造	777423	168043	615284		15060		35188
专用仪器仪表制造	2157534	658277	1176123	2000	2908		362472
环境监测专用仪器仪表制造	301854	114944	210289				39970
运输设备及生产用计数仪表制造	384430	91059	227828				44335
农林牧渔专用仪器仪表制造	72390	7194	5473				2760
地质勘探和地震专用仪器制造	32712	15598	29934				60211
教学专用仪器制造	161086	59330	57180				6566
电子测量仪器制造	334576	176337	245863				104897
其他专用仪器制造	870486	193815	399556	2000	2908		103733
钟表与计时仪器制造	240146	91257	91199		11600		37215
光学仪器及眼镜制造	942149	309449	381751	175	12537		184038
光学仪器制造	637967	196502	262654	175	12537		134730
眼镜制造	304182	112947	119097				49308
其他仪器仪表制造业	727115	150353	341500		15157		110945
其他制造业	13279496	3622992	3917395	22989	107702	27378	1074250
日用杂品制造	1297289	659298	666248	4900	21344	503	117881
鬃毛加工、制刷及清扫工具制造	382394	187010	224367	4900	9700		37156
其他日用杂品制造	914895	472288	441881		11644	503	80725
煤制品制造	1208842	207929	363445		1000		28506
其他未列明制造业	10773365	2755765	2887702	18089	85358	26875	927863
废弃资源综合利用业	7636844	1898357	3949342	13118	28176	9799	218140
金属废料和碎屑加工处理	3877431	951007	2437597	13118	17003	4825	106832
非金属废料和碎屑加工处理	3759413	947350	1511745		11173	4974	111308
金属制品、机械和设备修理业	1457757	489390	812856		27867		216687
金属制品修理	192406	28725	80539				29684
通用设备修理	142748	59226	106567		3100		19315
专用设备修理	323059	81662	311124				10279
铁路、船舶、航空航天等运输设备修理	367377	198806	158785		24767		67902
铁路运输设备修理	32098	125427	13270				11476
船舶修理	63869	17424	87514		24767		13347
航空航天器修理	221907	10954	46392				41679
其他运输设备修理	49503	45001	11609				1400
电气设备修理	67482	28223	36047				27588
仪器仪表修理	13048		7110				6279
其他机械和设备修理业	351637	92748	112684				55640
（四）电力、热力、燃气及水生产和供应业	**207207227**	**36844767**	**50128367**	**556771**	**871503**	**185617**	**1565734**
电力、热力生产和供应业	159286615	26627309	38251589	299375	676383	151773	1083723
电力生产	111238225	18281172	19554403	77097	343877	105074	498711
火力发电	24366204	6632204	7961753		114181	1044	235383
水力发电	14770077	1751742	3052101	12297	5166	17652	56859
核力发电	3855368	3890036	2356525				
风力发电	22016518	2289702	1697875			36396	47685
太阳能发电	37705608	2648896	2004701	59840	94094	49982	98709
其他电力生产	8524450	1068592	2481448	4960	130436		60075
电力供应	34717075	4916612	13866042	109202	184556	30076	126346
热力生产和供应	13331315	3429525	4831144	113076	147950	16623	458666
燃气生产和供应业	13982525	3475361	3440106	96150	79937	1400	272511
燃气生产和供应业	13982525	3475361	3440106	96150	79937	1400	272511
水的生产和供应业	33938087	6742097	8436672	161246	115183	32444	209500

2-1-22 续表 16

单位：万元

行业	新建	扩建	改建和技术改造	单纯建造生活设施	迁建	恢复	单纯购置
自来水生产和供应	16549510	3346076	4151812	32990	70477	14180	72009
污水处理及其再生利用	15043716	3127126	3535133	56110	41006	18264	114401
其他水的处理、利用与分配	2344861	268895	749727	72146	3700		23090
(五)建筑业	**33390365**	**4493994**	**5140453**	**211316**	**149350**	**104141**	**2284692**
房屋建筑业	10354396	1066442	813687	57808	46696	15682	493900
房屋建筑业	10354396	1066442	813687	57808	46696	15682	493900
土木工程建筑业	17579218	2285822	2708436	105381	39827	62258	988305
铁路、道路、隧道和桥梁工程建筑	11184331	1522837	1525610	44055	21464	39482	659903
铁路工程建筑	244298	29568	25352				205525
公路工程建筑	3892541	763369	830791	12430		33256	117239
市政道路工程建筑	4752728	542626	464093	19515	21464	740	74304
其他道路、隧道和桥梁工程建筑	2294764	187274	205374	12110		5486	262835
水利和内河港口工程建筑	2520224	310063	490930	16223	4370	8950	130204
水源及供水设施工程建筑	1125313	119846	106970	16223	4370		36373
河湖治理及防洪设施工程建筑	1134159	122203	281270			8950	9857
港口及航运设施工程建筑	260752	68014	102690				83974
海洋工程建筑	245065	654	1436				4980
工矿工程建筑	194560	11107	171862				20615
架线和管道工程建筑	1140817	56147	228087	3270	2316	4952	42749
架线及设备工程建筑	544328	30037	63362	3270	2316		35080
管道工程建筑	596489	26110	164725			4952	7669
其他土木工程建筑	2294221	385014	290511	41833	11677	8874	129854
建筑安装业	1730558	223184	533490	9510			230442
电气安装	272871	40916	100959				53912
管道和设备安装	677958	70886	181381	4900			50254
其他建筑安装业	779729	111382	251150	4610			126276
建筑装饰和其他建筑业	3726193	918546	1084840	38617	62827	26201	572045
建筑装饰业	1268785	370852	629546	16228	7520		292611
工程准备活动	443210	94938	99801	13896	37474	4653	66062
建筑物拆除活动	155052	21563	40771		4600		28537
其他工程准备活动	288158	73375	59030	13896	32874	4653	37525
提供施工设备服务	162913	53027	69853				67236
其他未列明建筑业	1851285	399729	285640	8493	17833	21548	146136
(六)批发和零售业	**121149040**	**25471691**	**24756400**	**334823**	**846278**	**166535**	**6665969**
批发业	58731869	14156796	13878930	51539	533523	10269	4844325
农、林、牧产品批发	7723373	1595578	845407	620	117242		127127
谷物、豆及薯类批发	2364623	557898	260977		3760		25951
种子批发	388512	206246	83826				21584
饲料批发	277498	66778	62006		48972		23738
棉、麻批发	235402	79298	46277				12500
林业产品批发	614902	95623	54262				4224
牲畜批发	434966	80577	22044				5557
其他农牧产品批发	3407470	509158	316015	620	64510		33573
食品、饮料及烟草制品批发	9783983	2319581	1809432	18593	143156	3364	381481
米、面制品及食用油批发	888412	197880	292093				78025
糕点、糖果及糖批发	345925	47253	31399				25632
果品、蔬菜批发	4834677	1071265	434140		135479		35533
肉、禽、蛋、奶及水产品批发	1422646	308648	334990	12093	5051	3364	81644
盐及调味品批发	110616	21058	19942				2944
营养和保健品批发	83916	25557	64572				14009

2-1-22 续表 17

单位：万元

行业	新建	扩建	改建和技术改造	单纯建造生活设施	迁建	恢复	单纯购置
酒、饮料及茶叶批发	686002	273927	269011	6500	393		33026
烟草制品批发	106202	19181	24438				47600
其他食品批发	1305587	354812	338847		2233		63068
纺织、服装及家庭用品批发	5173446	1247635	1382274	873	24850	4880	254663
纺织品、针织品及原料批发	1261162	442233	429662	873	4632		43210
服装批发	1452248	338802	401154				73596
鞋帽批发	144506	38872	78341				13720
化妆品及卫生用品批发	224953	44513	51864				9052
厨房、卫生间用具及日用杂货批发	434885	75302	91585		11315		36619
灯具、装饰物品批发	614654	123075	67883				17235
家用电器批发	378151	84924	161124			4880	35674
其他家庭用品批发	662887	99914	100661		8903		25557
文化、体育用品及器材批发	1160465	287597	356961		3262		104132
文具用品批发	403310	127096	117715				42619
体育用品及器材批发	137859	18564	67638				13438
图书批发	169831	31597	32675		3262		12583
报刊批发	2617						
音像制品及电子出版物批发	6748	9342	33022				
首饰、工艺品及收藏品批发	255661	42382	63812				14060
其他文化用品批发	184439	58616	42099				21432
医药及医疗器材批发	2367618	485352	517919		38941		267342
西药批发	654171	115431	165680		9966		36369
中药批发	875041	152879	100474		24765		11966
医疗用品及器材批发	838406	217042	251765		4210		219007
矿产品、建材及化工产品批发	16551612	4276419	3677105	25481	128033	1925	1161466
煤炭及制品批发	1551153	418963	233904		5102		59287
石油及制品批发	2076814	629654	608627	15441	17681	200	283276
非金属矿及制品批发	325431	116683	54705				15614
金属及金属矿批发	3025257	601717	511823		6800	30	274303
建材批发	7897276	1729836	1456049	5280	75669	1695	366178
化肥批发	553670	180036	138294		14267		27434
农药批发	100255	39441	6060				11658
农用薄膜批发	16726	5900	5530				
其他化工产品批发	1005030	554189	662113	4760	8514		123716
机械设备、五金产品及电子产品批发	8844831	2012475	2233225	2054	49539		1367611
农业机械批发	1032973	224811	137458		8603		122634
汽车批发	1632363	159491	155119				125894
汽车零配件批发	1244956	181979	308352		13110		53268
摩托车及零配件批发	69551	33732	21810				
五金产品批发	1628122	436097	424039		8099		267132
电气设备批发	674000	248396	238081		7450		144070
计算机、软件及辅助设备批发	497065	103551	230198				113904
通讯及广播电视设备批发	178335	45828	73866				51964
其他机械设备及电子产品批发	1887466	578590	644302	2054	12277		488745
贸易经纪与代理	2132948	971007	1945143		12668		409669
贸易代理	1440627	800831	1237382		3107		249444
拍卖	2670	4534	11643				
其他贸易经纪与代理	689651	165642	696118		9561		160225
其他批发业	4993593	961152	1111464	3918	15832	100	770834
再生物资回收与批发	1345452	275872	318652		4992		48960
其他未列明批发业	3648141	685280	792812	3918	10840	100	721874

2-1-22 续表 18 单位：万元

行　　业	新建	扩建	改建和技术改造	单纯建造生活设施	迁建	恢复	单纯购置
零售业	62417171	11314895	10877470	283284	312755	156266	1821644
综合零售	23274595	3393615	2772142	159957	109229	44349	318873
百货零售	12693192	1740826	1332910	100364	41902	37349	151275
超级市场零售	5088607	843472	764728	7393	58081		107928
其他综合零售	5492796	809317	674504	52200	9246	7000	59670
食品、饮料及烟草制品专门零售	4191993	1177976	840466	27793	6637	14205	103968
粮油零售	527593	114903	143329		1100	10000	2967
糕点、面包零售	92182	9007	42139	4603			4447
果品、蔬菜零售	1172005	234153	147024	9195			
肉、禽、蛋、奶及水产品零售	734318	251897	89512	6245	5363	4205	28503
营养和保健品零售	82383	29470	43656				6738
酒、饮料及茶叶零售	440726	201294	139792		174		22567
烟草制品零售	15433	12273	6133				
其他食品零售	1127353	324979	228881	7750			38746
纺织、服装及日用品专门零售	2314333	559564	872438	6752	590	8400	72008
纺织品及针织品零售	404899	102640	97001				12699
服装零售	1147349	248706	380441	2882			41026
鞋帽零售	36993	32475	37231				5883
化妆品及卫生用品零售	80488	40264	36300		590		1900
钟表、眼镜零售	29977	12025	82614				2100
箱、包零售	44860		25011				
厨房用具及日用杂品零售	41035	30000	21440				
自行车零售	24229	13033	32564				
其他日用品零售	504503	80421	159836	3870		8400	8400
文化、体育用品及器材专门零售	1560301	264047	518950	14537	11810		77310
文具用品零售	69699	27568	60628		2010		8738
体育用品及器材零售	129874	35818	64626				
图书、报刊零售	143201	11072	64088		9800		3000
音像制品及电子出版物零售	2844	3578	6937				
珠宝首饰零售	425249	106210	104570	11288			36952
工艺美术品及收藏品零售	661803	55455	164602				6870
乐器零售	5807	8997	9050				3365
照相器材零售	880		9350				7853
其他文化用品零售	120944	15349	35099	3249			10532
医药及医疗器材专门零售	1424479	409680	580146	10110	11996		109600
药品零售	1043590	310213	423360	10110	9336		55953
医疗用品及器材零售	380889	99467	156786		2660		53647
汽车、摩托车、燃料及零配件专门零售	16310018	2690986	2147097	49410	138479	59527	481460
汽车零售	12006280	1752940	1136224	44910	82136	9900	333997
汽车零配件零售	957901	235914	225858		1250	48935	69994
摩托车及零配件零售	144647	38771	38423				2600
机动车燃料零售	3201190	663361	746592	4500	55093	692	74869
家用电器及电子产品专门零售	2065228	485898	536239	9055	3200	5000	258585
家用视听设备零售	101296	31514	26116			5000	4352
日用家电设备零售	711909	159317	182165	2855	3200		42396
计算机、软件及辅助设备零售	523892	88283	125571	6200			44805
通信设备零售	216605	57861	89189				105085
其他电子产品零售	511526	148923	113198				61947
五金、家具及室内装饰材料专门零售	5227245	1254140	1274144		22564	17440	185722

2-1-22　续表 19

单位：万元

行　业	新建	扩建	改建和技术改造	单纯建造生活设施	迁建	恢复	单纯购置
五金零售	683636	249892	359047		19000		79616
灯具零售	86422	20323	42148				2529
家具零售	2565723	479106	329168		570	12605	38585
涂料零售	58932	22164	22879				4520
卫生洁具零售	38089	13177	25876				
木质装饰材料零售	532724	68726	49181				14324
陶瓷、石材装饰材料零售	513658	173751	207424		2994	4835	4976
其他室内装饰材料零售	748061	227001	238421				41172
货摊、无店铺及其他零售业	6048979	1078989	1335848	5670	8250	7345	214118
货摊食品零售	97665	16916	7358				
货摊纺织、服装及鞋零售	56047	9618	9015				9588
货摊日用品零售	99257	4200					
互联网零售	2541630	384487	442728			2550	98224
邮购及电视、电话零售	72755	3780	1853				
旧货零售	27948	4860	14756				
生活用燃料零售	680787	175947	147804				15077
其他未列明零售业	2472890	479181	712334	5670	8250	4795	91229
(七)交通运输、仓储和邮政业	**399713395**	**58254712**	**48216514**	**484968**	**1318358**	**1000376**	**27296431**
铁路运输业	60814657	4398725	3214362	1430	400722	19230	8631998
铁路旅客运输	47724758	2173357	756765		201000		8455263
铁路货物运输	7886105	2050004	1799662		42292		152341
铁路运输辅助活动	5203794	175364	657935	1430	157430	19230	24394
客运火车站	1087060	73305	45093		18		
货运火车站	613600	29712	24080		157412	19230	4900
其他铁路运输辅助活动	3503134	72347	588762	1430			19494
道路运输业	245429953	38551959	38274382	392705	363311	827116	5533950
城市公共交通运输	47060044	5892763	1259057	88128	11930	2000	2695480
公共电汽车客运	2282601	220118	196334	62269	9118		1563457
城市轨道交通	38306498	5177802	179122	19000			155025
出租车客运	153443	27481	29797	3030			752280
其他城市公共交通运输	6317502	467362	853804	3829	2812	2000	224718
公路旅客运输	75849558	9924897	12114969	41579	87138	313089	291332
道路货物运输	60812001	12848003	12206067	95052	104167	253754	2361254
道路运输辅助活动	61708350	9886296	12694289	167946	160076	258273	185884
客运汽车站	2447003	316246	126291	20021	78432		60719
公路管理与养护	42795483	7532752	10609896	84808	38934	213016	38848
其他道路运输辅助活动	16465864	2037298	1958102	63117	42710	45257	86317
水上运输业	15173720	2049553	1268177	43366	39275	41110	3018073
水上旅客运输	637264	94140	35371				198864
海洋旅客运输	167544	67464	11374				138807
内河旅客运输	369897	13370	18446				8478
客运轮渡运输	99823	13306	5551				51579
水上货物运输	2042457	594716	434008		3600		2221056
远洋货物运输	281306	1256	73234		3600		816578
沿海货物运输	553966	101297	135734				955704
内河货物运输	1207185	492163	225040				448774
水上运输辅助活动	12493999	1360697	798798	43366	35675	41110	598153
客运港口	741307	27062	10636				75374
货运港口	9665932	962527	260138	28555	26695	39110	103652
其他水上运输辅助活动	2086760	371108	528024	14811	8980	2000	419127

2-1-22 续表 20 单位：万元

行 业	新建	扩建	改建和技术改造	单纯建造生活设施	迁建	恢复	单纯购置
航空运输业	9097520	3390184	488607		91831	2750	9125345
航空客货运输	3341211	573763	135965		61784	2750	8838175
航空旅客运输	3309485	568945	76631		61784	2750	8825718
航空货物运输	31726	4818	59334				12457
通用航空服务	1218554	374654	3486		18000		275378
航空运输辅助活动	4537755	2441767	349156		12047		11792
机场	3955910	2358289	225909		12047		11311
空中交通管理	28020		1976				
其他航空运输辅助活动	553825	83478	121271				481
管道运输业	1960271	313337	328201	16351	1690		7300
管道运输业	1960271	313337	328201	16351	1690		7300
装卸搬运和运输代理业	8299074	1392787	778525	17246		35776	371021
装卸搬运	1280066	288455	94578	8460			139504
运输代理业	7019008	1104332	683947	8786		35776	231517
货物运输代理	5199214	828432	433898	8786		24756	204777
旅客票务代理	7228						4610
其他运输代理业	1812566	275900	250049			11020	22130
仓储业	57420584	7759386	3736460	8970	403487	74394	431706
谷物、棉花等农产品仓储	12281804	2734118	1253230	4672	123249	13856	37415
谷物仓储	7130464	1812900	793711	4672	115049	13856	10216
棉花仓储	259647	138960	14758				2320
其他农产品仓储	4891693	782258	444761		8200		24879
其他仓储业	45138780	5025268	2483230	4298	280238	60538	394291
邮政业	1517616	398781	127800	4900	18042		177038
邮政基本服务	233005	65055	45665	100	1855		39164
快递服务	1284611	333726	82135	4800	16187		137874
（八）住宿和餐饮业	**43615095**	**7838629**	**7035033**	**190849**	**30656**	**13833**	**749768**
住宿业	32116555	5005545	3758949	122665	11170	11553	351696
旅游饭店	23777775	3438343	1872713	92203	6370	10773	186618
一般旅馆	4287465	991744	1318011	11686		780	112055
其他住宿业	4051315	575458	568225	18776	4800		53023
餐饮业	11498540	2833084	3276084	68184	19486	2280	398072
正餐服务	8595107	2253533	2557431	44023	3558	2280	314178
快餐服务	427913	117277	161683		2300		12750
饮料及冷饮服务	313776	83091	90169	10000	9508		14837
茶馆服务	61674	11400	15882				2300
咖啡馆服务	59248	47914	35139	10000	9508		1762
酒吧服务	120779	23777	34338				10010
其他饮料及冷饮服务	72075		4810				765
其他餐饮业	2161744	379183	466801	14161	4120		56307
小吃服务	625585	99328	163169				730
餐饮配送服务	166194	39331	54053				12370
其他未列明餐饮业	1369965	240524	249579	14161	4120		43207
（九）信息传输、软件和信息技术服务业	**38781147**	**6756251**	**12145556**	**182905**	**89184**	**10432**	**5221127**
电信、广播电视和卫星传输服务	13491356	3948803	7732620	11924	22357	1500	1261801
电信	12462945	3709337	7151772	11924	15507	1500	1165586
固定电信服务	1657207	906702	1869108	1398			364944
移动电信服务	9157510	2679439	4527113		15507		727604
其他电信服务	1648228	123196	755551	10526		1500	73038
广播电视传输服务	938760	239466	541228		6850		83391

2-1-22　续表 21

单位：万元

行　　业	新建	扩建	改建和技术改造	单纯建造生活设施	迁建	恢复	单纯购置
有线广播电视传输服务	745063	202971	492973				66775
无线广播电视传输服务	193697	36495	48255		6850		16616
卫星传输服务	89651		39620				12824
互联网和相关服务	6066429	725306	1160722	2700		6320	1422556
互联网接入及相关服务	2016396	264570	532708				102461
互联网信息服务	2429645	260787	400066	2700		6320	1191626
其他互联网服务	1620388	199949	227948				128469
软件和信息技术服务业	19223362	2082142	3252214	168281	66827	2612	2536770
软件开发	7016948	810943	1312780	162108	20000	2612	1351121
信息系统集成服务	2977325	180609	724939				435460
信息技术咨询服务	2276106	338747	347897	1081			166922
数据处理和存储服务	3453932	392143	384158		12145		373348
集成电路设计	259199	11901	70046	2092	4600		9680
其他信息技术服务业	3239852	347799	412394	3000	30082		200239
数字内容服务	425014	29026	80722		5156		14312
呼叫中心	505467	13838	54571	3000			
其他未列明信息技术服务业	2309371	304935	277101		24926		185927
（十）金融业	**9231265**	**924655**	**1656158**	**32312**	**20107**	**4870**	**1232620**
货币金融服务	3683554	428697	756318	18087	17287	4870	691523
中央银行服务	339224	38665	74892	1275		4870	91695
货币银行服务	2746214	300207	590155	16812	17287		426724
非货币银行服务	566699	54158	91271				173104
金融租赁服务	218381	11891	23792				156077
财务公司	28293	3550	4745				6291
典当	31242	12691	22877				
其他非货币银行服务	288783	26026	39857				10736
银行监管服务	31417	35667					
资本市场服务	3157829	353473	584808	7448	1220		202104
证券市场服务	414340	39508	47062				34898
证券市场管理服务	129406		2350				
证券经纪交易服务	236945	34708	24034				20159
基金管理服务	47989	4800	20678				14739
期货市场服务	42392						
期货市场管理服务	11853						
其他期货市场服务	30539						
证券期货监管服务	53802		32746				
资本投资服务	2340524	213387	338390	4880	1220		134229
其他资本市场服务	306771	100578	166610	2568			32977
保险业	957266	65572	104728	6777			46835
人身保险	667559	21226	57682	3215			19964
人寿保险	662797	21226	53714	3215			19964
健康和意外保险	4762		3968				
财产保险	213834	25934	23502	3562			7893
再保险							
养老金	3500	4899					
保险经纪与代理服务	21353	2903	23544				10395
保险监管服务							
其他保险活动	51020	10610					8583
风险和损失评估	30212	7480					8583
其他未列明保险活动	20808	3130					

2-1-22 续表 22

单位：万元

行　业	新建	扩建	改建和技术改造	单纯建造生活设施	迁建	恢复	单纯购置
其他金融业	1432616	76913	210304		1600		292158
金融信托与管理服务	396952	16535	23441		1600		24961
控股公司服务	68277		4769				195763
非金融机构支付服务	86790	7238	15360				29060
金融信息服务	431755	28464	58544				19337
其他未列明金融业	448842	24676	108190				23037
(十一)房地产业	**1294942344**	**25134027**	**17987520**	**9752501**	**4345359**	**334148**	**341042**
房地产业	1294942344	25134027	17987520	9752501	4345359	334148	341042
房地产开发经营	1065076864	2083259	1535893	419428	202443	76696	39467
物业管理	2774678	592835	1259009	59800	208804	2600	225368
房地产中介服务	362420	79250	90996		3040		15818
自有房地产经营活动	21045030	1687985	1303356	160731	186419	15425	9845
其他房地产业	205683352	20690698	13798266	9112542	3744653	239427	50544
(十二)租赁和商务服务业	**89427358**	**11624556**	**8629743**	**307909**	**367367**	**102509**	**12697797**
租赁业	3928906	568389	643703	11569	12340		10780086
机械设备租赁	3601253	538544	622927	6969	12340		10770510
汽车租赁	710870	152311	159127		9040		637358
农业机械租赁	349893	24075	57992	546			80216
建筑工程机械与设备租赁	995828	225252	188342	1593	3300		589602
计算机及通讯设备租赁	62062	32242	9997				4311
其他机械与设备租赁	1482600	104664	207469	4830			9459023
文化及日用品出租	327653	29845	20776	4600			9576
娱乐及体育设备出租	249937	21349	6466	4600			
图书出租	15369	2500	4150				
音像制品出租	2332		8590				
其他文化及日用品出租	60015	5996	1570				9576
商务服务业	85498452	11056167	7986040	296340	355027	102509	1917711
企业管理服务	38326931	3485542	2543460	223109	252990	53954	577832
企业总部管理	4604315	644536	326659	85388	114954		99898
投资与资产管理	28519510	2292582	1735265	110783	138036	53039	364921
单位后勤管理服务	456389	158965	69872	3040			13695
其他企业管理服务	4746717	389459	411664	23898		915	99318
法律服务	106753	44664	51286				18047
律师及相关法律服务	36296	42664	45882				18047
公证服务	6376						
其他法律服务	64081	2000	5404				
咨询与调查	2214963	430770	863327	7356	5200		253750
会计、审计及税务服务	96056	47266	51585				14212
市场调查	6572		7269				9772
社会经济咨询	1015161	159475	288399	2446	2000		80967
其他专业咨询	1097174	224029	516074	4910	3200		148799
广告业	1758487	666393	952700	4532			477234
知识产权服务	220787	22234	38964				8122
人力资源服务	1086155	148188	237093	3262			75768
公共就业服务	340590	31198	9720	1420			3997
职业中介服务	95319	11423	47544	1842			2950
劳务派遣服务	373115	54397	137005				53542
其他人力资源服务	277131	51170	42824				15279
旅行社及相关服务	14938930	1757980	697725	16953	30787	37262	98656
旅行社服务	405595	116090	204346	2915			46437

2-1-22 续表 23

单位：万元

行业	新建	扩建	改建和技术改造	单纯建造生活设施	迁建	恢复	单纯购置
旅游管理服务	13798531	1567710	460985	14038	30787	35697	37146
其他旅行社相关服务	734804	74180	32394			1565	15073
安全保护服务	977540	63894	239888	2850	5200		65075
安全服务	244756	19739	38731				29794
安全系统监控服务	606539	36587	129664	2850			20758
其他安全保护服务	126245	7568	71493		5200		14523
其他商务服务业	25867906	4436502	2361597	38278	60850	11293	343227
市场管理	9873503	1276088	822906	20957	42699		56786
会议及展览服务	5272217	2217575	403077		10600	11100	24040
包装服务	272580	84818	56073	3900	3812		34844
办公服务	1300852	123461	212869	11221			54963
信用服务	35924	5520	2080				18919
担保服务	54903	14690	48162				1500
其他未列明商务服务业	9057927	714350	816430	2200	3739	193	152175
（十三）科学研究和技术服务业	**39059773**	**6336643**	**6765099**	**72103**	**342984**	**44607**	**3056486**
研究和试验发展	10279363	1415659	1337762		18239	356	540495
自然科学研究和试验发展	1112516	155536	120359		4500		68312
工程和技术研究和试验发展	5912865	790104	660360				308178
农业科学研究和试验发展	1585496	309365	149353		13689		43071
医学研究和试验发展	1496812	78184	395533		50		114671
社会人文科学研究	171674	82470	12157			356	6263
专业技术服务业	12834173	2320230	2579672	66523	298157	14961	1393286
气象服务	331826	26080	7352		12191		7851
地震服务	74371	6049	7452	2875	2550		14777
海洋服务	218108	35400	32958				4090
测绘服务	101421	33527	58127	23932			80778
质检技术服务	2294526	306040	347359		38470	4996	350524
环境与生态监测	689927	63010	126196	12285	4500		62323
环境保护监测	559463	52204	105910	12285	4500		60883
生态监测	130464	10806	20286				1440
地质勘查	1322071	366600	285032	4520		268	90752
能源矿产地质勘查	498658	39410	117544				28939
固体矿产地质勘查	341110	319692	85238				9155
水、二氧化碳等矿产地质勘查	19760						4950
基础地质勘查	233971		9131				13430
地质勘查技术服务	228572	7498	73119	4520		268	34278
工程技术	5131143	919129	897597	2300	184920	9697	255991
工程管理服务	2189210	410108	248262		4385		111325
工程勘察设计	1329646	218209	397397		2814	3487	137206
规划管理	1612287	290812	251938	2300	177721	6210	7460
其他专业技术服务业	2670780	564395	817599	20611	55526		526200
专业化设计服务	883242	175375	264106				63065
摄影扩印服务	173764	37864	137143				10774
兽医服务	58139	23128	8420	1451			3917
其他未列明专业技术服务业	1555635	328028	407930	19160	55526		448444
科技推广和应用服务业	15946237	2600754	2847665	5580	26588	29290	1122705
技术推广服务	10679150	1765735	2298460	5580	22600	7110	685212
农业技术推广服务	5342496	1010039	696595		2890		98174
生物技术推广服务	1420973	171665	250213		6583	7110	80884
新材料技术推广服务	1105324	167245	645573	1500	1200		162754

2-1-22 续表 24 单位：万元

行　　业	新建	扩建	改建和技术改造	单纯建造生活设施	迁建	恢复	单纯购置
节能技术推广服务	1106977	164819	376234	4080	4195		86703
其他技术推广服务	1703380	251967	329845		7732		256697
科技中介服务	2203645	306477	154955				62822
其他科技推广和应用服务业	3063442	528542	394250		3988	22180	374671
（十四）水利、环境和公共设施管理业	**538273539**	**74864602**	**64754551**	**3397787**	**1551384**	**2419717**	**1210527**
水利管理业	66512319	10101621	9886569	157139	19243	522461	54483
防洪除涝设施管理	30792145	5387251	5168074	53996	5604	373211	3096
水资源管理	12774402	1391542	1431437	32231	7738	32164	18662
天然水收集与分配	11288333	1539356	1144868	30415	2900	20561	8639
水文服务	161354	66267	14632				3303
其他水利管理业	11496085	1717205	2127558	40497	3001	96525	20783
生态保护和环境治理业	22367590	3027542	5267410	96979	68641	465680	161897
生态保护	4133973	567365	870610	4411	18549	28717	16878
自然保护区管理	1262328	263667	519290			7453	8799
野生动物保护	260829	28186	69492		10150	450	5809
野生植物保护	289836	4145	6807			3374	
其他自然保护	2320980	271367	275021	4411	8399	17440	2270
环境治理业	18233617	2460177	4396800	92568	50092	436963	145019
水污染治理	10992755	1474079	1880828	40302	19970	30640	48084
大气污染治理	1438897	94505	1053388			1440	32616
固体废物治理	2401120	364315	346237	19672	13882	41596	24539
危险废物治理	373419	94200	73682			2376	4498
放射性废物治理	46370	10756	2600				
其他污染治理	2981056	422322	1040065	32594	16240	360911	35282
公共设施管理业	449393630	61735439	49600572	3143669	1463500	1431576	994147
市政设施管理	299110992	41448447	35294352	2140262	887175	848276	600631
环境卫生管理	9755777	1511442	1663458	156738	13076	33595	175575
城乡市容管理	23838780	3151442	4680960	569416	361486	120640	71070
绿化管理	16198827	2626780	2324582	76127	10003	97754	83068
公园和游览景区管理	100489254	12997328	5637220	201126	191760	331311	63803
公园管理	21547554	2267053	1126177	95112	8511	43740	13384
游览景区管理	78941700	10730275	4511043	106014	183249	287571	50419
（十五）居民服务、修理和其他服务业	**19060133**	**3291667**	**3292873**	**157709**	**72201**	**29420**	**862270**
居民服务业	11194450	1772576	1535737	133522	32341	27520	210706
家庭服务	615037	77189	115639	1573	1150	1200	20739
托儿所服务	66772	9904	29744	871			2750
洗染服务	95837	21488	32228	18100			26338
理发及美容服务	64663	42236	142393				21184
洗浴服务	1157492	174889	230249				14204
保健服务	378287	57843	86757	18665	1900		16086
婚姻服务	177241	37089	41325			8600	
殡葬服务	1544045	453252	95229	4709	27875		4800
其他居民服务业	7095076	898686	762173	89604	1416	17720	104605
机动车、电子产品和日用产品修理业	3421106	954434	990426	12800	23736	1700	371825
汽车、摩托车修理与维护	3002535	888688	883131	4385	23736		322768
汽车修理与维护	2983286	877020	875713	4385	23736		322768
摩托车修理与维护	19249	11668	7418				
计算机和办公设备维修	298234	27687	72143	3620		1700	28205
计算机和辅助设备修理	118434	6710	28055				13804
通讯设备修理	70942	9818	10296	1920			3536
其他办公设备维修	108858	11159	33792	1700		1700	10865

2-1-22　续表 25　　　　单位：万元

行　　业	新建	扩建	改建和技术改造	单纯建造生活设施	迁建	恢复	单纯购置
家用电器修理	61482	18424	11326	4795			3770
家用电子产品修理	28373	7300	7026	4795			3770
日用电器修理	33109	11124	4300				
其他日用产品修理业	58855	19635	23826				17082
自行车修理	2450	1960					
鞋和皮革修理	830						
家具和相关物品修理	14077	3420	2351				
其他未列明日用产品修理业	41498	14255	21475				17082
其他服务业	4444577	564657	766710	11387	16124	200	279739
清洁服务	486108	131733	226183	5784	5580	200	143953
建筑物清洁服务	80837	25317	28959				4200
其他清洁服务	405271	106416	197224	5784	5580	200	139753
其他未列明服务业	3958469	432924	540527	5603	10544		135786
（十六）教育	**67793803**	**14256541**	**6537364**	**337096**	**2162612**	**107181**	**2042146**
教育	67793803	14256541	6537364	337096	2162612	107181	2042146
学前教育	6276362	1254636	696634	35388	45585	1175	59239
初等教育	15578591	3946762	1737697	67666	384616	28072	297025
普通小学教育	15420661	3898052	1715694	67666	382096	28072	294198
成人小学教育	157930	48710	22003		2520		2827
中等教育	25475529	4922349	2045566	140019	942457	68096	510140
普通初中教育	13278864	2750220	1319847	104251	276276	68076	358541
职业初中教育	618704	80326	78526		30015		3229
成人初中教育	122847	24164	3748		13600		1088
普通高中教育	6512321	1300867	441689	23232	383428	20	91629
成人高中教育	105818	10673	7610		520		
中等职业学校教育	4836975	756099	194146	12536	238618		55653
高等教育	11543095	2198254	743423	66505	516312		855049
普通高等教育	11124561	2118167	711489	63005	409410		813247
成人高等教育	418534	80087	31934	3500	106902		41802
特殊教育	337242	75953	50377	2788	2250		10041
技能培训、教育辅助及其他教育	8582984	1858587	1263667	24730	271392	9838	310652
职业技能培训	4652969	866923	528461	14180	125417		112358
体校及体育培训	487007	83093	55626		31268		14000
文化艺术培训	551979	130372	147542				18270
教育辅助服务	645568	99446	238442	550	8975	3490	95077
其他未列明教育	2245461	678753	293596	10000	105732	6348	70947
（十七）卫生和社会工作	**44127898**	**8118789**	**4100444**	**201420**	**2468995**	**57232**	**3740722**
卫生	30157333	6335328	3271561	121961	2412877	56599	3658558
医院	23653536	4867506	2446293	83147	1955739	45712	3119776
综合医院	15723638	3383336	1478153	36122	1357302	45712	2353880
中医医院	2335326	480814	190029	3978	376941		183485
中西医结合医院	510827	156741	52960		82571		115382
民族医院	156138	56890	8300		1816		1231
专科医院	3083818	628277	625086	11037	116870		456018
疗养院	1843789	161448	91765	32010	20239		9780
社区医疗与卫生院	3486536	956965	437752	24082	135155	9560	199041
社区卫生服务中心(站)	1047375	172286	163454	10684	29335		75002
街道卫生院	223805	63198	9984		9205		8901
乡镇卫生院	2215356	721481	264314	13398	96615	9560	115138

2-1-22 续表 26 单位：万元

行　　业	新建	扩建	改建和技术改造	单纯建造生活设施	迁建	恢复	单纯购置
门诊部(所)	458561	120194	109901		2135	504	60194
计划生育技术服务活动	111773	13979	51168	655	2320	823	11928
妇幼保健院(所、站)	1053747	197582	93199	11111	252942		73619
专科疾病防治院(所、站)	282821	32435	26800		9603		17402
疾病预防控制中心	314975	61877	21208		34747		50049
其他卫生活动	795384	84790	85240	2966	20236		126549
社会工作	13970565	1783461	828883	79459	56118	633	82164
提供住宿社会工作	13122934	1711864	689179	59409	51802	633	48092
干部休养所	95301	32323	17486				2120
护理机构服务	1080290	199606	62699	2563	9220		
精神康复服务	199564	19002	20781				
老年人、残疾人养护服务	11088722	1247161	537387	56426	39842	633	45216
孤残儿童收养和庇护服务	306492	97425	18138	420			756
其他提供住宿社会救助	352565	116347	32688		2740		
不提供住宿社会工作	847631	71597	139704	20050	4316		34072
社会看护与帮助服务	550232	63984	112468	4800	4316		26809
其他不提供住宿社会工作	297399	7613	27236	15250			7263
(十八)文化、体育和娱乐业	**64488825**	**7017567**	**5040587**	**190041**	**137428**	**325046**	**1101923**
新闻和出版业	705232	93592	104754	5600	4103		85083
新闻业	172937	9314	10595		4103		24939
出版业	532295	84278	94159	5600			60144
图书出版	69072	16869	17919				23504
报纸出版	297056	9799	15460	5600			18098
期刊出版		3738	33197				2940
音像制品出版	4712		8636				4355
电子出版物出版	12919	27850	2352				
其他出版业	148536	26022	16595				11247
广播、电视、电影和影视录音制作业	4945073	273726	559009	13914	183		399170
广播	404154	22094	96065				22611
电视	351386	24594	70362	2718	183		152710
电影和影视节目制作	2847145	102590	211515	2186			67068
电影和影视节目发行	136067	3580	11697				49327
电影放映	1121877	112316	141305	4200			104535
录音制作	84444	8552	28065	4810			2919
文化艺术业	27246407	3590228	2485033	56083	117304	285804	297860
文艺创作与表演	1529444	119634	110519				24811
艺术表演场馆	2244581	110470	138170	3277	17440		5971
图书馆与档案馆	1515359	162418	68580	10097	16639		24604
图书馆	1086834	113701	55118	6690	600		24604
档案馆	428525	48717	13462	3407	16039		
文物及非物质文化遗产保护	5641842	1036689	744822	8357	61787	255674	17083
博物馆	4242769	408201	345835	2283	12413	10714	21200
烈士陵园、纪念馆	813699	190437	92002		1200	4416	2930
群众文化活动	6246847	972413	419208	22858	4825	10100	17994
其他文化艺术业	5011866	589966	565897	9211	3000	4900	183267
体育	12151661	1134084	727118	33187	10787	32472	124091
体育组织	190502	18502	2716			4100	7991
体育场馆	5323952	395089	266808	2293	4000	27872	11433
休闲健身活动	5827188	658323	390940	30894	6787	500	98418
其他体育	810019	62170	66654				6249

2-1-22 续表 27

单位：万元

行业	新建	扩建	改建和技术改造	单纯建造生活设施	迁建	恢复	单纯购置
娱乐业	19440452	1925937	1164673	81257	5051	6770	195719
室内娱乐活动	2195867	317093	583437	45723			117936
歌舞厅娱乐活动	528714	118075	264763	14181			37429
电子游艺厅娱乐活动	72514	7176	10222				7066
网吧活动	167580	46914	198180	17329			45215
其他室内娱乐活动	1427059	144928	110272	14213			28226
游乐园	11013917	590504	244190	27202	1922		37138
彩票活动	9652	3847		500			8110
文化、娱乐、体育经纪代理	213725	28417	38602	115	2929		14418
文化娱乐经纪人	10862	3680	7356	115			1780
体育经纪人							652
其他文化艺术经纪代理	202863	24737	31246		2929		11986
其他娱乐业	6007291	986076	298444	7717	200	6770	18117
（十九）公共管理、社会保障和社会组织	**62611414**	**9317065**	**6733681**	**909857**	**885675**	**172092**	**1245680**
中国共产党机关	256637	14828	33052		8920		4504
中国共产党机关	256637	14828	33052		8920		4504
国家机构	45877190	5007275	4363917	560600	676531	39107	1182719
国家权力机构	577521	23653	64802	7691	9829		15971
国家行政机构	43756257	4801113	4191703	542284	587157	37243	1137384
综合事务管理机构	16122094	2013076	1811153	358736	162268	7303	456343
对外事务管理机构	70475	7771	4786				
公共安全管理机构	11348170	516372	308239	5420	228647	8325	236385
社会事务管理机构	7798903	972134	933759	138207	171312	220	245238
经济事务管理机构	7569485	1098451	983049	30480	14450	18087	152723
行政监督检查机构	847130	193309	150717	9441	10480	3308	46695
人民法院和人民检察院	878775	125573	28523	3000	31351	614	24291
人民法院	565507	94007	19406		30919	614	11010
人民检察院	313268	31566	9117	3000	432		13281
其他国家机构	664637	56936	78889	7625	48194	1250	5073
人民政协、民主党派	26034	2500	5031		150		4900
人民政协	15894		585		150		4900
民主党派	10140	2500	4446				
社会保障	2154524	308776	110305	13318	25558		900
社会保障	2154524	308776	110305	13318	25558		900
群众团体、社会团体和其他成员组织	2991173	1105035	475660	5117	64812	80072	43212
群众团体	178434	22633	25265			2723	
工会	53906	14931	2850			2723	
妇联	5065	1082	19727				
共青团	7528						
其他群众团体	111935	6620	2688				
社会团体	1386008	123866	296849	182	9590	4975	38222
专业性团体	1002821	69075	142234	182	4560	4975	12266
行业性团体	164952	32194	146667				7667
其他社会团体	218235	22597	7948		5030		18289
基金会	7178						
宗教组织	1419553	958536	153546	4935	55222	72374	4990
基层群众自治组织	11305856	2878651	1745716	330822	109704	52913	9445
社区自治组织	2798668	310570	427146	133357	10191	1560	7048
村民自治组织	8507188	2568081	1318570	197465	99513	51353	2397

2-1-23 各地区按隶属关系分新增固定资产

单位：万元

地　区	合计	中央项目	地方项目				
				省属	地市属	县属	其他
全国总计	**3535305382**	**108031914**	**3427273468**	**113391990**	**241104618**	**777398125**	**2295378735**
北　京	31910170	5055708	26854462	6136059	4823173	2212323	13682907
天　津	76352401	3338652	73013749	5371149	14887863	4888352	47866385
河　北	223857816	5194430	218663386	5592332	11980939	46918703	154171412
山　西	96652686	3187099	93465587	5331325	4732334	16721958	66679970
内蒙古	101609534	4026773	97582761	4257845	10571326	47768633	34984957
辽　宁	31819541	2101801	29717740	362543	3424041	3178416	22752740
吉　林	99483987	1888754	97595233	1743480	4772167	20578514	70501072
黑龙江	82818144	2901296	79916848	2224628	4563143	18864162	54264915
上　海	29552252	4101013	25451239	4984051	3198764	877531	16390893
江　苏	337509427	3528106	333981321	3115187	11038238	26996299	292831597
浙　江	188324986	3416528	184908458	3179436	14354420	38352118	129022484
安　徽	159814809	1990069	157824740	3801772	12433696	24544327	117044945
福　建	131943537	4152826	127790711	5607387	8033660	25600884	88548780
江　西	106065837	516852	105548985	1566199	4468721	22943234	76570831
山　东	311821338	4200690	307620648	3339442	12099005	37549811	254632390
河　南	223420542	1266431	222154111	2393490	11562215	48658369	159540037
湖　北	154243505	3581561	150661944	2345774	13509345	36467289	98339536
湖　南	163290445	2319492	160970953	3668462	8482354	43335352	105484785
广　东	170757181	7774609	162982572	6672038	16041731	22188466	118080337
广　西	113504537	6613150	106891387	2117912	5212701	25328162	74232612
海　南	13341510	609486	12732024	2372255	1580526	3043002	5736241
重　庆	87106872	2486355	84620517	8017866	13437546	14018667	49146438
四　川	182277314	6429761	175847553	7003224	14947020	62655141	91242168
贵　州	65925714	1017410	64908304	4599300	3825709	27205918	29277377
云　南	81247904	4379419	76868485	3700294	4227856	41988028	26952307
西　藏	6915892	1210725	5705167	340848	1249339	2816233	1298747
陕　西	106543884	4544539	101999345	6833293	10457106	43971269	40737677
甘　肃	59342483	1185219	58157264	2658933	3794613	28597499	23106219
青　海	17620626	2339384	15281242	1834642	1444469	7597773	4404358
宁　夏	20094756	2406438	17688318	1060361	1717426	4964930	9945601
新　疆	60135752	10267338	49868414	1160463	4233172	26566762	17908017
不分地区							

2-1-24　各地区按建设性质分新增固定资产

单位：万元

地　　区	新建	扩建	改建和技术改造	单纯建造生活设施	迁建	恢复	单纯购置
全国总计	**2242253845**	**487703053**	**639072113**	**13592522**	**21145986**	**5280419**	**126257444**
北　　京	23013220	2179336	1830991	66613	240127	5120	4574763
天　　津	47339174	6283087	9157410	125417	317461	210973	12918879
河　　北	126789111	37802695	52171977	342734	3528107	222511	3000681
山　　西	68342348	13337908	10345276	2852109	192145	103505	1479395
内 蒙 古	73027463	9966575	16154082	151045	339401	183456	1787512
辽　　宁	26839949	2335283	1505412	18849	101042	20780	998226
吉　　林	43174191	18378317	28887898	249531	835178	243013	7715859
黑 龙 江	45914890	13217197	13419100	147018	27455	24540	10067944
上　　海	21940936	1452940	1806013	82400	97720		4172243
江　　苏	180923213	63139584	72380688	1213329	1330673	184385	18337555
浙　　江	107315490	31289657	40048355	390958	2876536	101571	6302419
安　　徽	105911555	18428046	32303707	284583	513385	230020	2143513
福　　建	73245765	30725013	22175523	825032	702299	443841	3826064
江　　西	66197383	14117784	21635545	120011	356261	92674	3546179
山　　东	145529108	61044708	92718423	1852815	2052256	485057	8138971
河　　南	187406806	21033585	8608094	469074	1038044	435255	4429684
湖　　北	111855809	17292680	19989160	829554	1327007	459998	2489297
湖　　南	95043659	16730887	50283671	269024	262537	80302	620365
广　　东	108364633	25656925	23927669	396999	735389	433682	11241884
广　　西	55528504	17410834	35477981	123290	306183	61539	4596206
海　　南	11250178	495900	254138	10915	2942	3984	1323453
重　　庆	70895182	5212172	9493372	36458	657790	96233	715665
四　　川	122010286	13355415	41857818	426712	1022308	274452	3330323
贵　　州	56499747	3807220	4497473	75739	306672	43554	695309
云　　南	44827120	21449237	11597940	675630	1006750	241264	1449963
西　　藏	5643637	348719	413818	253101	16384	27043	213190
陕　　西	86716413	9138537	6130194	271565	451538	114339	3721298
甘　　肃	51457164	2437756	3330696	261995	212052	193860	1448960
青　　海	13689902	1170459	2373830	74075	89561	37686	185113
宁　　夏	17678573	1204501	971166	64152	9046		167318
新　　疆	47882436	7260096	3324693	631795	191737	225782	619213
不分地区							

2-1-25 各地区按行业门类分新增固定资产

单位：万元

地区	合计	农、林、牧、渔业	采矿业	制造业	电力、热力、燃气及水的生产和供应业
全国总计	**3535305382**	**174513132**	**75250410**	**1287560892**	**176697644**
北京	31910170	448874	508	2667095	1599931
天津	76352401	2476200	1018959	21872603	1268182
河北	223857816	13714751	4485867	108327811	12717782
山西	96652686	16168462	7891143	21287590	7517734
内蒙古	101609534	7723859	6315012	21335319	12912508
辽宁	31819541	833563	869658	8206759	2514256
吉林	99483987	6034730	3595130	47840848	3709538
黑龙江	82818144	8860253	3162335	25679063	2357697
上海	29552252	30582		3837568	1139710
江苏	337509427	3165060	576226	172798089	9262818
浙江	188324986	2852748	399184	59805692	7667397
安徽	159814809	5883525	1578918	66130239	5989337
福建	131943537	6790348	1833786	45214089	7487298
江西	106065837	2910336	1859112	55999958	4294644
山东	311821338	8972311	3209031	154253862	12446142
河南	223420542	14909554	3732865	104228866	9383314
湖北	154243505	7590728	2382405	59306462	4747094
湖南	163290445	8825429	3797102	60334189	5570630
广东	170757181	4537397	1125327	67766444	7536252
广西	113504537	7766822	2425717	40661560	10173647
海南	13341510	145247	32981	266874	818274
重庆	87106872	3036973	945546	27715871	2777286
四川	182277314	8027054	5157588	42339334	9866568
贵州	65925714	2861877	4336848	13173837	2570151
云南	81247904	6855427	2227624	10632780	4944747
西藏	6915892	605908	121098	290594	853860
陕西	106543884	10573805	6852493	19865768	5869647
甘肃	59342483	5065143	1203652	9538783	3948974
青海	17620626	1237421	336983	2335894	2820999
宁夏	20094756	1350840	402418	3156747	3554149
新疆	60135752	4257905	3374894	10690304	8377078
不分地区					

2-1-25　续表 1

单位：万元

地　　区	建筑业	批发和零售业	交通运输、仓储和邮政业	住宿和餐饮业	信息传输、软件和信息技术服务业
全国总计	**31377070**	**129861883**	**250378080**	**39764527**	**37891398**
北　京	12610	115162	2989036	498208	1213424
天　津	683291	6151140	3004327	594337	1256281
河　北	73168	6759410	17407803	1465490	1534514
山　西	112372	2912919	5934055	547065	594313
内蒙古	1115797	3416708	9344791	574397	1138864
辽　宁	27999	1010775	2009496	327865	119913
吉　林	1503346	6655580	6690578	1078770	1570009
黑龙江	1807687	5818867	5825485	1997131	1546395
上　海	14806	212048	4876295	8394	590118
江　苏	917809	13255870	14865429	3328727	4765178
浙　江	73120	2353086	12320608	1551839	1798105
安　徽	1257742	7425387	8891318	1953745	2122071
福　建	486824	3251296	12091411	1061225	2166673
江　西	419646	6391250	4157151	1897109	1099727
山　东	6688286	16346041	14597399	2399817	1525801
河　南	35572	7712786	10194240	2015626	928207
湖　北	2618358	4296744	13608607	2100104	975909
湖　南	1993705	7106498	8766357	1923285	1807371
广　东	367610	5637130	12659557	2316230	1665912
广　西	1233777	5765045	8327664	1469802	1425280
海　南	515536	156555	1938371	86851	128052
重　庆	35625	1264029	8114826	1120761	227720
四　川	165095	3460232	25490542	2373472	2383738
贵　州	46689	1350228	6887174	1455184	289310
云　南	5541	1870617	8808212	1743303	911424
西　藏	17913	90846	1110207	212744	102204
陕　西	191695	4557176	6660265	1631318	1611755
甘　肃	7539461	3171347	4566918	1386678	773709
青　海	480149	179261	3311603	155041	147133
宁　夏	43971	181119	2033488	117844	427141
新　疆	891870	986731	2894867	372165	1045147
不分地区					

2-1-25 续表 2

单位：万元

地 区	金融业	房地产业	租赁和商务服务业	科学研究和技术服务业	水利、环境和公共设施管理业
全国总计	**7218400**	**590201824**	**73221044**	**36368757**	**410968573**
北 京	92960	15976706	253655	719574	2470528
天 津	126152	15531212	9510087	1968980	7925572
河 北	621668	22324907	2583317	2709854	19840178
山 西	85443	14481180	1128941	769988	12301199
内 蒙 古	133991	8972375	679871	720686	20707265
辽 宁	41993	10671286	370783	183945	3071140
吉 林	346695	5377392	1668399	1219826	6409440
黑 龙 江	592986	8532343	2187286	1847366	6637579
上 海	1155	15587224	442785	113487	2005395
江 苏	573459	53791963	10564816	4660798	28205294
浙 江	556274	55269059	4178447	972913	29297540
安 徽	507202	25718476	4314143	2086066	16890695
福 建	395620	17951503	2123675	666833	22176196
江 西	281740	8561572	2145387	1037643	9262724
山 东	506098	37388962	7148351	6716822	18600634
河 南	236214	32586503	2367182	1784150	21603145
湖 北	171064	22672098	3904053	910916	19901778
湖 南	585925	20268588	3794246	2332685	23168503
广 东	146435	40132875	2456540	747536	16354254
广 西	503538	8659005	2926159	1094973	12430428
海 南		8114791	100335	18597	471670
重 庆	9468	20645318	1619016	150992	16177977
四 川	162884	42393800	2043862	655772	26611398
贵 州	53532	12709976	1290143	134642	14314810
云 南	57974	22777291	218579	103708	11237240
西 藏	44311	945546	79079	63482	920053
陕 西	91652	17378870	1370575	1056334	20387489
甘 肃	191332	6582102	660552	490505	7544237
青 海	14633	2304635	440256	69713	1891006
宁 夏	7404	4780319	143366	127504	2216748
新 疆	78598	11113947	507158	232467	9936458
不分地区					

2-1-25　续表 3　　单位：万元

地　区	居民服务、修理和其他服务业	教育	卫生、和社会工　作	文化、体育和娱乐业	公共管理社会保障和社会组织
全国总计	**19585460**	**60253916**	**36494178**	**43086071**	**54612123**
北　京	155753	899966	247708	1441063	107409
天　津	1491575	626409	302782	412118	132194
河　北	720091	2695599	1895389	2397689	1582528
山　西	382206	1529833	829149	1534426	644668
内蒙古	228371	1375614	933283	1379442	2601381
辽　宁	277328	296533	236168	396627	353454
吉　林	882734	828566	1117213	773791	2181402
黑龙江	958351	1535064	1269943	994682	1207631
上　海	5355	490327	93232	34616	69155
江　苏	2023945	4047846	2500698	3960561	4244841
浙　江	632215	2743414	1202281	2460871	2190193
安　徽	854756	2288703	1350088	1452770	3119628
福　建	439461	2099110	1168120	1809482	2730587
江　西	924267	1352216	751809	1079173	1640373
山　东	2073631	4672455	2951608	3670785	7653302
河　南	1173171	3638668	3343355	2568169	978955
湖　北	885703	2525614	1710414	1762155	2173299
湖　南	1015568	3350102	2369552	2684003	3596707
广　东	369452	3094836	1187677	1722691	933026
广　西	764310	3247448	1531504	1222897	1874961
海　南	47805	278134	90658	68509	62270
重　庆	201488	1338283	874158	451941	399594
四　川	503447	4087296	2768076	1699035	2088121
贵　州	321332	1617390	731286	1579151	202154
云　南	198570	2987955	1058235	946528	3662149
西　藏	54725	296702	126352	106496	873772
陕　西	786816	2268841	1870053	1719266	1800066
甘　肃	863493	1726901	898993	1628164	1561539
青　海	26268	412002	137289	253583	1066757
宁　夏	143775	535136	294205	356698	221884
新　疆	179498	1366953	652900	518689	2658123
不分地区					

2-1-26 各地区按工业行业大类分新增固定资产

单位：万元

地 区	工业合计	煤炭开采和洗选业	石油和天然气开采业	黑色金属矿采选业	有色金属矿采选业	非金属矿采选业	开采辅助活动
全国总计	**1539508946**	**23565148**	**14063734**	**8129112**	**9547750**	**16661451**	**2713616**
北 京	4267534			508			
天 津	24159744		947828	6300		9300	45781
河 北	125531460	386608	254287	2551771	774471	472882	27588
山 西	36696467	5926595	204191	676799	94230	476031	492717
内蒙古	40562839	2139187	1224105	918117	1246862	449427	319421
辽 宁	11590673	47965	341248	255007	36062	185526	3850
吉 林	55145516	416365	1207141	244088	567522	921181	223233
黑龙江	31199095	440439	2008490	3800	85251	481773	129352
上 海	4977278						
江 苏	182637133	101236	155237	97887	29986	186730	5150
浙 江	67872273	234	1300		21326	356597	3176
安 徽	73698494	265240	5988	275708	354109	630986	23994
福 建	54535173	375399		222750	209897	944340	30325
江 西	62153714	262259		340467	151549	1058277	15010
山 东	169909035	592435	1039595	317450	364937	687714	173716
河 南	117345045	388777	170696	60906	2326867	651209	109866
湖 北	66435961	163464	47692	87403	243475	1745168	56056
湖 南	69701921	1431037		283661	585387	1361943	77068
广 东	76428023	2501	133581	72076	57726	812714	25257
广 西	53260924	38798	9100	280713	467461	1535627	15600
海 南	1118129			31806	525	650	
重 庆	31438703	179783	90421	97822	8100	448950	93775
四 川	57363490	1013244	2101167	690331	211572	1019019	122255
贵 州	20080836	2771988	4500	75124	198843	1224435	43025
云 南	17805151	959496		132752	828823	306553	
西 藏	1265552		4192		97206	13540	
陕 西	32587908	4178383	1878511	174582	191594	255216	141907
甘 肃	14691409	251498	159932	79438	203826	218949	276651
青 海	5493876	209357	630	2550	53134	28480	42832
宁 夏	7113314	355261	21300	10523		15334	
新 疆	22442276	667599	2052602	138773	137009	162900	216011
不分地区							

2-1-26　续表 1　　　　单位：万元

地　区	其他采矿业	农副食品加工业	食品制造业	酒、饮料和精制茶制造业	烟草制品业	纺织业	纺织服装、服饰业
全国总计	**569599**	**85461216**	**41038676**	**28167667**	**1053924**	**49054675**	**35183274**
北　京		57073	78181	24354			
天　津	9750	557905	689741	193951		378620	612799
河　北	18260	4776803	3260934	1263782	5734	4109778	1528849
山　西	20580	3086999	687931	575357	16087	174287	61260
内蒙古	17893	2060817	1189003	461921	14533	206752	458235
辽　宁		854186	129247	115985	4380	80791	100943
吉　林	15600	6446537	2246953	1701381	16259	298102	655066
黑龙江	13230	6720691	1270358	1055157	38912	183972	158847
上　海		34727	40151	11574	82294	3299	19220
江　苏		4857748	2806867	1229598	78710	10531518	4879517
浙　江	16551	783347	804023	345827	15885	5107733	1594638
安　徽	22893	4157764	1890550	1044259	54192	1770077	2712784
福　建	51075	3320596	1742782	2136155	17175	2518464	2028162
江　西	31550	2606238	1172033	602782	59420	2103710	3518756
山　东	33184	11204571	4792713	1623108	119032	6533115	3811909
河　南	24544	6135464	4362706	3030676	47236	3534590	3156915
湖　北	39147	5787424	2349925	2096318	41426	2771954	2091707
湖　南	58006	5676186	2353598	1837963	134598	1068533	1185892
广　东	21472	1982561	1901276	921000	56602	3731310	3648199
广　西	78418	2919741	1667243	1074424	9177	657022	1075389
海　南		19289	5224	6637			
重　庆	26695	1405509	860895	455023	3750	305094	498216
四　川		3569992	1896025	2417405	19607	633526	512188
贵　州	18933	973632	382420	1330463	24978	150990	205613
云　南		1348586	390871	825500	159040	24204	51214
西　藏	6160	34204	13891	34893		12300	1860
陕　西	32300	1329040	675596	883739	30397	573161	171920
甘　肃	13358	1455834	516407	421551	4500	62481	21676
青　海		204000	132404	78258		31925	33610
宁　夏		269928	431187	118493		234666	15225
新　疆		823824	297541	250133		1262701	372665
不分地区							

2-1-26 续表 2

单位：万元

地　　区	皮革、毛皮、羽毛及其制品和制鞋业	木材加工及木竹藤棕、草制品业	家具制造业	造纸及纸制品业	印刷业和记录媒介复制业	文教、工美、体育和娱乐用品制造业	石油加工炼焦及核燃料加工业
全国总计	**17581212**	**33810208**	**22678565**	**22365061**	**13962031**	**19030329**	**13990361**
北　京			4595	823	18402		1500
天　津	71937	221100	491385	434269	190181	236108	192876
河　北	1780965	1854833	2573422	1657032	965808	1672920	2018162
山　西	43417	256430	155312	222252	33900	113959	512667
内蒙古	72176	324455	71239	63316	50876	57199	477574
辽　宁	21377	105296	41807	94737	119212	66773	675715
吉　林	101706	2417324	723904	610173	651925	294663	358581
黑龙江	83509	1803943	415642	258555	436366	129234	247250
上　海	500	2730	8322	47214	45527	5475	43522
江　苏	1265131	3394060	2146610	2078170	1509128	2657070	981526
浙　江	981640	632481	982571	1548110	734452	1305428	1477737
安　徽	796040	1697461	982098	863423	880404	1028353	218367
福　建	1783597	3431627	1093398	1527879	458850	1143538	279759
江　西	2283076	1023038	975771	1513262	717332	863391	177412
山　东	1470670	3909893	2174007	2736464	1522247	2712448	1844268
河　南	1528995	1795464	2030595	1202117	809092	1633621	443083
湖　北	677951	919810	955043	1302770	605935	416991	255776
湖　南	1187210	2118231	1141146	1015237	783524	599707	171860
广　东	1687026	1308236	2145743	1430655	1376821	2213845	532445
广　西	590711	4513683	1012008	1589880	492599	771158	148906
海　南		38				1573	15035
重　庆	304098	375622	498081	649326	456004	149356	100700
四　川	588948	718436	1235043	632304	595003	279014	320136
贵　州	104619	351854	243391	127493	100236	300782	23443
云　南	13916	199710	97385	189559	93086	98542	11941
西　藏		750		4548		2227	22590
陕　西	52873	179562	338115	361074	200571	152663	980931
甘　肃	22649	114823	87443	106335	64535	50434	290782
青　海	4411	500	5307		9300	41967	19418
宁　夏	33254	43856	7065	14605	8080		99706
新　疆	28810	94962	42117	83479	32635	31890	1046693
不分地区							

2-1-26　续表 3

单位：万元

地　区	化学原料及化学制品制造业	医　药制造业	化学纤维制 造 业	橡胶和塑料制品业	非金属矿物制品业	黑色金属冶炼和压延加工业	有色金属冶炼和压延加工业
全国总计	**97404071**	**39460538**	**6022986**	**51617962**	**126216016**	**29395773**	**30881533**
北　京	159890	141609	2000	8486	3593		
天　津	490752	239828	22935	912405	1233395	1172552	222146
河　北	6916492	3931473	846634	5702733	10852408	7788815	1091977
山　西	2544948	707965	9952	393615	3964472	764318	2382236
内蒙古	1589487	915764	11768	741084	2761917	1463164	2195642
辽　宁	474037	167278	9147	379220	1280236	212198	194555
吉　林	3138034	2876312	83543	1423179	5194132	410290	294046
黑龙江	1037227	717975	13415	605946	2084900	184376	154651
上　海	702264	211905	1353	47483	38361	24243	13175
江　苏	13924527	4791032	1480898	6391234	9264068	3278005	2690628
浙　江	3747541	1748290	1067513	3174876	2596336	777792	828619
安　徽	3418253	1305933	250411	3373489	6304511	837203	1024755
福　建	2637997	572130	717972	1592551	4292636	1054122	473244
江　西	4939604	2249596	123562	1728211	7545910	450517	2118478
山　东	16101029	4260766	364562	8019496	13692472	4350858	3744259
河　南	6781411	3418529	240959	3473590	12093318	589593	4333998
湖　北	4927469	2087223	232052	2171215	6435037	918613	586356
湖　南	4788522	1435260	102227	1671873	7547253	1013118	2142276
广　东	3484421	1192245	158279	3959048	6898655	713262	765048
广　西	2017851	812298	2524	1276614	6564083	659641	747680
海　南	24591	67981		440	24024		
重　庆	1244911	873169	14256	1095804	1894463	498160	260876
四　川	3727579	2319339	107324	1355970	4849513	1159598	805434
贵　州	730218	480493		431316	2237749	161640	898419
云　南	493198	373529		216457	1805028	311807	1035995
西　藏	16076	16601		12243	58878		
陕　西	1652700	769584	3100	589756	1737833	214039	892739
甘　肃	1205164	482227	11305	349457	1446065	73541	397027
青　海	612198	115795	1600	61055	209131	67782	193168
宁　夏	542856	112815	1000	40737	423479	115388	133542
新　疆	3332824	65594	142695	418379	882160	131138	260564
不分地区							

2-1-26 续表 4 单位：万元

地区	金属制品业	通用设备制造业	专用设备制造业	汽车制造业	铁路、船舶、航空航天和其他运输设备制造业	电气机械和器材制造业	计算机、通信和其他电子设备制造业
全国总计	**76078934**	**95735927**	**84554816**	**72807332**	**17416049**	**81724310**	**55264957**
北京	4470	22728	127944	1285106	199509	52003	412858
天津	2330879	2174071	1570790	1316367	468240	1586674	1206811
河北	9900911	10181693	6881061	4357781	1605095	5741305	1821047
山西	880011	686494	578732	372775	68329	778315	623674
内蒙古	1105429	1029714	589176	717142	234980	1018401	1074543
辽宁	523125	653814	469517	559964	62146	267705	226607
吉林	1948051	2275363	3469256	5223175	444790	1650088	524879
黑龙江	1207840	3038260	1393433	976848	136393	746576	116611
上海	80025	208589	188560	560977	49184	150702	883924
江苏	12043226	18627158	16338686	8401604	3434904	16594315	11866520
浙江	3498607	5723707	3176371	6390283	1186655	5817745	2161019
安徽	3749287	5520250	5365423	4325385	572692	6934996	3101559
福建	1757036	1635967	1841084	825030	239082	2008981	1977161
江西	2335555	2411880	2637573	2304073	388713	4377262	2722164
山东	10675656	13864211	13234856	7120968	1623854	7207940	2785037
河南	6256325	8858165	7437787	5409204	1493953	7636618	4340402
湖北	2079771	3366883	3254778	6622412	578118	2810706	1931573
湖南	3107725	4759897	3762104	1998904	967651	3371270	2458391
广东	5885402	2758366	3319020	2309137	475744	4842316	6473310
广西	1433273	1364600	1886209	2857267	316529	1744535	1504410
海南	1210		1892	800		56957	
重庆	1145810	1813004	1347769	5079177	1249472	1208800	2720233
四川	1865952	2382074	2195663	2140463	1055198	2394652	1589505
贵州	627442	541243	639508	493530	89846	523478	619445
云南	181588	134357	153165	309452	22598	282009	79682
西藏	2600	1491	34757			10585	4000
陕西	668721	1243667	1476193	732305	378404	1085503	1805252
甘肃	425329	160027	878824	54169	28648	246802	190617
青海	23165	13218	84233	500	300	290259	15176
宁夏	29438	141014	35393	15754	8600	129796	11287
新疆	305075	144022	185059	46780	36422	157016	17260
不分地区							

2-1-26 续表 5

单位：万元

地　区	仪器仪表制造业	其他制造业	废弃资源综合利用业	金属制品机械和设备修理业	电力、热力生产和供应业	燃气生产和供应业	水的生产和供应业
全国总计	**12073394**	**15285779**	**10053722**	**2189594**	**128981477**	**14973442**	**32742725**
北　京	26347		4798	30826	1175211	66423	358297
天　津	315977	1095174	1196805	45930	900144	57262	310776
河　北	533994	1082187	1312670	310513	9251963	1784062	1681757
山　西	28600	185660	265360	112276	5488660	1221439	807635
内蒙古	26700	90282	127137	134893	9431547	649353	2831608
辽　宁	63131	100454	143078	10098	2106226	43135	364895
吉　林	253661	1755853	254735	98887	2582062	536776	590700
黑龙江	217017	116524	47815	80820	1494828	378389	484480
上　海	35486	283692	13090		603319	90749	445642
江　苏	3180845	1172587	740692	161507	7280981	559143	1422694
浙　江	444629	673589	249869	228379	5332865	267877	2066655
安　徽	926405	473056	472727	78132	4844092	205507	939738
福　建	243402	1581474	243244	38994	5442248	316271	1728779
江　西	475155	856962	665932	52590	3031060	329810	933774
山　东	1298012	771854	549288	134299	10083197	696896	1666049
河　南	914568	689441	528223	22228	6779078	1194092	1410144
湖　北	430336	278158	256207	66525	3177929	357865	1211300
湖　南	543581	909377	348320	132755	2731056	429581	2409993
广　东	582149	312051	615656	86616	5839185	230598	1466469
广　西	154482	175914	580603	41106	6994423	2107585	1071639
海　南	26044			15139	574136		244138
重　庆	498092	437271	244828	28102	1536755	391357	849174
四　川	455357	170999	273020	74067	6002229	1317585	2546754
贵　州	103175	174711	81581	20129	1309546	157540	1103065
云　南	2000	1526198	202163		4311165	216364	417218
西　藏		1000	5100		762036	24259	67565
陕　西	217681	230170	156518	81961	3993009	428717	1447921
甘　肃	30110	101711	164307	74003	2757183	415386	776405
青　海	28813	8500	49901		2636276	71201	113522
宁　夏	7295	5800	124988	1500	3344581	82060	127508
新　疆	10350	25130	135067	27319	7184487	346160	846431
不分地区							

2-1-27 国民经济行业大类按隶属关系分新增固定资产

单位：万元

行业	合计	中央项目	地方项目				
				省属	地市属	县属	其他
全国总计	**3535305382**	**108031914**	**3427273468**	**113391990**	**241104618**	**777398125**	**2295378735**
(一)农、林、牧、渔业	**174513132**	**1930750**	**172582382**	**1210577**	**3073610**	**43247289**	**125050906**
农业	76434645	545338	75889307	493590	1298677	15474614	58622426
林业	16510083	191275	16318808	346750	535274	6423540	9013244
畜牧业	42258910	360021	41898889	94719	319677	6652334	34832159
渔业	8380175	21334	8358841	18014	255350	705025	7380452
农、林、牧、渔服务业	30929319	812782	30116537	257504	664632	13991776	15202625
(二)采矿业	**75250410**	**12752922**	**62497488**	**5585177**	**3414070**	**9857581**	**43640660**
煤炭开采和洗选业	23565148	1813168	21751980	2959570	2644493	3439903	12708014
石油和天然气开采业	14063734	9923535	4140199	1078226	181222	1780831	1099920
黑色金属矿采选业	8129112	362184	7766928	702629	122311	637783	6304205
有色金属矿采选业	9547750	397487	9150263	433975	126162	1932292	6657834
非金属矿采选业	16661451	20184	16641267	240310	126619	1510244	14764094
开采辅助活动	2713616	228034	2485582	159531	183263	470061	1672727
其他采矿业	569599	8330	561269	10936	30000	86467	433866
(三)制造业	**1287560892**	**12142948**	**1275417944**	**15108063**	**41260590**	**128116583**	**1090932708**
农副食品加工业	85461216	131455	85329761	386239	1294618	10235378	73413526
食品制造业	41038676	62646	40976030	113208	1015170	5297081	34550571
酒、饮料和精制茶制造业	28167667	53299	28114368	123314	761653	3979021	23250380
烟草制品业	1053924	244991	808933	300555	59072	185209	264097
纺织业	49054675	67176	48987499	136068	645409	4363755	43842267
纺织服装、服饰业	35183274	8735	35174539	78098	725382	2557457	31813602
皮革、毛皮、羽毛及其制品和制鞋业	17581212	9948	17571264	40271	120301	1994954	15415738
木材加工和木、竹、藤、棕、草制品业	33810208	2738	33807470	47767	231798	2671009	30856896
家具制造业	22678565	24961	22653604	44048	302278	1740705	20566573
造纸和纸制品业	22365061	5410	22359651	70960	548862	2618057	19121772
印刷和记录媒介复制业	13962031	37738	13924293	132306	357615	1113333	12321039
文教、工美、体育和娱乐用品制造业	19030329	3000	19027329	37592	189705	1835792	16964240
石油加工、炼焦和核燃料加工业	13990361	1672252	12318109	850547	543455	2042785	8881322
化学原料及化学制品制造业	97404071	893145	96510926	1213692	2674540	10164766	82457928
医药制造业	39460538	81767	39378771	628503	1952384	5293140	31504744
化学纤维制造业	6022986	222911	5800075	126800	255100	542109	4876066
橡胶和塑料制品业	51617962	83549	51534413	148281	1597538	4429101	45359493
非金属矿物制品业	126216016	1255412	124960604	561855	2474348	12221857	109702544
黑色金属冶炼和压延加工业	29395773	253474	29142299	1236875	2695762	2381105	22828557
有色金属冶炼和压延加工业	30881533	902866	29978667	1081122	1348453	5239937	22309155
金属制品业	76078934	429615	75649319	284372	2668284	5420344	67276319
通用设备制造业	95735927	400747	95335180	388527	2812850	7740870	84392933
专用设备制造业	84554816	699646	83855170	1123926	2948728	6767156	73015360

2-1-27 续表 1

单位：万元

行　业	合计	中央项目	地方项目	省　属	地市属	县　属	其　他
汽车制造业	72807332	2100628	70706704	2354006	3074828	7829639	57448231
铁路、船舶、航空航天和其他运输设备制造业	17416049	1300190	16115859	109689	709681	2228154	13068335
电气机械和器材制造业	81724310	226649	81497661	623964	3481401	7654606	69737690
计算机、通信和其他电子设备制造业	55264957	533945	54731012	2122024	4038462	4646206	43924320
仪器仪表制造业	12073394	163361	11910033	92829	612470	1010624	10194110
其他制造业	15285779	203167	15082612	255509	791512	2389038	11646553
废弃资源综合利用业	10053722	11192	10042530	155185	228825	1215510	8443010
金属制品、机械和设备修理业	2189594	56335	2133259	239931	100106	307885	1485337
(四)电力、热力、燃气及水的生产和供应业	**176697644**	**36105228**	**140592416**	**15471448**	**11156237**	**46631203**	**67333528**
电力、热力生产和供应业	128981477	33376003	95605474	13555241	6562776	28135591	47351866
燃气生产和供应业	14973442	2270200	12703242	554132	854256	3139374	8155480
水的生产和供应业	32742725	459025	32283700	1362075	3739205	15356238	11826182
(五)建筑业	**31377070**	**811897**	**30565173**	**534053**	**1431352**	**13228077**	**15371691**
房屋建筑业	9256486	69138	9187348	120176	249182	4115318	4702672
土木工程建筑业	15716636	712782	15003854	292802	936877	7575113	6199062
建筑安装业	1961229	19780	1941449	31003	77732	584149	1248565
建筑装饰和其他建筑业	4442719	10197	4432522	90072	167561	953497	3221392
(六)批发和零售业	**129861883**	**504445**	**129357438**	**1396934**	**5387997**	**14707087**	**107865420**
批发业	68019780	303538	67716242	740705	2308112	5968236	58699189
零售业	61842103	200907	61641196	656229	3079885	8738851	49166231
(七)交通运输、仓储和邮政业	**250378080**	**13581255**	**236796825**	**33294706**	**28863127**	**85553359**	**89085633**
铁路运输业	8359600	3213652	5145948	1332287	985874	863560	1964227
道路运输业	168824730	1991150	166833580	26588879	23124061	74381073	42739567
水上运输业	9875182	523828	9351354	849434	1077163	1974371	5450386
航空运输业	12944161	6284247	6659914	3217539	860754	625449	1956172
管道运输业	1429178	504259	924919	32595	130732	277384	484208
装卸搬运和运输代理业	6330395	94515	6235880	165076	364350	829174	4877280
仓储业	41500915	901149	40599766	1060344	2296276	6480769	30762377
邮政业	1113919	68455	1045464	48552	23917	121579	851416
(八)住宿和餐饮业	**39764527**	**134808**	**39629719**	**965579**	**1563332**	**5325821**	**31774987**
住宿业	25734902	107188	25627714	950267	1226130	3956959	19494358
餐饮业	14029625	27620	14002005	15312	337202	1368862	12280629
(九)信息传输、软件和信息技术服务业	**37891398**	**7674178**	**30217220**	**3431447**	**3101379**	**4512423**	**19171971**
电信、广播电视和卫星传输服务	15495789	6967849	8527940	2820796	1322632	1569504	2815008
互联网和相关服务	6090274	380018	5710256	388781	419796	1075605	3826074
软件和信息技术服务业	16305335	326311	15979024	221870	1358951	1867314	12530889
(十)金融业	**7218400**	**463167**	**6755233**	**561842**	**956414**	**840221**	**4396756**
货币金融服务	3509819	421930	3087889	503011	623654	499107	1462117

2-1-27 续表 2 单位：万元

行业	合计	中央项目	地方项目				
				省属	地市属	县属	其他
资本市场服务	2157547	4086	2153461	16479	158812	120764	1857406
保险业	421405	24628	396777	31767	14935	27009	323066
其他金融业	1129629	12523	1117106	10585	159013	193341	754167
（十一）房地产业	**590201824**	**9906406**	**580295418**	**16227638**	**58336152**	**117767955**	**387963673**
房地产业	590201824	9906406	580295418	16227638	58336152	117767955	387963673
（十二）租赁和商务服务业	**73221044**	**1455657**	**71765387**	**1454462**	**8521229**	**13233983**	**48555713**
租赁业	13287609	1228329	12059280	549373	3769783	1203706	6536418
商务服务业	59933435	227328	59706107	905089	4751446	12030277	42019295
（十三）科学研究和技术服务业	**36368757**	**1550452**	**34818305**	**991180**	**2053038**	**5294865**	**26479222**
研究和试验发展	7493654	828673	6664981	459276	323093	930973	4951639
专业技术服务业	13364800	596357	12768443	352615	1036864	2057896	9321068
科技推广和应用服务业	15510303	125422	15384881	179289	693081	2305996	12206515
（十四）水利、环境和公共设施管理业	**410968573**	**4708537**	**406260036**	**9797208**	**51724701**	**198973548**	**145764579**
水利管理业	53709517	791974	52917543	1490999	5651667	32770715	13004162
生态保护和环境治理业	19097976	353474	18744502	665491	2264166	8293379	7521466
公共设施管理业	338161080	3563089	334597991	7640718	43808868	157909454	125238951
（十五）居民服务、修理和其他服务业	**19585460**	**198226**	**19387234**	**90317**	**1481110**	**4405137**	**13410670**
居民服务业	9892914	177063	9715851	23694	699109	2972576	6020472
机动车、电子产品和日用产品修理业	4863349	19906	4843443	21731	176745	456750	4188217
其他服务业	4829197	1257	4827940	44892	605256	975811	3201981
（十六）教育	**60253916**	**1754616**	**58499300**	**3328322**	**6060952**	**29057705**	**20052321**
教育	60253916	1754616	58499300	3328322	6060952	29057705	20052321
（十七）卫生和社会工作	**36494178**	**525161**	**35969017**	**1234192**	**4773220**	**14507460**	**15454145**
卫生	26467403	454012	26013391	1128980	4300782	10449730	10133899
社会工作	10026775	71149	9955626	105212	472438	4057730	5320246
（十八）文化、体育和娱乐业	**43086071**	**1107773**	**41978298**	**1037764**	**3698799**	**14415247**	**22826488**
新闻和出版业	495105	111237	383868	27320	71287	70541	214720
广播、电视、电影和影视录音制作业	3643477	772078	2871399	118031	214317	595298	1943753
文化艺术业	19502612	158346	19344266	672546	1953279	8291201	8427240
体育	8085277	30959	8054318	64227	749826	2989839	4250426
娱乐业	11359600	35153	11324447	155640	710090	2468368	7990349
（十九）公共管理、社会保障和社会组织	**54612123**	**723488**	**53888635**	**1671081**	**4247309**	**27722581**	**20247664**
中国共产党机关	241400	3980	237420	8938	11608	150935	65939
国家机构	36319367	618033	35701334	1565960	3950225	20724870	9460279
人民政协、民主党派	28843		28843	4900		12273	11670
社会保障	1724895	1608	1723287	5035	83662	849688	784902
群众团体、社会团体和其他成员组织	3474334	12772	3461562	23960	77447	1264209	2095946
基层群众自治组织	12823284	87095	12736189	62288	124367	4720606	7828928

2-1-28　国民经济行业大类按建设性质分新增固定资产

单位：万元

行　业	新建	扩建	改建和技术改造	单纯建造生活设施	迁建	恢复	单纯购置
全国总计	**2242253845**	**487703053**	**639072113**	**13592522**	**21145986**	**5280419**	**126257444**
（一）农、林、牧、渔业	**135604855**	**24869338**	**11639678**	**165649**	**181226**	**227142**	**1825244**
农业	61496968	10034615	4250060	74484	67228	75180	436110
林业	13241809	2068391	1052176	8792	11742	72639	54534
畜牧业	32861898	7242602	1920857	7672	76729	27805	121347
渔业	5713717	1064241	1113079	5062		8436	475640
农、林、牧、渔服务业	22290463	4459489	3303506	69639	25527	43082	737613
（二）采矿业	**35318021**	**14656268**	**23457315**	**25653**	**77925**	**125634**	**1589594**
煤炭开采和洗选业	10856109	3199318	8420206	23345	33206	68239	964725
石油和天然气开采业	8770967	3781574	1430090				81103
黑色金属矿采选业	2717769	1412060	3950118			10560	38605
有色金属矿采选业	4161252	2563693	2772578	500	501	26525	22701
非金属矿采选业	6959700	3376501	5894005	1808	38238	15410	375789
开采辅助活动	1570860	260087	782601		5980	4900	89188
其他采矿业	281364	63035	207717				17483
（三）制造业	**553645710**	**246855301**	**408348033**	**879818**	**12783849**	**1352666**	**63695515**
农副食品加工业	41008311	17274772	24667179	45633	505056	114514	1845751
食品制造业	19038152	7899440	12041644	17610	611840	31850	1398140
酒、饮料和精制茶制造业	13118301	5644581	8438208	4987	458148	8909	494533
烟草制品业	394137	163093	298162	3570	1616		193346
纺织业	15836160	14021023	16759581	7000	452422	10055	1968434
纺织服装、服饰业	15777532	7575844	10093744	76033	290571	20982	1348568
皮革、毛皮、羽毛及其制品和制鞋业	8405942	3460240	4890233	7128	89464	56239	671966
木材加工和木、竹、藤、棕、草制品业	13032183	8216791	11382649	153201	156602	63330	805452
家具制造业	10659656	4277971	6883213	10980	129373	17425	699947
造纸和纸制品业	8680646	5054865	7179893	12826	656183	6989	773659
印刷和记录媒介复制业	4753662	2926552	4725961		180602	4030	1371224
文教、工美、体育和娱乐用品制造业	7644026	4756030	5613831	6665	234320	3341	772116
石油加工、炼焦和核燃料加工业	6369731	2405152	4636192	3120	223031	101318	251817
化学原料及化学制品制造业	42332014	17132802	34006296	31659	1005335	95014	2800951
医药制造业	18261470	7215786	12029949	4500	578743	256293	1113797
化学纤维制造业	2156827	1674731	1952622		10776		228030
橡胶和塑料制品业	19994685	11736658	16651012	10240	382263	15752	2827352
非金属矿物制品业	56585659	23354549	42379929	112634	634501	174695	2974049
黑色金属冶炼和压延加工业	10143014	5026429	12772144	3193	691256	52192	707545
有色金属冶炼和压延加工业	13535876	4774982	11146307	19738	264440	35867	1104323
金属制品业	31827931	15178248	24300828	37137	744285	158552	3831953
通用设备制造业	35982457	19199984	32717560	61885	1037056	4940	6732045
专用设备制造业	35740719	15124053	27161597	41337	799992	30302	5656816

2-1-28 续表 1 单位：万元

行业	新建	扩建	改建和技术改造	单纯建造生活设施	迁建	恢复	单纯购置
汽车制造业	33980750	11719702	21587142	14997	1219861	3160	4281720
铁路、船舶、航空航天和其他运输设备制造业	8112901	3286076	4651756	6680	195378		1163258
电气机械和器材制造业	36544605	13836103	24403445	62227	710112	14156	6153662
计算机、通信和其他电子设备制造业	24032162	7667618	14292328	105602	356407	46146	8764694
仪器仪表制造业	5069745	1848089	3817921	2917	62862		1271860
其他制造业	8568308	2610416	2919484	16319	82401	12949	1075902
废弃资源综合利用业	5128505	1382219	3312320		15853	13666	201159
金属制品、机械和设备修理业	929643	410502	634903		3100		211446
（四）电力、热力、燃气及水的生产和供应业	**118461490**	**21106004**	**34663576**	**321618**	**541227**	**128182**	**1475547**
电力、热力生产和供应业	88719654	12540189	25986102	158429	450545	106825	1019733
燃气生产和供应业	8296961	3968816	2330576	86779	26754	5400	258156
水的生产和供应业	21444875	4596999	6346898	76410	63928	15957	197658
（五）建筑业	**21442541**	**3357572**	**3980184**	**181573**	**89485**	**100487**	**2225228**
房屋建筑业	7293314	773937	617738	49190	32548	14782	474977
土木工程建筑业	10977381	1612379	1965223	84605	30890	58907	987251
建筑安装业	1081746	182859	458905	9410			228309
建筑装饰和其他建筑业	2090100	788397	938318	38368	26047	26798	534691
（六）批发和零售业	**81451349**	**21036094**	**20146306**	**274813**	**445990**	**249225**	**6258106**
批发业	40160184	11590425	11354776	37714	195189	16007	4665485
零售业	41291165	9445669	8791530	237099	250801	233218	1592621
（七）交通运输、仓储和邮政业	**166217825**	**32290927**	**32901603**	**471507**	**631553**	**503951**	**17360714**
铁路运输业	5491180	608558	1978666	1200	105012	10405	164579
道路运输业	114339522	22906977	25886015	398716	241143	373616	4678741
水上运输业	5958436	900427	883745	45596	25605	45500	2015873
航空运输业	2332862	624770	380277		61815		9544437
管道运输业	1049668	156301	210842	5067			7300
装卸搬运和运输代理业	4475429	856520	587310	13556		24756	372824
仓储业	31866170	6121029	2868574	4672	183339	49674	407457
邮政业	704558	116345	106174	2700	14639		169503
（八）住宿和餐饮业	**27301835**	**5902001**	**5663400**	**174066**	**24434**	**13593**	**685198**
住宿业	18690647	3648480	2938298	108171	11170	12493	325643
餐饮业	8611188	2253521	2725102	65895	13264	1100	359555
（九）信息传输、软件和信息技术服务业	**21081840**	**4274329**	**7506779**	**37897**	**72229**	**7820**	**4910504**
电信、广播电视和卫星传输服务	8041810	2170038	4040593	10526	18201	1500	1213121
互联网和相关服务	3345241	561114	890457	2700		6320	1284442
软件和信息技术服务业	9694789	1543177	2575729	24671	54028		2412941
（十）金融业	**4010482**	**732922**	**1227796**	**29537**	**13739**	**4870**	**1199054**
货币金融服务	1836947	321118	647824	15312	10919	4870	672829

2-1-28　续表 2

单位：万元

行　业	新建	扩建	改建和技术改造	单纯建造生活设施	迁建	恢复	单纯购置
资本市场服务	1327287	280012	341338	7448	1220		200242
保险业	231191	64556	76791	6777			42090
其他金融业	615057	67236	161843		1600		283893
(十一)房地产业	**551241609**	**17445433**	**12090332**	**6652302**	**2188041**	**260528**	**323579**
房地产业	551241609	17445433	12090332	6652302	2188041	260528	323579
(十二)租赁和商务服务业	**45905966**	**8140073**	**6660820**	**207618**	**182870**	**17880**	**12105817**
租赁业	2004923	444072	452184	11569	12320		10362541
商务服务业	43901043	7696001	6208636	196049	170550	17880	1743276
(十三)科学研究和技术服务业	**22456811**	**4786690**	**5484282**	**53918**	**524298**	**24842**	**3037916**
研究和试验发展	5057176	1036688	856281		17181		526328
专业技术服务业	7832243	1558871	2103706	49188	397568	11382	1411842
科技推广和应用服务业	9567392	2191131	2524295	4730	109549	13460	1099746
(十四)水利、环境和公共设施管理业	**307122761**	**51654138**	**46063013**	**2603247**	**486054**	**1901819**	**1137541**
水利管理业	38239808	7698376	7239466	129820	13043	344267	44737
生态保护和环境治理业	13114196	2069362	3280084	77860	55233	350023	151218
公共设施管理业	255768757	41886400	35543463	2395567	417778	1207529	941586
(十五)居民服务、修理和其他服务业	**13071866**	**2582943**	**2902974**	**152594**	**56955**	**11300**	**806828**
居民服务业	6910340	1292485	1339780	128507	28171	8800	184831
机动车、电子产品和日用产品修理业	2773410	827971	881932	12700	12660	1700	352976
其他服务业	3388116	462487	681262	11387	16124	800	269021
(十六)教育	**41575316**	**10383254**	**4734776**	**292724**	**1245820**	**80520**	**1941506**
教育	41575316	10383254	4734776	292724	1245820	80520	1941506
(十七)卫生和社会工作	**22957914**	**5809855**	**3074546**	**136156**	**1003160**	**15998**	**3496549**
卫生	14989295	4476800	2507906	81047	979388	15365	3417602
社会工作	7968619	1333055	566640	55109	23772	633	78947
(十八)文化、体育和娱乐业	**33684395**	**4497780**	**3427672**	**233887**	**48274**	**139895**	**1054168**
新闻和出版业	211331	130837	67778	5600			79559
广播、电视、电影和影视录音制作业	2654026	237501	352499	13914			385537
文化艺术业	15233555	2166460	1629133	37268	32689	111523	291984
体育	6643236	780815	471259	34755	7600	28372	119240
娱乐业	8942247	1182167	907003	142350	7985		177848
(十九)公共管理、社会保障和社会组织	**39701259**	**7322131**	**5099028**	**697945**	**548857**	**114067**	**1128836**
中国共产党机关	191994	11870	33032				4504
国家机构	27357871	3813380	3239249	421720	393373	26928	1066846
人民政协、民主党派	20238	2500	585		620		4900
社会保障	1379671	248896	81427	12305	1696		900
群众团体、社会团体和其他成员组织	2090017	846334	383960	6945	67390	36476	43212
基层群众自治组织	8661468	2399151	1360775	256975	85778	50663	8474

2-1-29 各地区固定资产投资(不含农户)项目个数

单位：个

地区	施工项目个数	新开工项目个数	全部建成投产项目个数	项目建成投产率(%)
全国总计	**788959**	**616496**	**540462**	**68.5**
北京	3534	1464	1284	36.3
天津	15786	14293	10365	65.7
河北	23995	19234	17932	74.7
山西	23317	19716	18236	78.2
内蒙古	22813	19653	18738	82.1
辽宁	6735	4151	3043	45.2
吉林	20533	18546	16629	81.0
黑龙江	19149	16743	15198	79.4
上海	3112	1536	924	29.7
江苏	60525	50197	47600	78.6
浙江	50257	36582	32167	64.0
安徽	42281	34738	27221	64.4
福建	32878	26796	22001	66.9
江西	21587	15295	14239	66.0
山东	56605	43765	42816	75.6
河南	24602	17959	16409	66.7
湖北	29367	21863	19430	66.2
湖南	49962	40912	33188	66.4
广东	44599	32056	29103	65.3
广西	46742	37521	33647	72.0
海南	2400	1195	727	30.3
重庆	18602	13768	9984	53.7
四川	45518	32274	26741	58.7
贵州	9013	6115	5662	62.8
云南	33327	26020	21539	64.6
西藏	4254	3163	2359	55.5
陕西	26447	21214	17550	66.4
甘肃	22155	18006	15865	71.6
青海	5445	3694	3389	62.2
宁夏	4216	3143	2878	68.3
新疆	19123	14869	13598	71.1
不分地区	80	15		

注:本表不含房地产开发投资。

2-1-30　国民经济行业大类固定资产投资(不含农户)项目个数

单位：个

行　　业	施工项目个数	新开工项目个数	全部建成投产项目个数	项目建成投产率(%)
全国总计	**788959**	**616496**	**540462**	**68.5**
(一)农、林、牧、渔业	**62660**	**52628**	**46703**	**74.5**
农业	25877	21732	18851	72.9
林业	5879	4926	4547	77.3
畜牧业	15501	13224	11625	75.0
渔业	2871	2378	2105	73.3
农、林、牧、渔服务业	12532	10368	9575	76.4
(二)采矿业	**14599**	**11537**	**10752**	**73.7**
煤炭开采和洗选业	4467	3490	3233	72.4
石油和天然气开采业	809	670	609	75.3
黑色金属矿采选业	1491	1161	1125	75.5
有色金属矿采选业	2033	1588	1402	69.0
非金属矿采选业	4912	3880	3743	76.2
开采辅助活动	702	601	507	72.2
其他采矿业	185	147	133	71.9
(三)制造业	**280771**	**223097**	**200653**	**71.5**
农副食品加工业	22514	18378	16134	71.7
食品制造业	9565	7676	6790	71.0
酒、饮料和精制茶制造业	7169	5496	4984	69.5
烟草制品业	234	140	122	52.1
纺织业	11621	9689	9019	77.6
纺织服装、服饰业	9153	7457	6874	75.1
皮革、毛皮、羽毛及其制品和制鞋业	4566	3745	3404	74.6
木材加工和木、竹、藤、棕、草制品业	9879	8345	7553	76.5
家具制造业	5724	4526	4189	73.2
造纸和纸制品业	4817	3894	3521	73.1
印刷和记录媒介复制业	3604	2961	2689	74.6
文教、工美、体育和娱乐用品制造业	5036	4075	3724	74.0
石油加工、炼焦和核燃料加工业	1915	1410	1227	64.1
化学原料和化学制品制造业	17832	13871	12602	70.7
医药制造业	7270	5158	4496	61.8
化学纤维制造业	1044	798	718	68.8
橡胶和塑料制品业	12420	10138	9064	73.0
非金属矿物制品业	29752	23784	22070	74.2
黑色金属冶炼和压延加工业	4684	3630	3310	70.7
有色金属冶炼和压延加工业	4837	3668	3323	68.7
金属制品业	16670	13520	12426	74.5
通用设备制造业	21443	17402	15818	73.8

2-1-30 续表 1

单位：个

行业	施工项目个数	新开工项目个数	全部建成投产项目个数	项目建成投产率(%)
专用设备制造业	18201	14343	12933	71.1
汽车制造业	12666	9542	7960	62.9
铁路、船舶、航空航天和其他运输设备制造业	3350	2583	2234	66.7
电气机械和器材制造业	16475	12838	11367	69.0
计算机、通信和其他电子设备制造业	9645	7127	6080	63.0
仪器仪表制造业	2634	2082	1765	67.0
其他制造业	3425	2710	2370	69.2
废弃资源综合利用业	2103	1682	1522	72.4
金属制品、机械和设备修理业	523	429	365	69.8
(四)电力、热力、燃气及水生产和供应业	**34356**	**24476**	**21754**	**63.3**
电力、热力生产和供应业	20242	14127	12738	62.9
燃气生产和供应业	3624	2673	2302	63.5
水的生产和供应业	10490	7676	6714	64.0
(五)建筑业	**11596**	**9702**	**8215**	**70.8**
房屋建筑业	3761	3071	2715	72.2
土木工程建筑业	5696	4749	3970	69.7
建筑安装业	646	581	450	69.7
建筑装饰和其他建筑业	1493	1301	1080	72.3
(六)批发和零售业	**35441**	**29712**	**26361**	**74.4**
批发业	17920	15279	13400	74.8
零售业	17521	14433	12961	74.0
(七)交通运输、仓储和邮政业	**55407**	**40692**	**34970**	**63.1**
铁路运输业	933	471	400	42.9
道路运输业	42146	31425	26970	64.0
水上运输业	1395	765	673	48.2
航空运输业	376	184	132	35.1
管道运输业	357	235	232	65.0
装卸搬运和运输代理业	1345	994	823	61.2
仓储业	8497	6339	5523	65.0
邮政业	358	279	217	60.6
(八)住宿和餐饮业	**12244**	**9661**	**8667**	**70.8**
住宿业	7376	5518	4857	65.9
餐饮业	4868	4143	3810	78.3
(九)信息传输、软件和信息技术服务业	**8742**	**7087**	**5561**	**63.6**
电信、广播电视和卫星传输服务	3257	2553	2018	62.0
互联网和相关服务	1536	1317	1025	66.7
软件和信息技术服务业	3949	3217	2518	63.8
(十)金融业	**1941**	**1474**	**1279**	**65.9**
货币金融服务	1059	775	703	66.4

2-1-30 续表 2

单位：个

行业	施工项目个数	新开工项目个数	全部建成投产项目个数	项目建成投产率(%)
资本市场服务	523	422	331	63.3
保险业	125	93	84	67.2
其他金融业	234	184	161	68.8
(十一)房地产业	**42902**	**30818**	**26370**	**61.5**
房地产业	42902	30818	26370	61.5
(十二)租赁和商务服务业	**14788**	**11628**	**9430**	**63.8**
租赁业	900	804	646	71.8
商务服务业	13888	10824	8784	63.3
(十三)科学研究和技术服务业	**9165**	**7280**	**6137**	**67.0**
研究和试验发展	1837	1288	1088	59.2
专业技术服务业	3684	2948	2532	68.7
科技推广和应用服务业	3644	3044	2517	69.1
(十四)水利、环境和公共设施管理业	**127597**	**98312**	**82342**	**64.5**
水利管理业	20698	15479	13634	65.9
生态保护和环境治理业	6283	4882	4154	66.1
公共设施管理业	100616	77951	64554	64.2
(十五)居民服务、修理和其他服务业	**6477**	**5398**	**4855**	**75.0**
居民服务业	3488	2851	2475	71.0
机动车、电子产品和日用产品修理业	1661	1408	1319	79.4
其他服务业	1328	1139	1061	79.9
(十六)教育	**23878**	**17617**	**15812**	**66.2**
教育	23878	17617	15812	66.2
(十七)卫生和社会工作	**12257**	**8760**	**7589**	**61.9**
卫生	8313	5746	5059	60.9
社会工作	3944	3014	2530	64.2
(十八)文化、体育和娱乐业	**12994**	**9991**	**8392**	**64.6**
新闻和出版业	120	70	59	49.2
广播、电视、电影和影视录音制作业	905	707	617	68.2
文化艺术业	6311	4751	4043	64.1
体育	2705	2147	1685	62.3
娱乐业	2953	2316	1988	67.3
(十九)公共管理、社会保障和社会组织	**21144**	**16626**	**14620**	**69.1**
中国共产党机关	110	93	83	75.5
国家机构	13094	9833	8823	67.4
人民政协、民主党派	17	14	10	58.8
社会保障	729	565	487	66.8
群众团体、社会团体和其他成员组织	1330	1011	934	70.2
基层群众自治组织	5864	5110	4283	73.0

2-1-31 各地区固定资产投资(不含农户)财务拨款

单位：万元

地区	本年实际到位资金合计	上年末结余资金	本年实际到位资金小计	本年各项应付款合计
全国总计	**6610622837**	**540936969**	**6069685868**	**763235443**
北京	160706961	44699488	116007473	8858491
天津	159190873	17301698	141889175	18204053
河北	317383847	12094808	305289039	23851152
山西	122271469	6272807	115998662	29370928
内蒙古	142857978	3375695	139482283	15655439
辽宁	88697542	15193182	73504360	15195185
吉林	138183786	3455547	134728239	8239251
黑龙江	109498285	4795855	104702430	6135831
上海	113960345	22013295	91947050	17135756
江苏	600335332	55676150	544659182	66734394
浙江	356994266	42942590	314051676	39784234
安徽	288366177	21854811	266511366	32624185
福建	248427101	21571920	226855181	29873351
江西	207509111	13497749	194011362	16845072
山东	556690470	27065525	529624945	43212632
河南	407743435	16611404	391132031	24650607
湖北	309361361	19590749	289770612	42638961
湖南	298520931	15258369	283262562	25783179
广东	460629443	65544505	395084938	57223668
广西	190509943	11567672	178942271	18399271
海南	48914006	6807199	42106807	10427663
重庆	185985574	16964127	169021447	23109883
四川	305887771	24009281	281878490	33921460
贵州	123266210	11855792	111410418	31788075
云南	136066842	9889801	126177041	47279703
西藏	17378783	627592	16751191	2271101
陕西	206925572	14859335	192066237	28021716
甘肃	93723935	4448873	89275062	11843837
青海	36247420	2345921	33901499	4992709
宁夏	30271782	1516688	28755094	10197823
新疆	98538303	4649432	93888871	14413344
不分地区	49577983	2579109	46998874	4552489

2-1-32 各地区固定资产投资(不含农户)本年实际到位资金构成

单位：万元

地　　区	本年实际到位资金小计	国家预算资金	国内贷款	债券
全国总计	**6069685868**	**362116666**	**667670947**	**14637664**
北　　京	116007473	10808266	26559867	92000
天　　津	141889175	2321830	24142147	11351
河　　北	305289039	12603970	17685641	116381
山　　西	115998662	7077910	6664156	33524
内 蒙 古	139482283	10943278	17395628	13102
辽　　宁	73504360	2764019	10301069	50459
吉　　林	134728239	5558274	6535413	73592
黑 龙 江	104702430	4990037	3817853	587744
上　　海	91947050	5647433	21041311	
江　　苏	544659182	9904330	57782147	151708
浙　　江	314051676	17022102	35265598	591343
安　　徽	266511366	13839700	16994622	74181
福　　建	226855181	19017216	22257651	42053
江　　西	194011362	11605537	15211253	63434
山　　东	529624945	10732752	51843192	290232
河　　南	391132031	12957976	40582518	
湖　　北	289770612	18045067	30247214	807794
湖　　南	283262562	14521592	26121078	650313
广　　东	395084938	19799793	50217871	900377
广　　西	178942271	16692984	21807643	469451
海　　南	42106807	3509738	6938140	89709
重　　庆	169021447	9421024	23093201	311741
四　　川	281878490	21108000	24827044	678363
贵　　州	111410418	6825647	21226637	498590
云　　南	126177041	17728957	23062438	486262
西　　藏	16751191	11537566	784792	
陕　　西	192066237	16324796	18725048	71600
甘　　肃	89275062	12262723	10390612	236261
青　　海	33901499	8377909	7301437	64829
宁　　夏	28755094	2443103	7465893	10550
新　　疆	93888871	18186116	8090877	340140
不分地区	46998874	7537021	13290956	6830580

2-1-32 续表

单位：万元

地区	利用外资	外商直接投资	自筹资金	企事业单位自有资金	其他资金
全国总计	**22703382**	**12119743**	**4047668243**	**1245691147**	**954888966**
北京	130103	35792	36404476	14875863	42012761
天津	1220555	227778	86800183	22149554	27393109
河北	316024	133884	251683880	80112707	22883143
山西	55792	23505	92054849	33743562	10112431
内蒙古	14852	23	101463852	19781335	9651571
辽宁	1137827	93387	45393659	17962474	13857327
吉林	178711	129411	114594302	40986227	7787947
黑龙江	43535	31101	88396192	20880120	6867069
上海	186658	125313	29890558	17182157	35181090
江苏	5998787	2538185	362520408	125831719	108301802
浙江	1720536	1345374	184054683	61820887	75397414
安徽	823665	326548	189262840	44161466	45516358
福建	555408	322479	145873937	51800709	39108916
江西	429625	165209	145293624	37728249	21407889
山东	2348749	1635797	407972064	129631696	56437956
河南	593069	403780	308815726	90036336	28182742
湖北	441179	152350	202619232	52361126	37610126
湖南	469946	179028	205967754	40497970	35531879
广东	2637296	1943360	206819012	63671885	114710589
广西	205466	53214	114080015	40217621	25686712
海南	21897	20900	20458642	8483916	11088681
重庆	578057	413150	102000322	34166789	33617102
四川	239168	159476	182991155	86239693	52034760
贵州	439202	163562	65210524	16592784	17209818
云南	54954	33827	60892804	18883100	23951626
西藏			3660198	1090190	768635
陕西	1379254	1260729	138410366	35168890	17155173
甘肃	74533	6540	56901433	11255589	9409500
青海	190134	139600	14459383	3734849	3507807
宁夏	41230	34776	14919372	5397582	3874946
新疆	40369	21665	55902046	16172709	11329323
不分地区	136801		11900752	3071393	7302764

2-1-33　国民经济行业大类固定资产投资(不含农户)财务拨款

单位：万元

行　　业	本年实际到位资金合计	上年末结余资金	本年实际到位资金小计	本年各项应付款合计
全国总计	**6610622837**	**540936969**	**6069685868**	**763235443**
(一)农、林、牧、渔业	**221054704**	**2427787**	**218626917**	**14927940**
农业	99311083	1020821	98290262	6643207
林业	21073005	317567	20755438	1659696
畜牧业	51879662	385180	51494482	3280065
渔业	10693919	110981	10582938	624143
农、林、牧、渔服务业	38097035	593238	37503797	2720829
(二)采矿业	**99475980**	**1882769**	**97593211**	**9043195**
煤炭开采和洗选业	29075791	1122818	27952973	4215592
石油和天然气开采业	23076195	99235	22976960	730491
黑色金属矿采选业	9249501	143058	9106443	791537
有色金属矿采选业	13625727	162260	13463467	1354654
非金属矿采选业	20692561	282732	20409829	1427396
开采辅助活动	3002266	56652	2945614	511151
其他采矿业	753939	16014	737925	12374
(三)制造业	**1845001542**	**36583181**	**1808418361**	**117593561**
农副食品加工业	115602065	1411451	114190614	6468128
食品制造业	57533558	922628	56610930	3058937
酒、饮料和精制茶制造业	40104425	553082	39551343	2827493
烟草制品业	2404332	308515	2095817	222817
纺织业	64856157	586387	64269770	3973067
纺织服装、服饰业	47128493	469798	46658695	2028228
皮革、毛皮、羽毛及其制品和制鞋业	22792363	198200	22594163	950194
木材加工和木、竹、藤、棕、草制品业	42374921	493225	41881696	2274028
家具制造业	30482470	570255	29912215	1401884
造纸和纸制品业	31418304	1223609	30194695	2207872
印刷和记录媒介复制业	18414201	262883	18151318	671464
文教、工美、体育和娱乐用品制造业	26226685	485265	25741420	1231714
石油加工、炼焦和核燃料加工业	25463008	838917	24624091	2654966
化学原料及化学制品制造业	143310269	3554792	139755477	10965921
医药制造业	62521616	1580447	60941169	4187122
化学纤维制造业	10917873	186059	10731814	613252
橡胶和塑料制品业	69000671	977017	68023654	3562016
非金属矿物制品业	164535054	2658289	161876765	10254040
黑色金属冶炼和压延加工业	41856926	996802	40860124	2463063
有色金属冶炼和压延加工业	50540486	833408	49707078	4874913
金属制品业	99288939	1314095	97974844	5385387
通用设备制造业	128611826	1939184	126672642	6411432
专用设备制造业	117419875	2229271	115190604	7814691

2-1-33 续表 1

单位：万元

行业	本年实际到位资金合计	上年末结余资金	本年实际到位资金小计	本年各项应付款合计
汽车制造业	118518206	2424373	116093833	8847279
铁路、船舶、航空航天和其他运输设备制造业	29295911	1185547	28110364	1634826
电气机械和器材制造业	124434090	2124705	122309385	8730898
计算机、通信和其他电子设备制造业	105768666	5154939	100613727	7531085
仪器仪表制造业	17345742	364731	16981011	981756
其他制造业	20655543	366878	20288665	2196410
废弃资源综合利用业	13307319	298792	13008527	954526
金属制品、机械和设备修理业	2871548	69637	2801911	214152
(四)电力、热力、燃气及水的生产和供应业	**279705558**	**9114520**	**270591038**	**33935111**
电力、热力生产和供应业	211603723	5471966	206131757	25866807
燃气生产和供应业	20324242	655552	19668690	2280262
水的生产和供应业	47777593	2987002	44790591	5788042
(五)建筑业	**44979796**	**679189**	**44300607**	**2835402**
房屋建筑业	12853876	152214	12701662	463311
土木工程建筑业	22917647	405288	22512359	1983662
建筑安装业	2802743	22784	2779959	66686
建筑装饰和其他建筑业	6405530	98903	6306627	321743
(六)批发和零售业	**177609420**	**4133210**	**173476210**	**10817313**
批发业	91408507	1774542	89633965	4676119
零售业	86200913	2358668	83842245	6141194
(七)交通运输、仓储和邮政业	**507122852**	**29799432**	**477323420**	**82212294**
铁路运输业	74357088	4149772	70207316	10739210
道路运输业	304700454	19547331	285153123	59666359
水上运输业	21304153	1630527	19673626	3282945
航空运输业	23547842	1981168	21566674	1354458
管道运输业	3007261	132347	2874914	122501
装卸搬运和运输代理业	10572355	325528	10246827	892472
仓储业	67390311	1938635	65451676	6057922
邮政业	2243388	94124	2149264	96427
(八)住宿和餐饮业	**58361782**	**1815494**	**56546288**	**5022694**
住宿业	40551033	1493119	39057914	3998572
餐饮业	17810749	322375	17488374	1024122
(九)信息传输、软件和信息技术服务业	**62348373**	**1310449**	**61037924**	**6506446**
电信、广播电视和卫星传输服务	26131690	336719	25794971	3225466
互联网和相关服务	9161825	84508	9077317	765516
软件和信息技术服务业	27054858	889222	26165636	2515464
(十)金融业	**13736532**	**884180**	**12852352**	**653694**
货币金融服务	5698443	255091	5443352	232625

2-1-33 续表 2

单位：万元

行　业	本年实际到位资金合计	上年末结余资金	本年实际到位资金小计	本年各项应付款合计
资本市场服务	4583103	333508	4249595	231284
保险业	1317082	73864	1243218	127741
其他金融业	2137904	221717	1916187	62044
（十一）房地产业	**2148263425**	**406143413**	**1742120012**	**346492773**
房地产业	2148263425	406143413	1742120012	346492773
（十二）租赁和商务服务业	**121788393**	**5358445**	**116429948**	**10274763**
租赁业	15530139	1103869	14426270	564943
商务服务业	106258254	4254576	102003678	9709820
（十三）科学研究和技术服务业	**57898528**	**2732494**	**55166034**	**2968934**
研究和试验发展	13735388	1110393	12624995	918543
专业技术服务业	21767060	1008800	20758260	760239
科技推广和应用服务业	22396080	613301	21782779	1290152
（十四）水利、环境和公共设施管理业	**639782868**	**24732900**	**615049968**	**86748867**
水利管理业	85731383	7215233	78516150	10507101
生态保护和环境治理业	28975489	692980	28282509	3453020
公共设施管理业	525075996	16824687	508251309	72788746
（十五）居民服务、修理和其他服务业	**25922452**	**627076**	**25295376**	**2116958**
居民服务业	14349445	454211	13895234	1333271
机动车、电子产品和日用产品修理业	5682411	58868	5623543	344297
其他服务业	5890596	113997	5776599	439390
（十六）教育	**91073927**	**3570018**	**87503909**	**9695761**
教育	91073927	3570018	87503909	9695761
（十七）卫生和社会工作	**61185809**	**2759944**	**58425865**	**6327755**
卫生	45006670	2319584	42687086	4726541
社会工作	16179139	440360	15738779	1601214
（十八）文化、体育和娱乐业	**76043430**	**2658823**	**73384607**	**7920480**
新闻和出版业	1129569	111767	1017802	40998
广播、电视、电影和影视录音制作业	5934954	349544	5585410	702639
文化艺术业	33436586	1319861	32116725	3122734
体育	13348990	309267	13039723	1788845
娱乐业	22193331	568384	21624947	2265264
（十九）公共管理、社会保障和社会组织	**79267466**	**3723645**	**75543821**	**7141502**
中国共产党机关	322012	12904	309108	24433
国家机构	56379066	3436637	52942429	4607564
人民政协、民主党派	42346	7252	35094	933
社会保障	2646398	45025	2601373	187229
群众团体、社会团体和其他成员组织	4650167	103635	4546532	325806
基层群众自治组织	15227477	118192	15109285	1995537

2-1-34 国民经济行业大类固定资产投资(不含农户)实际到位资金构成

单位：万元

行业	本年实际到位资金小计	国家预算资金	国内贷款	债券
全国总计	**6069685868**	**362116666**	**667670947**	**14637664**
(一)农、林、牧、渔业	**218626917**	**17493913**	**8802548**	**58060**
农业	98290262	4495306	4146138	33705
林业	20755438	3275821	915888	1965
畜牧业	51494482	1146738	2090480	12640
渔业	10582938	145042	311512	
农、林、牧、渔服务业	37503797	8431006	1338530	9750
(二)采矿业	**97593211**	**1062932**	**10364727**	**14075**
煤炭开采和洗选业	27952973	206570	3789013	10115
石油和天然气开采业	22976960	531770	3599067	
黑色金属矿采选业	9106443	20786	544376	
有色金属矿采选业	13463467	62744	1169625	330
非金属矿采选业	20409829	53928	1102673	3630
开采辅助活动	2945614	179104	133612	
其他采矿业	737925	8030	26361	
(三)制造业	**1808418361**	**6404078**	**126558583**	**643170**
农副食品加工业	114190614	568716	6737539	47622
食品制造业	56610930	154972	3217175	1281
酒、饮料和精制茶制造业	39551343	193594	2270849	3800
烟草制品业	2095817	68909	68208	
纺织业	64269770	171464	4469311	2926
纺织服装、服饰业	46658695	189598	2259072	9750
皮革、毛皮、羽毛及其制品和制鞋业	22594163	40912	1494154	1100
木材加工和木、竹、藤、棕、草制品业	41881696	152137	2473480	6021
家具制造业	29912215	73773	1698705	29100
造纸和纸制品业	30194695	43153	2233979	500
印刷和记录媒介复制业	18151318	62461	924717	1570
文教、工美、体育和娱乐用品制造业	25741420	84637	2089877	2890
石油加工、炼焦和核燃料加工业	24624091	305459	3759566	10654
化学原料和化学制品制造业	139755477	265695	14126792	38318
医药制造业	60941169	290247	3845316	81100
化学纤维制造业	10731814	44810	1064113	19180
橡胶和塑料制品业	68023654	67205	4957578	16992
非金属矿物制品业	161876765	551684	9537066	27530
黑色金属冶炼和压延加工业	40860124	51751	4370200	
有色金属冶炼和压延加工业	49707078	103852	4521037	8000
金属制品业	97974844	108761	5976748	18627
通用设备制造业	126672642	318129	8909571	82014
专用设备制造业	115190604	557555	7345375	51018

2-1-34　续表 1　　　　单位：万元

行　　业	本年实际到位资金小计	国家预算资金	国内贷款	债券
汽车制造业	116093833	220864	6884975	16980
铁路、船舶、航空航天和其他运输设备制造业	28110364	218679	1743207	9780
电气机械和器材制造业	122309385	324684	8904119	31460
计算机、通信和其他电子设备制造业	100613727	404856	7303015	88835
仪器仪表制造业	16981011	106518	1130579	
其他制造业	20288665	377733	1091962	24400
废弃资源综合利用业	13008527	123364	946789	7722
金属制品、机械和设备修理业	2801911	157906	203509	4000
(四)电力、热力、燃气及水生产和供应业	**270591038**	**19689432**	**54990340**	**848674**
电力、热力生产和供应业	206131757	11586692	49139054	688811
燃气生产和供应业	19668690	707802	1440634	7667
水的生产和供应业	44790591	7394938	4410652	152196
(五)建筑业	**44300607**	**6750909**	**2297918**	**76784**
房屋建筑业	12701662	1780451	546164	27089
土木工程建筑业	22512359	4628408	1496098	49695
建筑安装业	2779959	150861	58006	
建筑装饰和其他建筑业	6306627	191189	197650	
(六)批发和零售业	**173476210**	**1709170**	**9633101**	**22476**
批发业	89633965	620883	4689405	10816
零售业	83842245	1088287	4943696	11660
(七)交通运输、仓储和邮政业	**477323420**	**82341936**	**98553051**	**9801038**
铁路运输业	70207316	10628256	18637778	8445179
道路运输业	285153123	64679759	62480443	1089428
水上运输业	19673626	2054662	3546181	138921
航空运输业	21566674	3002451	7401829	10000
管道运输业	2874914	228949	277002	4975
装卸搬运和运输代理业	10246827	263185	791135	100
仓储业	65451676	1462827	5351583	111435
邮政业	2149264	21847	67100	1000
(八)住宿和餐饮业	**56546288**	**719525**	**3734019**	**10594**
住宿业	39057914	592388	3086628	10594
餐饮业	17488374	127137	647391	
(九)信息传输、软件和信息技术服务业	**61037924**	**1305408**	**3072182**	**72131**
电信、广播电视和卫星传输服务	25794971	806268	533836	6145
互联网和相关服务	9077317	201326	291099	7500
软件和信息技术服务业	26165636	297814	2247247	58486
(十)金融业	**12852352**	**269171**	**856082**	**3700**
货币金融服务	5443352	160194	164196	1500

2-1-34 续表 2 单位：万元

行　业	本年实际到位资金小计	国家预算资金	国内贷款	债券
资本市场服务	4249595	80594	570835	
保险业	1243218	6214	6157	
其他金融业	1916187	22169	114894	2200
(十一)房地产业	**1742120012**	**36375497**	**253835652**	**1255509**
房地产业	1742120012	36375497	253835652	1255509
(十二)租赁和商务服务业	**116429948**	**4032478**	**13495614**	**136711**
租赁业	14426270	152203	3237704	
商务服务业	102003678	3880275	10257910	136711
(十三)科学研究和技术服务业	**55166034**	**3373994**	**4756098**	**1042**
研究和试验发展	12624995	634869	889357	1000
专业技术服务业	20758260	2139253	2335926	42
科技推广和应用服务业	21782779	599872	1530815	
(十四)水利、环境和公共设施管理业	**615049968**	**114599760**	**57295152**	**1229193**
水利管理业	78516150	28160765	5888690	271416
生态保护和环境治理业	28282509	6187588	1555384	86610
公共设施管理业	508251309	80251407	49851078	871167
(十五)居民服务、修理和其他服务业	**25295376**	**1791926**	**1396158**	**3100**
居民服务业	13895234	1444644	854108	1600
机动车、电子产品和日用产品修理业	5623543	50201	225728	1000
其他服务业	5776599	297081	316322	500
(十六)教育	**87503909**	**25057372**	**5018037**	**272387**
教育	87503909	25057372	5018037	272387
(十七)卫生和社会工作	**58425865**	**9063644**	**3876079**	**77913**
卫生	42687086	7190867	2917094	54594
社会工作	15738779	1872777	958985	23319
(十八)文化、体育和娱乐业	**73384607**	**7532606**	**6567539**	**35910**
新闻和出版业	1017802	35014	132764	
广播、电视、电影和影视录音制作业	5585410	270410	229036	
文化艺术业	32116725	4661640	2947994	20105
体育	13039723	1751626	1025035	11230
娱乐业	21624947	813916	2232710	4575
(十九)公共管理、社会保障和社会组织	**75543821**	**22542915**	**2568067**	**75197**
中国共产党机关	309108	106616	15575	
国家机构	52942429	19008911	1887422	65194
人民政协、民主党派	35094	6203		
社会保障	2601373	647953	68240	5621
群众团体、社会团体和其他成员组织	4546532	449116	80552	31
基层群众自治组织	15109285	2324116	516278	4351

2-1-34　续表 3　　　　单位：万元

行　　业	利用外资	外商直接投资	自筹资金	企事业单位自有资金	其他资金
全国总计	**22703382**	**12119743**	**4047668243**	**1245691147**	**954888966**
(一)农、林、牧、渔业	**412869**	**256142**	**180982720**	**44998770**	**10876807**
农业	187459	134040	85241227	21888629	4186427
林业	43986	7130	15097430	3141115	1420348
畜牧业	114736	92812	46143749	11360566	1986139
渔业	15887	13987	9659259	2479654	451238
农、林、牧、渔服务业	50801	8173	24841055	6128806	2832655
(二)采矿业	**295070**	**9596**	**82864743**	**30366844**	**2991664**
煤炭开采和洗选业	5353	4338	22772037	7465682	1169885
石油和天然气开采业	239166		18056553	10956723	550404
黑色金属矿采选业	400		8344143	2532541	196738
有色金属矿采选业	33015	908	11765216	3328556	432537
非金属矿采选业	14966	4350	18671211	5350238	563421
开采辅助活动			2566847	527777	66051
其他采矿业	2170		688736	205327	12628
(三)制造业	**15846902**	**8544731**	**1622157670**	**514979143**	**36807958**
农副食品加工业	565465	410167	103334523	30877473	2936749
食品制造业	448921	334740	51730304	15312939	1058277
酒、饮料和精制茶制造业	286833	254643	35753528	12953754	1042739
烟草制品业			1924513	841797	34187
纺织业	223005	142061	58131452	19615349	1271612
纺织服装、服饰业	312761	151427	42961641	15092827	925873
皮革、毛皮、羽毛及其制品和制鞋业	196857	136193	20250051	5251509	611089
木材加工和木、竹、藤、棕、草制品业	57974	28119	38202607	12257925	989477
家具制造业	133355	64180	27420121	7722839	557161
造纸和纸制品业	395009	130763	26863157	8701367	658897
印刷和记录媒介复制业	58799	42679	16795664	5812221	308107
文教、工美、体育和娱乐用品制造业	401957	335651	22709044	7393137	453015
石油加工、炼焦和核燃料加工业	62676	41927	19838958	5895452	646778
化学原料和化学制品制造业	1177881	807960	121632727	36225701	2514064
医药制造业	333357	218633	55316468	15583878	1074681
化学纤维制造业	35709	24519	9246230	3487375	321772
橡胶和塑料制品业	604914	220073	61144050	19994922	1232915
非金属矿物制品业	345328	158453	147538668	45669674	3876489
黑色金属冶炼和压延加工业	39808	20215	35967946	11822780	430419
有色金属冶炼和压延加工业	168343	132583	42792225	12139224	2113621
金属制品业	479103	188854	89602240	29127564	1789365
通用设备制造业	779008	435046	114538639	37189763	2045281
专用设备制造业	874289	576588	104293494	32192871	2068873

2-1-34 续表 4 单位：万元

行 业	利用外资	外商直接投资	自筹资金	企事业单位自有资金	其他资金
汽车制造业	1020411	370007	105339959	37766027	2610644
铁路、船舶、航空航天和其他运输设备制造业	97370	45440	25306508	8644429	734820
电气机械和器材制造业	1001159	474220	110387499	36577711	1660464
计算机、通信和其他电子设备制造业	5303030	2640645	85936760	25983303	1577231
仪器仪表制造业	358963	107248	15074857	4700525	310094
其他制造业	66554	38654	18083416	5522352	644600
废弃资源综合利用业	18063	13043	11672626	3934194	239963
金属制品、机械和设备修理业			2367795	688261	68701
(四)电力、热力、燃气及水生产和供应业	**624355**	**220935**	**183627879**	**54585252**	**10810358**
电力、热力生产和供应业	528001	188583	137325852	42526628	6863347
燃气生产和供应业	31369	17969	16923831	4971284	557387
水的生产和供应业	64985	14383	29378196	7087340	3389624
(五)建筑业	**19789**	**1047**	**32085147**	**6386773**	**3070060**
房屋建筑业	750		9748563	1610165	598645
土木工程建筑业	14149	1047	14292061	2898269	2031948
建筑安装业			2503930	484521	67162
建筑装饰和其他建筑业	4890		5540593	1393818	372305
(六)批发和零售业	**480751**	**352408**	**155513831**	**45494545**	**6116881**
批发业	198967	108731	80783713	23781289	3330181
零售业	281784	243677	74730118	21713256	2786700
(七)交通运输、仓储和邮政业	**1168822**	**577657**	**241651186**	**61220066**	**43807387**
铁路运输业	136801		22932257	1849162	9427045
道路运输业	490887	222232	126846967	31029025	29565639
水上运输业	36691	20268	12915259	3973588	981912
航空运输业			9499433	3314666	1652961
管道运输业	6010	4990	2275125	835409	82853
装卸搬运和运输代理业	28798		8874561	2941441	289048
仓储业	466853	328385	56325124	16707625	1733854
邮政业	2782	1782	1982460	569150	74075
(八)住宿和餐饮业	**180717**	**95872**	**49675844**	**14610605**	**2225589**
住宿业	145094	62417	33468508	10004470	1754702
餐饮业	35623	33455	16207336	4606135	470887
(九)信息传输、软件和信息技术服务业	**95481**	**35421**	**55008195**	**23628736**	**1484527**
电信、广播电视和卫星传输服务	7417	2438	23821618	13459052	619687
互联网和相关服务	15085	9759	8247851	2808957	314456
软件和信息技术服务业	72979	23224	22938726	7360727	550384
(十)金融业	**1360**		**11373587**	**3944459**	**348452**
货币金融服务	360		4926670	1851889	190432

2-1-34　续表 5　　　　单位：万元

行　业	利用外资	外商直接投资	自筹资金	企事业单位自有资金	其他资金
资本市场服务			3454828	1006956	143338
保险业			1228427	654727	2420
其他金融业	1000		1763662	430887	12262
(十一)房地产业	**1712857**	**1398796**	**690569779**	**258736138**	**758370718**
房地产业	1712857	1398796	690569779	258736138	758370718
(十二)租赁和商务服务业	**252296**	**95063**	**93266547**	**24179832**	**5246302**
租赁业	83608		10790637	1840768	162118
商务服务业	168688	95063	82475910	22339064	5084184
(十三)科学研究和技术服务业	**303082**	**213511**	**44850169**	**12984881**	**1881649**
研究和试验发展	56300	55200	10645243	3237426	398226
专业技术服务业	148441	138035	15166671	4151684	967927
科技推广和应用服务业	98341	20276	19038255	5595771	515496
(十四)水利、环境和公共设施管理业	**853573**	**220387**	**393175458**	**93966332**	**47896832**
水利管理业	60850	2654	35285357	6968846	8849072
生态保护和环境治理业	102214	9800	18134206	4686577	2216507
公共设施管理业	690509	207933	339755895	82310909	36831253
(十五)居民服务、修理和其他服务业	**49765**	**41000**	**21004003**	**5816498**	**1050424**
居民服务业	39500	37000	10906710	2717479	648672
机动车、电子产品和日用产品修理业	3100	3000	5186667	1472079	156847
其他服务业	7165	1000	4910626	1626940	244905
(十六)教育	**96584**	**15250**	**50689619**	**14351290**	**6369910**
教育	96584	15250	50689619	14351290	6369910
(十七)卫生和社会工作	**106947**	**24534**	**41695570**	**12134398**	**3605712**
卫生	91037	24339	29742115	9150221	2691379
社会工作	15910	195	11953455	2984177	914333
(十八)文化、体育和娱乐业	**179282**	**11641**	**54194332**	**14579698**	**4874938**
新闻和出版业			827904	242683	22120
广播、电视、电影和影视录音制作业			4795059	2403492	290905
文化艺术业	18441	7691	21748944	5386094	2719601
体育	127368	3350	9140519	2399348	983945
娱乐业	33473	600	17681906	4148081	858367
(十九)公共管理、社会保障和社会组织	**22880**	**5752**	**43281964**	**8726887**	**7052798**
中国共产党机关			171047	92747	15870
国家机构	19075	2332	27782902	5557324	4178925
人民政协、民主党派			28891	4986	
社会保障			1254952	83357	624607
群众团体、社会团体和其他成员组织	3320	3320	3584410	754481	429103
基层群众自治组织	485	100	10459762	2233992	1804293

2-1-35 各地区固定资产投资(不含农户)房屋及住宅建筑面积

地　　区	房屋施工面　积(万平方米)	房屋竣工面　积(万平方米)	房屋建筑面积竣工率(%)	住宅施工面　积(万平方米)	住宅竣工面　积(万平方米)	住宅建筑面积竣工率(%)
全国总计	**1172356**	**232470**	**19.8**	**577522**	**98420**	**17.0**
北　京	21778	3025	13.9	7165	1325	18.5
天　津	19319	5288	27.4	7248	2246	31.0
河　北	44758	12469	27.9	24508	3745	15.3
山　西	25558	6497	25.4	15343	3580	23.3
内蒙古	21071	4343	20.6	12630	2010	15.9
辽　宁	30258	3510	11.6	19146	2216	11.6
吉　林	18257	4534	24.8	8427	1070	12.7
黑龙江	15082	4080	27.1	8342	1979	23.7
上　海	17698	2814	15.9	8124	1533	18.9
江　苏	93783	24665	26.3	45255	8335	18.4
浙　江	73050	17652	24.2	29043	6381	22.0
安　徽	54531	10595	19.4	27001	4762	17.6
福　建	44559	10228	23.0	20266	2836	14.0
江　西	28037	4891	17.4	13510	1656	12.3
山　东	86011	18744	21.8	47141	7558	16.0
河　南	68766	12596	18.3	39093	6382	16.3
湖　北	44199	8879	20.1	24287	3582	14.7
湖　南	94889	7343	7.7	23190	3866	16.7
广　东	84640	13983	16.5	45076	5092	11.3
广　西	28479	3852	13.5	16276	1659	10.2
海　南	10041	1820	18.1	6993	1497	21.4
重　庆	33004	6686	20.3	18933	3698	19.5
四　川	60348	12955	21.5	31310	6375	20.4
贵　州	32601	6988	21.4	14356	1519	10.6
云　南	36150	9791	27.1	20977	5581	26.6
西　藏	3051	106	3.5	381	73	19.2
陕　西	34142	4194	12.3	18942	2595	13.7
甘　肃	14901	2868	19.2	7203	1047	14.5
青　海	4968	927	18.7	2387	568	23.8
宁　夏	8930	1657	18.6	4762	1022	21.5
新　疆	19335	4488	23.2	10209	2631	25.8
不分地区	164					

2-1-36　国民经济行业大类固定资产(不含农户)房屋及住宅建筑面积

行　业	房屋施工面积(万平方米)	房屋竣工面积(万平方米)	房屋建筑面积竣工率(%)	住宅施工面积(万平方米)	住宅竣工面积(万平方米)	住宅建筑面积竣工率(%)
全国总计	**1172355.5**	**232469.9**	**19.8**	**577521.9**	**98419.8**	**17.0**
(一)农、林、牧、渔业	**12853.0**	**5310.3**	**41.3**	**445.7**	**296.4**	**66.5**
农业	5725.9	1909.0	33.3	104.2	40.0	38.3
林业	501.8	253.6	50.5	24.4	3.5	14.2
畜牧业	4646.3	2218.4	47.7	70.4	27.5	39.1
渔业	476.1	207.6	43.6	8.4	2.4	29.0
农、林、牧、渔服务业	1503.0	721.6	48.0	238.3	223.0	93.6
(二)采矿业	**3870.5**	**1668.0**	**43.1**	**356.4**	**46.2**	**13.0**
煤炭开采和洗选业	697.5	107.1	15.4	329.0	24.6	7.5
石油和天然气开采业	7.3	2.5	34.3	0.3		
黑色金属矿采选业	137.4	93.5	68.0	12.1	11.5	95.6
有色金属矿采选业	145.6	58.7	40.3	1.7	0.3	18.1
非金属矿采选业	2845.8	1385.4	48.7	13.3	9.7	73.2
开采辅助活动	24.4	13.6	55.7	0.0	0.0	100.0
其他采矿业	12.5	7.2	57.7	0.0	0.0	100.0
(三)制造业	**121314.8**	**49746.5**	**41.0**	**893.2**	**471.8**	**52.8**
农副食品加工业	9212.2	3268.0	35.5	75.1	38.2	50.8
食品制造业	3972.2	1789.7	45.1	41.9	26.3	62.7
酒、饮料和精制茶制造业	2464.9	1115.6	45.3	41.7	16.2	38.9
烟草制品业	191.9	22.0	11.5	0.5	0.5	100.0
纺织业	6215.4	2904.5	46.7	35.3	19.0	53.9
纺织服装、服饰业	5132.4	2503.3	48.8	31.2	23.8	76.4
皮革、毛皮、羽毛及其制品和制鞋业	2415.8	1232.4	51.0	35.8	22.6	63.0
木材加工和木、竹、藤、棕、草制品业	2903.5	1630.0	56.1	44.5	20.7	46.4
家具制造业	3778.7	1374.2	36.4	16.4	9.9	60.1
造纸和纸制品业	1847.1	740.1	40.1	15.6	2.8	17.9
印刷和记录媒介复制业	1175.2	562.1	47.8	9.1	7.3	80.2
文教、工美、体育和娱乐用品制造业	2335.0	1045.5	44.8	9.1	7.3	79.8
石油加工、炼焦和核燃料加工业	399.7	140.9	35.2	7.7	6.0	77.1
化学原料及化学制品制造业	5870.6	2455.8	41.8	55.2	29.7	53.8
医药制造业	4568.0	1498.4	32.8	20.6	11.5	55.6
化学纤维制造业	732.6	286.2	39.1	0.3	0.3	100.0
橡胶和塑料制品业	5026.2	2372.0	47.2	35.6	19.2	53.8
非金属矿物制品业	8753.9	4049.9	46.3	74.8	38.2	51.0
黑色金属冶炼和压延加工业	1459.1	691.5	47.4	10.7	2.7	25.5
有色金属冶炼和压延加工业	2187.0	668.8	30.6	15.5	7.9	51.3
金属制品业	7276.4	3122.3	42.9	32.3	18.3	56.7
通用设备制造业	8562.7	3710.1	43.3	30.4	14.9	49.0
专用设备制造业	7747.2	2998.7	38.7	52.7	39.6	75.1

2-1-36 续表 1

行业	房屋施工面积(万平方米)	房屋竣工面积(万平方米)	房屋建筑面积竣工率(%)	住宅施工面积(万平方米)	住宅竣工面积(万平方米)	住宅建筑面积竣工率(%)
汽车制造业	6568.1	2138.8	32.6	17.4	10.1	58.1
铁路、船舶、航空航天和其他运输设备制造业	1711.0	811.5	47.4	15.1	11.2	74.3
电气机械和器材制造业	7879.1	2870.7	36.4	47.4	18.0	37.9
计算机、通信和其他电子设备制造业	6468.0	1764.9	27.3	78.8	20.2	25.7
仪器仪表制造业	1365.9	450.8	33.0	3.3	1.4	41.8
其他制造业	1880.2	714.6	38.0	31.1	23.3	74.9
废弃资源综合利用业	1105.7	763.6	69.1	6.4	4.9	75.8
金属制品、机械和设备修理业	108.8	49.7	45.7	1.6		
(四)电力、热力、燃气及水生产和供应业	**2866.5**	**1082.7**	**37.8**	**42.4**	**20.0**	**47.2**
电力、热力生产和供应业	1989.3	694.3	34.9	27.5	11.8	43.0
燃气生产和供应业	307.3	128.9	41.9	1.8	0.7	40.6
水的生产和供应业	569.9	259.5	45.5	13.1	7.4	57.0
(五)建筑业	**2009.1**	**835.9**	**41.6**	**452.4**	**157.0**	**34.7**
房屋建筑业	1218.1	458.4	37.6	403.6	131.0	32.4
土木工程建筑业	292.4	90.2	30.9	31.3	18.0	57.6
建筑安装业	138.6	76.3	55.1			
建筑装饰和其他建筑业	360.0	210.9	58.6	17.5	8.1	46.0
(六)批发和零售业	**16670.7**	**6462.9**	**38.8**	**454.0**	**193.3**	**42.6**
批发业	7654.0	3200.6	41.8	149.3	82.9	55.5
零售业	9016.7	3262.2	36.2	304.7	110.4	36.2
(七)交通运输、仓储和邮政业	**13851.1**	**4017.6**	**29.0**	**163.6**	**95.6**	**58.4**
铁路运输业	357.4	29.6	8.3	0.0	0.0	100.0
道路运输业	3229.9	1078.7	33.4	112.2	72.3	64.4
水上运输业	280.1	38.2	13.6	4.5	0.1	1.4
航空运输业	248.3	41.5	16.7	0.7		
管道运输业	5.7	2.8	48.9			
装卸搬运和运输代理业	959.2	331.4	34.5	2.3	2.3	100.0
仓储业	8499.0	2432.5	28.6	33.2	16.7	50.1
邮政业	271.7	63.1	23.2	10.6	4.3	40.6
(八)住宿和餐饮业	**5389.9**	**1816.4**	**33.7**	**503.0**	**99.6**	**19.8**
住宿业	4041.8	1180.9	29.2	464.2	73.8	15.9
餐饮业	1348.0	635.5	47.1	38.9	25.8	66.3
(九)信息传输、软件和信息技术服务业	**2635.6**	**676.7**	**25.7**	**17.9**	**8.8**	**49.3**
电信、广播电视和卫星传输服务	182.4	40.0	21.9	8.9	3.7	41.1
互联网和相关服务	616.8	198.4	32.2	2.6	2.2	84.4
软件和信息技术服务业	1836.4	438.3	23.9	6.5	3.0	46.7
(十)金融业	**4261.6**	**214.6**	**5.0**	**6.6**	**1.0**	**15.2**
货币金融服务	644.8	125.9	19.5	3.6	1.0	28.0

2-1-36　续表 2

行　　业	房屋施工面积（万平方米）	房屋竣工面积（万平方米）	房屋建筑面积竣工率(%)	住宅施工面积（万平方米）	住宅竣工面积（万平方米）	住宅建筑面积竣工率(%)
资本市场服务	465.1	46.8	10.1	3.0		
保险业	2914.4	17.6	0.6			
其他金融业	237.2	24.3	10.3			
(十一)房地产业	**846522.4**	**134301.3**	**15.9**	**566366.2**	**93993.5**	**16.6**
房地产业	846522.4	134301.3	15.9	566366.2	93993.5	16.6
(十二)租赁和商务服务业	**9613.7**	**2441.4**	**25.4**	**705.3**	**144.5**	**20.5**
租赁业	227.0	89.3	39.3	2.0	0.3	14.0
商务服务业	9386.8	2352.1	25.1	703.3	144.2	20.5
(十三)科学研究和技术服务业	**4769.4**	**1129.8**	**23.7**	**108.6**	**43.2**	**39.8**
研究和试验发展	1711.4	303.3	17.7	19.3	0.6	3.2
专业技术服务业	1416.4	376.9	26.6	67.5	40.0	59.3
科技推广和应用服务业	1641.6	449.6	27.4	21.8	2.5	11.6
(十四)水利、环境和公共设施管理业	**17693.6**	**5352.1**	**30.2**	**3188.8**	**1158.4**	**36.3**
水利管理业	495.0	130.4	26.3	18.3	2.6	14.5
生态保护和环境治理业	2407.4	134.4	5.6	79.0	31.7	40.1
公共设施管理业	14791.1	5087.4	34.4	3091.5	1124.1	36.4
(十五)居民服务、修理和其他服务业	**1951.3**	**813.0**	**41.7**	**273.2**	**118.9**	**43.5**
居民服务业	1182.7	386.2	32.7	232.7	90.6	38.9
机动车、电子产品和日用产品修理业	330.4	192.2	58.2	4.3	1.6	36.5
其他服务业	438.2	234.6	53.5	36.2	26.7	73.8
(十六)教育	**77455.9**	**6312.8**	**8.2**	**837.4**	**303.5**	**36.2**
教育	77455.9	6312.8	8.2	837.4	303.5	36.2
(十七)卫生和社会工作	**16408.5**	**5777.4**	**35.2**	**447.9**	**193.5**	**43.2**
卫生	14382.2	5159.6	35.9	147.1	47.9	32.6
社会工作	2026.2	617.8	30.5	300.8	145.6	48.4
(十八)文化、体育和娱乐业	**4736.3**	**1352.6**	**28.6**	**195.7**	**54.4**	**27.8**
新闻和出版业	109.4	17.5	16.0			
广播、电视、电影和影视录音制作业	434.2	120.5	27.8	5.5	2.4	42.7
文化艺术业	2422.8	702.1	29.0	108.3	40.2	37.1
体育	890.2	249.1	28.0	11.4	4.9	43.2
娱乐业	879.7	263.4	29.9	70.5	7.0	9.9
(十九)公共管理、社会保障和社会组织	**7481.6**	**3157.8**	**42.2**	**2063.7**	**1020.2**	**49.4**
中国共产党机关	28.6	6.7	23.4	2.5	1.3	51.6
国家机构	4552.5	1793.4	39.4	965.2	450.9	46.7
人民政协、民主党派	4.2	0.7	16.2			
社会保障	349.6	128.9	36.9	181.1	69.6	38.4
群众团体、社会团体和其他成员组织	318.7	116.7	36.6	33.4	10.6	31.7
基层群众自治组织	2228.1	1111.5	49.9	881.5	487.9	55.3

(二)房地产开发

2-2-1 房地产开发投资主要指标

指　　标	2016年	2015年	2016年比2015增减	
			绝对数	%
一、投资总额(亿元)	**102580.61**	**95978.85**	**6601.77**	**6.9**
1.按构成分				
建筑安装工程	76302.19	71195.57	5106.62	7.2
设备、工具、器具投资	1461.55	1211.52	250.03	20.6
其他费用	24816.87	23571.75	1245.12	5.3
2.按工程用途分				
住宅	68703.87	64595.24	4108.63	6.4
办公楼	6532.60	6209.74	322.85	5.2
商业营业用房	15837.53	14607.49	1230.04	8.4
其他	11506.61	10566.37	940.24	8.9
二、全部建设规模(亿元)				
建设总规模	587857.24	536853.75	51003.48	9.5
自开始建设至本年底累计完成投资	427854.38	378089.48	49764.91	13.2
在建总规模	466221.51	437503.28	28718.23	6.6
在建净规模	178867.00	173208.17	5658.83	3.3
三、新增固定资产(亿元)	**41079.58**	**40937.81**	**141.77**	**0.3**
四、房屋建筑面积(万平方米)				
施工面积	758974.80	735693.37	23281.43	3.2
其中：住宅	521310.22	511569.52	9740.70	1.9
竣工面积	106127.71	100039.10	6088.61	6.1
其中：住宅	77185.19	73777.36	3407.83	4.6
五、投资实际到位资金小计(亿元)	**144214.05**	**125203.06**	**19010.99**	**15.2**
国内贷款	21512.40	20214.38	1298.02	6.4
利用外资	140.44	296.53	-156.09	-52.6
其中：外商直接投资	132.53	286.08	-153.55	-53.7
自筹资金	49132.85	49037.56	95.29	0.2
其他资金	73428.37	55654.60	17773.77	31.9
其中：定金及预收款	41952.14	32520.34	9431.80	29.0

2-2-2　各地区按登记注册类型分的房地产开发单位个数

单位：个

地　区	合计	内资	国有	集体	股份合作	国有联营	集体联营
全国总计	**94948**	**90408**	**1093**	**364**	**46**	**6**	**1**
北　京	2654	2431	53	17	1		
天　津	1291	1190	49	5		2	
河　北	3279	3228	7				
山　西	2485	2465	63	7			
内蒙古	1989	1984	6				
辽　宁	3257	2935	14	3	2		
吉　林	1791	1768	6	1			
黑龙江	1956	1931	31	1	1		
上　海	2682	2286	39	13	1	1	1
江　苏	6626	6053	50	29	1		
浙　江	6274	5935	40	9	4	2	
安　徽	3768	3688	36	5	1		
福　建	3177	2817	62	15			
江　西	2297	2214	36	2	1		
山　东	6928	6705	89	55	7		
河　南	6687	6598	58	4	1		
湖　北	4200	4095	63	12			
湖　南	3769	3677	55	5	1		
广　东	7658	6792	92	136	6		
广　西	2474	2381	35	10	4		
海　南	1189	1126	19	2	1		
重　庆	2467	2332	14	2	1		
四　川	4061	3934	32	6	7		
贵　州	2638	2597	26	2	1		
云　南	2618	2581	28	4	2		
西　藏	49	49	1				
陕　西	2177	2135	50	9	2		
甘　肃	1664	1649	29	9			
青　海	353	352			1	1	
宁　夏	563	558	1				
新　疆	1927	1922	9	1			

2-2-2 续表 1

单位：个

地区	内资						
	国有与集体联营	其他联营	国有独资公司	其他有限责任公司	股份有限公司	私营独资	私营合伙
全国总计	**3**	**2**	**1945**	**43349**	**3087**	**47**	**9**
北京			60	1764	46		
天津			78	678	44	1	1
河北			21	1647	123		
山西			38	468	23		
内蒙古			23	905	77	1	
辽宁			49	1293	94	3	
吉林			27	911	91	4	
黑龙江			26	968	115	1	
上海			152	1116	44	2	
江苏			153	2164	205	2	1
浙江	1		144	2575	84	2	
安徽			85	1686	116	2	
福建	1		117	1443	57		
江西			44	1078	109	1	1
山东			140	3299	345	2	1
河南			46	4237	311	5	1
湖北			69	1853	195	3	1
湖南			79	1641	183	2	
广东		1	90	3782	155	7	
广西			52	905	81		
海南	1		30	776	54	4	
重庆			90	906	52		
四川			74	1943	173		1
贵州			58	1241	60		2
云南			47	1106	95	3	
西藏		1	3	19	2		
陕西			73	1131	75	1	
甘肃			22	809	44	1	
青海			13	113	12		
宁夏			14	128	5		
新疆			28	764	17		

2-2-2　续表 2

单位：个

地　区	内资			港澳台投资			
	私营有限责任公司	私营股份有限公司	其他内资企业		合资经营	合作经营	独资
全国总计	**38251**	**2175**	**30**	**3232**	**1123**	**258**	**1761**
北　京	478	12		129	43	46	40
天　津	318	13	1	58	27	1	26
河　北	1345	85		32	12		19
山　西	1813	53		13	8		3
内蒙古	932	38	2	3	3		
辽　宁	1417	60		223	91	5	120
吉　林	682	46		18	7		8
黑龙江	723	65		15	7	1	7
上　海	880	37		279	104	9	161
江　苏	3268	179	1	395	132	11	242
浙　江	3021	53		232	95	3	129
安　徽	1632	123	2	54	24	1	27
福　建	1072	50		273	85	9	173
江　西	866	76		67	29		37
山　东	2595	169	3	159	71	11	74
河　南	1766	166	3	62	21	4	33
湖　北	1796	102	1	82	34	3	41
湖　南	1555	153	3	69	26	3	36
广　东	2430	90	3	677	155	139	372
广　西	1218	76		58	29	3	26
海　南	217	16	6	49	14		30
重　庆	1201	66		102	29	3	67
四　川	1603	95		76	25	2	44
贵　州	1125	82		32	19	1	11
云　南	1206	86	4	29	16	1	11
西　藏	21	2					
陕　西	726	67	1	28	4	2	20
甘　肃	690	45		11	9		2
青　海	200	12					
宁　夏	390	20		3	1		1
新　疆	1065	38		4	3		1

2-2-2 续表 3

单位：个

地　区	港澳台		外商投资					
	股份有限	其他		合资经营	合作经营	独资	股份有限	其他
全国总计	**61**	**29**	**1308**	**506**	**113**	**612**	**44**	**33**
北　京			94	40	31	21	2	
天　津	4		43	18	2	17	3	3
河　北		1	19	7	1	8	2	1
山　西	1	1	7	3		3	1	
内蒙古			2	1		1		
辽　宁	7		99	55	3	38	3	
吉　林	1	2	5	5				
黑龙江			10	4	1	5		
上　海	5		117	36	6	70	5	
江　苏	8	2	178	73	8	94	1	2
浙　江	4	1	107	51	2	48	3	3
安　徽	2		26	8	1	14	1	2
福　建	5	1	87	19	1	58	5	4
江　西		1	16	8		8		
山　东	1	2	64	30	10	23		1
河　南	1	3	27	9	2	13	1	2
湖　北	3	1	23	15		6	1	1
湖　南	1	3	23	12	1	7	2	1
广　东	10	1	189	45	33	95	8	8
广　西			35	15		17	1	2
海　南	3	2	14	3	2	8		1
重　庆	1	2	33	13	3	14	2	1
四　川	4	1	51	20	2	28	1	
贵　州		1	9	4	3	2		
云　南		1	8	3	1	2	1	1
西　藏								
陕　西		2	14	5		8	1	
甘　肃			4	2		2		
青　海			1	1				
宁　夏		1	2	1		1		
新　疆			1			1		

2-2-3　各地区房地产开发固定资产投资建设规模

单位：亿元

地　区	建设总规模	自开始建设累计完成投资	在建总规模	在建净规模
全国总计	**587857**	**427854**	**466222**	**178867**
北　京	25007	19437	21711	5788
天　津	15427	10104	13027	5628
河　北	19476	13702	14989	6064
山　西	8893	6111	7187	2936
内蒙古	8580	5819	6842	2906
辽　宁	21656	15792	17760	6216
吉　林	6917	4772	5707	2267
黑龙江	5983	4118	4801	1994
上　海	25645	18430	21836	7600
江　苏	55012	39183	44177	17119
浙　江	34950	29108	24821	7524
安　徽	28041	19853	21777	9072
福　建	23593	20591	15423	4457
江　西	10361	6964	8430	3804
山　东	38156	26847	31208	12446
河　南	29267	17781	24744	12181
湖　北	22221	17028	16566	6172
湖　南	18798	13258	15377	6187
广　东	57620	44244	43930	16338
广　西	13269	9698	10376	4259
海　南	11128	7818	8959	3824
重　庆	22130	17354	17613	5843
四　川	23952	18000	18682	6780
贵　州	14042	9968	10803	4636
云　南	15311	10731	11591	5041
西　藏	195	152	136	43
陕　西	17024	10500	14873	6779
甘　肃	4342	2934	3472	1465
青　海	1696	1240	1323	524
宁　夏	3981	2904	3493	1138
新　疆	5185	3414	4586	1837

2-2-4 各地区房地产开发投资和新增固定资产

单位：万元

地区	投资额	其中：旧建筑物购置费	土地购置费	新增固定资产	固定资产交付使用率(%)
全国总计	**1025806128**	**3806935**	**187786795**	**410795804**	**40.0**
北京	40005729	11067	19218934	15312569	38.3
天津	23000107	2194	5797533	12866043	55.9
河北	46956333	497612	3378395	17450005	37.2
山西	15973532	25078	1695670	8097180	50.7
内蒙古	11334775		778933	5249181	46.3
辽宁	20948451	85115	2580991	10472044	50.0
吉林	10167618	19769	1395225	4288724	42.2
黑龙江	8648391	318988	832675	7075620	81.8
上海	37090311	96540	12082833	15587224	42.0
江苏	89563676	367640	18350279	45811258	51.1
浙江	74693683	134877	26343725	40391632	54.1
安徽	46035625	59115	6220761	19454667	42.3
福建	45888313	47045	11073218	13837481	30.2
江西	17709442	17698	2007356	5519484	31.2
山东	63233819	82223	9376609	24247478	38.3
河南	61791260	56195	6815137	17808151	28.8
湖北	42963824	353357	5701192	12568107	29.3
湖南	29570441	453191	3129683	13626018	46.1
广东	103077952	49925	22439812	32132616	31.2
广西	23979862	32247	3987502	5492416	22.9
海南	17875968	60482	2714974	7781255	43.5
重庆	37259452	67899	5624775	17039315	45.7
四川	52826449	161088	8322719	24077349	45.6
贵州	21489608	436277	820301	6060934	28.2
云南	26883380	84616	3011145	7299761	27.2
西藏	485361	1127	19813	203908	42.0
陕西	27367546	62248	1779642	7968054	29.1
甘肃	8500344	39195	564940	2902015	34.1
青海	3969204	17821	498285	1275948	32.1
宁夏	7281647	123454	626129	4020616	55.2
新疆	9234025	42852	597609	4878751	52.8

2-2-5　各地区按登记注册类型分的房地产开发投资

单位：万元

地　区	合计	内资					
			国有	集体	股份合作	国有联营	集体联营
全国总计	**1025806128**	**948483731**	**9072799**	**1522259**	**259767**	**33011**	**15**
北　京	40005729	38877032	699262	59527			
天　津	23000107	20353657	118045	5339		3858	
河　北	46956333	45879269	179				
山　西	15973532	15615453	326484	5055			
内 蒙 古	11334775	11329446	27500				
辽　宁	20948451	17451191	48019	13839			
吉　林	10167618	9882627					
黑 龙 江	8648391	8536094	127059				
上　海	37090311	30454463	157535	79213	33000		15
江　苏	89563676	78908063	1438855	146026			
浙　江	74693683	67476524	134955	23295	3231	29153	
安　徽	46035625	44367226	415562	23377			
福　建	45888313	41604098	1170581	49630			
江　西	17709442	17165326	152846		20441		
山　东	63233819	59278965	721355	196663	40252		
河　南	61791260	60944033	585851	1359	15135		
湖　北	42963824	41086824	199778	129353			
湖　南	29570441	28373607	207126	1642			
广　东	103077952	88757360	255203	638460	95230		
广　西	23979862	21711290	113875	18500	8500		
海　南	17875968	15953355	169214		17673		
重　庆	37259452	31579090	349486				
四　川	52826449	50252623	381645	10546	24145		
贵　州	21489608	20725894	42789		150		
云　南	26883380	26358018	139924				
西　藏	485361	485361	2290				
陕　西	27367546	26347539	700351	115331	2010		
甘　肃	8500344	8463860	219805	4300			
青　海	3969204	3969204					
宁　夏	7281647	7143337	54022				
新　疆	9234025	9152902	113203	804			

2-2-5 续表 1

单位：万元

地区	内资						
	国有与集体联营	其他联营	国有独资公司	其他有限责任公司	股份有限公司	私营独资	私营合伙
全国总计	**15**	**33380**	**41300011**	**554730843**	**30837859**	**1159490**	**18664**
北京			1546724	33221707	797964		
天津			1274118	14553069	516331	241499	
河北			578287	25779556	1690925		
山西			349111	5307716	145681		
内蒙古			430514	5513485	124166	1380	
辽宁			643223	9612478	574351	19600	
吉林			399114	5600882	672586	126694	
黑龙江			465234	4788596	432667		
上海			2412627	18751224	1156788	43250	
江苏			5067075	37297503	2347492	5793	150
浙江	15		2460668	35718803	953032	5	
安徽			1917751	25490582	1243974	7600	
福建			3889849	25017877	513425		
江西			640399	9767828	653313	9059	5060
山东			3329684	35185377	2154204	43575	11654
河南			706813	44023667	2077957	42130	
湖北			1774896	24346604	2921487	280	1800
湖南			1237007	14323395	1200548	4106	
广东			1264656	56221280	2332379	74000	
广西			1101837	11260357	600051		
海南			783116	11104744	1049431	518093	
重庆			2108421	15958281	1886739		
四川			1427871	30444827	1912676		
贵州			567695	12385408	371905		
云南			882278	15620521	1354556	22426	
西藏		33380	11200	233198			
陕西			1952343	15867260	520878		
甘肃			447481	4403715	133405		
青海			605331	1579932	34985		
宁夏			578480	1628486	180857		
新疆			446208	3722485	283106		

2-2-5 续表 2

单位：万元

地区	内资			港澳台投资			
	私营有限责任公司	私营股份有限公司	其他内资企业		合资经营	合作经营	独资
全国总计	**295332127**	**13827550**	**355941**	**57906602**	**19749115**	**2457457**	**33880551**
北京	2534389	17459		680042	342159	89340	248543
天津	3568356	73042		1990079	710726	79005	1109248
河北	17219406	610916		902243	256383		645860
山西	9308677	172729		306364	266569		3680
内蒙古	5052056	178400	1945	1746	1746		
辽宁	6327847	211834		2144990	1021406		1121080
吉林	2899248	184103		280519	144910		127209
黑龙江	2555814	166724		105845	1800	36828	67217
上海	7749315	71496		5358155	3062196	4317	2256748
江苏	31166805	1404034	34330	7519248	2303442	79834	4749765
浙江	27915639	237728		5785521	1901871	391753	3411048
安徽	14398626	844263	25491	1250287	493564		704099
福建	10316761	645975		3474212	1937922	14222	1431010
江西	5115758	800622		504159	149491		349568
山东	16874805	718233	3163	2978007	1525321	21011	1414501
河南	12421061	1043255	26805	626481	176727	4860	409853
湖北	11393268	319358		1414171	265903	93237	1051731
湖南	10702334	694220	3229	1009404	187344	26868	701316
广东	26781670	1028309	66173	10180916	2065971	1309500	6397740
广西	8118925	489245		1565325	411123		1154202
海南	2031818	223299	55967	1640376	347022		947815
重庆	10999988	276175		4560569	1101968	230758	3173660
四川	15273727	777186		1667711	565061		1054250
贵州	6934526	423421		712052	131803	42805	537444
云南	7507154	701747	129412	419112	96267		322635
西藏	205293						
陕西	6707042	472898	9426	585427	49669	33119	477439
甘肃	3123115	132039		28978	28978		
青海	1725136	23820					
宁夏	4121006	580486		133540	120650		12890
新疆	4282562	304534		81123	81123		

2-2-5 续表 3

单位：万元

地　区	港澳台商投资		外商投资					
	股份有限	其他		合资经营	合作经营	独　资	股份有限	其　他
全国总计	**1518508**	**300971**	**19415795**	**7017077**	**1749997**	**8979271**	**828895**	**840555**
北　京			448655	221041	142084	85530		
天　津	91100		656371	103248		391539	29548	132036
河　北			174821	89566		78301	4239	2715
山　西	32220	3895	51715			43728	7987	
内蒙古			3583	3583				
辽　宁	2504		1352270	484515	375905	412420	79430	
吉　林		8400	4472	4472				
黑龙江			6452			6452		
上　海	34894		1277693	311675	186291	750767	28960	
江　苏	312653	73554	3136365	1269768	129904	1726893		9800
浙　江	66680	14169	1431638	446252	10229	865100	85897	24160
安　徽	52624		418112	111098	28814	215780	58420	4000
福　建	91058		810003	29636		580553	99166	100648
江　西		5100	39957	15865		24092		
山　东		17174	976847	438976	213631	321740		2500
河　南	16177	18864	220746	116367		89728		14651
湖　北		3300	462829	197685		153644	27000	84500
湖　南	33872	60004	187430	103525		45480		38425
广　东	386240	21465	4139676	1510523	313545	1879569	124678	311361
广　西			703247	412664		176222	23602	90759
海　南	326677	18862	282237	32679	62681	161877		25000
重　庆	34000	20183	1119793	367484	187400	421498	143411	
四　川	37809	10591	906115	502622	53651	349842		
贵　州			51662	5800	45862			
云　南		210	106250	10781		20996	74473	
西　藏								
陕　西		25200	434580	214976		177520	42084	
甘　肃			7506	7506				
青　海								
宁　夏			4770	4770				
新　疆								

2-2-6　各地区按资质等级分的房地产开发投资

单位：万元

地　区	投资额	一级	二级	三级
全国总计	**1025806128**	**37943536**	**136745551**	**150188203**
北　京	40005729	2393784	2540741	1638900
天　津	23000107	995094	1567164	993191
河　北	46956333	2290215	5993110	6611163
山　西	15973532	299873	1823642	1901037
内 蒙 古	11334775	687923	911815	1411535
辽　宁	20948451	581368	1616572	3220293
吉　林	10167618	495966	1626770	1639027
黑 龙 江	8648391	237458	1669746	3560205
上　海	37090311	841860	2496234	1290312
江　苏	89563676	2986960	24767299	2706896
浙　江	74693683	1727368	4403314	12847380
安　徽	46035625	810254	4124983	8665393
福　建	45888313	1547238	4719803	9085141
江　西	17709442	228178	1635796	2788968
山　东	63233819	3420697	5808434	6889242
河　南	61791260	1773353	7660158	5674282
湖　北	42963824	1905794	6951112	4302982
湖　南	29570441	1147079	4126213	9727507
广　东	103077952	3353980	4209244	15608879
广　西	23979862	781294	3210984	2568683
海　南	17875968	181873	1504383	1844436
重　庆	37259452	2744684	13432983	3023946
四　川	52826449	1963827	8827629	26888342
贵　州	21489608	72310	5235998	3256264
云　南	26883380	1438853	4136511	1686928
西　藏	485361		57426	195835
陕　西	27367546	1292339	5337283	3933719
甘　肃	8500344	254304	1442491	2557856
青　海	3969204	92808	1579936	1083181
宁　夏	7281647	941110	2347893	1171293
新　疆	9234025	455692	979884	1415387

2-2-6 续表

单位：万元

地 区	四级	暂定	其他
全国总计	**107262116**	**507838753**	**85827969**
北 京	8927120	22192240	2312944
天 津	12262541	6360464	821653
河 北	11005216	20191704	864925
山 西	6116894	5463151	368935
内 蒙 古	5618091	2249895	455516
辽 宁	196050	12571103	2763065
吉 林	1317838	4940967	147050
黑 龙 江	177632	2463318	540032
上 海		29543996	2917909
江 苏	65887	46285323	12751311
浙 江	2836840	38191377	14687404
安 徽	887039	28453472	3094484
福 建	3136540	24630948	2768643
江 西	1644267	10547114	865119
山 东	4992829	36247259	5875358
河 南	3038777	38646329	4998361
湖 北	3456669	25215324	1131943
湖 南	5252197	8847340	470105
广 东	15472572	50819731	13613546
广 西	804296	15466002	1148603
海 南	1037266	11726149	1581861
重 庆	151307	17211771	694761
四 川	412068	10940109	3794474
贵 州	1630974	10200458	1093604
云 南	6162188	11690098	1768802
西 藏	82489	107251	42360
陕 西	6696696	6496727	3610782
甘 肃	1280692	2900058	64943
青 海	486394	594604	132281
宁 夏	1122724	1601203	97424
新 疆	990023	5043268	349771

2-2-7　各地区按构成分的房地产开发投资

单位：万元

地　区	投资额	建筑安装工程	设备工器具购置	其他费用
全国总计	**1025806128**	**763021906**	**14615526**	**248168696**
北　京	40005729	13322865	208036	26474828
天　津	23000107	14099413	131294	8769400
河　北	46956333	40458974	1103510	5393849
山　西	15973532	12935171	221372	2816989
内蒙古	11334775	10063353	148090	1123332
辽　宁	20948451	17199915	411201	3337335
吉　林	10167618	8295669	101198	1770751
黑龙江	8648391	7548991	98393	1001007
上　海	37090311	22208915	219386	14662010
江　苏	89563676	66041827	1416846	22105003
浙　江	74693683	41658108	866893	32168682
安　徽	46035625	37469915	893088	7672622
福　建	45888313	32757167	338115	12793031
江　西	17709442	14714797	292854	2701791
山　东	63233819	51125559	679795	11428465
河　南	61791260	49740351	1707207	10343702
湖　北	42963824	33779779	754478	8429567
湖　南	29570441	24428421	487263	4654757
广　东	103077952	73257162	991203	28829587
广　西	23979862	18676662	267215	5035985
海　南	17875968	13636202	136880	4102886
重　庆	37259452	28378997	396505	8483950
四　川	52826449	41476146	1082787	10267516
贵　州	21489608	18789343	252510	2447755
云　南	26883380	21927991	420755	4534634
西　藏	485361	447545	14712	23104
陕　西	27367546	23661617	439736	3266193
甘　肃	8500344	7363864	153811	982669
青　海	3969204	3237791	87310	644103
宁　夏	7281647	6285419	79342	916886
新　疆	9234025	8033977	213741	986307

2-2-8 各地区按用途分的房地产开发投资

单位：万元

地区	投资额	住宅	办公楼	商业营业用房	其他
全国总计	**1025806128**	**687038743**	**65325959**	**158375283**	**115066143**
北京	40005729	19258648	6990757	4841151	8915173
天津	23000107	15982672	1246437	2524386	3246612
河北	46956333	34754830	2192564	6515654	3493285
山西	15973532	11410813	751536	2172920	1638263
内蒙古	11334775	7937031	313486	1889040	1195218
辽宁	20948451	15054217	652536	3587950	1653748
吉林	10167618	7106948	417397	1893840	749433
黑龙江	8648391	5979597	243593	1714812	710389
上海	37090311	19654280	6959544	5194103	5282384
江苏	89563676	66288705	3631653	12461294	7182024
浙江	74693683	48066393	4809823	9849063	11968404
安徽	46035625	30693640	2029072	9706098	3606815
福建	45888313	29992893	3390103	5909535	6595782
江西	17709442	12475828	738706	3158058	1336850
山东	63233819	46902164	3462964	8278233	4590458
河南	61791260	45580670	2308571	7898425	6003594
湖北	42963824	30123477	2238991	5476917	5124439
湖南	29570441	18712970	1596461	5985965	3275045
广东	103077952	69776579	8520641	13902848	10877884
广西	23979862	17252858	935287	3202090	2589627
海南	17875968	13177292	527000	1811761	2359915
重庆	37259452	23199701	1660434	7043652	5355665
四川	52826449	31856366	2785059	11660332	6524692
贵州	21489608	12436021	1518053	5625321	1910213
云南	26883380	16353764	1597973	4973597	3958046
西藏	485361	391421	17272	53703	22965
陕西	27367546	19161261	1906231	4159472	2140582
甘肃	8500344	5637505	463722	1734842	664275
青海	3969204	2277750	325052	960228	406174
宁夏	7281647	4354115	518691	1524529	884312
新疆	9234025	5188334	576350	2665464	803877

2-2-9 各地区按隶属关系分的房地产开发投资

单位：万元

地区	投资额	中央项目	地方项目				
				省属	地市属	县属	其他
全国总计	**1025806128**	**23388010**	**1002418118**	**32472404**	**114793468**	**84902224**	**770250022**
北京	40005729	2746368	37259361	5852925	6205735		25200701
天津	23000107	872612	22127495	2332981	4140138	2255594	13398782
河北	46956333	541703	46414630	469329	3878410	4625042	37441849
山西	15973532	426808	15546724	494584	2093139	665106	12293895
内蒙古	11334775	151705	11183070	10350	1097352	902347	9173021
辽宁	20948451	390740	20557711	32607	2115818	1305928	17103358
吉林	10167618	6797	10160821	92629	765848	719433	8582911
黑龙江	8648391	163743	8484648	531441	1364892	889866	5698449
上海	37090311	1345557	35744754	2238336	4109190	1078678	28318550
江苏	89563676	1831928	87731748	787850	4594040	6535467	75814391
浙江	74693683	617708	74075975	726595	2209436	2652196	68487748
安徽	46035625	469901	45565724	1748680	5930580	3845430	34041034
福建	45888313	259349	45628964	810478	7847953	5140883	31829650
江西	17709442	285198	17424244	285223	1926351	2746044	12466626
山东	63233819	1527899	61705920	2258947	6332953	8860880	44253140
河南	61791260	389082	61402178	1195717	9624071	7488868	43093522
湖北	42963824	1346627	41617197	447006	6145201	2561648	32463342
湖南	29570441	371569	29198872	722816	3016185	2251831	23208040
广东	103077952	2204149	100873803	692206	12945297	6655068	80581232
广西	23979862	288785	23691077	588939	2974888	1299152	18828098
海南	17875968	547800	17328168	1553248	3306803	2400616	10067501
重庆	37259452	2295117	34964335	3648502	4956080	1440398	24919355
四川	52826449	1673785	51152664	523682	3984037	6289206	40355739
贵州	21489608	996080	20493528	142202	757567	2114937	17478822
云南	26883380	433838	26449542	2221559	2650529	4706289	16871165
西藏	485361		485361	270	149856	19179	316056
陕西	27367546	531117	26836429	715061	6569601	2543880	17007887
甘肃	8500344	143201	8357143	406730	1064113	962203	5924097
青海	3969204	50276	3918928	481325	701604	236259	2499740
宁夏	7281647	61488	7220159	368612	447886	513023	5890638
新疆	9234025	417080	8816945	91574	887915	1196773	6640683

2-2-10 各地区房地产开发投资财务拨款

单位：万元

地 区	本年实际到位资金合计	上年末结余资金	本年实际到位资金小计	本年各项应付款合计
全国总计	**1832031650**	**389891143**	**1442140507**	**309161952**
北 京	116894087	36381147	80512940	4660771
天 津	56780512	12808338	43972174	9281704
河 北	59782665	8759018	51023647	8811854
山 西	20308236	4428055	15880181	4583458
内蒙古	13463598	1724791	11738807	2948549
辽 宁	43529969	12721859	30808110	11803232
吉 林	14708188	2158241	12549947	1926607
黑龙江	13307892	2691520	10616372	1863717
上 海	82550357	18462536	64087821	12144083
江 苏	201529468	46518676	155010792	33571417
浙 江	140686327	32090581	108595746	15420612
安 徽	78144904	16052253	62092651	16249473
福 建	76979988	16302229	60677759	8365008
江 西	33607115	8427653	25179462	5309478
山 东	104086850	18125671	85961179	16318015
河 南	79246299	13663840	65582459	13508820
湖 北	69643169	12679636	56963533	16931626
湖 南	51799984	10150955	41649029	10847389
广 东	229170246	52509790	176660456	37170599
广 西	38571649	6974482	31597167	7558201
海 南	29220872	5426361	23794511	6358080
重 庆	63546787	13481090	50065697	13375692
四 川	80913876	14557020	66356856	13092427
贵 州	26416615	4623920	21792695	7001770
云 南	31257013	5353348	25903665	11429784
西 藏	640297	102251	538046	136481
陕 西	37999415	7281268	30718147	8069158
甘 肃	12060612	1945894	10114718	3263218
青 海	4936243	703772	4232471	1476280
宁 夏	7819148	1031775	6787373	2400798
新 疆	12429269	1753173	10676096	3283651

2-2-11　各地区房地产开发投资本年实际到位资金构成

单位：万元

地　区	本年实际到位资金小计	国内贷款	利用外资	外商直接投资	自筹资金	其他资金
全国总计	**1442140507**	**215123980**	**1404372**	**1325314**	**491328493**	**734283662**
北　京	80512940	21484793	10000	10000	19784979	39233168
天　津	43972174	10669921	20547	197	8996287	24285419
河　北	51023647	4560990	17098	17098	32244899	14200660
山　西	15880181	983256			8110570	6786355
内蒙古	11738807	747999			8151366	2839442
辽　宁	30808110	4513913	27100	27000	13511401	12755696
吉　林	12549947	1414485	200		5831553	5303709
黑龙江	10616372	905389	9000	9000	5521943	4180040
上　海	64087821	14461847	23080	23080	14907807	34695087
江　苏	155010792	22991787	82908	42908	31722134	100213963
浙　江	108595746	15413742	323304	323304	26720455	66138245
安　徽	62092651	6576204	136866	136866	19062309	36317272
福　建	60677759	8087629	15739	15739	22639893	29934498
江　西	25179462	2917282	6977	6977	7907118	14348085
山　东	85961179	10124149	102172	102172	34516498	41218360
河　南	65582459	6985622	17620	17620	36718054	21861163
湖　北	56963533	10316642	8000		21752175	24886716
湖　南	41649029	5233403	70		12293241	24122315
广　东	176660456	25591349	302322	299784	48439971	102326814
广　西	31597167	4683828			11150353	15762986
海　南	23794511	4033630			10345623	9415258
重　庆	50065697	10129149	290621	290621	14883784	24762143
四　川	66356856	7517382	8800	2300	26799762	32030912
贵　州	21792695	2014644			8347663	11430388
云　南	25903665	4535001	1948	648	11577094	9789622
西　藏	538046	10000			368497	159549
陕　西	30718147	3795569			15506386	11416192
甘　肃	10114718	1790523			4564978	3759217
青　海	4232471	715784			1971709	1544978
宁　夏	6787373	968024			2600276	3219073
新　疆	10676096	950044			4379715	5346337

2-2-12 各地区房地产土地开发情况

地　　区	本年购置土地面积(平方米)	本年土地成交价款(万元)
全国总计	**220252473**	**91293114**
北　　京	2684998	4701198
天　　津	4769102	2398832
河　　北	9299254	1901517
山　　西	3517434	1279931
内 蒙 古	2302788	325176
辽　　宁	6545211	1275173
吉　　林	6995894	1579042
黑 龙 江	1612034	373357
上　　海	2291134	3751230
江　　苏	17369002	8454737
浙　　江	13029621	9677765
安　　徽	21427047	6603629
福　　建	9698125	6011683
江　　西	4431292	1211992
山　　东	20938974	4833511
河　　南	11080424	4534618
湖　　北	6486353	2149300
湖　　南	8114009	1650854
广　　东	17503245	13993870
广　　西	6390951	2065326
海　　南	1787239	630835
重　　庆	9590025	4297256
四　　川	13047161	3815963
贵　　州	3170605	415436
云　　南	5188108	1462098
西　　藏	29389	6602
陕　　西	3572750	778863
甘　　肃	1319363	335273
青　　海	185173	84941
宁　　夏	1589743	246329
新　　疆	4286025	446777

2-2-13　各地区房地产开发房屋建筑面积和造价

地　区	房屋施工面　积(万平方米)	房屋竣工面　积(万平方米)	房屋建筑面积竣工率(%)	房屋竣工价　值(万元)	房屋竣工造　价(元/平方米)
全国总计	**758975**	**106128**	**14.0**	**322521317**	**3039**
北　京	12976	2370	18.3	8399677	3544
天　津	9350	2914	31.2	10811967	3710
河　北	30477	4288	14.1	11393112	2657
山　西	17069	2684	15.7	7855668	2927
内蒙古	16906	1664	9.8	4153751	2496
辽　宁	26364	2709	10.3	7881953	2909
吉　林	11797	1352	11.5	3137907	2322
黑龙江	10866	2376	21.9	5997454	2525
上　海	15111	2551	16.9	14723334	5772
江　苏	58762	10074	17.1	36782414	3651
浙　江	41610	7925	19.0	30796117	3886
安　徽	35645	5383	15.1	15443662	2869
福　建	31064	3665	11.8	10095950	2755
江　西	16427	1636	10.0	4139178	2531
山　东	59957	8253	13.8	18737044	2270
河　南	47360	6299	13.3	12604121	2001
湖　北	29880	3127	10.5	9406609	3008
湖　南	30139	4534	15.0	11894158	2623
广　东	64234	6594	10.3	24934025	3781
广　西	21135	1735	8.2	4337348	2500
海　南	8937	1675	18.7	6695237	3998
重　庆	27363	4421	16.2	14117655	3193
四　川	41532	7050	17.0	20024977	2840
贵　州	20352	1901	9.3	4694664	2469
云　南	20593	2115	10.3	5869511	2775
西　藏	349	32	9.0	102372	3247
陕　西	22298	2432	10.9	6486099	2667
甘　肃	8933	992	11.1	2542487	2564
青　海	2848	387	13.6	1113944	2881
宁　夏	7110	1295	18.2	3449417	2665
新　疆	11531	1696	14.7	3899505	2299

2-2-14 各地区房地产开发住宅建筑面积和造价

地区	住宅施工面积(万平方米)	住宅竣工面积(万平方米)	住宅建筑面积竣工率(%)	住宅竣工价值(万元)	住宅竣工造价(元/平方米)
全国总计	**521310**	**77185**	**14.8**	**228272161**	**2957**
北　京	5858	1267	21.6	4493128	3546
天　津	6312	2189	34.7	7439207	3398
河　北	23407	3353	14.3	8815898	2630
山　西	12222	2042	16.7	6057657	2966
内蒙古	11141	1203	10.8	2823067	2346
辽　宁	19105	2210	11.6	6359054	2877
吉　林	8306	1008	12.1	2277038	2258
黑龙江	7746	1757	22.7	4261885	2426
上　海	8074	1533	19.0	8392784	5475
江　苏	43003	7603	17.7	28146565	3702
浙　江	24709	5092	20.6	20402447	4007
安　徽	24115	4048	16.8	11208276	2769
福　建	19437	2420	12.5	6456735	2668
江　西	12000	1316	11.0	3265148	2481
山　东	44158	6358	14.4	14233895	2239
河　南	35579	5015	14.1	9833844	1961
湖　北	21803	2348	10.8	7072247	3012
湖　南	21617	3359	15.5	8481412	2525
广　东	44171	4773	10.8	17763322	3722
广　西	15339	1373	9.0	3350444	2440
海　南	6686	1445	21.6	5737060	3972
重　庆	17933	3084	17.2	9760273	3165
四　川	26425	4677	17.7	12901934	2758
贵　州	12847	1283	10.0	2766925	2156
云　南	13325	1434	10.8	3542936	2471
西　藏	233	25	10.8	83781	3324
陕　西	16164	1923	11.9	4914987	2556
甘　肃	6192	730	11.8	1851733	2536
青　海	1753	231	13.2	700152	3028
宁　夏	4555	931	20.4	2282834	2451
新　疆	7094	1153	16.3	2595493	2251

2-2-15 各地区房地产开发房屋施工面积

单位：万平方米

地区	房屋施工面积合计	住宅	办公楼	商业营业用房	其他
全国总计	**758975**	**521310**	**35029**	**104572**	**98063**
北京	12976	5858	2447	1355	3316
天津	9350	6312	723	1162	1152
河北	30477	23407	859	3239	2972
山西	17069	12222	607	2150	2089
内蒙古	16906	11141	566	3296	1903
辽宁	26364	19105	596	4445	2219
吉林	11797	8306	474	1841	1177
黑龙江	10866	7746	237	1713	1170
上海	15111	8074	2181	1991	2866
江苏	58762	43003	2282	7393	6084
浙江	41610	24709	3017	5264	8619
安徽	35645	24115	1205	6697	3628
福建	31064	19437	2263	3765	5600
江西	16427	12000	574	2369	1484
山东	59957	44158	2435	7240	6124
河南	47360	35579	1699	5631	4451
湖北	29880	21803	1048	3873	3155
湖南	30139	21617	859	4104	3559
广东	64234	44171	3206	7006	9850
广西	21135	15339	744	2455	2597
海南	8937	6686	204	968	1079
重庆	27363	17933	1020	4194	4217
四川	41532	26425	1585	6224	7298
贵州	20352	12847	813	3755	2937
云南	20593	13325	763	3320	3185
西藏	349	233	16	59	41
陕西	22298	16164	1171	3010	1952
甘肃	8933	6192	277	1476	988
青海	2848	1753	164	566	365
宁夏	7110	4555	369	1314	872
新疆	11531	7094	628	2697	1112

2-2-16 各地区房地产开发房屋新开工面积

单位：万平方米

地 区	房屋新开工面积合计	住宅	办公楼	商业营业用房	其他
全国总计	**166928**	**115911**	**6415**	**22317**	**22286**
北 京	2796	1199	464	279	853
天 津	2511	1943	41	229	298
河 北	8161	6190	342	849	779
山 西	3855	2654	158	494	548
内 蒙 古	2564	1742	20	525	276
辽 宁	3734	2801	57	554	322
吉 林	2116	1494	87	341	194
黑 龙 江	2006	1542	24	264	176
上 海	2841	1436	384	402	619
江 苏	13671	10534	385	1422	1329
浙 江	7282	4517	370	838	1557
安 徽	8586	6007	239	1460	881
福 建	4875	3169	273	433	1000
江 西	3875	2855	139	576	304
山 东	13294	9747	439	1437	1670
河 南	14670	10954	332	1792	1592
湖 北	6850	4947	231	872	800
湖 南	7473	5272	215	1171	815
广 东	14848	10166	796	1597	2289
广 西	4984	3577	240	556	611
海 南	1976	1382	53	239	302
重 庆	4875	2999	161	900	816
四 川	10825	6942	278	1650	1956
贵 州	3468	2172	81	732	482
云 南	3454	2201	144	530	578
西 藏	57	36	2	13	6
陕 西	4484	3106	225	684	468
甘 肃	2332	1587	40	455	249
青 海	870	525	48	191	106
宁 夏	1391	875	72	277	167
新 疆	2206	1338	74	553	240

2-2-17　各地区房地产开发房屋竣工面积

单位：万平方米

地　区	房屋竣工面积合　计	住宅	办公楼	商业营业用房	其他
全国总计	**106128**	**77185**	**3629**	**12518**	**12795**
北　京	2370	1267	344	172	588
天　津	2914	2189	143	294	288
河　北	4288	3353	102	395	438
山　西	2684	2042	42	298	301
内蒙古	1664	1203	24	260	177
辽　宁	2709	2210	27	307	165
吉　林	1352	1008	18	213	112
黑龙江	2376	1757	41	345	232
上　海	2551	1533	279	266	472
江　苏	10074	7603	280	1172	1019
浙　江	7925	5092	474	780	1579
安　徽	5383	4048	121	720	495
福　建	3665	2420	182	457	605
江　西	1636	1316	38	166	116
山　东	8253	6358	293	816	786
河　南	6299	5015	163	748	373
湖　北	3127	2348	67	467	245
湖　南	4534	3359	110	516	549
广　东	6594	4773	253	641	927
广　西	1735	1373	30	189	143
海　南	1675	1445	4	106	120
重　庆	4421	3084	101	634	602
四　川	7050	4677	194	923	1255
贵　州	1901	1283	114	250	254
云　南	2115	1434	23	313	345
西　藏	32	25	6	0	0
陕　西	2432	1923	48	308	153
甘　肃	992	730	10	162	89
青　海	387	231	34	66	55
宁　夏	1295	931	29	171	164
新　疆	1696	1153	35	362	146

2-2-18 各地区房地产开发商品房屋销售面积

单位：万平方米

地区	商品房销售面积	住宅	办公楼	商业营业用房	其他
全国总计	**157349**	**137540**	**3826**	**10812**	**5170**
北京	1659	981	414	126	138
天津	2711	2522	31	97	61
河北	6682	5900	127	449	207
山西	2061	1882	39	99	42
内蒙古	2528	2073	18	301	135
辽宁	3712	3383	35	217	77
吉林	1919	1631	38	176	75
黑龙江	2117	1797	26	222	72
上海	2706	2020	306	206	174
江苏	13962	12658	266	850	189
浙江	8637	7234	410	530	463
安徽	8500	7507	185	671	136
福建	4915	4134	181	305	294
江西	4692	4141	88	361	102
山东	11790	10599	196	636	359
河南	11306	10137	173	817	179
湖北	7427	6789	104	394	140
湖南	8085	7191	100	555	240
广东	14612	13022	399	678	513
广西	4215	3864	50	170	131
海南	1509	1417	9	56	26
重庆	6257	5105	107	622	423
四川	9300	7884	151	728	538
贵州	4157	3427	86	542	102
云南	3640	2933	109	382	215
西藏	75	71	1	2	0
陕西	3263	3013	71	132	47
甘肃	1679	1479	45	134	22
青海	438	373	19	35	11
宁夏	966	830	7	105	24
新疆	1828	1544	35	214	35

2-2-19　各地区房地产开发商品房屋待售面积

单位：万平方米

地　区	商品房待售面积	住　宅	办公楼	商业营业用房	其　他
全国总计	**69539**	**40257**	**3631**	**15838**	**9813**
北　京	2144	835	321	432	557
天　津	881	462	98	163	158
河　北	1582	1133	44	260	145
山　西	1761	1234	42	310	175
内蒙古	1385	849	28	356	153
辽　宁	4127	3039	105	725	258
吉　林	1672	1082	56	379	155
黑龙江	2594	1695	47	548	303
上　海	1901	675	326	375	525
江　苏	6519	3775	458	1762	524
浙　江	4225	2060	485	1034	646
安　徽	2401	1202	99	883	216
福　建	2058	854	114	536	554
江　西	1435	938	39	361	97
山　东	4178	2739	213	921	306
河　南	3395	2530	99	605	160
湖　北	2373	1466	79	572	256
湖　南	2901	1685	91	683	443
广　东	5502	3086	263	985	1169
广　西	1773	1187	30	342	214
海　南	1272	1030	10	121	111
重　庆	2308	875	154	576	704
四　川	3061	1132	117	748	1064
贵　州	1347	698	97	409	142
云　南	1944	1142	55	451	296
西　藏	62	34	8	14	5
陕　西	892	537	20	240	95
甘　肃	917	615	19	207	75
青　海	222	149	16	49	8
宁　夏	1247	716	45	346	140
新　疆	1458	803	52	445	158

2-2-20 各地区房地产开发商品房屋销售额

单位：万元

地 区	商品房销售额	住 宅	办公楼	商业营业用房	其 他
全国总计	**1176270475**	**990641734**	**54838120**	**105808026**	**24982595**
北 京	45616040	27958052	12619002	3766523	1272463
天 津	34782223	32455992	447126	1400568	478537
河 北	43018288	37108785	1218044	3943470	747989
山 西	10271364	9007879	334819	798263	130403
内蒙古	11490820	8380757	118349	2321215	670499
辽 宁	22569067	19880253	596740	1749358	342716
吉 林	10295827	8064904	244324	1502434	484165
黑龙江	11210446	9036646	213931	1550636	409233
上 海	66958478	52332938	9031722	4704929	888889
江 苏	122930197	110553614	2553721	8939929	882933
浙 江	96050986	82808481	4646005	6530595	2065905
安 徽	50355472	42315908	1456804	6066035	516725
福 建	45307926	37934055	2199828	3533990	1640053
江 西	26783684	22071683	668236	3479393	564372
山 东	69029046	60705448	1848322	4962983	1512293
河 南	56129002	48390255	1411618	5525167	801962
湖 北	49940519	43838119	1233325	3800020	1069055
湖 南	37518649	31136239	896421	4558573	927416
广 东	162146076	142403269	7315594	8960254	3466959
广 西	22074664	19482272	474997	1592706	524689
海 南	14902013	13852610	126631	663078	259694
重 庆	34319972	26356415	988550	5527667	1447340
四 川	53589093	42962685	1205299	7412979	2008130
贵 州	17905337	12694287	603601	4262964	344485
云 南	19177639	14113773	876845	3255191	931830
西 藏	381416	346994	7382	26940	100
陕 西	17851694	15857080	584145	1157745	252724
甘 肃	8734606	7123481	454521	1063240	93364
青 海	2364421	1720566	130616	461798	51441
宁 夏	4097065	3258909	57460	697537	83159
新 疆	8468445	6489385	274142	1591846	113072

第三部分

农户固定资产投资

3-1 各地区农村农户固定资产投资增长情况

单位：万元

地区	2016年	2015年	2016年比2015年增减	
			绝对数	%
全国总计	**99649080**	**104097942**	**-4448863**	**-4.3**
北京	552044	499736	52308	10.5
天津	230285	174177	56108	32.2
河北	4099479	5425323	-1325844	-24.4
山西	3386310	3295638	90673	2.8
内蒙古	1860501	1730698	129802	7.5
辽宁	2559189	2775238	-216049	-7.8
吉林	1500267	1966937	-466670	-23.7
黑龙江	2157954	2986622	-828668	-27.7
上海	42078	33110	8968	27.1
江苏	2923581	3416995	-493414	-14.4
浙江	7050701	6586091	464611	7.1
安徽	4560061	5820395	-1260335	-21.7
福建	3093607	3273960	-180353	-5.5
江西	3155228	3942309	-787081	-20.0
山东	9584452	9309813	274639	2.9
河南	6611615	7090634	-479019	-6.8
湖北	5077787	4774806	302981	6.3
湖南	6648804	7209071	-560267	-7.8
广东	3563401	3925503	-362102	-9.2
广西	5838331	5728347	109984	1.9
海南	1434202	958167	476035	49.7
重庆	1163122	1450972	-287850	-19.8
四川	5821672	5603352	218320	3.9
贵州	2748266	2688404	59862	2.2
云南	4569110	4312253	256857	6.0
西藏				
陕西	3504011	3512137	-8125	-0.2
甘肃	1298901	1276300	22601	1.8
青海	725424	664618	60806	9.1
宁夏	852018	790238	61780	7.8
新疆	3036679	2876100	160579	5.6

3-2 各地区按构成分农村农户投资

单位：万元

地　　区	投资额	建筑安装工程	设备工器具购置	其他费用
全国总计	**99649080**	**79109644**	**15290844**	**5248591**
北　京	552044	534041	8408	9595
天　津	230285	122486	93458	14342
河　北	4099479	3573930	427756	97792
山　西	3386310	2297310	934916	154084
内蒙古	1860501	1211963	464317	184221
辽　宁	2559189	1681888	572252	305050
吉　林	1500267	553922	645454	300891
黑龙江	2157954	532314	1411439	214201
上　海	42078	42058	20	
江　苏	2923581	2047102	443592	432887
浙　江	7050701	6399671	565135	85895
安　徽	4560061	3441560	1063306	55195
福　建	3093607	2325329	625497	142781
江　西	3155228	2729229	368931	57068
山　东	9584452	6921684	2618956	43812
河　南	6611615	5842618	617002	151995
湖　北	5077787	4233052	421713	423023
湖　南	6648804	5786765	759356	102683
广　东	3563401	3374058	164465	24877
广　西	5838331	4454865	852565	530901
海　南	1434202	1303109	115473	15620
重　庆	1163122	1044830	45337	72954
四　川	5821672	4883042	459675	478954
贵　州	2748266	1926756	353430	468080
云　南	4569110	3873993	303646	391470
西　藏				
陕　西	3504011	3222562	172544	108906
甘　肃	1298901	875652	359418	63831
青　海	725424	635973	31104	58347
宁　夏	852018	611172	174677	66169
新　疆	3036679	2626711	217003	192966

3-3　各地区按项目分农村农户投资

单位：万元

地　区	投资额	房屋	道路	桥梁	设备	水利	其它
全国总计	**99649080**	**75240199**			**15290840**	**368756**	**8749284**
北　京	552044	525356			8408		18280
天　津	230285	114986			93454	1435	20410
河　北	4099479	3408272			427756	2705	260746
山　西	3386310	2221473			934916	1809	228112
内蒙古	1860501	1050018			464317	35520	310645
辽　宁	2559189	1444225			572252	19984	522729
吉　林	1500267	425064			645454	53967	375781
黑龙江	2157954	441765			1411439	8728	296022
上　海	42078	42058			20		
江　苏	2923581	2008645			443592		471344
浙　江	7050701	6364993			565135	236	120337
安　徽	4560061	3330161			1063306	2215	164379
福　建	3093607	2276364			625497	75	191671
江　西	3155228	2709550			368931	4427	72320
山　东	9584452	5399772			2618956	141411	1424313
河　南	6611615	5726282			617002	8600	259732
湖　北	5077787	4091607			421713	9129	555338
湖　南	6648804	5724809			759356	1086	163554
广　东	3563401	3327529			164465	1250	70157
广　西	5838331	4259172			852565	7210	719384
海　南	1434202	1299334			115473	1214	18181
重　庆	1163122	1025078			45337	1242	91464
四　川	5821672	4702653			459675	1924	657420
贵　州	2748266	1904428			353430	2982	487426
云　南	4569110	3761701			303646	39785	463978
西　藏							
陕　西	3504011	3072663			172544	8857	249947
甘　肃	1298901	760154			359418	326	179003
青　海	725424	625408			31104		68912
宁　夏	852018	611172			174677		66169
新　疆	3036679	2585507			217003	12640	221530

3-4 各地区按主要行业分农村农户投资

单位：万元

地区	合计	农、林、牧、渔业	采矿业	制造业	电力、燃气及水的生产和供应业	建筑业	批发和零售业
全国总计	**99649080**	**20792324**	**5918**	**1261382**	**117502**	**374725**	**2278212**
北京	552044	16989		11982		3181	4110
天津	230285	32431		13412		3968	4569
河北	4099479	886993		18678	206	25049	60888
山西	3386310	729477		3125		7982	61589
内蒙古	1860501	798405					16979
辽宁	2559189	1138597					205469
吉林	1500267	985346		12901			13455
黑龙江	2157954	1695824					2412
上海	42078	1182					
江苏	2923581	708149		132404		13887	79280
浙江	7050701	467592		382978	7052		44080
安徽	4560061	1202774		74643		5795	49807
福建	3093607	738993	5207	8273		8702	27768
江西	3155228	467715		889		64688	13335
山东	9584452	3086060		444229	5931	17755	856503
河南	6611615	906768		41796			143329
湖北	5077787	712625			43559	3930	12978
湖南	6648804	982322				77874	135739
广东	3563401	214744			24232	12741	1532
广西	5838331	1161657		27419		7150	28532
海南	1434202	161309	37				42027
重庆	1163122	189214		142	1021	20035	51678
四川	5821672	998664		66280	35500	653	7875
贵州	2748266	453658		6972		45023	196687
云南	4569110	768960				13916	5972
西藏							
陕西	3504011	292400		522		4101	97062
甘肃	1298901	236732	675			34786	74261
青海	725424	51617				3082	33963
宁夏	852018	164979		14739			5448
新疆	3036679	540148				426	886

3-4 续表 1

单位：万元

地 区	交通运输、仓储和邮政业	住宿和餐饮业	信息传输、计算机服务和软件业	金融业	房地产业	租赁和商务服务业	科学研究、技术服务和地质勘查业
全国总计	**2618904**	**288620**	**68158**		**70757448**	**261723**	**136**
北 京	2450	682			510162		
天 津	76330				97109	321	
河 北	139680	4946			2951938	1028	
山 西	308698	23259			2172577	22500	
内蒙古		8857	8281		1015398		
辽 宁	85057	2970			1126800		
吉 林	72570				408512	2275	
黑龙江	67310	245			392163		
上 海					40896		
江 苏	86986				1902875		
浙 江	44845	17293			5976699		
安 徽	143025	1706			3041330		
福 建	68664	9981			2200655	12132	
江 西	71209	1292			2534270		
山 东		53458	37089		4949919	8498	
河 南	99292				5350269	51334	
湖 北	387938	60139			3826200		
湖 南		27010	87		5364795	738	
广 东		17136	2621		3253784	34836	
广 西	258623	2610			4162917	4251	
海 南		1149	7		1228407		
重 庆	18039	6435			868037	2637	136
四 川	336102	1948			4342203	7939	
贵 州		21343	5803		1904428	107331	
云 南	169820	3586			3563790	5673	
西 藏							
陕 西	79806	1189			3028648		
甘 肃		230	3304		890622		
青 海		1693	7352		625408	187	
宁 夏	102459				563872		
新 疆		19464	3614		2462765	44	

3-4 续表 2

单位：万元

地　区	水利、环境和公共设施管理业	居民服务和其他服务业	教育	卫生、社会保障和社会福利业	文化、体育和娱乐业	公共管理和社会组织
全国总计	**3575**	**743122**	**30179**	**5296**	**40183**	**1672**
北　京		2488				
天　津		2144				
河　北		10072				
山　西		31296	17848	4875	1653	1432
内蒙古		12580				
辽　宁		297				
吉　林		5208				
黑龙江						
上　海						
江　苏						
浙　江		108904			1258	
安　徽		40982				
福　建		13042			192	
江　西		1829				
山　东		96875	11902		16233	
河　南	3344	15482				
湖　北		28084			2334	
湖　南		60077	161			
广　东		1774				
广　西		185172				
海　南		1267				
重　庆	231	3981	267	421	608	240
四　川		10388			14121	
贵　州		7021				
云　南		37394				
西　藏						
陕　西		14			269	
甘　肃		54776			3515	
青　海		2122				
宁　夏		521				
新　疆		9333				

3-5　各地区农村农户投资实际到位资金

单位：万元

地　区	合计	国内贷款	自筹资金	其他资金
全国总计	**99649080**	**4332042**	**90617765**	**4699272**
北　京	552044		552044	
天　津	230285	14594	211197	4493
河　北	4099479	293699	3498042	307739
山　西	3386310	348003	3012929	25379
内蒙古	1860501	136808	1633940	89753
辽　宁	2559189	11243	2539638	8309
吉　林	1500267	4954	1433952	61361
黑龙江	2157954	225494	1701761	230699
上　海	42078		42078	
江　苏	2923581	97028	2824449	2104
浙　江	7050701	534636	5597188	918877
安　徽	4560061	152053	4311043	96964
福　建	3093607	595457	2437269	60881
江　西	3155228	13055	3100464	41708
山　东	9584452	32662	9546521	5269
河　南	6611615	247007	6321870	42737
湖　北	5077787	463061	4491131	123595
湖　南	6648804	224669	6158477	265658
广　东	3563401	46045	3476592	40764
广　西	5838331	154290	5598400	85641
海　南	1434202	4787	1425534	3881
重　庆	1163122	13442	1138799	10882
四　川	5821672	165725	4263162	1392785
贵　州	2748266	100161	2572554	75551
云　南	4569110	3710	4498521	66879
西　藏				
陕　西	3504011	40080	3428891	35040
甘　肃	1298901	84504	1182621	31776
青　海	725424	87662	475596	162166
宁　夏	852018	77258	760082	14678
新　疆	3036679	159957	2383017	493705

3-6 各地区农村农户房屋建筑面积和投资

地　区	房屋施工面　积(万平方米)	房屋竣工面　积(万平方米)	房屋建筑面积竣工率(%)	房屋竣工价　值(万元)
全国总计	**92040**	**79649**	**86.5**	**68125793**
北　京	444	417	94.1	500235
天　津	104	80	76.9	95486
河　北	4363	3752	86.0	3233756
山　西	3008	2852	94.8	2089957
内蒙古	1096	1103	100.6	1042362
辽　宁	1403	1310	93.3	1214336
吉　林	479	464	96.9	424136
黑龙江	498	455	91.5	400120
上　海	35	26	74.0	34264
江　苏	2215	1990	89.8	1743598
浙　江	4332	3112	71.8	4408164
安　徽	4960	3907	78.8	2765871
福　建	2300	1522	66.2	1740374
江　西	3722	3230	86.8	2369550
山　东	10810	10461	96.8	5413565
河　南	6686	6018	90.0	5261854
湖　北	4306	3799	88.2	3720499
湖　南	5407	4750	87.8	5347810
广　东	3073	2453	79.8	3036959
广　西	6553	5977	91.2	3598797
海　南	1272	861	67.7	1104434
重　庆	1139	957	84.0	871316
四　川	5256	4569	86.9	4614568
贵　州	2415	2236	92.6	1819610
云　南	7323	5777	78.9	4927425
西　藏				
陕　西	3039	2588	85.2	2611764
甘　肃	1349	1270	94.1	760154
青　海	717	664	92.6	602855
宁　夏	456	456	100.0	344807
新　疆	3282	2592	79.0	2027168

3-7 各地区农村农户住宅建筑面积和投资

地区	住宅施工面积(万平方米)	住宅竣工面积(万平方米)	住宅建筑面积竣工率(%)	住宅竣工价值(万元)
全国总计	**83140**	**73051**	**87.9**	**63312654**
北京	431	404	93.8	488761
天津	88	72	81.8	87421
河北	3647	3280	89.9	2810430
山西	2897	2686	92.7	2055069
内蒙古	947	959	101.3	948299
辽宁	972	926	95.2	1056712
吉林	434	434	100.0	407105
黑龙江	398	365	91.6	354714
上海	34	25	74.7	33260
江苏	2026	1874	92.5	1681504
浙江	4228	3022	71.5	4328823
安徽	4404	3597	81.7	2572906
福建	2262	1494	66.0	1665205
江西	3552	2932	82.6	2279302
山东	8993	9198	102.3	4555762
河南	6083	5570	91.6	4939507
湖北	3901	3556	91.2	3499300
湖南	4997	4435	88.8	5035916
广东	2996	2405	80.3	2971193
广西	6073	5769	95.0	3532515
海南	1119	784	70.1	1044146
重庆	1022	872	85.3	836464
四川	4667	4134	88.6	3970058
贵州	2339	2165	92.6	1773074
云南	6366	5195	81.6	4506763
西藏				
陕西	3002	2449	81.6	2444776
甘肃	1233	1123	91.1	678535
青海	671	636	94.8	584949
宁夏	399	399	100.0	264702
新疆	2960	2292	77.4	1905484